U0453301

本书为国家社科基金重点项目"平台经济视域下商业舞弊行为的协同治理研究"（编号：16AGL009）的最终成果。感谢浙江工商大学浙江省优势特色学科——工商管理学科的大力支持！

浙江智库
ZHEJIANG THINK TANK

平台经济视域下商业舞弊行为的协同治理研究

易开刚 著

中国社会科学出版社

图书在版编目(CIP)数据

平台经济视域下商业舞弊行为的协同治理研究 / 易开刚著. —北京：中国社会科学出版社，2021.10
ISBN 978-7-5203-8670-8

Ⅰ.①平… Ⅱ.①易… Ⅲ.①网络公司—企业经营管理—研究—中国 Ⅳ.①F492.6

中国版本图书馆 CIP 数据核字(2021)第 126998 号

出 版 人	赵剑英
责任编辑	宫京蕾　周慧敏
责任校对	秦　婵
责任印制	郝美娜

出　　版	中国社会科学出版社
社　　址	北京鼓楼西大街甲 158 号
邮　　编	100720
网　　址	http://www.csspw.cn
发 行 部	010-84083685
门 市 部	010-84029450
经　　销	新华书店及其他书店
印　　刷	北京君升印刷有限公司
装　　订	廊坊市广阳区广增装订厂
版　　次	2021 年 10 月第 1 版
印　　次	2021 年 10 月第 1 次印刷
开　　本	710×1000　1/16
印　　张	25.25
插　　页	2
字　　数	412 千字
定　　价	108.00 元

凡购买中国社会科学出版社图书，如有质量问题请与本社营销中心联系调换
电话：010-84083683
版权所有　侵权必究

前　言

　　伴随着互联网、物联网、大数据和人工智能等信息化技术的革命，中国经济的网络化、数字化、平台化等趋势日益增强，这些互联网平台在不断提升中国经济在世界范围内贡献和实力的同时，随之而来的社会问题也不断凸显，给社会安全稳定和可持续发展带来了巨大的负面影响。

　　平台经济本是经济发展中的一种高级形态，供应商在平台上供应商品，消费者在平台上购买商品，其他广告商、金融商、物流商、售后服务商等利益相关者在平台上发挥作用并获取相应利益，大大减少了信息搜索成本、交易成本、违约索赔成本等，提升商业经济的效率和效益。但值得注意的是，在平台交易给社会公众带来便利和实惠的同时，一些以"假冒伪劣、虚假交易、隐私泄露、商业欺诈、恶性竞争"等为代表的商业舞弊行为给公众带来了物质与精神的双重伤害，也给社会秩序的稳定和谐埋下了不安定因素。因此，如何有效治理平台经济快速发展过程中存在的各类商业舞弊行为，既关乎广大人民群众的日常工作与生活，也影响着国家的社会稳定和长治久安。

　　基于上述思考，本书以"平台经济视域下商业舞弊行为的协同治理研究"为题，深度剖析平台经济视域下商业舞弊行为是否发生"型变"和"质变"？传统的商业舞弊治理思路和方法是否适用于平台经济视域下的商业舞弊行为治理？能否从"平台"这一特殊组织本身找到商业舞弊行为的治理办法？等等。为解决上述疑问，本书将商业舞弊行为置于"平台经济"这一情境中，着重揭开平台经济视域下商业舞弊行为产生过程与治理过程的"黑箱"，围绕平台经济视域下商业舞弊行为的表现、特征、成因和治理对策，解答"是什么、为什么、怎么样"三大核心问题。围绕"平台经济视域下商业舞弊行为协同治理"这一核心观点，本书主要开展了五大部分的工作：基础研究（研究背景、内容框架、意义、思路)、现状研究（理论基础、表现、特征）、成因研究（平台提供者视角、平台供应方视角、平台需求方视角）、治理研究（治理框架、基于政府视角的治理、基于平台视角的治理）、结论启示（结论、启示、展望）。

第一，总结了舞弊行为的表现特征。本书在已有文献和现实材料的支持下，整理出平台经济视域下商业舞弊行为的多种表现形式，分别为：平台间恶性竞争、平台内部恶性竞争、虚假交易、信用舞弊、刷单行为、不正当协议、评价造假、流量舞弊、知假买假、侵权问题、推广舞弊、虚假营销、信息安全、技术作弊、数据作弊、职业差评、内容造假、预谋破产等。同时总结归纳平台经济视域下商业舞弊行为的特征是舞弊过程的隐蔽性和舞弊结果的隐蔽性；舞弊成因的复杂性和舞弊行为类型、舞弊合作对象、舞弊行为涉及平台企业经营管理领域的复杂性；舞弊主体的圈层性以及舞弊利益波及范围的圈层性。

第二，厘清了舞弊成因的研究视角，即从平台提供者视角、平台供应方视角、平台需求方视角来分析其商业舞弊行为的成因。在平台提供者视角下，其商业舞弊行为成因是内部视角下不同发展阶段中的舞弊利益与舞弊成本之间比较的理性决策，以及外部视角下技术监管水平、制度监管水平和社会文化水平等影响因素的作用。在平台供应方视角下，首先通过"困境诱发—行为形成—行为扩散"的逻辑过程对商家舞弊行为的形成和扩散进行理论建构，形成平台经济视域下供应方用户商业舞弊行为的机制框架；然后运用博弈论方法分别对供应方用户商业舞弊行为的形成和扩散博弈模型进行建立、求解、分析和讨论。在平台需求方视角下，主要以计划行为理论、动机理论、自我决定理论以及舞弊风险因子理论作为理论基础，分析影响需求方用户实施商业舞弊行为的原因，并构建了理论模型和假设，通过实证分析修正了需求方用户商业舞弊行为成因的理论模型。

第三，明确了舞弊行为的治理框架。本书在综合分析商业舞弊行为的基础上提出"弱发现、弱惩罚、弱协同、弱自治"（4W）是商业舞弊行为的内在动因，由此提出"强发现、强惩罚、强协同、强自律"（4S）的商业舞弊治理方向，并构建了以"主体协同、路径协同"为治理策略（2C）、以"制度治理、组织治理、技术治理、文化治理"为治理路径（4G）的多中心协同治理的框架，由此创造性地提出了"4W—4S—2C—4G"治理模型。

第四，在治理模式和路径方面，本书从主体协同和路径协同视角提出了"多主体协同、各中心集聚""多路径协同，四管齐下"的商业舞弊治理策略，并从政府、平台企业和社会主体角度研究了具体的治理措施，得到如下启发：一是提升平台经济视域下商业舞弊行为的治理践行意识，重新认识平台经济视域下商业舞弊行为的内涵和特征，以商业舞弊行为治理助推平台经济的可持续发展。二是运用类别思维区分平台经济视域下商业舞弊行为治理的客体，聚焦文化、技术和战略管理，针对平台提供者舞弊进行治理；聚焦自律作用和奖惩作用发挥，针对平台供应方舞弊进行治理；聚焦信息公开和社会网络建设，针对平台需求方舞弊进行治理。三是应用协同理念联合各个治理主体，基于系统思维和全局思维，发挥政府主体的整合和规制作用；基于目标导向和网络导向，发挥平台企业主体的主导作用；基于共治、共创、共赢理念，发挥媒体的参与和监督作用。

本书在写作过程中得到了全国哲学社会科学规划办公室的大力支持，他们为本课题的研究提供了经费支持与保障，在此表示由衷感谢！写作中还得到了笔者博士研究生张琦、厉飞芹、严进、黄慧丹，硕士研究生陈耀双、胡怀雪、郭荣慧、徐怡悦、程曼、邢镭、霍玲等的大力协助，他们在收集整理资料、梳理文献、文稿撰写和文字校对等方面付出了大量的努力和工作；还需要感谢的是为本书案例研究提供大力支持的企业，如杭州阿里巴巴集团、深圳市腾讯计算机系统有限公司、中央网信办、浙江省市场监督管理部门、江苏省市场监督管理部门等。同时还要感谢所引用文献的作者，没有他们的研究作为基础，也不可能有本书的成果。最后还要非常感谢中国社会科学出版社宫京蕾编辑的大力支持和辛勤劳动！此外，由于调研深度与广度的限制，本书在成形过程中尚存在不足，希望未来的研究者能就该问题进行持续深入研究。

易开刚

2021年7月28日于浙江工商大学

目 录

第一章 绪论 (1)
第一节 研究背景与意义 (2)
一 现实背景与意义 (2)
二 理论背景与意义 (4)
第二节 研究内容与框架 (5)
一 基础研究 (5)
二 现状研究 (6)
三 成因研究 (7)
四 治理研究 (8)
五 结论启示 (9)
第三节 研究思路与方法 (9)
第四节 研究重点与难点 (11)
一 研究的重点 (11)
二 研究的难点 (12)

第二章 平台经济视域下商业舞弊行为的研究基础 (13)
第一节 平台经济的研究基础 (13)
一 平台经济的基础概念 (13)
二 平台经济的核心理论 (16)
三 互联网背景下平台经济发展的相关研究 (21)
第二节 商业舞弊的研究基础 (25)
一 商业舞弊行为的基础概念 (25)
二 商业舞弊行为的理论研究 (26)
第三节 现有研究的综合评述 (35)
一 平台经济中各要素主体的互动"黑箱"尚未打开 (36)

二　平台经济发展中出现的关键问题的研究深度不够 …………… (37)
　　三　商业舞弊行为的研究情境与经济发展出现了脱节 …………… (38)
　　四　商业舞弊行为的动态过程机制研究尚缺乏系统性 …………… (38)
第四节　研究命题的聚焦提出 ………………………………………… (39)
本章小结 ………………………………………………………………… (40)

第三章　平台经济视域下商业舞弊行为的综合表现 …………………… (41)
第一节　平台经济三大市场主体的划分与界定 ……………………… (41)
　　一　平台提供者 ……………………………………………………… (42)
　　二　需求方用户 ……………………………………………………… (42)
　　三　供应方用户 ……………………………………………………… (42)
第二节　基于合作关系紧密度的主流平台分类 ……………………… (43)
　　一　交易工具型平台 ………………………………………………… (44)
　　二　价值共创型平台 ………………………………………………… (45)
第三节　平台经济视域下商业舞弊行为的表现 ……………………… (47)
　　一　平台经济视域下商业舞弊行为表现的模型构建 …………… (47)
　　二　平台经济视域下商业舞弊行为表现的内容分析 …………… (54)
第四节　平台经济视域下商业舞弊行为的特征 ……………………… (63)
　　一　隐蔽性 …………………………………………………………… (63)
　　二　复杂性 …………………………………………………………… (64)
　　三　圈层性 …………………………………………………………… (66)
本章小结 ………………………………………………………………… (67)

第四章　平台经济视域下商业舞弊行为的成因分析：平台提供者视角 ………………………………………………………………… (69)
第一节　平台提供者商业舞弊行为的成因机制分析 ………………… (70)
　　一　平台提供者商业舞弊行为的成因分析——内部视角 ……… (70)
　　二　平台提供者商业舞弊行为的成因分析——外部视角 ……… (78)
第二节　平台提供者商业舞弊行为成因的案例研究 ………………… (80)
　　一　案例概况 ………………………………………………………… (80)
　　二　验证方法 ………………………………………………………… (83)
　　三　质性检验 ………………………………………………………… (84)
第三节　平台提供者商业舞弊行为成因的案例讨论 ………………… (91)

本章小结 …………………………………………………………… (92)

第五章 平台经济视域下商业舞弊行为的成因分析：供应方用户视角 …………………………………………………………… (94)

第一节 供应方用户商业舞弊行为的成因机制分析 ………… (94)
一 理论基础 ……………………………………………………… (95)
二 机制框架 …………………………………………………… (105)

第二节 供应方用户商业舞弊行为形成的博弈分析 ………… (107)
一 供应方用户和政府监管方的博弈模型 …………………… (108)
二 供应方用户和平台提供者的博弈模型 …………………… (111)
三 供应方用户和需求方用户的博弈模型 …………………… (115)

第三节 供应方用户商业舞弊行为扩散的博弈分析 ………… (119)
一 基本假设 …………………………………………………… (119)
二 参数设置 …………………………………………………… (120)
三 模型五建立 ………………………………………………… (120)
四 模型五求解 ………………………………………………… (121)

第四节 供应方用户商业舞弊行为的博弈结果讨论 ………… (121)
一 形成阶段的博弈模型结果讨论 …………………………… (121)
二 扩散阶段的博弈模型结果讨论 …………………………… (125)

本章小结 ………………………………………………………… (126)

第六章 平台经济视域下商业舞弊行为的成因分析：需求方用户视角 …………………………………………………………… (127)

第一节 需求方用户商业舞弊行为的成因机制分析 ………… (127)
一 理论基础 …………………………………………………… (127)
二 假设提出 …………………………………………………… (136)

第二节 需求方用户商业舞弊行为成因的实证分析 ………… (145)
一 研究设计的基础 …………………………………………… (145)
二 研究变量的测量 …………………………………………… (146)
三 研究样本的描述性统计 …………………………………… (151)
四 问卷量表信度、效度检验 ………………………………… (152)
五 网络刷单行为意图的成因分析和模型修正 ……………… (154)
六 知假买假行为意图的成因分析和模型修正 ……………… (160)

　　　　七　好评返现行为意图的成因分析和模型修正 ………… （166）
　　　　八　职业差评行为意图的成因分析和模型修正 ………… （172）
　　第三节　需求方用户商业舞弊行为的实证结果讨论 ………… （177）
　　　　一　商业舞弊行为本质——机会主义行为 ……………… （177）
　　　　二　商业舞弊行为形成——利益驱动作用 ……………… （178）
　　　　三　商业舞弊行为扩散——社会网络传播 ……………… （179）
　　本章小结 ……………………………………………………… （180）

第七章　平台经济视域下商业舞弊行为的治理框架 ……… （181）
　　第一节　平台商业生态系统的演化与商业舞弊行为治理 …… （182）
　　　　一　我国平台商业生态系统的演化 ……………………… （182）
　　　　二　演化中商业舞弊行为治理实践 ……………………… （184）
　　第二节　平台经济视域下商业舞弊行为治理的模型构建 …… （187）
　　　　一　平台经济视域下商业舞弊行为的综合成因分析 …… （187）
　　　　二　平台经济视域下商业舞弊行为的具体治理方向 …… （190）
　　　　三　平台经济视域下商业舞弊行为治理的理论基础 …… （192）
　　　　四　平台经济视域下商业舞弊行为的协同共治框架 …… （196）
　　第三节　平台经济视域下商业舞弊行为治理的策略分析 …… （197）
　　　　一　平台经济视域下商业舞弊行为的治理策略 ………… （197）
　　　　二　平台经济视域下商业舞弊行为的治理措施 ………… （202）
　　本章小结 ……………………………………………………… （205）

第八章　政府视角下商业舞弊行为的协同治理策略 ……… （207）
　　第一节　研究方法说明 ………………………………………… （207）
　　　　一　案例选择 ……………………………………………… （207）
　　　　二　资料来源 ……………………………………………… （208）
　　第二节　中央政府层面的协同治理案例分析 ………………… （209）
　　　　一　中央网络安全和信息化委员会的治理实践 ………… （209）
　　　　二　中央政府层面的协同治理机制和对策启示 ………… （214）
　　第三节　地方政府层面的协同治理案例分析 ………………… （220）
　　　　一　江苏省工商管理部门的协同治理具体实践 ………… （221）
　　　　二　地方政府层面的协同治理机制和对策启示 ………… （226）
　　第四节　政府行动层面的协同治理案例分析 ………………… （233）

一　"3·15"晚会中政府的协同治理具体实践 …………………（233）
　　二　12301平台政府的协同治理具体实践 ……………………（237）
　　三　政府行动层面的协同治理机制与对策启示 ………………（241）
　第五节　多案例对比分析 ……………………………………………（248）
　　一　协同治理实践的复制检验 …………………………………（249）
　　二　协同治理机制的归纳总结 …………………………………（250）
　本章小结 ………………………………………………………………（255）

第九章　平台视角下商业舞弊行为的协同治理策略 ……………（256）
　第一节　协同治理概述 ………………………………………………（256）
　　一　平台提供者的主体责任 ……………………………………（257）
　　二　平台提供者的治理概述 ……………………………………（259）
　第二节　研究方法说明 ………………………………………………（264）
　第三节　领先平台企业主导的协同治理案例分析 …………………（265）
　　一　个案分析——深圳市腾讯计算机系统有限公司 …………（265）
　　二　个案分析——阿里巴巴网络技术有限公司 ………………（281）
　　三　腾讯和阿里巴巴的组内案例对比分析 ……………………（295）
　第四节　旅游平台企业主导的协同治理案例分析 …………………（299）
　　一　个案分析——携程旅行网 …………………………………（299）
　　二　个案分析——爱彼迎公司 …………………………………（312）
　　三　组内案例对比分析 …………………………………………（323）
　第五节　多案例对比分析 ……………………………………………（328）
　　一　协同治理实践的复制检验 …………………………………（328）
　　二　协同治理机制的复制检验 …………………………………（329）
　本章小结 ………………………………………………………………（330）

第十章　平台经济视域下商业舞弊行为的研究总结 ……………（332）
　第一节　研究结论 ……………………………………………………（332）
　　一　对平台经济视域下商业舞弊行为的现象剖析的研究 ……（332）
　　二　对平台经济视域下商业舞弊行为的成因分析的研究 ……（333）
　　三　对平台经济视域下商业舞弊行为的协同治理的研究 ……（335）
　第二节　研究启示 ……………………………………………………（336）
　　一　提升平台经济视域下商业舞弊行为治理意识 ……………（336）

二　运用类别思维区分商业舞弊行为治理的客体 …………（338）
　　三　应用协同理念联合商业舞弊行为治理的主体 …………（340）
第三节　研究展望 ……………………………………………………（344）
　　一　理论研究方面，平台经济视域下商业舞弊行为的协同治理
　　　　研究需要更完善 ……………………………………………（344）
　　二　应用研究方面，平台经济视域下商业舞弊行为的协同治理
　　　　研究需要更落地 ……………………………………………（345）
　　三　实证研究方面，平台经济视域下商业舞弊行为的协同治理
　　　　研究需要更全面 ……………………………………………（347）
　　四　研究方法方面，平台经济视域下商业舞弊行为的协同治理
　　　　研究需要更丰富 ……………………………………………（348）

附录　第六章相关的分析表格 …………………………………（350）
　　一　淘宝刷单行为意图的分析 …………………………………（350）
　　二　知假买假行为意图的分析 …………………………………（353）
　　三　好评返现行为意图的分析 …………………………………（356）
　　四　职业差评行为意图的分析 …………………………………（359）

参考文献 ……………………………………………………………（362）

第一章 绪论

党的十九大明确指出，中国已经进入中国特色社会主义新时代，社会主要矛盾从"人民日益增长的物质文化需求与落后的社会生产之间的矛盾"转向"人民日益增长的美好生活需要与不平衡不充分的发展之间的矛盾"。美好生活成为新时代最重要的关键词。本书认为，人民的美好生活应该包括：美好的政治生活、美好的物质生活、美好的精神生活、美好的生态生活、美好的社会生活等。从经济增长与发展的维度来看，中国经济已经从高速增长阶段走向高质量发展阶段，从追求经济增长的规模、速度走向追求经济增长的质量和效益。伴随着互联网、物联网、大数据、5G和人工智能等信息化技术的革命，中国经济的网络化、数字化、平台化等趋势日益增强，在不断提升中国经济在世界范围内贡献和实力的同时，随之而来的社会问题也不断凸显，给社会安全稳定和可持续发展带来了巨大的负面影响。

以中国的互联网商业平台经济为例，平台经济本是经济发展中的一种高级形态，供应商在平台上供应商品，消费者在平台上购买商品，其他广告商、金融商、物流商、售后服务商等利益相关者在平台上发挥作用并获取相应利益，大大减少了信息搜索成本、交易成本、违约索赔成本等，提升了商业经济的效率和效益。但值得注意的是，在平台交易给社会公众带来便利和实惠的同时，一些以"假冒伪劣、虚假交易、隐私泄露、商业欺诈、恶性竞争"等为代表的商业舞弊行为给公众带来了物质与精神的双重伤害，也给社会秩序的稳定、和谐埋下了不安定因素，这明显违背党和国家对"美好生活"的界定和追求。如何有效治理平台经济快速发展过程中存在的各类商业舞弊行为，既关乎广大人民群众的日常工作与生活，也影响着国家的社会稳定和长治久安。

基于上述思考，本书以"平台经济视域下商业舞弊行为的协同治理"为主题,重在深度剖析如下问题:平台经济视域下商业舞弊行为有没有发生"型变"和"质变"?传统的商业舞弊治理思路和方法是否适用于平台经济视域下的商业舞弊行为治理?能否从"平台"这一特殊组织本身找到商业舞弊行为的治理办法?等等。为解决上述疑问,本书将商业舞弊行为置于"平台经济"这一具体情境中,着重揭开平台经济视域下商业舞弊行为产生过程与治理过程的"黑箱",围绕平台经济视域下商业舞弊行为的表现与特征、成因、治理对策,解答"是什么—为什么—怎么样"三大核心问题,从而形成了本书的系统成果。本章作为开篇章节,对本次研究进行了整体构思和设计,构建起了研究的总体框架。

第一节 研究背景与意义

一 现实背景与意义

平台经济视域下商业舞弊行为的大量涌现:随着新一代信息技术的广泛应用,平台经济作为崭新的业态横跨诸多产业门类,呈几何倍数增长趋势(史建勇,2013)。[①] 尤其随着"互联网+"应用的常态化,互联网的平台性特征和价值也日益显现,孕育出了多种互联网平台型的商业模式、服务模式与营销模式,包括各类信息提供平台、购物平台、打车平台、订餐平台、直播平台、金融平台等。上述互联网平台为开展线上交易活动提供了重要载体,改变了平台企业与平台用户多个主体之间的交互方式,显著提高了用户获得产品和服务的效率(杨善林等,2016)。[②] 然而,值得注意的是,由于平台企业拥有平台资源配置权,这种配置权很容易沦为平台企业的权力寻租手段,从而滋生各类腐败和舞弊现象。以购物平台为例,商业舞弊行为具体表现为:"信用交易",删差评、刷信誉成为卖家与员工的私下交易标的;"流量交易",卖家支付费用即可获得促销名单等流量支持,学习创新意愿大大衰减;"钱权交易",员工以平台资源配

---

① 史建勇:《优化产业结构的新经济形态——平台经济的微观运营机制研究》,《上海经济研究》2013 年第 8 期。

② 杨善林、周开乐、张强等:《互联网的资源观》,《管理科学学报》2016 年第 1 期。

置权入股平台店铺,严重破坏了网络市场的公平竞争秩序(汪旭晖和张其林,2015)。①

平台经济视域下商业舞弊行为的严重危害与治理困境:由于平台用户类型多样、规模庞大,而平台交易行为虚拟性强、关联紧密,基于互联网平台的商业舞弊行为往往不单是内部员工的个体舞弊,更多表现为平台各主体之间的群体舞弊或联合舞弊。例如2016年"魏则西事件"背后是信息搜索平台、民营医院、部队医院等多个主体之间的共同舞弊,造成了极为恶劣的社会影响。而这种群体舞弊或联合舞弊甚至催生了如"刷单平台"在内的多种灰色产业链,严重损害了平台用户的利益,阻碍了商业领域合规新环境的重塑。此外,与单个企业相比,平台经济视域下的商业舞弊行为类型更为复杂、影响更为广泛与恶劣,例如某视频网站违规涉黄事件、某旅游电商平台违规销售"积分票"事件、某搜索平台"无核查和验证"的竞价排名事件、某打车平台的顺风车"命案"事件、某购物平台的"假货"事件等,上述事件均引起了社会的广泛关注和热议。在治理方面,平台经济视域下商业舞弊行为的治理难度也大幅增加,一方面,传统的财务内控手段在该类商业舞弊行为的治理上往往呈现"微效"甚至"无效"状态;另一方面,由于该类商业舞弊行为涉及主体多、形式复杂、手段隐蔽,单靠某一主体的力量难以有效遏制、打击、治理舞弊现象,而一旦治理不当将对相关利益主体造成不可逆转的损失。

平台经济视域下商业舞弊行为治理的研究聚焦与现实意义:如上所述,在我国正式步入制度反腐全球浪潮的当下,平台经济视域下商业舞弊行为的治理势在必行,本书在正视"平台经济"这一新情境下可能产生的新式商业舞弊行为后,思考以下问题:商业舞弊行为有哪些新的表现与特征?舞弊治理过程中遇到了哪些实践困境?哪些舞弊行为无法通过内控得到有效治理?本书应该秉持什么样的治理理念和思路?能否找到更为有效的协同治理机制与手段?等等。基于此,本书对平台经济视域下商业舞弊行为的内涵、表现与特征进行了解读,并构建了平台经济视域下商业舞弊行为的协同治理框架与对策建议,拟突破传统的内控治理手段,创新舞弊治理

---

① 汪旭晖、张其林:《平台型网络市场"平台——政府"双元管理范式研究——基于阿里巴巴集团的案例分析》,《中国工业经济》2015年第3期。

更为有效的机制与手段,一方面为正在实践中的平台企业提供舞弊治理的理论指导,另一方面通过案例研究和规律总结,构建起具有一定普适性的商业舞弊治理框架,真正助力我国平台经济的安全、健康与可持续发展。

二 理论背景与意义

平台经济视域下商业舞弊行为治理研究的现状与不足:商业舞弊行为及其治理研究源于学术界对资本市场中不断出现的企业恶性舞弊事件的现实反思,20世纪70年代,商业舞弊和反舞弊的理论研究开始出现。纵观文献,国外学者最早构建了该主题研究的理论基础,侧重剖析商业舞弊行为的成因和风险因素,由此形成了舞弊动因理论;国内学者以应用研究为主,主要以舞弊动因理论解析我国商业舞弊现象,并做出若干治理对策思考。有关商业舞弊治理的理论研究与应用性研究思路清晰,成因理论与治理对策等较为丰富的研究成果构成了本书的科学基础。但当前研究尚存在待补充与发展之处:第一,理论研究方面,舞弊成因理论的研究视角基于组织和个体维度的企业自身分析,较少涉及外部因素的考量,忽视了生态圈内、产业链上相关企业舞弊行为产生的影响。第二,治理研究方面,国内研究以国外学者提出的舞弊成因理论为基础,尤其以舞弊三角形理论为主,由此提出的舞弊治理对策局限于"内部"视角,缺少外部视角的探讨。第三,情境研究方面,当前研究较少考虑情境因素,有关商业舞弊的内涵、类型理解尚局限于财务舞弊、会计舞弊、管理舞弊等。在电子商务快速发展、平台经济日渐崛起的当下,商业舞弊研究不应再局限于财会视角,已有学者开始关注电子商务舞弊风险防范(张健等,2005),[①]但平台经济视域下商业舞弊行为的深度研究、系统研究明显不足。

平台经济视域下商业舞弊行为治理研究的理论突破与研究价值:本书将商业舞弊行为治理研究置于"平台经济"这一具体情境中,尝试突破原有财会视角的商业舞弊理解,从平台经济这一视角重新认识商业舞弊的内涵、表现、特征,同时,尝试突破原有内部视角的商业舞弊治理,从平台企业内外协同的视角,探索更有效的治理模式与路径。上述研究构建了

---

① 张健、刘斌、吴先聪:《财务舞弊、家族控制与上市公司高管更替》,《管理工程学报》2015年第2期。

平台经济视域下商业舞弊行为的形成、扩散和影响机制及治理框架，从一定程度上丰富了虚拟环境下商业舞弊行为的治理理论。具体来看：一是丰富了商业舞弊行为的情境研究，在平台经济视域下按照"现象到本质"、"协同治理到应对策略"的研究逻辑，形成"现象与成因—困境与治理—机制与对策"的系统研究体系，创新和完善新情景下商业舞弊行为问题的研究。二是完善了商业舞弊行为的成因研究，本书从"平台提供者、平台供应方用户、平台需求方用户"三个维度进行成因剖析，形成了多维、多角度研究的成因解释理论。三是创造性地构建了"4W—4S—2C—4G"[①]的商业舞弊行为治理框架与模型。本书突破以政府或市场为主导的单一化治理思路，切实构建了政府、平台企业、社会协同推进的多情境治理体系，从制度、组织、技术、文化的协同治理角度探索了更为有效的治理模式与路径。

第二节 研究内容与框架

围绕"平台经济视域下商业舞弊行为的协同治理"这一研究主题，本书拟达成的预期目标如下：第一，在平台经济语境下对商业舞弊行为有新的界定和认识，形成本书的新概念。第二，形成一个科学严谨并符合我国平台经济发展实际，用以揭开平台经济视域下商业舞弊行为形成"黑箱"的舞弊成因理论。第三，深入追踪和研究某一类平台，形成能够揭示该类平台企业舞弊治理规律的实践案例。第四，形成一套既有理论高度又有指导意义的商业舞弊治理方案。为此，本书对平台经济视域下商业舞弊行为的表现与特征、成因、治理对策进行了深层次挖掘，主要研究内容共分为十章，其逻辑如图1-1所示，主要包括了基础研究、现象剖析、成因分析、治理框架以及结论启示这五大核心部分。

一 基础研究

第一章为绪论，系统梳理本次研究的背景与意义、研究思路与框架、

[①] 4W—4S—2C—4G：4W（四弱）是舞弊行为成因，即弱发现、弱惩罚、弱协同、弱自律；4S（四强）是舞弊行为的治理方向，即强发现、强惩罚、强协同、强自律；2C是指主体协同和路径协同这两条核心治理策略；4G是指制度、组织、文化和技术这四种治理手段组合。

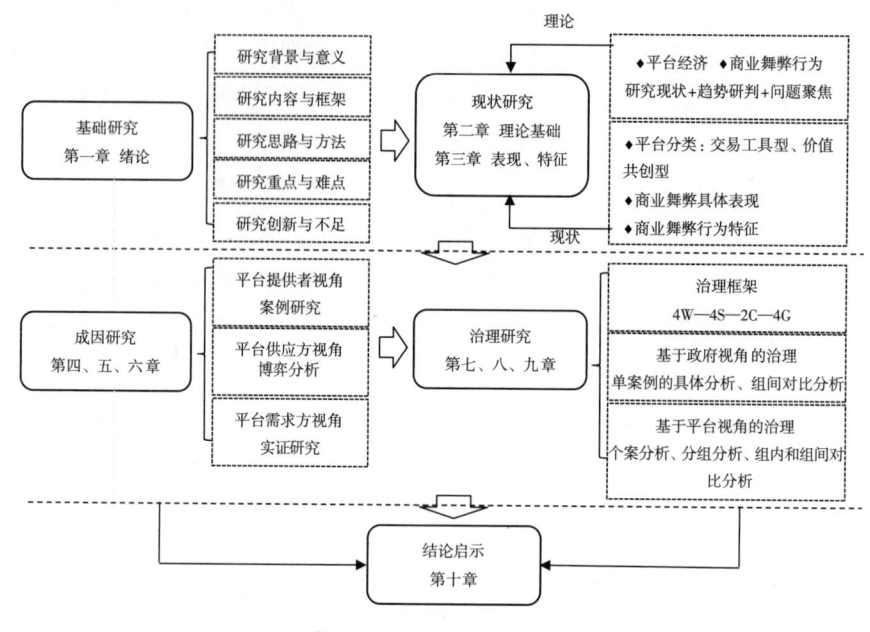

图 1-1　研究框架与逻辑

研究方法、研究重点与难点、研究的创新与不足，既对本次研究起到了一个统领作用，又对本次研究存在的不足进行了剖析总结，为该议题的进一步研究奠定了良好基础。

二　现状研究

第二章为平台经济视域下商业舞弊行为的研究基础。本章通过对平台经济和商业舞弊行为的文献研究进行梳理，把握当前的主要研究成果、趋势和机会，为"平台经济视域下商业舞弊行为"这一研究命题的提出和研究模型的建构奠定理论基础。本章通过对信息技术和互联网时代的背景分析，认为平台经济的活跃程度与日俱增，逐步受到多方的关注和重视。平台经济的兴起和发展在创造社会经济效益的同时也滋生了新型舞弊现象，影响广泛，如购物平台上删除差评、刷单等成为商家与员工的私下交易标的，商家支付费用获得促销名单，等等。在学术研究中，本章通过文献梳理，认为平台经济的相关探索还处于初始阶段，而舞弊行为的研究虽然成果较为丰富，但是研究对象和领域往往局限于上市公司、财务和会计舞弊等，需要进一步突破。

第三章为平台经济视域下商业舞弊行为的综合表现。本章清楚地梳理了平台经济视域下商业舞弊行为的具体表现。首先根据平台上平台提供者、供应方用户和需求方用户三方主体之间联合方式以及平台提供者与其他两方要素主体联合密切程度的不同，将平台主体间的联合模式分成了"交易工具型平台"和"价值共创型平台"两种。然后，基于平台上现存的大量舞弊现实，针对两类平台上舞弊行为的具体表现和发生规律，对平台经济视域下商业舞弊行为的本质进行了分析，得出商业舞弊行为的特征，以便于后续章节能够依据平台经济视域下商业舞弊行为的独有表现和特征更加有针对性地进行舞弊行为的成因分析和治理对策研究。

三　成因研究

第四章是平台经济视域下商业舞弊行为的成因分析：平台提供者视角。本章从内部视角和外部视角分析平台提供者商业舞弊行为的成因机制，构建了平台提供者商业舞弊行为的形成机制框架，详细分析内部视角下平台提供者在不同发展阶段中舞弊利益与舞弊成本之间比较的理性决策过程，以及外部视角下技术监管水平、制度监管水平和社会文化水平等影响因素的作用。之后，以某电商购物平台为研究对象，基于扎根理论，采用案例追踪法、三角验证法，对相关访谈内容进行三级编码登录，验证平台提供者商业舞弊行为成因机理假设。最后，讨论平台提供者商业舞弊行为成因并得出结论，提出了平台提供者商业舞弊行为成因的三大特性：比较相对性、阶段倾向性、影响综合性。

第五章是平台经济视域下商业舞弊行为的成因分析：供应方用户视角。本章旨在从平台供应方用户（即商家）视角对其在平台上的商业舞弊行为的成因进行机制分析和模型构建。首先通过"困境诱发—行为形成—行为扩散"的逻辑过程对商家舞弊行为的形成和扩散进行了理论建构，形成平台经济视域下商家商业舞弊行为的机制框架，然后运用博弈论方法分别对商家商业舞弊行为的形成博弈模型和扩散博弈模型进行了建立、求解、分析和讨论。

第六章是平台经济视域下商业舞弊行为的成因分析：需求方用户视角。本章旨在从平台需求方用户（即消费者）视角对其在平台上的商业舞弊行为的成因进行机制分析、实证研究以及结果讨论。在平台需求方视角下，本章主要以计划行为理论、动机理论、自我决定理论以及舞弊风险因子理论作为理论基础，分析影响需求方用户实施商业舞弊行为的原因，并构建了理论模型和假设，通过实证分析修正了需求方用户商业舞弊行为成因的理论模型。

四 治理研究

第七章是平台经济视域下商业舞弊行为的治理框架。本章从互联网平台经济的发展历史回顾出发，以商业生态系统理论为研究坐标，将平台商业生态系统的发展历程和商业舞弊治理轨道相结合，进行了商业舞弊行为治理阶段的划分。其次，在分析商业舞弊行为基础上提出弱发现、弱惩罚、弱协同和弱自治（4W）是商业舞弊行为的内在动因，在此基础上提出强发现、强惩罚、强协同和强自律（4S）的商业舞弊治理方向，并构建了以"主体协同、路径协同"为治理策略（2C），以"制度治理、组织治理、技术治理、文化治理"为治理路径（4G）的多中心协同治理框架，创新性地提出了"4W—4S—2C—4G"治理模型。在此基础上，从主体协同和路径协同的主旨出发，提出"多主体协同、各中心集聚"以及"多路径协同，四管齐下"的商业舞弊行为治理策略。最后，在"双协同"策略指导下，从政府、平台企业和社会主体角度，提出了具体的治理措施。

第八章是政府视角下商业舞弊行为的协同治理策略。具体包括案例比较、机理探索与对策思考。本章以政府主导的视角出发，选取政府主体层面的中央网信办与江苏省工商局两大案例，以及行动层面的3·15晚会和12301平台两大案例，进行单案例的具体分析和多案例的比较分析。单案例分析意在归纳相关主体的舞弊治理实践，验证主体协同以及路径协同，构建协同网络图，并总结出单案例下的协同机理与对策；多案例比较分析意在通过案例之间的对比分析，提炼共性来反复复制验证主体协同和路径协同，并归纳总结出政府视角下商业舞弊行为的协同治理机制，即"资源整合—利益整合—信息整合—动态优化"。

第九章是平台视角下商业舞弊行为的协同治理策略。具体包括案例比较、机制探索与对策思考。本章继续对第七章的治理框架进行实证和进一步深化，主要通过分析腾讯、阿里巴巴、携程和爱彼迎四个平台型企业案例，探讨平台提供者，即平台企业作为平台经济的兴起者、主导者，如何发挥其独特的主导优势从制度、组织、技术、文化四个层面来实施协同治理。其中，腾讯公司和阿里巴巴公司代表了当前国内相对较为成熟的平台企业，并且均专注于提供电商平台服务；携程公司和爱彼迎公司则属于正在快速成长中的新兴旅游服务平台。通过对腾讯、阿里巴巴、携程和爱彼迎四个案例的个案分析、案例分组分析、组内和组间案例对比分析，本章对本书提出的"主体协同+路径协同"的协同治理框架进行了多案例的复制验证。在验证协同治理框架的基础上，本章还对"主体如何协同"和"路径如何协同"这两个问题进行了协同机制层面的深入探索，针对每一个案例绘制了主体协同和路径协同脉络图，然后找寻共通点，提出和验证了"目标协同—供需协同—横向协同—纵向协同"这一协同机理，具化和丰富了前文提出的协同治理思路。

五　结论启示

第十章是平台经济视域下商业舞弊行为的研究总结。本章在整理全文的基础上进行了研究概括与总结，同时也对本书的未来研究方向和思路进行了思考和展望。本书认为，应该提升平台经济视域下商业舞弊行为的治理践行意识，应重新认识平台经济视域下商业舞弊的内涵与特征、治理客体等，对助推平台经济可持续健康发展具有一定的贡献。在未来研究中，还需要加强理论研究的深入性、实证研究的规范性和对策研究的应用性。

第三节　研究思路与方法

如图1-1所示，本书按照"现状研究—成因研究—对策研究"的逻辑思路，采取规范分析与实证分析相结合的方法，运用多种现代经济学分析技术，采用多层次的数据（宏观统计数据、微观调查数据以及典型案例资料），借助现代计算机工具完成研究任务。主要应用的研究方法如下：

一是文献研究法。文献研究法主要应用于第二章的平台经济与商业舞弊研究现状分析，对平台经济的概念、理论基础和商业舞弊的概念、类型、治理等进行了文献梳理，从而进行了平台经济视域下商业舞弊行为的概念界定与理论框架构建。此外，文献综述法还充分应用于成因分析的三章中，通过文献的理论分析奠定成因研究的理论依据，为本书构建模型、明确变量、厘清假设提供了夯实的文献支撑。

二是模型构建法。本书通过充分的理论分析和论证，重点构建了"4W—4S—2C—4G"的商业舞弊行为治理框架与模型，通过4W（Weakness）厘清了平台经济视域下商业舞弊行为的综合成因，即弱发现、弱惩罚、弱协同、弱自律；通过4S（Strength）明确了商业舞弊行为的治理方向，即强发现、强惩罚、强协同、强自律；通过2C（Cooperation）指出了主体协同和路径协同这两条核心治理策略；通过4G（Governance）优化了制度、组织、文化和技术这四种治理手段组合。

三是扎根分析法。扎根分析法主要应用于第三章平台经济视域下商业舞弊行为的具体表现和特征分析，本书通过实地访谈、二手资料数据分析对商业舞弊行为的具体类型进行了深度的归类分析，对商业舞弊行为的特征进行了共性因素提取。

四是博弈分析法。博弈分析法主要应用于第五章平台供应方的商业舞弊行为成因分析，通过"困境诱发—行为形成—行为扩散"的逻辑过程对商家舞弊行为的形成和扩散进行理论构建，形成平台经济视域下商家的商业舞弊行为的机制框架，然后运用博弈论方法分别对商家的商业舞弊行为的形成博弈模型和扩散博弈模型进行了建立、求解、分析和讨论。

五是实证研究法。统计分析法主要应用于第六章平台需求方的商业舞弊行为成因分析，本书结合文中构建的商业舞弊行为成因理论模型提出相应的假设模型，根据假设模型对平台上需求方用户商业舞弊行为成因进行实证分析，并对通过文献梳理构建出的理论模型进行修正，得出基于实证和数据分析基础之上更为科学的需求方商业舞弊行为成因模型。

六是案例研究法。案例研究法主要应用于第四章、第八章和第九章。首先，第四章以某平台为例，通过案例研究法深度分析了该平台提供者实施商业舞弊行为的成因。第八章选取政府主体层面的中央网信办与江苏省工商局两大案例，以及行动层面的12301平台与3·15晚会两大案例，分别进行了单案例的具体分析、多案例的比较分析。第九章则通过对腾讯公司、阿里巴巴、携程公司和爱彼迎公司四个案例的个案分析、案例分组分析、组内和组间案例对比分析，提出了适当的主体协同和路径协同对策启示。

第四节 研究重点与难点

一 研究的重点

研究重点一：厘清平台经济视域下商业舞弊行为的表现形式及特征，即解答"是什么"问题。本书认为，平台经济具有开放性、共享性、关联性、虚拟性等特征，由此带来商业舞弊在概念、类型、特征等方面的延伸。因此，有效识别平台经济视域下商业舞弊行为的表现形式及特征是本次研究的起点。本书根据平台提供者、供应方用户和需求方用户三方主体之间的合作方式，以及平台提供者与其他两方要素主体合作的密切程度，将平台主体间的合作模式分成了交易工具型平台和价值共创型平台两种，并基于对两类平台上现存的大量舞弊现实的扎根研究，依据商业舞弊行为的具体表现和发生规律，对两类平台上的舞弊行为本质特征进行了论证和分析。

研究重点二：明确平台经济视域下商业舞弊行为的形成过程和作用机制，即解答"为什么"问题，重点揭开平台经济视域下商业舞弊行为的形成过程"黑箱"。本书认为，平台经济的特殊性使得商业舞弊行为不再局限于单个企业，传统内部视角的舞弊成因理论无法全面解释舞弊的成因，因此在归因过程中，要"内外兼顾"。本书分别从平台提供者、供应方用户、需求方用户三个维度，充分应用实证分析、案例分析、博弈分析等研究方法，深度剖析了平台经济视域下不同主体形成、产生、扩散舞弊行为的成因，由此形成4W的综合成因分析结论。

研究重点三：构建平台经济视域下商业舞弊行为的治理框架和实现路径，即解答"怎么样"问题，重点揭开平台经济视域下商业舞弊行为的治理过程"黑箱"。本书认为，平台经济视域下商业舞弊行为的治理框架应该遵循"内外协同治理"理念，并在协同治理理念指导下形成多路径的行动方案。通过多案例分析、单案例分析、组内案例对比分析、组间案例对比分析，本书提出了4S的舞弊治理方向，并构建了内含2C即"主体协同+路径协同"的治理策略，在归纳探索和反复检验基础上提出了思路清晰的4G协同治理手段组合，由此形成了从机制到措施、从框架到路径的商业舞弊行为协同治理实现方式。

二 研究的难点

数据获取难：平台生态圈本身具有主体多元性和关联复杂性，覆盖领域范围非常广，同时不同平台之间又存在差异，可获取数据较为缺乏，因此要提取平台经济下商业舞弊行为表现的共性因素难度非常大。在数据、资料较为匮乏的情况下，需要利用什么样的研究方法来全面、科学地界定平台经济语境下商业舞弊行为的内涵与特征，从而全面地归类各种舞弊行为是一大难点。

理论构建难：商业舞弊行为的发生具有多源性，诸多成因具有"内隐性"，且在新情境下平台经济的网络特性导致参与舞弊行为的涉及主体之多、领域之广，要全面归因难度较大。因此要系统科学地构建理论模型，对三大主体的商业舞弊行为成因进行系统的整合分析比较困难。

方法选取难：本书虽已设计了制度治理、组织治理、技术治理、文化治理四条路径，但每条路径都是一个相对独立又有关联性的课题，在制度梳理、组织内功能整合方面难度都较大，找到可验证治理框架的相关案例再进行筛选，明确找到具有代表性的案例总结经验来体现路径协同和主体协同较为困难，同时要在多案例中提取共性建立协同治理机制，需要保证治理框架的系统性和科学性，以及保障治理对策的合理性和可操作性。

第二章 平台经济视域下商业舞弊行为的研究基础

随着信息技术的迭代升级和互联网的飞速发展,平台经济的活跃程度与日俱增,平台经济已经成为社会经济生活中最有活力的一部分。然而,平台经济的兴起和发展在创造社会经济效益的同时也滋生了新型舞弊现象,且影响广泛,如平台提供者和平台供应方用户、平台需求方用户之间的串谋舞弊行为,表现为在购物平台上删除差评、刷单、商家支付费用获得促销名单等。平台经济视域下商业舞弊行为的内涵和特征是什么?为什么会发生?如何对其进行有效治理?对上述问题的思考成为"平台经济视域下商业舞弊行为的协同治理"这一研究命题的提出背景,同时,多年来学界对于平台经济和商业舞弊行为的研究成果也为这个新的跨领域命题提供了一定的理论基础。本章通过对平台经济和商业舞弊行为的相关文献进行梳理,把握当前研究前沿和趋势,为"平台经济视域下商业舞弊行为的协同治理"这一命题的提出和研究奠定基础。

第一节 平台经济的研究基础

在对平台经济的研究中,学者们试图回答以下基本问题:平台经济的概念是什么?平台经济的理论基础是什么?平台经济发展中的问题有哪些以及如何治理?本节主要从"平台经济的基础概念、平台经济的核心理论基础和互联网背景下平台经济发展的问题研究"三个部分着手对相关文献进行梳理,厘清平台经济的定义、内涵和组成要素,明确平台经济运行的核心理论,为后续研究奠定基础。

一 平台经济的基础概念

对于平台经济的发展历史,史建勇(2013)将其划分为三个阶段:

第一个阶段是以实体商品集散地为主要表现形式的平台经济,如传统的商场;第二个阶段是以提供服务业实体平台为表现形式的平台经济,如证券交易所;第三个阶段是以提供信息虚拟平台为最新表现形式的平台经济,如淘宝。[1] 由此可见,平台经济有着悠久的发展历史,从古代的集市到如今的商场都具备平台经济的特征(丁宏和梁洪基,2014)[2]。然而,在信息技术和互联网革命的冲击下,在经济全球化、价值网络重构等复杂背景下,平台经济发生了新的演变,并顺势得到了迅猛的发展,平台经济具备了前所未有的竞争力,成为商业模式的主流(李鹏和胡汉辉,2016)[3],故而,本书着重对第三阶段的平台经济进行聚焦。

关于平台经济的概念和内涵,多数学者认为平台经济是一种经济体(Roson,2005),[4] 是一种现实或虚拟空间,该空间可以导致或促成双方或多方客户之间的交易(徐晋和张祥建,2006)[5]。随着研究的深入,有学者进一步提出平台经济是以多元、多边主体需求为核心,依托技术且具有整合性质的经济形态(丁宏和梁洪基,2014;叶秀敏,2016)[6][7]。在平台运营者、平台参与者以及平台运行规则三大要素构成的基础上,依托新一代信息技术(移动互联、云计算、大数据、物联网),平台运营者遵循"一方投入多方获益"的运行规则,系统地开发、集聚要素资源,在让平台参与者获益的同时,也开发出让自身可持续增值的商业模式的经济形态(史建勇,2013)[8]。同时,部分学者在平台经济的概念中也强调平台经济

---

[1] 史建勇:《优化产业结构的新经济形态——平台经济的微观运营机制研究》,《上海经济研究》2013年第8期。

[2] 丁宏、梁洪基:《互联网平台企业的竞争发展战略——基于双边市场理论》,《世界经济与政治论坛》2014年第4期。

[3] 李鹏、胡汉辉:《企业到平台生态系统的跃迁:机理与路径》,《科技进步与对策》2016年第10期。

[4] Roson R. Auctions in a Two-Sided Network: The Market for Meal Voucher Services [J]. *Networks and Spatial Economics*, 2005, 5 (4): 339-350.

[5] 徐晋、张祥建:《平台经济学初探》,《中国工业经济》2006年第5期。

[6] 丁宏、梁洪基:《互联网平台企业的竞争发展战略——基于双边市场理论》,《世界经济与政治论坛》2014年第4期。

[7] 叶秀敏:《平台经济的特点分析》,《河北师范大学学报》2016年第2期。

[8] 史建勇:《优化产业结构的新经济形态——平台经济的微观运营机制研究》,《上海经济研究》2013年第8期。

的双边市场性质（Rochet 和 Tirole，2006），① 认为平台经济以双边市场为载体，以"平台"为核心，通过实现两种或多种类型顾客之间的博弈获取利润（李允尧等，2013）。② 现阶段，越来越多的学者将对平台经济的认识与商业模式创新联系起来（李凌，2015），③ 认为平台经济是互联网时代商业模式创新的一种具体表现形式，通过集聚平台型企业和发展平台型产业来吸引平台双边市场主体的广泛参与，进而形成合理的产业分工的经济活动，为构建有效市场提供路径（王果，2014）。④ 尤其在互联网平台经济视域下，朱战威（2016）认为互联网平台是互联网产业技术创新的产物，技术创新手段将互联网平台塑造成与传统形式完全不同的虚拟载体。⑤ 综合上述文献梳理，鉴于本书聚焦于互联网平台，本文认为平台经济是双边市场依托于网络技术演化而形成的一种经济形态，突出表现为商业模式的创新，其中平台载体是在互联网技术创新推动下形成的一个为供需用户双方提供信息交流等服务的网络虚拟平台。

学界对于平台经济运作模式的研究经历了从聚焦技术到聚焦组织结构的转变。早期研究认为网络平台由组件（如硬件、软件、服务）和规则（标准、协议、政策和合约）构成（段文奇和陈忠，2009；程贵孙，2010）。⑥⑦ 随后，多位学者采用组织视角分析，认为平台经济一般由需求方用户、供应方用户、平台企业（即平台提供者）和平台支撑者四方组成（见图2-1），其中，平台企业，即平台提供者，是这个虚拟的四方组织结构的灵魂与中心，需求方用户和供应方用户与平台企业交互，需求方

---

① Rochet C J, Tirole J. Two-Sided Markets: A Progress Report [J]. *The RAND Journal of Economics*, 2006, 37 (03): 645-667.
② 李允尧、刘海运、黄少坚：《平台经济理论研究动态》，《经济学动态》2013年第7期。
③ 李凌：《平台经济发展与政府管制模式变革》，《经济学家》2015年第7期。
④ 王果：《基于平台经济的我国服务外包产业发展研究》，《国际经济合作》2014年第8期。
⑤ 朱战威：《互联网平台的动态竞争及其规制新思路》，《安徽大学学报（哲学社会科学版）》2016年第4期。
⑥ 段文奇、陈忠：《网络平台管理研究进展》，《预测》2009年第6期。
⑦ 程贵孙：《平台型网络产业的微观结构、特征及竞争策略》，《华东师范大学学报》2010年第6期。

用户和供应方用户之间通过平台制定的一系列交互规则进行交互（周利华，2013）。① 此外，也有少数学者将平台经济自下而上分为基础层、平台层、应用层和用户层（叶秀敏，2016）。由此可见，平台经济的组成要素至少包括三方主体：平台提供者、供应方用户和需求方用户，同时规则是管理平台体系和用户的重要手段。所以，平台经济视域下商业舞弊行为的分析和治理研究要依据不同的构成主体深入分析成因，同时规则将是商业舞弊治理对策的重要抓手。

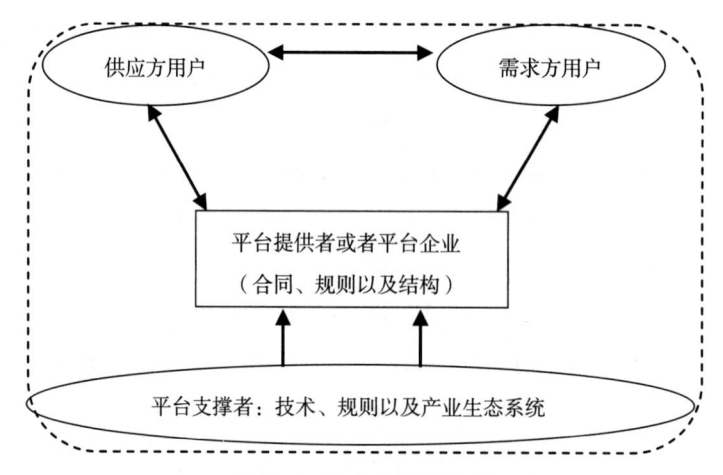

图 2-1　平台经济的组成

二　平台经济的核心理论

平台经济的学术研究在现阶段主要集中于理论层面的探索分析。在研究问题层面，李鹏和胡汉辉（2016）将平台研究划分为三个阶段：第一个阶段主要研究平台的重复利用及其可能派生的衍生品；第二个阶段关注产品平台如何成长为生态系统以及平台如何创新；第三个阶段主要关注互联网背景下的虚拟平台模式，研究核心是市场、网络及治理结构层面的平台。其中，平台研究的第一、二阶段聚焦于静态产品，而第三阶段聚焦于动态的商业模式。② 在基础理论层面，平台经济研究主要以双边市场理论

---

① 周利华：《网络平台演化机制研究》，硕士学位论文，浙江师范大学，2013 年。
② 李鹏、胡汉辉：《企业到平台生态系统的跃迁：机理与路径》，《科技进步与对策》2016 年第 10 期。

和商业生态系统理论为基础进行延伸与拓展,前者聚焦于微观层面的分析,以平台经济参与者视角研究平台经济中的平台型企业和不同用户之间的互动,后者聚焦于宏观层面的分析,以商业生态视角研究平台商业模式的成长与发展。

(一) 以"双边市场理论"为核心的平台经济研究

1. 双边市场理论

2004年在法国图卢兹召开的"双边市场经济学"会议标志着平台经济理论的形成,Rochet 和 Tirole (2003), Caillaud 和 Jullien (2003),以及 Armstrong (2006) 等的研究聚焦于平台经济的特征、竞争等方面,丰富了以"双边市场理论"为核心的平台经济研究。[1][2][3]

双边市场理论认为双边市场能够通过"增加市场一方费用,同时等量减少另一边"的收费方式来影响交易量,"平台"在双边市场的交易过程中具有"非中立性",即卖方市场(供应方用户)不能将平台对其收取的费用完全转移给买方市场(需求方用户),也就是说"平台"存在的意义在于其能够有效地采用交叉补贴策略对双边市场(买方和卖方)施加不同的价格策略并对其产生不同影响(Rochet 和 Tirole,2006)。[4] 因而,双边市场理论的核心是网络外部性和多产品定价(Armstrong,1999),[5]即双边市场的效用随着其他同类市场参与者数量的增加而增加,且平台企业对其产品和服务向平台双边用户收取不同的费用,以努力增加价格敏感度高、数量较少、受补贴一方的参与数量。基于此,双边平台市场的业务

---

[1] Rochet C J, Tirole J. Platform Competition in Two-sided Markets [J]. *Journal of the European Economic Association*, 2003, 1 (04): 990-1029.

[2] Caillaud B, Jullien B. Chicken & Egg: Competition among Intermediation Service Providers [J]. *The Rand Journal of Economics*, 2003, 34 (24): 309-32.

[3] Armstrong M. Competition in Two-sided Markets [J]. *The RAND Journal of Economics*, 2006, 37 (03): 668-691.

[4] Rochet C J, Tirole J. Two-Sided Markets: A Progress Report [J]. *The RAND Journal of Economics*, 2006, 37 (03) 645-667.

[5] Armstrong M. Competition in Two-sided Markets [J]. *The RAND Journal of Economics*, 2006, 37 (03): 668-691.

模式为：客户召集、利益平衡、规模化和流动性（Evans，2003）。①

2. 平台经济的特征研究

基于双边市场理论，平台经济的特征主要表现为外部性和多属行为（徐晋和张祥建，2006）。②虽然有部分学者在外部性和多属行为的基础上做了更多延伸（史建勇，2013；李允尧等，2013；丁宏和梁洪基，2014；王果，2014；叶秀敏，2016），③④⑤⑥⑦但实质仍没有离开外部性和多属行为的范畴。

外部性主要是指网络交叉外部性，对于平台来说，这种外部性不取决于相同平台客户群体的消费状况，而是取决于相异但又相容、处于市场另一方的客户群体的消费状况，即在决定采用平台的过程中，平台上对应的另外一方的网络规模就是一种质量参数，平台上卖方越多，对买方的吸引力也越大，同样，平台上买方越多，对卖方的吸引力也越大（徐晋和张祥建，2006）。Evans（2003）以及 Rochet 和 Tirole（2006）将外部性分为成员外部性与用途外部性，其中，成员外部性是指会员增加时，对方市场会员会受益，用途外部性是指当互动或交易增加时，每个客户都会受益。此外，Belleflamme 和 Toulemonde（2004）认为平台产业或双边市场的网络外部性还有正负之分。⑧

多属行为是指由于存在很多功能可以替代或者互相之间并不关联的平台，市场中有至少某一方会采取与多个平台发生关联的行为（徐晋和张祥建，2006）。Evans（2003）认为多属行为至少对市场上的一方而言是

---

① Evans D S. Some Empirical Aspects of Multi-Sided Platform Industries [J]. *Review of Network Economics*, 2003, 2 (03): 191–209.

② 徐晋、张祥建：《平台经济学初探》，《中国工业经济》2006 年第 5 期。

③ 史建勇：《优化产业结构的新经济形态——平台经济的微观运营机制研究》，《上海经济研究》2013 年第 8 期。

④ 李允尧、刘海运、黄少坚：《平台经济理论研究动态》，《经济学动态》2013 年第 7 期。

⑤ 丁宏、梁洪基：《互联网平台企业的竞争发展战略——基于双边市场理论》，《世界经济与政治论坛》2014 年第 4 期。

⑥ 王果：《基于平台经济的我国服务外包产业发展研究》，《国际经济合作》2014 年第 8 期。

⑦ 叶秀敏：《平台经济的特点分析》，《河北师范大学学报》2016 年第 2 期。

⑧ Belleflamme P, Toulemonde E. B2B Marketplaces: Emergence and Entry [R]. *Working Paper*, 2004.

必须的，这使其能够在平台之间不兼容或不能互通时依然可以进行交易，李允尧等（2013）则认为多属行为主要与供给有关，可以分为成员多属行为和用途多属行为。

3. 平台经济的竞争研究

基于平台经济的外部性和多属行为特征，学界对于平台型企业和平台供应方用户在平台经济中的竞争研究主要有两类。

一类是对竞争模型的研究，Caillaud 和 Jullien（2003）以及 Gabszewicz 和 Wauthy（2004）等从参与者类型和参与者数量的角度研究了多重注册问题和市场均衡状态，结果表明竞争虽然能带来多种均衡，但在大多情况下是无效率的。①② 另一类则是对平台经济中竞争策略的研究，成果较为丰富。以双边市场理论为基础，平台经济的竞争主要是客户召集和利益平衡的问题，而这两个问题又集中在差异化和价格方面。其中，差异化是针对多属行为采取的策略，包括服务差异化和客户差异化，同时与排他策略和提升转化成本也具有高度的联系（徐晋和张祥建，2006；李允尧等，2013；丁宏和梁洪基，2014）。③④⑤ 而在差异化竞争中，价格不仅可能成为差异化中的一种策略，更是平台经济作为双边市场与其他市场的一项重要区别，因此学者对于平台经济的定价问题也进行了深入研究。平台企业的定价策略在受到规模经济、需求弹性、客户（包括中介组织）、市场势力、市场竞争情况、客户多平台选择行为及捆绑销售等因素影响的同时，还受交叉网络外部性、客户消费偏好等双边市场特征的影响，并且影响较大。一种观点认为平台经济下应该采取倾斜定价，例如，Bolt 和 Tieman（2005）的研究发现，在需求弹性不变的情况下，采用最大倾斜的定价策略可以实现利润最大化，同时，其他学者也提出了更多的延伸策略，主要是围绕收费方式和捆绑销售等（Rochet 和 Tirole，2003；

---

① Caillaud B, Jullien B. Chicken & Egg: Competition among Intermediation Service Providers [J]. *The Rand Journal of Economics*, 2003, 34 (24): 309-32.

② Gabszewicz J, Wauthy X. Two-sided Markets and Price Competition with Multi-Homing [R]. *Working Paper*, 2004.

③ 徐晋、张祥建：《平台经济学初探》，《中国工业经济》2006 年第 5 期。

④ 李允尧、刘海运、黄少坚：《平台经济理论研究动态》，《经济学动态》2013 年第 7 期。

⑤ 丁宏、梁洪基：《互联网平台企业的竞争发展战略——基于双边市场理论》，《世界经济与政治论坛》2014 年第 4 期。

Armstrong，2006；Rochet 和 Tirole，2006；李凌，2015）。①②③④

（二）以"生态系统理论"为核心的平台经济研究

除了双边市场理论，越来越多的学者也开始在平台经济研究中引入商业生态系统理论和生态学相关理论（Gawer 和 Cusumano，2008；侯赟慧和杨琛珠，2015；陈超和陈拥军，2016；王节祥，2017），⑤⑥⑦⑧ 将研究对象界定为平台生态圈，引入了更多的主体，以此探讨网络角色和商业模式创新，进一步丰富和完善了基于平台的商业生态理论体系。

一部分学者聚焦于平台生态系统的测量研究。例如，陈超和陈拥军（2016）以商业生态理论为基础，通过对海尔集团的案例分析从平台视角探究了中国传统制造企业的互联网平台模式转型和创新，同时结合平台生态圈的特征创新了包括平台背景、平台网络、平台竞合、平台关联、平台创新和平台演变的平台商业生态六维度模型。周昕等（2016）也在剖析网络平台成长能力内涵和培育要素的基础上，应用生态学和信息生态学相关理论构建了相应的评价指标体系，以定量分析网络平台的信息生态环境适应能力和持续发展能力，对网络平台的成长能力进行了评价。⑨

还有一些学者聚焦于平台商业系统的成长研究。例如，胡岗岚等

---

① Rochet C J, Tirole J. Platform Competition in Two-sided Markets [J]. *Journal of the European Economic Association*, 2003, 1 (4): 990-1029.

② Armstrong M. Competition in Two-sided Markets [J]. *The RAND Journal of Economics*, 2006, 37 (03): 668-691.

③ Rochet C J, Tirole J. Two-Sided Markets: A Progress Report [J]. *The RAND Journal of Economics*, 2006, 37 (3) 645-667.

④ 李凌：《平台经济发展与政府管制模式变革》，《经济学家》2015 年第 7 期。

⑤ Gawer A, Cusumano M A. How Companies Become Platform Leaders [J]. *MIT Sloan Management Review*, 2008, 49 (02): 28-35.

⑥ 侯赟慧、杨琛珠：《网络平台商务生态系统商业模式选择策略研究》，《软科学》2015 年第 11 期。

⑦ 陈超、陈拥军：《互联网平台模式与传统企业再造》，《科技进步与对策》2016 年第 6 期。

⑧ 王节祥：《互联网平台企业的边界选择与开放度治理研究：平台二重性视角》，博士学位论文，浙江大学，2017 年。

⑨ 周昕、黄微、李吉：《网络平台成长能力的信息生态位适宜度评价》，《图书情报工作》2016 年第 3 期。

(2009)将平台型电子商务生态系统分为开拓、扩展、协调和进化四个阶段。① 以此为借鉴，侯赟慧和杨琛珠（2015）基于生命周期理论将网络平台商务生态系统划分为萌芽、成长、成型、衰退四个演化阶段，并对每个阶段下的平台商务生态系统进行了演化分析：在萌芽期，系统应侧重内外部环境相匹配这一标准，依循由外到内的路径构建精简型商业模式；成长期重点遵循以产品和客户为导向、注重核心优势等内部选择标准，集中于内部建设；在成型期应兼顾内外部选择标准对商业模式各要素进行动态微调；衰退期则应实行变革型商业模式。②

三 互联网背景下平台经济发展的相关研究

纵观文献，平台经济的形成基础在于网络信息技术的发展，同时，最新阶段的平台经济研究主要聚焦于互联网背景下的虚拟平台模式，因此，对互联网背景下平台经济发展的研究进行梳理很有必要。信息技术是一柄双刃剑，基于此发展的互联网平台经济既可以带来更高的社会经济效益，也有可能带来负面影响。本文从互联网经济不同于传统经济的特征入手，对现有文献中有关互联网背景下平台经济发展中问题和治理的研究进行了梳理。

（一）平台问题研究

对于互联网产业经济对平台经济带来的问题和挑战，多数学者提出"易模仿性""不正当竞争""信息泄漏和信息不对称""法规滞后"等构成了互联网背景下平台经济发展面临的问题来源。

第一，模仿式创新较为普遍。王智渊（2014）指出相对于传统经济条件下企业的技术壁垒和差异化竞争，互联网企业的模仿性创新非常普遍，包括产品的模仿创新、商业模式的模仿创新、用户体验的模仿创新、制度的模仿创新、营销模式的模仿创新等。③ 这种易模仿性使得互联网平台之间的模仿成本极低（朱战威，2016），致使产品可未被允许就被轻易

---

① 胡岗岚、卢向华、黄丽华：《电子商务生态系统及其演化路径》，《经济管理》2009年第6期。

② 侯赟慧、杨琛珠：《网络平台商务生态系统商业模式选择策略研究》，《软科学》2015年第11期。

③ 王智渊：《网络经济的互联网产业组织分析》，《洛阳师范学院学报》2014年第6期。

复制模仿，在产权争夺上出现分歧和弊端。①

第二，不正当竞争行为滋生。互联网背景下的平台经济因构成主体复杂导致其中的竞争行为变得更复杂，容易滋生大量的不正当竞争。互联网企业的竞争行为有内部和外部之分，比如，同一平台上的不同主体之间存在内部竞争，而两个或两个以上的平台之间存在外部竞争（徐晋和张祥建，2006）。② 外部竞争的情况更复杂、更具有挑战性、更容易产生不正当竞争行为，具体来说，网络新型的不正当竞争行为主要包括不当滋扰和不当妨碍营业两种类型，表现为：无正当理由屏蔽广告、恶意软件冲突、恶意风险提示、恶意评分；非必要软件捆绑、设置不合理的 robots 协议、劫持流量等（张今，2014）。③

第三，信息安全受到威胁。王天玉（2016）认为随着互联网对社会资源分配机制的深度渗透与整合，在以"物"为标的的常规网络交易之外逐步扩展出以"劳务"为标的的新型交易形态，这带来了新的信息安全问题。④ 平台经济扩大了陌生人之间的接触机会，交易双方信息上的不对称会使平台上的共享过程变得不确定，平台上汇集的大量隐私数据一旦泄露，就会被不法分子所利用，带来一些伦理和道德上的风险（蔡朝林，2017）。⑤ 已有实证研究显示信息不对称对互联网平台用户产生的影响大都是负面影响，例如，游翔兰（2014）以哈哈贷为例，指出在 P2P 平台上由于信息不对称的存在，放款人和 P2P 平台对于借款人偿还贷款的意愿和投资项目的类别缺乏完全信息，从而面临来自借款人道德行为方面的风险。⑥

第四，法律法规不完善。大量文献普遍认为政府管制不够、法律法规不完善是整个互联网平台经济面临的困境。例如，针对互联网金融平台，

---

① 朱战威：《互联网平台的动态竞争及其规制新思路》，《安徽大学学报（哲学社会科学版）》2016 年第 4 期。

② 徐晋、张祥建：《平台经济学初探》，《中国工业经济》2006 年第 5 期。

③ 张今：《互联网新型不正当竞争行为的类型及认定》，《北京政法职业学院学报》2014 年第 2 期。

④ 王天玉：《基于互联网平台提供劳务的劳动关系认定——以"e 代驾"在京、沪、穗三地法院的判决为切入点》，《法学》2016 年第 6 期。

⑤ 蔡朝林：《共享经济的兴起与政府监管创新》，《南方经济》2017 年第 3 期。

⑥ 游翔兰：《基于博弈论的 P2P 平台借贷行为研究》，硕士学位论文，湖南大学，2014 年。

李妍（2013）、谭天文和陆楠（2013）认为互联网金融的风险主要表现在可能会影响社会稳定和金融安全、缺乏对消费者保护的法律、监管缺位等；①② 马运全（2012）认为中国的 P2P 平台在业务开展过程中存在"资金安全缺乏保障、个人信息泄露、涉嫌非法集资"与逆向选择、道德风险等问题；③ 叶青等（2016）提出我国 P2P 平台监管不严，对此类金融创新，政府的态度由观望转为鼓励，既未设置准入门槛，更未采取实质监管，但是这种"野蛮生长"会为行业乱象埋下隐患。④

（二）平台治理研究

平台经济中，平台企业的业务是撮合交易，而平台参与者的业务是进行交易，对于两者的治理需要区别开来（李凌，2015），⑤ 因此，互联网背景下平台经济发展中的对策研究需要首先明确治理对象，而现有文献主要聚焦于对平台企业的治理。网络交易平台并非纯粹的企业，平台型网络交易应该受到平台规则与法律规定的双重约束，形成"平台—政府"双元管理范式（汪旭辉和张其林，2015）。⑥ 纵观文献，对平台企业的治理研究分为平台主导的自我治理研究和政府主导的平台治理研究两个方面。

平台主导的自我治理研究主要从管理和技术两个视角展开。管理视角方面，一些学者从平台权力入手，认为平台提供者拥有对平台各要素的掌控力，可以对平台用户实施垄断权、数据控制权、管制权，通过定价、授信等方式为满足自身盈利需求对核心利益主体进行管理和控制（陈青鹤等，2016）。⑦ 例如，徐晋和张祥建（2006）在探讨定价问题的基础上提出平台提供者作为价格管制者、竞争策划者和许可授权者，可以通过价格

---

① 李妍：《关于互联网金融模式及发展的几点思考》，《商》2013 年第 16 期。

② 谭天文、陆楠：《互联网金融模式与传统金融模式的对比分析》，《中国市场》2013 年第 12 期。

③ 马运全：《P2P 网络借贷的发展、风险与行为矫正》，《新金融》2012 年第 2 期。

④ 叶青、李增泉、徐伟航：《P2P 网络借贷平台的风险识别研究》，《会计研究》2016 年第 6 期。

⑤ 李凌：《平台经济发展与政府管制模式变革》，《经济学家》2015 年第 7 期。

⑥ 汪旭晖、张其林：《平台型网络市场"平台—政府"双元管理范式研究——基于阿里巴巴集团的案例分析》，《中国工业经济》2015 年第 3 期。

⑦ 陈青鹤等：《平台组织的权力生成与权力结构分析》，《中国社会科学院研究生院学报》2016 年第 2 期。

管制、竞争机制以及交易参与者筛选机制影响价格和交易质量。① 但是，移动互联和大数据也会加剧平台权力的转移与分化，科层化、集群化、公共化、扁平化交融，政府、产业、意见领袖、网络水军等都能参与到平台权力的表达中来（陈青鹤等，2016）。② 如何规范平台权力以保障平台企业和平台参与者的利益还需要更多的研究探讨。技术视角方面，部分学者从保障平台信息安全入手，认为要提供实时的入侵检测及采取相应的防护手段，如建立科学数据网络防病毒体系和平台网络安全监控中心、利用防火墙和 VLAN 对不同区域、不同网络、网络资源间的访问进行限制，以及对接入的用户限制可以访问哪些科学数据资源等（李雪莹等，2003；吴明虎和赵东升，2004；邓仲华，2017）。③④⑤ 还有一些学者认为技术手段不仅可以保障平台安全，还可以帮助平台运营和风险管理。例如，段文奇和陈忠（2009）提出可以运用数据仓库和数据挖掘技术分析平台企业的日常运营策略，如关键词价格、网络广告的位置等，或者运用数据挖掘和分析手段研究平台企业如何管理好风险投资、上市融资、收购、出售和兼并等资本运作等。⑥

政府主导的平台治理研究主要聚焦在制度视角，且大多是提出建议和对策，认为政府必须健全管理制度，制定全面合理的管理条例，由国家成立专门的部门进行监管，辅以国家法律政策，提供全方位的保障等，但是理论基础稍有欠缺（邓仲华，2017）。例如，陈光和周大铭（2014）、李凌（2015）提出互联网平台的发展需要建立监管机制与审核机制、完善法律法规体系、健全信息备案、记录与隐私保护制度、推进互联网平台税收研究、健全税收和补贴等扶植政策、防治行业垄断行为、调整多重治理

---

① 徐晋、张祥建：《平台经济学初探》，《中国工业经济》2006 年第 5 期。
② 陈青鹤等：《平台组织的权力生成与权力结构分析》，《中国社会科学院研究生院学报》2016 年第 2 期。
③ 李雪莹、毕学尧等：《对入侵检测警报关联分析的研究与实践》，《计算机工程与应用》2003 年第 19 期。
④ 吴明虎、赵东升：《基于 802.1x 的宽带网络用户认证与计费管理》，《军事医学科学院院刊》2004 年第 1 期。
⑤ 邓仲华：《"互联网+"环境下我国科学数据共享平台发展研究》，《情报理论与实践》2017 年第 2 期。
⑥ 段文奇、陈忠：《网络平台管理研究进展》，《预测》2009 年第 6 期。

框架，以实现监管力量的有效整合，运用大数据完善商业信用体系建设等。①②

第二节　商业舞弊的研究基础

在对商业舞弊行为的研究中，学者们试图回答以下基本问题：商业舞弊行为是什么？为什么会发生？怎么样去识别？如何去治理？随着对这些问题研究的不断深入，商业舞弊行为的研究朝着更为科学、更可量化的方向发展。本节主要从商业舞弊行为的基础概念和理论研究两部分对相关文献进行梳理，以厘清商业舞弊行为的概念，发现商业舞弊行为理论研究中的不足与机会。

一　商业舞弊行为的基础概念

对于舞弊的定义，国外学者多以《韦伯斯特新大学词典》所做出的阐释为蓝本，具体内容为"舞弊是一种故意掩盖事实真相的行为，它以诱使他人丧失有价值的财务或法定的权利为目的"。夏云峰和韦小泉（2009）将舞弊定义为"一种采取欺骗的手段，有意识地违反既定的公众认可的规则，以谋取直接或间接的个人利益的行为，具有严重危害性"。舞弊行为在企业管理情境中的研究以财务和审计舞弊这种特定类型为主，研究成果较为丰富，涉及相关概念，美国注册会计师协会指出"舞弊是指故意编造虚假的财务报告，如管理人员蓄意虚报，有时指管理人员的诈骗、盗用财产，有时称作盗用公款"，③而我国在 2006 年发布的《中国注册会计师审计准则第 1141 号——财务报表审计中对舞弊的考虑》说明，"舞弊是指被审计单位的管理层、治理层、员工或第三方使用欺骗手段获取不当或非法利益的故意行为"。之后，在涉及企业舞弊的概念时，国内学者也大多以类似财务舞弊的定义进行界定，例如，袁晓勇（1995）认为"企业中的舞弊就是指企业职员或企业管理当局利用账务上、凭证上

---

① 陈光、周大铭：《加强我国互联网平台管理刻不容缓》，《中国经济时报》2014 年第 6 期。
② 李凌：《平台经济发展与政府管制模式变革》，《经济学家》2015 年第 7 期。
③ 夏云峰、韦小泉：《利用三角形理论防范企业舞弊》，《学术交流》2009 年第 5 期。

的处理技巧,或利用交易过程中非法活动等欺诈手法达到以窃取资财或粉饰(掩盖)其贪污盗窃行为为目的的一种违法乱纪行为"。[①] 因资本市场中不断出现企业恶性舞弊行为事件的现实,且这种舞弊行为所涉主体和内容不再仅限于财务部门,也不再仅限于企业内部,学界对于财务舞弊和企业舞弊的研究慢慢演化为更为广泛的商业舞弊行为的研究。国内学者多把商业舞弊界定为"管理层、雇员和第三人中的一个或多个利用欺骗性手段来获取不正当或非法的经济利益或故意误导信息使用者对公司财务报表的判断"的行为(许东霞和阎洪玉,2013)。[②] 从商业舞弊类型看,划分标准尚不统一,当前文献较为集中探讨的有两类,一是按表现形式分为财务舞弊和会计舞弊(梁杰和任茜,2009),[③] 二是按舞弊主体分为管理舞弊与雇员舞弊(阮滢,2003)。[④]

二 商业舞弊行为的理论研究

商业舞弊行为从属于舞弊行为,且与财务舞弊具有高度重合,主流文献中对商业舞弊的研究主要集中于舞弊的成因、识别、治理三个方面。同时,国外研究大多建立在其完善和成熟的资本市场的基础之上,而我国因为市场经济发展还在不断成熟中,相关研究的重点与国外有所不同。

(一)舞弊的成因研究

舞弊的成因研究主要是从舞弊者(fraudster)的视角分析舞弊行为发生的决定性因素,是先于舞弊事实的研究(Trompeter 等,2013)。[⑤] 国外学者在舞弊成因研究方面的成果较为丰富和成熟,经典的舞弊成因理论主要有冰山理论、三角形理论、GONE 理论和企业舞弊风险因子理论。

舞弊冰山理论(二因素论)。冰山理论最初由心理学家 Freud 与

[①] 袁晓勇:《企业舞弊防范与对策》,《北京经济学院出版社》,1995 年。

[②] 许东霞、阎洪玉:《解读企业舞弊信号及其对内部控制的影响——从法务会计视角》,《商业经济》2013 年第 5 期。

[③] 梁杰、任茜:《上市公司财务报告舞弊特征研究》,《财会通讯》2009 年第 33 期。

[④] 阮滢:《内部审计人员对雇员舞弊的审计》,《中州审计》2003 年第 1 期。

[⑤] Trompeter G M, Carpenter T D, Desai N, et al. A Synthesis of Fraud-Related Research [J]. *Auditing*, 2013, 32 (Supplement 1): 287-321.

Breuer 于 1895 年发表《歇斯底里研究》时提出，随后被广泛运用，Bologna 和 Lindquist（1995）将冰山理论同财务舞弊结合从而形成了舞弊冰山理论（即二因素论）。① 该理论从结构和行为方面考察舞弊，把舞弊比喻为海平面上的一座冰山，露在海平面上的只是冰山的一角，更庞大的危险部分隐藏在海平面以下。其中，海平面上的是结构部分，属于显性部分（可见的、客观存在的部分，如组织内部管理等），海平面下的是行为部分，属于隐性部分（主观化的行为部分，如人的价值观、态度等）。舞弊冰山理论强调，在舞弊风险因素中，个性化的隐形行为因素更危险，更可能导致舞弊的发生。

舞弊三角形理论（三因素论）。美国的内部审计之父索耶认为舞弊产生于机会（opportunity）、动机（incentive）和合乎情理（rationalization）三个条件，这为舞弊理论的发展奠定了基础。之后，Albrecht（1995）在索耶提出的会计舞弊三个条件基础上提出舞弊三角形理论（见图 2-2），将舞弊动因凝练为三个因素：压力（pressure）、机会（opportunity）、合理化（rationalization），并指出上述舞弊发生的三种因素必须同时具备，且两两相互作用，共同构成舞弊三角形，缺少上述任何一项要素都不能形成舞弊。② 类似地，我国的《中国注册会计师审计准则第 1141 号——财务报表审计中对舞弊的考虑》第十二条也指出，舞弊行为的发生可分解为三项因素，即：(1) 实施舞弊的动机或压力；(2) 实施舞弊的机会；(3) 舞弊者为舞弊行为寻求的借口（使舞弊行为看上去、听上去或在内心感受上显得合理）（王学龙，2008）。③

GONE 理论（四因素论）。GONE 理论由 Bologna 等人（1993）提出，GONE 由四个英文单词的首字母组成，其中，G 为 Greed，指贪婪；O 为 Opportunity，指机会；N 为 Need，指需要；E 为 Exposure，指暴露。④ 该

---

① Bologna G J, Lindquist R J. Fraud Auditing and Forensic Accounting: New Tools and Techniques [M] // Fraud Auditing and Forensic Accounting: New Tools and Techniques. *Wiley*, 1995.

② Albrecht W S, Wernz G W, Williams T L. Fraud: Bringing Light to the Dark Side of Business [M]. *Irwin Professional Pub*, 1995.

③ 王学龙：《管理舞弊的种类、成因及其治理——基于上市公司管理舞弊审计研究》，《开发研究》2008 年第 5 期。

④ Bologna et al. The Accountant's Handbook of Fraud and Commercial Crime [M]. *New York: wiley*, 1993: 20-31.

```
              机会
           opportunity
              △
    动机/压力          合理化借口
incentive/pressure    rationalization
```

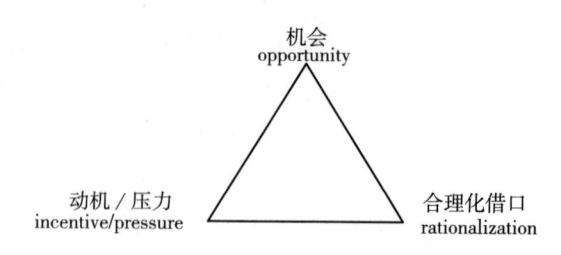

图 2-2　舞弊三角形理论

理论阐述了舞弊产生的四个条件，即只要有贪婪欲望又迫切需要钱财时，一有机会且被认为不会发现，舞弊者就会实施舞弊行为。GONE 理论的四个因素中，"贪婪"和"需要"与行为个体有关，阐释了由于利益需求而导致的舞弊压力和动机，形成了舞弊行为的内因；"机会"和"暴露"则与组织环境有关，分别从公司的内部环境和外部环境解释了因为内部机制不完善、外部监督力度不够而导致舞弊行为，构成了舞弊的外因。

企业舞弊风险因子理论。该理论在 GONE 理论基础上发展而成，它把企业舞弊风险因子分为一般风险因子与个别风险因子。一般风险因子指由组织或者实体可以控制的因素，包括：潜在舞弊者进行舞弊的机会、舞弊被发现的概率以及舞弊被发现后舞弊者受罚的性质和程度；个别风险因子指那些因人而异且在组织或团体控制范围之外的因素，包括道德品质与动机两大类。当一般风险因子与个别风险因子结合在一起并且被舞弊者认为有利时，舞弊就会发生。

以上四个西方经典舞弊成因理论主要是从组织和个体两个维度构建舞弊成因框架，且更加强调个体行为，较少涉及外部因素。近年来国内学者则在西方理论的基础上，也开始重点关注政府监管、文化等外部因素对舞弊行为的影响。例如，于成永（2005）在对我国上市公司管理层舞弊的诱因研究中，提出管理层舞弊多因论，借鉴激励期望理论建立了管理层舞弊诱因模型，同时运用社会控制论、文化传递论等理论构建了管理层舞弊的诱因体系，包括：内部控制系统（管理者品质、信用、声誉以及由此而形成的能力）、外部控制系统（社会道德对管理者内部控制系统的影响，如政府监管、公司内部治理、外部审计以及市场机制的有效性）和管理者激励系统（激励权、激励方式以及激励基础选择对舞弊的遏制程度）。① 张礼文（2010）也结合我国证监会处罚公司的具体背景和处罚情况，从外部监管环境的角度分析了上市公司财务舞弊的原因，包括审计市场缺乏监督和审计市场出现信息不对称等。②

（二）舞弊的识别研究

舞弊的识别研究主要是从审计（auditor）的视角分析在舞弊行为还未发生的情况下如何预警以及在舞弊行为已经发生的情况下如何识别（Trompeter 等，2013）。③ 纵观文献，学者们主要从舞弊征兆以及舞弊识别模型两个方面展开研究。

第99号审计准则把舞弊风险因素定义为"红旗"，具体表征归属于舞弊三角形理论中的压力/动机、机会和合理化因素（Trompeter 等，2013）。针对舞弊征兆和预警，学者对于"红旗"标志是否有效识别舞弊行为以及"红旗"标志的具体内容是什么展开相关研究，研究结果并不统一。"红旗"标志有效性方面，Albrecht 和 Romney（1986）利用问卷调查证实了"红旗"标志作为舞弊征兆的效度，④ 然而 Pincus（1989）却证实"红旗"标志调查问卷在舞弊识别中的功能是失调的。⑤ "红旗"标志内容方面，美国注册会计师协会主要从机会、动机、态度角度归类舞弊征兆特征，随着研究的演进，学界陆续对行业因素、经营业绩异常、盈余大于现金流量、组织结构不合理、管理层特征、董事会特征、审计委员会特征等具体特征展开分析（Persons, 2011; Abrecht, Wernz 和 Williams, 1995; Beasley, 1996;

---

① 于成永：《管理层舞弊的诱因、互动机制与监管研究》，硕士学位论文，南京大学，2005年。

② 张礼文：《我国上市公司财务舞弊外部监管探析》，硕士学位论文，江西财经大学，2010年。

③ Trompeter G M, Carpenter T D, Desai N, et al. A Synthesis of Fraud-Related Research [J]. *Auditing*, 2013, 32 (Supplement 1): 287-321.

④ Albrecht, W. S, Rommey M. B., Red Flagging Management fraud: A Validation [J]. *Advances in Accounting*, 1986 (03): 323-333.

⑤ Pincus K V. The Efficacy of a Red Flags Questionnaire for Assessing the Possibility of Fraud [J]. *Accounting Organizations & Society*, 1989, 14 (01): 153-163.

Lee 等, 1999; Abbott, Parker 和 Peters, 2002)。①②③④⑤ 此外, 国内学者在我国重大管理舞弊实证的基础上也对舞弊征兆的特征和内容进行了补充, 包括: 资本运作频繁、关联交易数额巨大、全行业亏损的上市公司、管理层持股比例、行业发展阶段、公司关系对象方面的特征等（陈国欣等, 2007; 梁杰和任茜, 2009)。⑥⑦

在舞弊识别模型方面, 国外学者应用的研究模型主要有逻辑回归模型、人工神经网络模型、probit 模型和其他技术手段。例如, Calderon 和 Green（1994）建立了单一变动期望模型, 证实了神经网络模型在会计舞弊识别中的适用性;⑧ Fanning 等（1995）在人工神经网络技术的基础上加入八个识别率较高的变量, 构建了识别管理者舞弊的模型;⑨ Hansen 等（1996）通过建立 Probit 和 Logit 等扩展的定性响应模型来预测管理者舞弊行为, 效果良好;⑩ Beneish（1999）以 1987—1993 年间受美国证监会处罚的 74 家舞弊事件及相应的配对公司为样本, 用 probit 技术建立模型,

---

① Persons O S. Using Financial Statement Data To Identify Factors Associated With Fraudulent Financial Reporting [J]. *Journal of Applied Business Research*, 2011, 11 (03): 38-46.

② Albrecht W S, Wernz G W, Williams T L. Fraud: bringing light to the dark side of business [J]. *New York Irwin Inc*, 1995: 15-52.

③ Beasley M S. An Empirical Analysis of the Relation between the Board of Director Composition and Financial Statement Fraud [J]. *Accounting Review*, 1996, 71 (04): 443-465.

④ Lee T A, Ingram R W, Howard T P. The Difference between Earnings and Operating Cash Flow as an Indicator of Financial Reporting Fraud [J]. *Contemporary Accounting Research*, 1999, 16 (04): 749-786.

⑤ Abbott L, Parker S, Peters G. Audit Committee Characteristics and Financial Misstatement: A Study of the Efficacy of Certain Blue Ribbon Committee Recommendations [J]. *Social Science Electronic Publishing*, 2002: 23.

⑥ 陈国欣, 吕占甲, 何峰:《财务报告舞弊识别的实证研究——基于中国上市公司经验数据》,《审计研究》2007 年第 3 期。

⑦ 梁杰、任茜:《上市公司财务报告舞弊特征研究》,《财会通讯》2009 年第 33 期。

⑧ Calderon T G, Green B P. Signaling Fraud by Using Analytical Procedures [J]. *Ohio CPA Journal*, 1994 (April).

⑨ Fanning K, Cogger K O, Srivastava R. Detection of Management Fraud: A Neural Network Approach [M]. *John Wiley and Sons Ltd*, 1995.

⑩ Hansen J V, Mcdonald J B, Bell T B., A Generalized Qualitative-response Model and the Analysis of Management Fraud [J]. *Management Science*, 1996, 42 (07): 1022-1032.

进一步证实了该技术在舞弊识别上的优良性。① 相对应地，国内学者的研究主要涉及逻辑回归模型、多元判别分析、神经网络等。例如，吴世农和卢贤义（2001）、方军雄（2003）、朱敏（2005）以及陈国欣等（2007）对 Fisher 线性差别分析、多元线性回归、Logistic 回归、LMP 模型等进行比较分析，发现 Logistic 模型的鉴别效果好、误判率最低；②③④⑤ 顾宁生和冯勤超（2009）则利用主成分分析法得出九个识别舞弊的指标，同时结合运用 LVQ 神经网络构建了识别模型，预测准确率比较高。⑥

此外，美国注册舞弊审核师协会（ACFE）在 2008 年展开的一项调查表明，会计舞弊的发现通常是由内部人举报，而不是外部审计师在审计过程中发现。自 20 世纪 80 年代开始就已经有学者开始关注举报和揭发的相关研究，大量文献集中从心理或者社会心理层面识别举报者的动机（Miceli，Near 和 Dworkin，2008），⑦ 或者明确举报和揭发行为发生的组织条件（Keenan，1995；Rothschild 和 Miethe，1999）。⑧⑨

（三）舞弊的治理研究

舞弊的治理研究主要是从组织和政府视角分析如何在最大程度上减少

---

① Beneish, Messod D. The Detection of Earnings Manipulation [J]. *Financial Analysts Journal*, 1999, 55 (05): 24-36.

② 吴世农、卢贤义：《我国上市公司财务困境的预测模型研究》，《经济研究》2001 年第 6 期。

③ 方军雄：《我国上市公司财务欺诈鉴别的实证研究》，《上市公司》2003 年第 4 期。

④ 朱敏：《上市公司财务报告舞弊的识别方法及模型研究》，硕士学位论文，四川大学，2005 年。

⑤ 陈国欣、吕占甲、何峰：《财务报告舞弊识别的实证研究——基于中国上市公司经验数据》，《审计研究》2007 年第 3 期。

⑥ 顾宁生、冯勤超：《基于 LVQ 神经网络的财务舞弊识别模型实证研究》，《价值工程》2009 年第 10 期。

⑦ Miceli M P, Near J P, Dworkin T M. Whistle-blowing in Organizations [J]. *Administrative Science Quarterly*, 2008: 1-264.

⑧ Keenan J P. Whistleblowing and the First-Level Manager: Determinants of Feeling Obliged to Blow the Whistle [J]. *Journal of Social Behavior & Personality*, 1995, 10 (03): 571-584.

⑨ Rothschild J, Miethe T D. Whistle-Blower Disclosures and Management Retaliation [J]. *Work & Occupations*, 1999, 26 (1): 107-128.

舞弊行为的发生（Trompeter 等，2013；张春华，2015）。①② 早在 20 世纪 70 年代，国际上就开始出现专门阐述企业反舞弊的理论。Barker 等人（1976）认为要对企业文化、人力资源政策和交易项目进行检查以构建控制系统，同时审计委员会的审核是防范高管舞弊行为的有效手段。③ Elliott 和 Jacobson（1986）认为商业舞弊的防范和识别应该依靠加强董事会、审计委员会的监督职能。④ 实践层面，美国在 1985 年就成立了全美反财务报告舞弊委员会（Treadway Committee），并且还在 1987 年的报告中提出"企业反舞弊四层次机制理论"，全面阐述了企业反舞弊的防止体系，建议任何组织实体可通过建立下列四道防线来防止企业舞弊：一是高层的管理理念；二是业务经营过程中的内部控制；三是内部审计；四是外部独立审计。此后，国内外学者在反舞弊四层次机制理论的基础上对商业舞弊的治理对策进行更深入的探讨和研究，其研究成果按相关治理变量划分可大致分为公司治理、内部控制、审计治理和外部监管。

1. 公司治理

公司治理是反舞弊的重要机制设置，包括外部治理和内部治理两方面，已有研究主要以公司内部治理为主，内部治理的主要因素有董事会、监事会、股东大会、高管持股比例等。Loebbecke（1989）最早强调了董事会治理机制对治理舞弊的重要作用。⑤ 此后，Beasley（1996）发现舞弊公司中董事会的独立董事比例低于非舞弊公司，并且随着独立董事持股比例的增加、任期的延长以及兼职岗位数的增多，舞弊可能性下降。⑥ 1999

---

① Trompeter G M, Carpenter T D, Desai N, et al. A Synthesis of Fraud-Related Research [J]. *Auditing*, 2013, 32 (Supplement 1): 287-321.

② 张春华：《财务舞弊文献综述》，《商》2015 年第 27 期。

③ Barker, Donald W. Barreu, Michael. Top ManagementFraud: Something Can Be Done Now [J]. *the Internal Audition*, 1976 (Oa): 25.

④ Elliott R. K. and Jacobson P. D. Costs and Benefits of Business Information Disclosure [J]. *Accounting Horizons*, 1986, (08): 80-96.

⑤ Loebbecke J K, Eining M M, Willingham J J. Auditors' Experience with Material Irregularities: Frequency, Nature, and Detestability [J]. *Auditing: A Journal of Practice & Theory*, 1989, 9 (01): 1-28.

⑥ Beasley M S. An Empirical Analysis of the Relation between the Board of Director Composition and Financial Statement Fraud [J]. *Accounting Review*, 1996, 71 (04): 443-465.

年,蓝带委员会(Blue Ribbon Committee)提交的《蓝带委员会关于提高审计委员会效果的报告和建议》标志着美国在寻求应对财务舞弊的对策重心已经开始转向公司治理结构。相较于国外,由于经济发展阶段的限制,我国外部公司治理机制尚不健全,职业经理人市场的建设尚处于初级阶段。现有研究大多从内部公司治理的角度出发寻求舞弊治理良方,认为会计舞弊的一个重要原因是公司治理失效,提出可以通过健全内部公司治理机制来减小舞弊行为发生的概率(刘立国和杜莹,2003;陈少华,2005;杨清香等,2009;张健等,2015),[1][2][3][4] 如保持董事会独立性(陈关亭,2007;张完定和郑广文,2011)、董事长与总经理的二职分离(杨薇和姚涛,2006)等。[5][6][7]

2. 内部控制

内部控制最初是为了避免由于舞弊和无意过失造成资产损失而提出(Grady,1957),[8] 包括会计控制和管理控制,其主要目标在于保护财产和保证会计信息的可靠性(Bower和Schlosser,1965)。[9] 随后,这一概念的内涵得到不断扩张和丰富,Bologna等人(1993)提出应该建立良好的内部控制系统来防范和识别舞弊行为,其中良好的道德环节的建设尤显重要;[10] Raghunandan和Rama(1996)认为,与经过审计的定期

---

[1] 刘立国、杜莹:《公司治理与会计信息质量关系的实证研究》,《会计研究》2003年第2期。

[2] 陈少华:《财务舞弊成因之综合分析》,《经济经纬》2005年第1期。

[3] 杨清香、俞麟、陈娜:《董事会特征与财务舞弊——基于中国上市公司的经验证据》,《会计研究》2009年第7期。

[4] 张健、刘斌、吴先聪:《财务舞弊、家族控制与上市公司高管更替》,《管理工程学报》2015年第2期。

[5] 陈关亭:《我国上市公司财务报告舞弊因素的实证分析》,《审计研究》2007年第5期。

[6] 张完定、郑广文:《董事会特征对管理层舞弊的影响》,《统计与信息论坛》2011年第2期。

[7] 杨薇、姚涛:《公司治理与财务舞弊的关系——来自中国上市公司的经验证据》,《重庆大学学报(社会科学版)》2006年第5期。

[8] Grady P. The Broader Concept of Internal Control [J]. *Journal of Accountancy*,1957,103(05):36.

[9] Bower J B, Schlosser R E. Internal Control—Its True Nature [J]. *Accounting Review*,1965,40(02):338-344.

[10] GJ Bologna, RJ Lindquist, JT Wells. Accountant's Handbook of Fraud and Commercial Crime [M]. *New York*:*John Wiley and Sons*,1993.

报告一同披露内部控制有效性报告能有效提高内部控制质量,从而可以减少财务舞弊或提高会计信息质量。① 在安然、世通案件后,美国于 2002 年颁布《萨班斯-奥克利斯法案》,该法案旨在通过全面系统的公司内部控制体系建设来防范会计舞弊,进一步拓展了内部控制的范畴,其中 404 条款要求上市公司管理层对自己的内部控制进行自我评估并由独立的外部审计师发表审计意见。随后,上市公司会计监督委员会(PCAOB)成立并发布了加强内部控制的新审计准则。我国理论界和实务界关于内部控制的研究起步稍晚,但也在逐步发展和完善。周继军和张旺峰(2011)以 2005—2010 年因会计舞弊而受到中国证监会、交易所和财政部公开处罚的非金融类上市公司为样本,考察了内部控制与会计舞弊的关系,研究发现内部控制对会计舞弊具有显著的抑制作用,随着公司治理机制的完善,这一抑制作用更加显著;② 章铁生等(2011)则从内部控制五要素的角度具体考察了各要素的有效性对会计舞弊的影响,研究发现风险评估、信息与沟通和内部监督三要素越有效,就越能抑制会计舞弊的发生。③ 以上内部控制研究较多涉及的是会计和审计舞弊,较少涉及平台的商业舞弊。

3. 审计治理

审计治理,可分为内部审计和外部审计,有效、客观的内部审计对公司内部防止和检查企业舞弊性财务报告起着主要的作用,保持外部审计的独立性在企业反舞弊防线中同样有着不可忽视的作用。现有文献主要关注审计委员会的相关特征与舞弊间的关系研究,并以此提出治理对策,包括审计委员会独立性和勤勉度、审计委员会中有财务专家、审计委员会效率等,研究发现以上特征均与舞弊行为显著负相关(Abbott 等,2004;Agrawal 和 Chadha,2005;Kusumawati 和 Her-

---

① K. Raghunandan, D. V. Rama. Auditor Resignation's and the Market for Audit Service [J]. *Auditing: A Journal of Practice & Theory*,1996(18):124-134.

② 周继军、张旺峰:《内部控制、公司治理与管理者舞弊研究——来自中国上市公司的经验证据》,《中国软科学》2011 年第 8 期。

③ 章铁生、林钟高、秦娜:《提高内部控制有效性能否抑制财务舞弊的发生》,《南京审计学院学报》2011 年第 8 期。

mawan，2013）。①②③ 国内学者也强调审计治理的重要性，例如，王学龙（2008）提出强化审计监督是管理舞弊的有效治理措施。④

4. 外部监管

有效的外部监管也是商业舞弊治理不可或缺的重要手段，有学者提出要通过加大对舞弊行为的处罚力度来防止其发生。针对我国现状，谢朝斌（2000）提出我国应该建立健全以下外在监督机制：强化法律约束机制；加速培育职业企业家（经理）市场，建立健全经理人员职业档案制度；规范市场中介机构行为，强化中介机构对企业的约束机制；强化金融机构和税务机关对企业的有效监督；建立健全上市公司信息公开制度。⑤ 朱国泓（2001）提出上市公司财务报告舞弊的治理必须坚持激励优化和会计控制强化两手抓的二元治理方略。⑥ 秦江萍（2005）则从博弈论视角提出要完善符合中国国情的对监管者的激励机制和对地方政府主要领导的处罚机制，以有效抑制舞弊行为。⑦

第三节　现有研究的综合评述

如前文所述，现有平台经济和商业舞弊的文献为本研究奠定了良好的理论基础。为促进平台经济的健康发展，我国已有学者就平台经济中相关主体有关商业舞弊行为的治理展开一定研究。从研究对象看，现有文献涉

---

① Abbott L J, Parker S, Peters G F. Audit Committee Characteristics and Restatements [J]. Auditing: A Journal of Practice & Theory, 2004, 23 (01): 69-87.

② Agrawal A, Chadha S. Corporate Governance and Accounting Scandals [J]. Journal of Law and Economics, 2005, 48 (02): 371-406.

③ Kusumawati S M, Hermawan A. The Influence Of Board Of Commissioners And Audit Committee Effectiveness, Ownership Structure, Bank Monitoring, And Firm Life Cycle On Accounting Fraud [J]. Jurnal Akuntansi dan Keuangan Indonesia, 2013, 10 (01): 20-39.

④ 王学龙：《管理舞弊的种类、成因及其治理——基于上市公司管理舞弊审计研究》，《开发研究》2008年第5期。

⑤ 谢朝斌：《股份公司会计舞弊及其制度防范》，《会计研究》2000年第5期。

⑥ 朱国泓：《上市公司财务报告舞弊的二元治理——激励优化与会计控制强化》，《管理世界》2001年第4期。

⑦ 秦江萍：《企业会计舞弊及其控制：基于博弈理论的分析》，《财经论丛（浙江财经大学学报）》2005年第4期。

及不同平台类型，包括电商平台（蹇洁等，2014）、[①] 金融平台（刘伟等，2017）、[②] 打车平台（张一进和张金松，2017）、[③] 餐饮平台（马巧云等，2017）等，[④] 其中，对电商平台上商家和消费者的互动研究占比较大。从研究方法看，一是借助博弈论分析不同主体间的互动，静态和动态博弈模型较多（胡伟雄和王崇，2012）；[⑤] 二是理论演绎分析，如基于舞弊三角理论研究P2P网贷平台的道德风险（沈俊等，2017）。[⑥] 从研究内容来看，学者重点关注电商平台的信用模式和诚实行为，通过买卖双方以及政府和卖家间的博弈分析来探索电商平台中信用问题的成因和对策（于忠华等，2006）。[⑦] 但如图2-3所示，当前对平台经济和商业舞弊的研究还有以下不足：对于平台经济的相关研究，一方面，包括平台提供者、供应方用户、需求方用户等的平台经济各要素主体间的互动"黑箱"需要打开，现有商业模式视角下的平台经济研究需要深入拓展，另一方面，平台经济发展中的问题需要细化剖析，现有研究深度不够，缺少针对性；对于商业舞弊行为的相关研究，一方面，商业舞弊行为的研究情境需要创新，已有文献大多聚焦在上市公司情境或者财务和审计等领域，情境不丰富，另一方面，商业舞弊行为的动态机制尚需深入挖掘，已有研究大多将舞弊的成因、识别、治理研究分隔开来，缺少系统性，且所涉主体视角单一。

一 平台经济中各要素主体的互动"黑箱"尚未打开

现有平台经济的研究中，一部分学者以平台型企业为主要研究对

[①] 蹇洁、袁恒、陈华：《第三方网络交易平台与网店经营主体进化博弈与交易监管》，《商业研究》2014年第8期。

[②] 刘伟、夏立秋、王一雷：《动态惩罚机制下互联网金融平台行为及监管策略的演化博弈分析》《系统工程理论与实践》，2017年第5期。

[③] 张一进、张金松：《政府监管与共享单车平台之间的演化博弈》，《统计与决策》2017年第23期。

[④] 马巧云、范小杰、邓灿辉：《第三方订餐平台监管的演化博弈模型与仿真分析》，《数学的实践与认识》2017年第12期。

[⑤] 胡伟雄、王崇：《我国电子商务信用问题的博弈分析》，《电子科技》2012年第11期。

[⑥] 沈俊、魏志华、刘元林：《基于舞弊三角理论的P2P网贷平台道德风险研究》，《武汉理工大学学报（信息与管理工程版）》2017年第1期。

[⑦] 于忠华、史本山、刘晓红：《电子商务交易中买卖双方诚实行为的博弈分析》，《商业研究》2006年第7期。

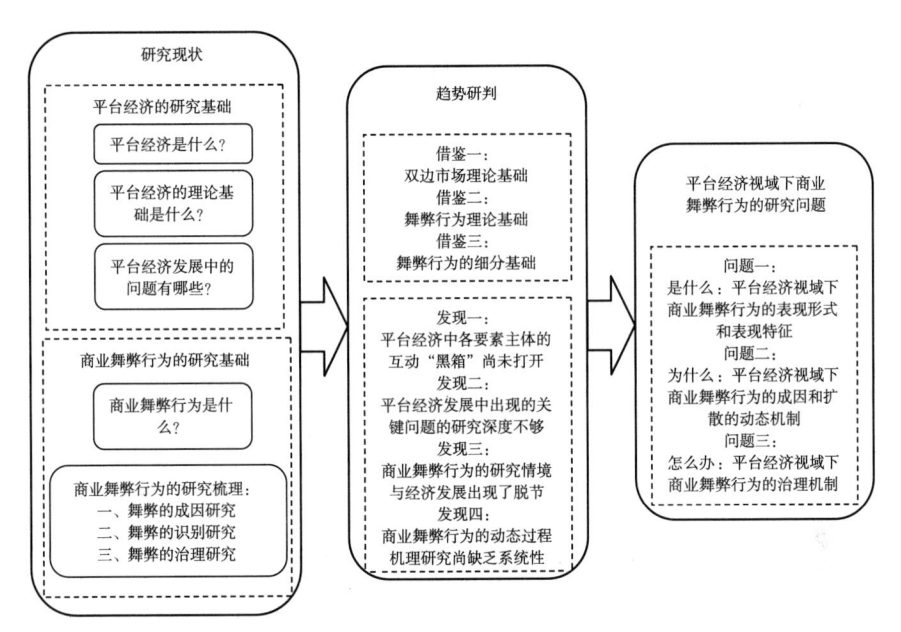

图 2-3　平台经济视域下商业舞弊行为的协同治理的现状把脉和研究解构

象，探索平台的架构、平台的运营（定价、制定规则）等问题，还有一部分学者以平台上的供应方用户（商家）为主要研究对象，解答如何在平台上竞争与合作，还有一些学者将平台看作一个商业生态系统来研究，主要关注平台商业生态系统的维度测量以及成长过程。上述以一种主体作为单一的研究对象虽然是平台经济研究在起步阶段的必然选择，然而，平台经济的要素主体至少包括平台提供者、需求方用户、供应方用户等。随着相关文献的积累和相关理论的拓展，平台经济中各主体的互动"黑箱"有待深入研究和挖掘，只有这样，才能更真实、更系统地反映平台经济的实质。平台提供者与不同类型的平台用户（供应方用户和需求方用户）之间的两两博弈是如何展开的？供应方用户和需求方用户间是如何互动的？政府与各主体间的互动过程如何？以上都是平台经济中各主体间互动"黑箱"所覆盖的内容，急需理论层面的突破。

二　平台经济发展中出现的关键问题的研究深度不够

互联网背景下的平台经济既促进了商业经济发展，也衍生了新情境下的问题。对于平台经济发展中的问题研究，已有文献多是泛泛而谈，提出

"易模仿性""不正当竞争""信息泄露和信息不对称""法规滞后"等需要解决的问题，但是并没有深入分析问题的成因、本质等，因此这类文献对于治理对策的提出大多数属于"无根之木"，既缺少对问题的深入分析，也缺少对应的理论支撑依据，可见，已有文献对于平台经济发展中出现的问题的研究深度不够。此外，尤其对于平台经济上出现的舞弊行为的研究，已有文献数量非常少，还没有得到学者们的广泛关注，但是平台上舞弊行为的危害极大，类似"魏则西事件"和"消费者刷单"等舞弊行为的发生在社会中造成广泛的负面影响，因此，对于平台经济视域下商业舞弊行为的深入研究非常有必要。

三 商业舞弊行为的研究情境与经济发展出现了脱节

在移动互联时代和大数据时代，商业舞弊行为在特征、表现形式、危害等方面都与传统的信息化时代和网络时代明显不同，但是在新情境、新时代背景下有关平台经济视域下商业舞弊行为的研究比较缺乏，且已有的相关文献中的理论大部分是沿用过去的理论框架。纵观文献，现有商业舞弊研究大多数以上市公司为样本，以财务舞弊、会计舞弊和审计舞弊行为为研究对象，研究视角和情境较为狭窄、不够创新。以上研究现状使得商业舞弊行为的研究情境与现在的经济发展进程出现了脱节，不利于商业舞弊理论研究的拓展，也不利于商业舞弊理论研究在实践中的应用。然而，平台经济视域下的商业舞弊行为确实在现实中层出不穷，平台经济视域下商业舞弊行为的特征如何？其动态形成和扩散过程如何？治理机制和对策是什么？这些都亟待相关理论研究给予解答。

四 商业舞弊行为的动态过程机制研究尚缺乏系统性

现有文献从多个主体视角出发对商业舞弊行为展开相关研究，包括舞弊者视角、审计视角、组织视角、政府视角等，且每个视角分别更多地单一对应舞弊的成因、识别、治理等研究，这导致舞弊行为的相关理论缺乏系统性，动态过程机制还比较模糊。首先，舞弊行为的研究偏重于会计领域，聚焦于审计专业、股权动机等相关变量，然而商业舞弊虽然是一种企业管理问题和现象，但也是人的一种个体行为，相关研究不能与行为科学脱离开来，现有文献中较为单一的研究变量维度不足以厘清商业舞弊行为的动态过程机制，同时，舞弊成因研究也忽视了生态圈内、社会网络中的影响因素，缺乏对舞弊行为的蔓延和扩散机制分析。其次，针对成因、识别、治理的理论研究较不平衡，已有文献大多数聚焦在成因和识别方面，反舞弊和舞弊治理理论研究较为分散，导致商业舞弊行为的动态过程机理"头重脚轻"。最后，分隔开来的舞弊行为理论因为前后过程演化分离、样本分离、假设演绎分离等而使得整个舞弊形成、识别和治理的过程分析不协调、不统一，这使得相关研究的实践指导意义比较有限。

第四节　研究命题的聚焦提出

如图2-3所示，通过文献梳理以及对现有平台经济和商业舞弊行为研究中存在问题和不足的研判，本书提出"平台经济视域下商业舞弊行为的协同治理"这一命题。解读"平台经济是什么"和"商业舞弊行为是什么"的文献为本书中"平台经济视域下商业舞弊行为"的概念奠定了理论基础，在平台经济语境下，本书将商业舞弊行为定义为"平台构成主体中的一个或多个，利用欺骗性的手段来获取不正当或非法的经济利益，或故意误导信息使用者对企业信息或产品信息等的判断的行为"。同时，基于双边市场理论和商业舞弊行为的相关理论，本书将"平台经济视域下商业舞弊行为的协同治理"这一命题解构为"平台经济视域下商业舞弊'是什么—为什么—怎么办'"这三个核心问题，以此揭开商业舞弊行为研究在平台经济情境下的"黑箱"。

对于"平台经济视域下商业舞弊行为是什么"这一问题，本书将以现有文献为基础，以具有代表性的平台为例，梳理出平台经济中典型的商业舞弊行为，结合互联网平台具有的共享性、开放性等特征对平台经济视域下商业舞弊行为的特征、类型等进行研究，完成对于"平台经济视域下商业舞弊行为是什么"这一问题的解答。

对于"平台经济视域下商业舞弊为什么发生"这一问题，本书将"内外兼顾"，一方面将深化舞弊成因理论分析舞弊行为的"内因"；另一方面应用多重价值博弈、消费者行为等理论，分析平台上不同主体舞弊的"外因"。在具体分析过程中，本书从平台提供者、供应方用户和需求方用户的多视角分析平台经济视域下商业舞弊行为的成因，构建综合性的舞弊成因模型。

对于"平台经济视域下商业舞弊怎么样治理"这一问题，本书提出平台经济视域下商业舞弊行为的治理框架应该遵循"主体协同"和"路径协同"的协同治理理念，并且在治理的操作过程中，构建起激励机制、沟通机制、资源共享机制等保障商业舞弊行为的治理效果。

本章小结

本章通过文献梳理回顾了平台经济和商业舞弊行为的研究基础。对于平台经济的相关研究，着重对平台经济的概念和内涵、双边市场理论和商业生态系统理论、以及平台经济发展中的问题和治理的相关文献进行了整理。对于商业舞弊行为的相关研究，着重对商业舞弊行为的概念以及舞弊行为成因、识别、治理的相关文献进行整理。随后，基于对现有研究中所存在的不足和问题的思考，提出研究命题"平台经济视域下商业舞弊行为的协同治理"。基于现有理论基础，本章还明确了平台经济视域下商业舞弊行为的概念，即：在平台经济语境下，商业舞弊行为可以定义为"平台构成主体中的一个或多个，利用欺骗性的手段来获取不正当或非法的经济利益，或故意误导信息使用者对企业信息或产品信息等的判断的行为"。最后，本章对研究命题进行解构，提出在现有平台经济和商业舞弊行为的研究基础上，需要进一步深入探索"平台经济视域下商业舞弊行为是什么、为什么发生、如何去治理"的问题。

第三章　平台经济视域下商业舞弊行为的综合表现

依据平台经济视域下商业舞弊行为的定义，该类舞弊行为实质上属于一种诈欺行为，并且平台上的这种诈欺行为种类多样、不易察觉，这就为平台治理带来了挑战。因此，只有厘清互联网平台上各类舞弊行为的特征，才算是把握住了舞弊行为的关键，才能有针对性地提出平台治理对策。那么，平台上这些舞弊行为的发生究竟有哪些规律和特征？各类平台上的舞弊行为又有哪些差异？为清楚地梳理平台经济视域下商业舞弊行为发生的特征和规律，本章首先根据平台上的三方主体（平台提供者、供应方用户和需求方用户）之间的合作密切程度，将平台分成交易工具型平台和价值共创型平台两种。其次，基于平台上现存的大量舞弊现实，针对两类平台上舞弊行为的具体表现和发生规律，本章对平台经济视域下商业舞弊行为的本质进行了分析，由此得出行为特征。

第一节　平台经济三大市场主体的划分与界定

随着现代信息技术的应用和发展，平台经济正逐步进入快速发展轨道，参与平台交易的主体也呈现多元化趋势。因此，一方主体在交易过程中不仅与单方主体产生联系，更与参与交易活动的其他主体，即机构与个人产生交集。基于第二章对平台经济相关理论的总结，平台经济有平台提供者、供应方用户、需求方用户等多方主体，而规则是管理平台体系和用户的重要手段。其中，平台提供者、供应方用户和需求方用户就是市场交易的直接参与方。本节着重对各主体的内涵和性质进行了梳理和界定，为不同主体间合作模式的分析奠定基础。

一　平台提供者

对于平台提供者这一主体的内涵，相关法律进行了较为明确的界定。《中华人民共和国电子商务法》指出，第三方平台提供者经营的网络交易平台是由电子科技和计算机系统经营，主要内容为用户提供交易平台和网络交易辅助服务；《消费者权益保护法（修订）》第44条中也提出网络交易平台提供者是一种新型的民事主体，既不同于买卖合同中的卖方，也不是柜台出租人或居间人。由此，本章将平台提供者定义为由科学技术搭建，为供应方用户、需求方用户提供交易服务的一个相对独立的虚拟网络空间平台。平台提供者作为中介网络平台，以促成双方交易和提供专业化服务为目标，既提供一个公平、平等的信息集合平台，也为其他主体提供相关服务以促成整个交易流程。这里的平台提供者是指创建、运营、维护某平台，为供需双方提供服务的企业、机构或个人。

二　需求方用户

需求方用户这一概念最早出现于商品交换过程中，需求主体是指商品价值的使用主体，而在网络交易市场中，需求主体通常被称为消费者或买家。如钱钰釜（2017）认为，消费者是平台型电子商务中的消费主体，也是整个市场的消费主体和产品供应方以及平台的利润来源。[①] 罗珍珍（2017）也将终端主体定义为终端买家，该主体对相关行业服务信息有某种需求，需要购买数据提升自己的服务或产品。[②] 由此可见，需求方用户是指网络市场上利润的主要来源和所有现有的和潜在的购买者，也可以是指个人、群体、机构。由于本书所涉及的平台大多为B2C、C2C模式的平台，因此将需求方用户定义成为满足需求而购买商品，同时为平台供应者和供应方用户带来主要利润的个人。

三　供应方用户

全球供应链论坛指出，供应链管理是从源头供应商到最终消费者的集

[①] 钱钰釜：《平台型电子商务网络交易博弈过程研究》，硕士学位论文，武汉大学，2017年。

[②] 罗珍珍：《数据交易法律问题研究》，硕士学位论文，四川省社会科学院，2017年。

成业务流程,供应商可以为消费者带来有价值的产品、服务以及信息。罗珍珍(2017)也认为,数据交易主体中,数据源头主体为数据商品卖家,即数据供应方,该类主体主要是提供某种信息。由此可见,供应方是在交易过程中提供商品的一方,通常由众多供应商和(或)个体组成。平台提供商是市场交易的重要主体之一,其通过前端市场空间(网站门户、搜索引擎、支付平台等基础设施)与交易各方进行互动,还在后台为商家端提供订单、库存、财务及产品支付等相关技术和数据支持。基于以上研究,本章将供应方用户定义为网络交易平台中能够提供商品、数字商品和服务的个人或企业。

第二节 基于合作关系紧密度的主流平台分类

在已有文献中,不少学者站在企业间合作关系紧密程度的角度去研究平台三方主体之间的关系。马文锐(2007)在研究供应商选择的"增值性—竞争力"分类模型时,提出供应链合作关系的变化主要影响具有战略性的合作伙伴,而对次要的供应商影响较小。[1] 具有战略性的供应商是少而精的,并与制造商关系密切。而其他的供应商数量相对较多且与制造商具有一般关系。企业之间建立战略上的伙伴关系,能够有效发挥各企业的核心能力,形成优势互补,也是企业在激烈的市场竞争中存活下来的有效途径。平台提供者作为提供平台的一方必须与平台上的供需双方建立良好的合作关系,只有这样,才能发挥平台作用,获得平台效益。由此可见,平台上的合作行为是普遍存在的。

现有文献对合作关系已经做出系统的划分,早期的研究多从心理学角度出发,Kotler(2016)在其著名的《营销管理》中,正式提出可以把企业与客户之间的关系分为五种:基本型、反应型、可靠型、主动型、合伙型;[2] Liljander 和 Strandvik(1995)认为,所有的关系都存在着内容、频

---

[1] 马文锐:《供应商视角的供应商—制造商交易合作评估体系研究》,硕士学位论文,上海海事大学,2007年。

[2] Kotler P, Keller K. L. Marketing Management/15 [Edition] [M]. *Pearson*, 2016.

率与持续时间不同的情节类型与组合，一个长期关系可以有各种不同的情节。[1] 按客户关系发展的不同阶段，可以将企业与客户的关系分为三个层级：陌生人关系、朋友关系与伙伴关系，并指出了与之相对应的关系策略（冯志刚，2006）。[2] 在互联网平台视角下，供需双方用户独立于平台且都能够成为平台提供者的合作伙伴，同时，平台提供者也需要通过某些方法吸引双方客户加入平台。因此，平台提供者与供需双方用户的合作也是普遍存在的。本节根据平台方、供应方、需求方三者之间的合作紧密程度，以及平台企业与供需双方的合作目的不同，将现有互联网平台分为交易工具型平台和价值共创型平台。

一 交易工具型平台

（一）交易工具型平台概念

马家喜和金新元（2014）提出，从合作双方关系的类型来看，可以把双边关系划分为两类：长期合作关系与短期合作关系。若着眼于短期合作，则双方合作紧密度较低、主体间的关系比较松散、信息披露的较少。这类着眼短期合作的平台，其平台方与供应方、需求方三方两两相对独立，平台方作为一种联通供需的中介体出现，平台对供需双方依赖程度、合作紧密程度基本相等，在交易中只起到开辟市场、联通买卖双方的作用。[3] 本章将这种为双方或多方提供交易服务，发挥着交易工具、媒体和载体作用的平台称为交易工具型平台。具体来说，交易工具型平台的平台提供者仅作为市场交易的协调者，负责交易场所搭建，拓宽供需用户的交易渠道。这类平台的平台提供者一方面向供应方用户提供广告宣传、信誉担保等，吸引需求方用户；另一方面通过促销、折扣活动吸引消费者。总的来说，这类平台需要对供应方和需求方制定不同的方案，来聚拢和维持两边关系。

---

[1] Liljander V., Strandvik T. The Nature of Relationship in Services [J]. *In Advances in Services Marketing and Management*, 1995.

[2] 冯志刚：《我国医药企业客户关系管理改善策略研究》，硕士学位论文，山东大学，2006年。

[3] 马家喜、金新元：《一种以企业为主导的"产学研"集成创新模式——基于合作关系与控制权视角的建模分析》，《科学学研究》2014年第32期。

(二) 交易工具型平台合作关系分析

交易工具型平台的作用和大型购物平台、信息中介平台相似，平台提供者作为一个独立个体，其本身和供需双方的黏合性差别不明显。通俗地讲，这类平台和平台上的供应方、需求方联系的紧密程度相似。交易工具型平台的功能是方便双边用户交易、提高搜索交易对象的效率、提高交易双方匹配成功的可能性。这类平台不仅丰富了传统交易模式，还创造了新交易空间，扩大了交易范围，降低了交易成本。这种新的交易平台能够在原有交易市场中进行资源整合细分，创造出新的市场价值，能够为消费者提供便利的同时为平台提供者和供应方提供广阔的利润空间。简言之，这类平台的业务合作方式为"供应方用户—平台提供者—需求方用户"，平台提供者在供需合作选择上没有偏重，是一种三方结合相对松散的合作模式。

二 价值共创型平台

(一) 价值共创型平台概念

李伟奇（2013）认为，供应链上下游的企业间存在着密切的合作伙伴关系，并且它们之间的成功合作有助于提高供应链管理模式的运作效率。[1] Garcia 等（2002）也提出，高度的合作关系和一定程度的建设性冲突有助于上下游企业间的知识获取。[2] 平台企业最初的主要功能在于为消费者提供安全的交流、交易渠道，并不断开发出更多满足用户需求的业务。但现实生活中，互联网平台往往不是等量依托于供需双方，而是有倾向性地与供应方或需求方合作。以官方媒体的线上新闻 App 为例，这类平台吸引受众最关键的因素就是平台上的新闻内容，有了新颖、时效性强的新闻后自然会吸引大量用户。因此，这类平台企业的经营重心会放到平台的新闻供给上，自然而然与供应方的合作更加紧密。所以，本书将这种平台提供者与平台参与者（供需方）之间高度关联、合作进而共创平台

---

[1] 李伟奇：《供应链理论视角下外贸企业财务管理模式优化研究》，硕士学位论文，东北师范大学，2013年。

[2] Garcia C. Q., Velasco C. A. B. Co-opetition and Performance: Evidence from European Biotechnology Industry [J]. *Paper Presented at the II Annual Conference of EURAM on Innovate Research in Management*, 2002: 1-21.

价值称为价值共创型平台。一般地,这类平台的合作紧密程度表现出一定的偏向性,平台和供需任意一方的高度合作行为对平台的发展和提升有益。

(二) 价值共创型平台分类

本书根据价值共创型平台的合作关系亲密对象的不同,将平台提供者与需求方联合紧密的平台称为需求型共创平台;将平台提供者与供给方联系紧密的平台称为供给型共创平台。需求型价值共创平台指的是平台提供者与需求方用户形成紧密合作模式的平台。例如,平台提供者通过免费注册、优惠折扣吸引需求方用户加入平台成为会员,需求方用户可在平台进行产品、服务的筛选和购买。供给型价值共创平台指的是平台提供者与供应方用户形成紧密合作模式的平台。例如,平台提供者向供应方用户购买产品或服务,通过物流、支付平台与需求方进行交易活动。就平台本身而言,价值共创型平台下的两类平台,对于供需两方的依赖程度、亲和程度、业务合作程度都有较大的不同。

(三) 价值共创型平台合作关系分析

需求型价值共创平台的合作方式为"平台+需求方",这类平台与需求方联系更加紧密。平台在发展初期需要先与需求方建立紧密的关系,因此,可能通过某些舞弊行为来吸引需求方加入。平台进入成熟期后凭借平台流量来吸引更多的供应方和广告商,因此,平台后期舞弊行为多针对供应方或是其他平台,舞弊的目的大多是吸引更多供应方用户,如购物平台散布虚假广告的行为。供给型价值共创平台的合作方式为"平台+供应方",这类平台在发展初期由于其平台独特的功能和市场定位,能够与供应方产生紧密联系。平台进入成熟期后有了较为完备的供应体系,因此,这个阶段的舞弊行为多针对需求方进行,舞弊的主要目的是扩大需求,如游戏平台的流量舞弊行为。另外,因为平台的结构特征不同,其舞弊行为的类型也会有不同,同一舞弊类型在不同平台上的表现形式也不同。以恶性竞争为例,在需求型价值共创平台上的恶性竞争行为的发起者多为平台提供者和供应方用户,竞争的目的都是争取消费者。而交易工具型平台的恶性竞争行为不只发生在平台提供者和供需双方之间,还多发生在平台和平台之间。

总之,价值共创型平台上的平台提供者与供需双方的合作关系不同,平台运营模式不同，因此，不同平台上出现的商业舞弊行为的目的、发生规律和舞弊类型也不同。具体地，价值共创型平台下的具体联合舞弊形成过程见图3-1。

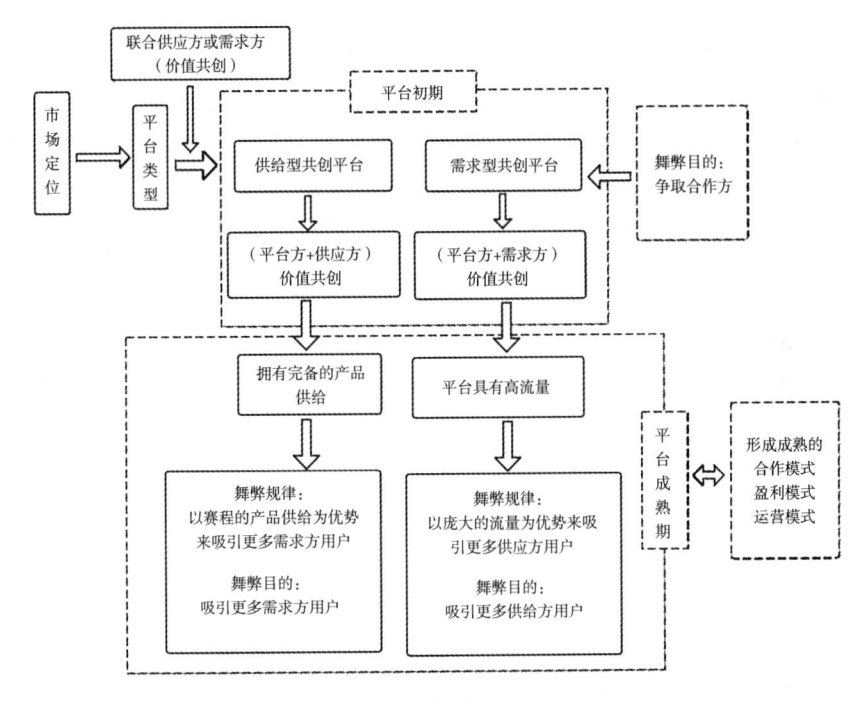

图3-1 价值共创型平台商业舞弊形成规律图

第三节 平台经济视域下商业舞弊行为的表现

本节在平台细分基础上，基于内容分析法，以大量的舞弊案例为依据，深入分析不同平台中舞弊行为出现的频次，对不同平台上的舞弊行为表现和规律进行更有针对性和更具科学性的研究，提炼并归纳出平台经济视域下商业舞弊行为的特征。

一 平台经济视域下商业舞弊行为表现的模型构建

（一）商业舞弊行为表现的相关概念梳理

由于以往文献中没有对平台经济视域下商业舞弊行为表现形式的直接

研究，因此，要构建平台经济视域下商业舞弊表现形式的模型，必须从相关文献中总结离析出来。刘烨（2012）在研究不同消费者在购物平台上的购物动机和购物行为时，在文章背景处提到了恶性竞争和信用舞弊行为。① 雷名龙（2016）在基于阿里巴巴大数据的购物行为研究中提到刷单行为，认为刷单行为是影响平台流量分布的原因之一。② 在借贷平台相关研究的文献中，丁婕（2012）在研究网络借贷平台和借贷人行为时提到借贷平台上存在贷款人人驻平台资格审查不严、贷款人与平台联合欺骗借款人等不良行为。③ 吕勇斌等（2016）明确提出，借贷平台上存在虚假信息、逾期借贷等现象。④ 戚旭然（2016）以"美拍"App 为研究对象研究社交平台使用动机与使用行为时也提出，信息混乱、虚假广告等是社交类平台上较为常见的现象。⑤ 纵观现有文献，本书发现，关于互联网平台上商业舞弊行为的专项研究数量较少，现有研究更多是在研究平台上消费者行为或者平台特性时偶有提到关于商业舞弊的问题。

基于现阶段学术研究现状，为了使平台经济视域下商业舞弊表现形式的模型更具有科学性和完整性，本书以 2010—2018 年涉及互联网平台的新闻资料为基础，输入"造假""不公平""恶劣""串通""危险""作弊"等关键词，搜索相关新闻资料，又在新闻资料中找到了"产权舞弊、不正当协议、流量舞弊、职业差评"等互联网平台舞弊行为测量指标，借此来完善研究中建立的商业舞弊行为表现模型。

（二）商业舞弊行为表现的数据来源说明

由于以往研究欠缺对平台经济视域下舞弊行为的直接研究，因此，要明确互联网平台上舞弊行为的表现形式，首先必须从企业中获取第一手情景性资料，然后通过这些情景性资料离析出结果。之后，在情景资料解析

---

① 刘烨：《中国消费者在不同平台上的购物动机与购物行为研究》，硕士学位论文，清华大学，2012 年。

② 雷名龙：《基于阿里巴巴大数据的购物行为研究》，《物联网技术》2016 年第 5 期。

③ 丁婕：《我国 P2P 网络借贷平台及借款人行为研究》，硕士学位论文，西南财经大学，2012 年。

④ 吕勇斌、姜艺伟、张小青：《我国 P2P 平台网络借贷逾期行为和羊群行为研究》，《统计与决策》2016 年第 4 期。

⑤ 戚旭然：《UGC 模式移动短视频社交平台使用动机与使用行为研究》，硕士学位论文，暨南大学，2016 年。

的基础上加入二手资料，对解析结果进行补充和佐证，以提高结果的科学性和可信度。因此，本节结合现有一手、二手数据资料，采取内容分析的方法，探索互联网平台上舞弊行为的具体表现。

访谈资料来自本研究团队对阿里巴巴集团廉政部在 2016 年 6 月和 2017 年 12 月的两次实地访谈记录。廉政部主要是针对阿里巴巴内部人员（内部员工、供应方等）的舞弊行为进行治理的部门，该部门负责人对整个电商平台的舞弊行为现状以及治理措施有比较全面的认识。本研究团队采用半结构化的方式对阿里巴巴廉政部负责人进行深度访谈交流，并将访谈过程录音，对录音内容进行分析，将涉及平台舞弊行为的言论进行整理。此外，将 2017 年 6 月至 2018 年 12 月有关互联网平台舞弊行为的有效新闻报道、网页消息、专家评论等做出汇总，形成二手资料。从这些新闻报道中找出涉及舞弊行为的关键句，并将句中包含的舞弊行为摘取出来编码汇总。

（三）商业舞弊行为表现的模型编码构建

依据前面对互联网平台上舞弊行为的界定和舞弊行为表现形式的划分，可以明确互联网平台上大众公认的一些平台舞弊表现，在已有文献和现实材料的支持下，本书整理出平台经济视域下商业舞弊行为的 18 种表现形式，分别为：平台间恶性竞争、平台内部恶性竞争、虚假交易、信用舞弊、刷单行为、不正当协议、评价造假、流量舞弊、知假买假、侵权问题、推广舞弊、虚假营销、信息安全、技术作弊、数据作弊、职业差评/水军、商品/内容造假、预谋破产。

鉴于以往运用内容分析技术的研究多采用大于或等于 2 人的编码方案（马文峰，2000），[①] 本书采用了较常用的 2 人编码方案，由 2 名专业人员进行编码，其中平台经济研究领域的教授 1 名、该领域的硕士 1 名，将已有资料中涉及的平台经济视域下商业舞弊行为的表现形式进行编码（见表 3-1、表 3-2、表 3-3）。

表 3-1　　　　平台经济视域下商业舞弊表现形式的模型

舞弊行为	编码	舞弊行为	编码
平台间恶性竞争	A	侵权问题	J
平台内部恶性竞争	B	推广舞弊	K

[①] 马文峰：《试析内容分析法在社科情报学中的应用》，《情报科学》2000 年第 4 期。

续表

舞弊行为	编码	舞弊行为	编码
虚假交易	C	虚假营销	L
信用舞弊	D	信息安全	M
刷单行为	E	技术作弊	N
不正当协议	F	数据作弊	O
评价造假	G	职业差评/水军	P
流量舞弊	H	商品/内容造假	Q
知假买假	I	预谋破产	R

表 3-2　　　　　　　　　阿里巴巴访谈记录编码表

年份	问题	受访者回答摘要	舞弊行为编码
2016年	阿里巴巴集团（主要是购物平台）是否存在商业舞弊现象（例如员工和客户有没有舞弊行为）？	存在。多为平台商家的行为，其中恶性竞争比如买水军给对方差评、价格战等。其次消费者也存在恶意差评的情况。再有就是商家刷单行为和造假行为，虽然也在治理但仍大量存在	A1 E1 P1 Q1
	存在哪些商业舞弊现象（类型）？	就商业舞弊现象的种类而言，存在产品失真的舞弊、平台上价格欺诈的舞弊、"小二"工作失职和其他人员共谋不正当利益的舞弊、知识产权舞弊、信息泄露舞弊以及日常生活中经常听说的"刷单"等虚假交易舞弊	C1 D1 E2　J1 M1
	舞弊行为近几年的发展趋势如何？	商业舞弊现象的发展趋势与企业的发展趋势成正比。例如近年来同类型平台数量增多，平台之间的恶性竞争愈加明显。但产权舞弊、流量舞弊已经随着平台重心的偏移有所减少	A2 H1 O1
	与一般或者传统的企业商业舞弊行为相比，平台型的商业舞弊行为是否具有特殊性？	是的。例如平台恶性竞争，可能是供需及平台三方随机合作，平台舞弊行为更加隐蔽不易察觉。其变化快、形式多、方式方法多等特征也给商业舞弊治理带来更多挑战	A3 B1
2017年	平台恶意差评刷单、好评返现行为如何治理？	事先预防事后维权。利用风控模型对买家进行信息比对，若模型发现异常，自动关闭交易。风控模型仍在完善，存在误判，买家可向平台提出恢复交易。商家通过向平台提供买家恶意差评的证据，平台审核后可恢复商家信用评分	N1 D2 E3 G1 D3
	平台商家和用户的信用制度如何建立？	举例来说，若平台风控模型发现同个账号购买的商品合起来是毒品的原材料，则平台模型会发出预警，平台会通知警方进行合作打击	D4 N2
	阿里巴巴集团有何反舞弊措施？	针对内部人员舞弊成立了廉正合规部，针对售假、炒信等行为成立平台治理部	D5 M2

表 3-3　2017 年 6 月至 2018 年 12 月各类互联网平台商业舞弊行为编码表

名称	类型	编号	涉及舞弊行为关键句	编码
淘宝	购物	1	"会员积累信用"为目的或通过炒作商品销量提高商品人气	C2　D6
		2	修改原有的宝贝的标题、价格、图片、详情、材质等	C3　L1　Q2
		3	同时经营多家具有相同商品的店铺,达到重复铺货的目的	D7　C4
		4	商品描述不详、无实际商品	C5　D8
		5	商品名称中滥用品牌名称或和本商品无关的字眼	C6　D9　B2　J2　I1
		6	SKU作弊是指通过刻意规避淘宝商品SKU设置规则,滥用商品属性(如套餐、配件等)	J3　C7　I2
		7	淘宝店"小二"营私舞弊违规为买家退款,淘宝官方黑心护短玩起"躲猫猫"	N3　M3
		8	杭州市西湖区人民法院开庭审理了一起淘宝网员工利用职权删除差评获取利益案	D10　N4
微信	社交	9	很多包装华丽的大号被无情地揭开真相,号称有20多万粉丝的草根大号,一天下来阅读量竟然只有几百个	H2　L2　K1
		10	对方很豪爽地赠送600个,店家说目前微信的这些数据都是可以刷的,一般10分钟内可以全部搞好	H3　M4　K2
		11	发布、传送、传播、存储违反国家法律法规禁止的内容,存在虚假、诈骗广告、链接	D11　K3　M5
拼多多	团购	12	拼了一件智能玩具,反正就一分钱,图个小孩子开心,等了半个月了都没有发货	C8　D12　Q3
		13	玩拼多多的1亿人每人多出一分钱,一下就是100万	N5　K4
		14	上市之初被用户投诉商品质量差、客服态度差、虚假宣传	C9　D13　F1
		15	"1元拼"涉嫌恶意营销,增加流量	Q4　L3　K5
		16	这当中的确有一些山寨的、模仿的、侵犯知识产权的商品和行为	J4　O2　M6

续表

名称	类型	编号	涉及舞弊行为关键句	编码
饿了么	外卖	17	平台商家无证经营行为被曝光	C10
		18	平台商家填写虚假地址，不同线上接口同一店铺	D14　Q5
		19	百度外卖清查了证照不全的商户，集中下线816家。在10个城市开展网络订餐店铺亮证照行动	Q6　L4
		20	"天网行动"饿了么主动报案揪出PS假证"内鬼"	L5
		21	饿了么很早就出台了《奖惩制度》，将内部员工刷单、上线违规餐厅等违规、渎职行为列为"高压线"	D15　E4　Q7
斗鱼	直播	22	斗鱼、虎牙等19家网络直播平台涉嫌提供含有宣扬淫秽、暴力等内容的互联网文化产品	Q8　B3
		23	直播黑帮主题游戏《侠盗猎车手（GTA）5》《如龙0》等，画面血腥，教唆犯罪；直播违规游戏《扎金花》等，宣扬赌博行为，违背社会公序良俗	Q9　B4　F2
		24	直播网站都为观众开辟了给主播"打赏"的通道，而"刷打赏"也成为经纪公司、直播平台和网红之间创造"GDP"的手段	C11　G2
		25	侦破网络直播平台传播淫秽物品案件8起	C12　I3
		26	"前台自愿，后台实名"的原则，严格用户真实身份认证	I4
		27	"59亿"人同时在线？直播间内伪造直播人数	D16　K6　H4
		28	直播平台大量视频涉嫌售假造假	C13
熊猫TV	直播	29	战旗TV发表声明：熊猫TV抄袭LyingMan将起诉	A4　J5　K7
LOL	游戏	30	"阿怡大小姐"被爆直播时并未亲自打游戏，而是请专人代打，有著名游戏主播爆料，"国内直播代打满街跑"	K8　L7　N7　Q10
		31	游戏账号交易造假售假泛滥	C14
		32	官方游戏截图造假？看看他们的鬼把戏	K9　L6
		33	高分骗子：被扒皮造假的游戏界世界纪录持有者们	K10　L8　O3

第三章　平台经济视域下商业舞弊行为的综合表现　　53

续表

名称	类型	编号	涉及舞弊行为关键句	编码
LOL	游戏	34	游戏葡萄《一周说法》栏目报道了海淀警方侦破"推广数据诈骗案"的案件	H5 K11 M7
		35	利用手机程序自动从App市场下载安装的造假方式	H6 N8 L9
		36	目前业内最常见的作弊方式：撞库	M8 N9
		37	虚假的买量数据虽然短时间会为游戏广告公司带来一定的收益，但是这种收益始终是有风险的，是严重违反法律的	C15 O4
滴滴打车	打车	38	的哥和乘客用打车软件合伙做假单赚补贴，坐车不花钱反赚	C16
		39	滴滴出行，采用的是C2C模式，缺少监管，司机造假	Q11
		40	滴滴外卖，美团打车来了：5000亿巨头真的打起来了	A5
大众点评	综合	41	大众点评"网上刷信誉"简单易得	H10 D17
美团	团购	42	美团订单销量评论造假，大家团购时要注意了	H7 L10
宜贷网	借贷	43	预警：宜贷网借款标的造假	D18 R1
Lending Club	借贷	44	董事长辞职，涉嫌数据造假舞弊	H8 L11 O5
爱奇艺	视频	45	视频网站播放数据造假，早该治理；实际上，每一部爆款剧的诞生都伴随着"刷量"的猜测	H9 O6
快视频	视频	46	360摊上大事了？旗下快视频被指侵权；爱奇艺诉超级视频播放《跑男》侵权，索赔120万；凤凰视频被诉侵权，因无授权播放央视《开讲啦》节目	A6 J6
暴风影音	视频	47	视频播放"轻模式"带来侵权"重风险"；暴风公司采用的该模式使原网站失去了获得商业利益的机会，并提高了暴风网的浏览量，这一行为已构成不正当竞争	A7 N11
拍拍贷	借贷	48	拍拍贷坏账率造假欺骗投资者	O7
Uber	打车	49	Uber隐瞒大规模数据泄露，还给黑客10万"封口费"	M9 N12
Bith-umb	金融	50	韩国加密货币交易所被黑客攻击，3万客户数据泄露	M10 N13

总计：A7 B4 C16 D18 E4 F2 G2 H9 I4 J6 K11 L11 M10 N13 O7 P1 Q11 R1

二　平台经济视域下商业舞弊行为表现的内容分析

（一）信度效度验证

就内容分析的信度而言，本书仍然采用比较常用的方法，由计算编码者的一致性程度得出。由于被访谈者背景信息比较明确，因此其编码者的一致性系数皆为1，不再列表陈述。就内容分析的效度而言，本书采用常用的内容效度检验方法。首先，本书中互联网平台舞弊行为编码表的编制都严格建立在以往研究和相关概念界定基础上，并且结合了一定的调研经验，因此具有较好的理论基础和实践基础，同时还邀请10位该领域的专家和研究者对其内容效度进行了评价。因此，本书分析具有较高的效度水平。

（二）总体内容分析

本书从两个角度分析了平台经济视域下商业舞弊行为的表现形式（见表3-4、表3-5、表3-6）。

首先，从平台分类角度来看，通过对表3-5中的结果进行分析，得出不同类型平台上舞弊行为的分布特点。其次，从舞弊行为自身角度来看，通过对表3-6中各类舞弊行为的数据进行分析，得出不同类型的舞弊行为在平台上的分布特点。

随着互联网平台治理力度加大，我国互联网环境虽有优化，但互联网平台的舞弊现象依然明显。从表3-4中可以看出，从2017年6月至2018年12月间具有代表性的50条商业舞弊行为中，虚假交易、信用舞弊、推广舞弊、虚假营销、信息泄露、技术舞弊等出现频率超过10次，其中信用舞弊、虚假交易等超过15次，意味着这些舞弊行为在不同类型的平台中都会出现。

从平台角度看，根据内容分析结果（见表3-4、表3-5）可得，就舞弊行为种类来说，购物类、直播类、打车类平台的舞弊行为类型分别占编码表中舞弊行为类型的94%、56%、44%。特别是购物类平台，几乎涵盖了编码表中所有舞弊类型；其次，直播类、打车类平台也存在众多舞弊类型。但是，每一类平台的舞弊类型虽然多样，对于舞弊种类的偏重却大不相同。例如，购物类平台信用舞弊、职业水军/差评、虚假交易居多（分别占18%、18%和14%），游戏类平台推广舞弊、虚假营销、技术舞弊居多（分别占 22%、22% 和 17%），直播类平台以虚假交易行为居多（20%），外卖平台以商品/内容造假行为居多（37%）。由此可以得出：（1）每一类平台都涵盖了发生多种舞弊行为的风险。（2）平台类型不同，其最容易发生的舞弊行为类型也不同。

从舞弊行为角度来看，通过表 3-6 的分析，本书可以看出流量舞弊分布最广，在购物/团购类、游戏类、借贷类、社交类、直播类、打车类、视频类七大类平台上都有出现过流量舞弊的行为。其次是虚假营销，该类行为出现在购物/团购类、游戏类、借贷类、外卖类、社交类、打车类六大平台。在众多舞弊行为类型中，平台间恶性竞争、推广舞弊、虚假交易、信用舞弊、技术作弊、数据作弊、商品/内容造假等舞弊行为都出现在四到五类平台。职业差评/水军、知假买假、预谋破产等行为出现的平台类型比较单一，以上三类目前只发生在特定类型的平台上，如职业水军一般更多地出现在购物类平台。总的来说，通过表 3-6 的分析本书可以得出以下结论：（1）舞弊行为种类不同，在平台上分布的广度不同。（2）个别舞弊行为是特定平台独有的，一般只发生在特定某类平台上。

表 3-4　　　平台经济视域下商业舞弊行为表现频次汇总表

平台类型	频次排名	平台类型	频次排名
购物/团购	D12 P12 C9 J4 M4 N4 Q4 A3 E3 K3 I2 L2 B2 O2 F1 H1 G1	游戏	K4 L4 N3 O2 H2 C2 Q1
借贷	O2 H1 D1 L1	外卖	Q3 D2 L2 C1
社交	K3 H2 L2 M2 D1	直播	C3 Q2 I2 B2 A1 F1 D1 G1 H1 J1
打车	K3 H2 A1 C1 L1 M1 N1 Q1	视频	A2 H1 J1 N1 O1

表 3-5　　　平台经济视域下商业舞弊行为表现内容分析
汇总表——基于平台角度

平台类型	平台涉及舞弊种类	平台涉及舞弊种类占比（%）	主要舞弊类型	主要舞弊类型频次占比（%）
购物/团购	17	94	信用舞弊	18
			职业差评/水军	18
			虚假交易	14
借贷	4	22	数据造假	40
社交	5	27	推广舞弊	30

续表

平台类型	平台涉及舞弊种类	平台涉及舞弊种类占比（%）	主要舞弊类型	主要舞弊类型频次占比（%）
打车	8	44	推广舞弊	27
游戏	7	39	推广舞弊	22
			虚假营销	22
			技术舞弊	17
外卖	4	22	商品/内容造假	37
直播	10	56	虚假交易	20
视频	5	28	平台间恶性竞争	33

表3-6　平台经济视域下商业舞弊行为表现内容分析汇总表——基于舞弊行为角度

舞弊行为类型（编码）	该类舞弊行为出现的平台种类	平台种类汇总（类）
平台间恶性竞争（A）	购物/团购类、直播类、打车类、视频类	4
平台内部恶性竞争（B）	购物/团购类、直播类	2
虚假交易（C）	游戏类、外卖类、直播类、打车类	4
信用舞弊（D）	购物/团购类、借贷类、外卖类、社交类、直播类	5
刷单行为（E）	购物/团购类	1
不正当协议（F）	购物/团购类、直播类	2
评价造假（G）	购物/团购类、直播类	2
流量舞弊（H）	购物/团购类、游戏类、借贷类、社交类、直播类、打车类、视频类	7
知假买假（I）	购物/团购类	1
侵权问题（J）	购物/团购类、直播类、视频类	3
推广舞弊（K）	购物/团购类、游戏类、社交类、打车类	4
虚假营销（L）	购物/团购类、游戏类、借贷类、外卖类、社交类、打车类	6
信息安全（M）	购物/团购类、社交类、打车类	3
技术作弊（N）	购物/团购类、游戏类、打车类、视频类	4
数据作弊（O）	购物/团购类、游戏类、借贷类、视频类	4
职业差评/水军（P）	购物/团购类	1

续表

舞弊行为类型（编码）	该类舞弊行为出现的平台种类	平台种类汇总（类）
商品/内容造假（Q）	购物/团购类、游戏类、外卖类、直播类、打车类	5
预谋破产（R）	借贷类	1

（三）交易工具型平台的商业舞弊行为表现内容分析

在交易工具型平台，由于平台上存在数量庞大的供需方用户，因此，不仅平台提供者会参与舞弊，平台上的供需双方也会出现各自的舞弊行为，如淘宝购物平台买家恶意差评、卖家好评返现等。基于以上多种情况考虑，结合表3-4、表3-5、表3-6的数据，本书根据出现在这类平台上的舞弊行为频次，将该类平台上出现频次较高、较为典型的个别舞弊行为做出归纳整理。按照该类平台上舞弊行为出现频次由高到低排列，依次为：信用舞弊、虚假交易、技术舞弊以及其他舞弊行为等。

1. 信用舞弊行为

信用舞弊是指平台各主体利用造假等欺骗性手段谋取不正当利益的行为。互联网平台上的信用舞弊行为大致分为两种：其一，供应方自谋式信用造假，表现为平台上供应商家无证经营、刷积分、刷信誉等行为；其二，平台有意弱化信用监管，例如，"饿了么"为首的多家外卖平台涉嫌违规操作，经查证平台上很多商家没有经营执照和卫生许可证，而这些外卖平台不仅没有筛选加盟商户，甚至还引导商家虚构地址、上传商家实体照片，默认无照经营的黑作坊入驻并容忍虚假店铺、多店背后同一经营方的情况。这一系列现象表明互联网平台存在信用舞弊行为，是企业社会责任缺失的一种表现。

2. 虚假交易行为

平台上的虚假交易，顾名思义，是指平台上不存在、不真实的买卖行为。例如，网络购物平台中通过不正当方式获得商品销量、店铺评分、信用积分等不当利益的行为。新修订的《反不正当竞争法》第八条增加对组织虚假交易行为责任的认定，《消费者权益保护法》第二十条也做出否认虚假交易行为正当性的规定，但是，即使有法律法规明确规定虚假行为的不合法性，在互联网平台上这类现象仍然屡见不鲜。互联网平台虚假交易行为主要表现为两种：平台和供应方合作的虚假交易、供应方自发的虚假交易，两者相比较而言，前者往往更具有隐蔽性。虚假交易能够传递给消费者错误信息，剥夺了消费者对商品的知情权，使得消费者"不得不"在交互信息断层的情况下做出交易选择，损害了消费者的正当权益。

3. 技术舞弊行为

技术舞弊是指平台各主体利用自身的技术优势和功能优势实施舞弊行为，谋取不正当利益。平台提供方是多方交易过程的中枢，买卖双方从产品筛选、询问、下单、支付、物流配送整个交易过程都离不开平台方，因此会出现平台提供者为了自身利益，利用其专业技术谋取私利的现象。同样，供需双方也会凭借自己的技术优势，抓住平台技术"漏洞"实施舞弊行为，如打车平台上司机使用"外挂软件"。有报道指出，打车平台使用的一种外挂软件"抢单加速器"可以自动抢单、随意变换计费路程，司机在输入滴滴账号后，可根据需求设定抢单的范围、出发地关键字和目的地关键字，设定完毕，抢单器就可以自动抢单。司机只需要在"外挂"软件上轻轻拖动司机端导航界面就能骗过滴滴平台的导航、改变计费的公里数，随意增加车费。

4. 其他舞弊行为

在交易工具型平台中，供需双方和平台提供者之间相对独立，因此，舞弊行为不一定都与平台方有关联，供需双方或是供需任意一方都会存在自谋式舞弊行为。以淘宝平台为例，不论是平台商家还是消费者，都会有各自的舞弊行为。从供应方角度来看，商家常出现的好评返现行为就是典型的供应方舞弊行为之一。好评返现就是商家利用消费者力图节约成本的消费心理，利用金钱引导消费者给出好评，是商家增加好评率的一种常见方法。但通过这种方式得到的好评真实性不足，其他消费者会受到评论的影响，做出购买行为。其次是刷单行为，刷单行为是指有偿帮商家增加销量和排名的一种行为。这种行为一般是商家给予消费者足以抵扣商品价值的店铺红包，或者消费者先垫付一定款项购买商品，收到货物后给予好评，商家返还款项并给予一定的报酬。特别是一些新开的店铺，或是经营不善的店铺，刷单行为屡见不鲜。好评返现和刷单行为的存在，会严重影响平台商家和平台本身的可信度，同时也破坏了消费者的知情权，造成假货泛滥的现象。

从需求方角度来看，消费者本身也会有舞弊行为，如职业差评、知假买假。职业差评是指专门从商家处购买商品，然后恶意填写差评向商家索取赔偿的行为，或者竞争商铺恶意雇用水军刷差评，打击对手。知假买假是指网络购物平台消费者受自身消费能力和消费观念的影响，在明知是假货的情况下仍做出购买行为，消费者的该类行为是网上假货横行的诱因所在。

将交易工具型平台的舞弊行为进行汇总，再将每一种舞弊行为的主导方和舞弊对象进行剥离分析（见表3-7），可以发现，舞弊主导方和针对对象两列中供应方和需求方出现频率相当，由此，得出结论：交易工具型平台上出现的舞弊行为类型中，需求方与供应方的参与度相似。

表3-7　平台经济视域下价值共创型平台的商业舞弊行为分析

平台类型	具体舞弊表现	主导方	舞弊针对对象
交易工具型平台	信用舞弊	平台方	需求方
	虚假交易	平台方、供应方	供应方、需求方
	技术舞弊	平台方	供应方、需求方
	知假买假	需求方	供应方
	刷单行为	需求方、供给方	供应方
	好评返现	需求方、供给方	供应方、需求方
	职业差评	需求方	供应方

（四）价值共创型平台的商业舞弊行为表现内容分析

通过表3-5和表3-6的研究，本书发现需求型和供给型价值共创平台上的商业舞弊行为表现形式具有差异性。因此，本小节主要从价值共创型平台出发，通过具体舞弊行为分析，得出两类平台上的商业舞弊行为表现。

1. 需求型价值共创平台的商业舞弊表现形式

需求型价值共创平台发生舞弊行为的目的大多是要吸引更多供应方加盟，因此，合作舞弊行为多发生在平台与需求方或是平台与平台之间。结合表3-4和表3-5中数据可知，这类平台的高频舞弊行为多表现为：流量舞弊、数据威胁、恶性竞争等。

(1) 流量舞弊行为

互联网语境下的流量是指一定时间内打开某网站地址的人气访问量。因此，流量舞弊是指平台三方为了追寻高流量、高效益而产生的不正当行为。如百度、360、搜狐等平台，采用刷流量的方式作弊，提升自己网站的排名。由此，还衍生出一系列专门刷流量、刷排名帮助平台企业融资的公司。随着科技的进步，一些平台使用更为高明的手段来进行流量造假，平台通过某种方式入侵到普通用户的电脑里，在电脑后台悄悄访问客户的网站，造成网站高访问量的假象。此外，流量舞弊还表现为一些自媒体账号的流量舞弊，如微博大 V。这些微博账号通过购买水军等方式进行流量造假，营造粉丝流量巨大的假象，来骗取消费者的关注度。

(2) 数据威胁行为

数据威胁是指平台各方为了谋取利益，将平台汇总的大数据信息转手卖给有需要的公司（房地产中介等）或个人的行为。互联网平台上威胁到数据安全的问题大致可以分为两种，一是数据盗用。随着密码破译技术的发展，电子商务活动中的数据盗用行为更易实现，如某供应方用户盗用平台上顾客的私人信息并以此进行敲诈。此外，数据盗用还可能是平台企业为了不正当利益而出卖消费者或供应方信息。二是非法监控。非法数据监控是一种获取网络信息的方式，专业的硬件监控器能够监控并记录所有通过网络传输的信息，数据监控软件在电子商务活动中可监控信息和数据流。因此，未经授权的人员也可以运用数据监控技术非法取得公司和顾客的密码和其他机密信息。这两种方式都对大众的隐私构成威胁，严重侵犯了消费者权益。

(3) 恶性竞争行为

经济学视角下，平台恶性竞争是指商家、平台或是消费者用远低于行业平均价格甚至低于成本的价格提供产品或服务，是使用非商业不正当手段来获取市场份额的竞争方式。因此，恶性竞争可以发生在商家、消费者和平台之间。鉴于平台的特殊性，本书主要阐述有平台方直接参与的恶性竞争。以腾讯 QQ 和 360 的恶性竞争大战为例，360 方面称 QQ 客户端软件会在后台密集扫描用户硬盘，并悄悄查看与自身功能毫不相关的文件，随后 360 推出"扣扣保镖"，新增了阻止 QQ 强行静默扫描用户硬盘功能，有网民发现，安装启用"扣扣保镖"后，QQ不能正常升级，不断被提醒有360在影响进程，不得不关闭360安全卫士才能进行。此外，平台参与的恶性竞争还包括黑公关、口水战、终端封杀、技术屏蔽、恶性诉讼等。平台之间的恶性竞争不仅影响了大众正常生活，还对企业的声誉、形象造成损害。

2. 供给型价值共创平台的商业舞弊表现形式

供给型价值共创平台发生舞弊行为的目的大多是要吸引更多消费者，因此，合作舞弊行为多发生在平台与供应方或是平台与平台之间，舞弊的目的为吸引消费者。基于此，结合表3-4和表3-5中数据可知，这类平台的高频舞弊行为多表现为：推广舞弊、虚假营销、版权侵权、不正当协议、预谋破产。

（1）推广舞弊行为

推广舞弊是指平台各方借助自身技术或者引入第三方机构，采取有助于平台或平台产品推广的不正当行为，例如微信、QQ、微博等社交平台上的非法推广活动或钓鱼活动。舞弊者发布包含钓鱼或者其他有害信息的网站链接，这些链接里面往往包含很多诱惑性的词汇，引诱用户点击，从而欺诈正常用户。更有甚者，账户已经成为一种可以交易的商品，舞弊者可以用钱来买大量的账户，并用程序操纵使其完成推广或者作弊的目的，从而危害大众的利益。

（2）虚假宣传行为

在经济学领域的虚假宣传是指在商业活动中经营者利用广告或其他方法对商品或者服务做出与实际内容不相符的虚假信息，导致客户或消费者误解的行为。平台经济视域下，虚假宣传是指平台各方主体运用不正当手段进行宣传、散播不实内容，损害消费者权益的行为。由于互联网平台的虚拟性，平台供需双方往往不能及时准确地获得对方信息，这种信息的不对称使得虚假宣传成为互联网平台上比较典型的舞弊方式。例如，微信公众号平台或个人账号上会有许多非法付费链接，用户通过公众号的推送购买视频、电子书籍，但用户在付费之后并不会获得自己想要的内容。再如直播平台上一些"网红"利用自己的粉丝群体，推销一些劣质商品的行为。

(3) 版权侵权行为

版权侵权是指对互联网平台上发布的由自然科学、社会科学以及文学、音乐、戏剧、绘画、雕塑、摄影和电影摄影等方面作品组成的成果进行非正常引用、占用、滥用的行为。由于互联网平台的虚拟性，使得平台上的侵权行为很难根除，如在某些视频网站或微信公众号上可以轻松获得腾讯视频、优酷、爱奇艺等大型视频网站上的付费（或 VIP）影片、综艺等，这种行为严重侵犯了作品的版权，也破坏了优酷为代表的正规视频网站利益。更有甚者，某些视频网站和小众视频 App 中还会有大量海外视频、禁播视频，有些视频网站专门依靠提供禁播视频资源来获取关注度。

(4) 不当协议行为

不正当协议是指平台与消费者签订的利用格式条款来限制消费者正当权益，从中获取不正当利益的方式。2014 年出台的最新版《消费者权益保护法》第 26 条规定，格式条款应该公平公正，这就意味着协议的公平性和正当性已经受到国家重视。但是，平台协议受众广、内容格式化，在实际操作过程中，消费者往往会对协议内容放松警惕，很多平台管理者也会趁机钻空子。例如，平台内经营者制定的不退换不退款等规定、平台捆绑服务等公告都属于不公正不合理的条款，属于主观故意的舞弊行为。

(5) 预谋破产行为

预谋破产是指某些人为了聚拢资金或其他目的采用诈骗的方式成立公司，目的达成后选择解散公司，俗称"跑路"。在互联网平台背景下企业创建空壳网站，利用平台聚拢资金的舞弊行为也时有发生。这类行为通常会设立一个虚构的网站来获取机密信息或实施欺诈性交易，骗取网上客户的信任，轻易地取得他们的身份证号码、信用卡编号或以入股的方式骗取金钱，从而实施舞弊和诈骗，如 86bex 预谋破产事件。86bex 是一家在新加坡注册的数字交易平台，定位于服务全球用户以区块链为底层技术的数字资产标的全方位交易服务（包括数字货币、数字知识产权 IP 等）。就在平台正式运营一周后，官网显示将关闭提币通道，准备开启重组方案的消息，不久，平台正式宣布破产，用户的资产也暂时锁定不能提现同时暂停一切交易。

将两类价值共创型平台的商业舞弊表现、舞弊主导者、舞弊针对的对象进行汇总（见表3-8），可以看出，不论是需求型还是供给型平台，虽然其价值共创过程不同，但是平台上的商业舞弊行为主导者都可能是平台方、平台方与供需任意一方或供需双方。舞弊的针对对象也可能是平台方、需求方、供给方任意一方。此外，供给型价值共创平台上的商业舞弊行为多针对需求方；需求型价值共创平台上的商业舞弊行为多针对供给方。

表3-8　　平台经济视域下价值共创型平台的商业舞弊行为分析

平台类型		合作倾向	舞弊表现	主导方	舞弊针对对象
价值共创型平台	供给型	平台—供应方	推广舞弊	平台方	需求方
			虚假宣传	平台方	需求方、供给方
			版权/著作权侵权	供给方、平台方	需求方
			不正当协议	平台方	供应方、需求方
			预谋破产	平台方、供给方	需求方
	需求型	平台—需求方	流量舞弊	平台方	供应方、需求方
			数据威胁	供给方、平台方	供给方、需求方
			恶性竞争	平台方、供应方、需求方	平台方、供应方、需求方

第四节　平台经济视域下商业舞弊行为的特征

基于前文对大量商业舞弊行为表现的归类研究，本节在行为表现基础上，对平台经济视域下商业舞弊的特征进行梳理总结。虽然本书将平台按照三方主体合作方式进行分类后，发现交易工具型平台和价值共创型平台在商业舞弊行为的目的、手法、类型方面都有所不同，但不可否认的是，某类商业舞弊行为会交叉出现在任何一类平台上，如恶性竞争、虚假交易等。因此，基于前文分析，本书将平台经济下商业舞弊行为的特征总结归纳为如下三点。

一　隐蔽性

平台经济视域下商业舞弊行为首先表现为隐蔽性。互联网平台是借由信息技术工具作为支撑而建立起来的虚拟性空间。它不同于舞弊行为可以被直观感知的传统交易场所，互联网平台本身就具有虚拟性的特点，因此在互联网平台上的交易行为更加隐蔽，发生的舞弊行为也相对更加隐蔽。换言之，造成互联网上商业舞弊行为隐蔽性的原因有三点：（1）互联网平台种类和运行模式的多样性；（2）互联网平台上交易行为的虚拟性；（3）舞弊甄别技术的局限性。

平台语境下的舞弊行为具有隐蔽性，这种舞弊行为表现为两个方面。

首先是舞弊过程的隐蔽性。过程的隐蔽性是指舞弊行为在实施的过程中外界无法捕捉这类舞弊行为，无法及时判断这类行为具有危害性。以购物平台上常见的刷单行为为例，一些刷单行为是通过商家和消费者私下达成的协议，双方自愿进行，对于普通消费者来说，很难辨别店铺商家显示的销售量是刷单造假获得还是正常交易获得。刷单行为不仅对消费者来说难以甄别，对监管部门来说由于刷单商家的所在地、发货地、生产地不一致，导致技术追踪难度大，有关部门并不能及时发现刷单行为。

其次是舞弊结果的隐蔽性。舞弊结果的隐蔽性是指舞弊行为已经发生，但是包括消费者、监管部门等在内的外界不能及时发现这类舞弊行为和舞弊造成的严重后果。研究发现，在互联网平台上的舞弊行为会借由互联网的虚拟性、隐蔽性，来当作舞弊行为天然的"保护伞"。此外，由于外部监管和甄别技术的局限，使得外界探查不到所有平台内部空间，这就更为平台舞弊行为提供了机会。例如某 P2P 借贷平台声称平台的资金全部由新浪支付托管、工商银行存管，但实际支付的时候却会收取大量的手续费，并且到账时间也很长。经调查发现，这类借贷平台资金来往存在较大的不透明性，和平台声称的资金来源有较大出入。但是作为消费者来说，在无法得知平台资金的真正来源，又没有第三方机构来监管和证实平台可信度的情况下，消费者只能选择相信平台。

二 复杂性

平台经济视域下商业舞弊行为具有复杂性特征，例如，同一类舞弊行为交叉存在于不同类型平台，同一平台上的舞弊类型多样，相关舞弊行为涉及的平台管理领域也不同。因此，本书将平台语境下的商业舞弊行为的复杂性表现归纳为成因的复杂性、舞弊行为类型、舞弊合作对象、舞弊行为涉及平台企业经营管理领域的复杂性。

成因的复杂性指的是除了经济利益驱动这一主导成因外，商业舞弊行为的出现往往还交织着复杂的心理动因、社会动因、制度动因与文化动因。一方面，我国大部分互联网平台企业尚处于平台初创期，平台规则和监管制度不够完善，平台运营中存在管理漏洞、技术短板。另一方面，互联网经济发展迅速，国家层面法律制度的制定出台尚滞后于新型问题出现的速度，平台破译技术、造假技术相继问世，消费者面对商业舞弊行为的警惕性在整体上还较弱，对问题的处理态度也莫衷一是，这些都是造成互联网平台商业舞弊行为的重要原因。

此外，从表3-9中可以看出，交易工具型平台和价值共创型平台舞弊行为的复杂性，还表现在舞弊行为类型、舞弊合作对象、舞弊行为涉及平台企业经营管理领域的复杂性。互联网平台商业舞弊行为在交易工具型平台和价值共创型平台上分布类型多样，前者主要涉及9种，后者主要涉及7种，舞弊行为涉及的平台经营管理领域有管理、市场、销售、技术等领域，舞弊行为针对的对象是平台方、供应方、需求方任意一方或双方。以上三个方面都是平台经济视域下商业舞弊行为复杂性的具体表现。

表3-9　　　　复杂特征下多主体商业舞弊行为表现的成因分析

	多类型舞弊行为表现	舞弊成因分析（除利益驱动）	舞弊合作对象分析	舞弊涉及领域
交易工具型平台	虚假交易	信息不对称、道德失范等	平台与供需双方合作	销售
	恶性竞争	社会认同、制度成因（地方保护主义、扶持力度不够）等	平台与供应方合作	销售、管理
	信用舞弊	道德失范、监督不力等	平台与供应方合作	管理
	预谋破产	责任逃避（逃债）、法律漏洞等	平台自身	管理
	数据泄露	内部威胁、内部安全管理制度的缺失等	平台与需求方合作	管理
	虚假宣传	经纪人心理、道德失范、相关部门缺失等	平台与供应方合作	市场
	技术作弊	认识滞后、防作弊机制不足等	平台自身	技术
	职业差评	道德失范、监督不力等	需求方	销售
	刷单行为	道德失范、监督不力等	供应方	销售

续表

	多类型舞弊行为表现	舞弊成因分析（除利益驱动）	舞弊合作对象分析	舞弊涉及领域
价值共创型平台	流量舞弊	道德失范、平台技术壁垒等	平台自身	市场
	产权舞弊	道德失范、平台技术壁垒等	平台自身	管理
	虚假宣传	信息不对称、法律漏洞等	平台与供应方合作	市场
	恶性竞争	制度缺失、监督不力等	平台与供需双方合作	市场
	推广舞弊	道德失范、平台技术壁垒、制度缺失等	平台与供应方合作	市场
	数据威胁	监督不力、平台技术壁垒等	平台自身	管理
	非正当协议	道德失范、制度缺失等	平台自身	销售

三 圈层性

某一类平台往往根据交易关系形成以第三方平台为核心圈，以平台参与企业、众多微商网商为辐射的关系网络，该网络中的主体承担的角色内容不同、责任大小有异，由此形成了圈层式的内在联系。例如，购物平台的刷单行为往往以卖方为主导，买方在返现等利益驱动下实施舞弊行为，部分卖家刷单获利，引得其他卖家主动或被动参与到刷单行列中。此外，部分商业舞弊行为实施主体隶属于一个个慢慢发展起来的群体。如刷单炒信中的"刷客"、秒杀抢购中的"黄牛技术党"、引擎推广中的"点击党"和"第三方代理商"等，这些舞弊行为主体借由社交工具或者空头公司聚集起来，有组织、有分工、有报酬地实施舞弊行为。在圈层式关联影响下，平台主体间互相学习模仿，进而形成围绕某一主体为核心、圈层式的舞弊行为滋生网络（见表3-10）。

表3-10　圈层特征下多主体商业舞弊行为的利益波及范围分析

平台类型	具体舞弊表现	核心主体	利益波及范围
交易工具型	职业差评	需求方	供需双方
	刷单行为	供应方	供需双方
	恶性竞争	平台方	平台间及供需双方
	信用舞弊	供应方、平台方	供需双方和平台企业
	预谋破产	平台方	平台与需求方
	数据泄露	平台方、需求方	平台与需求方
	虚假宣传	平台方、需求方	供需双方和平台企业
	技术作弊	平台方	单个平台
	虚假交易	平台方、供应方	供需双方和平台企业

续表

平台类型	具体舞弊表现	核心主体	利益波及范围
价值共创型平台	流量舞弊	平台方	平台与需求方
	产权舞弊	平台方	平台与需求方
	虚假宣传	平台方	平台与需求方
	恶性竞争	平台方、需求方	供需双方和平台企业
	推广舞弊	平台方、供应方	平台与需求方
	数据威胁	平台方	平台与需求方
	非正当协议	平台方	平台与需求方

由表 3-10 可以看出，舞弊行为的圈层性首先表现为行为主体的圈层性。例如技术舞弊、预谋破产等行为只涉及平台企业，职业差评、刷单行为涉及供需双方，数据威胁、虚假宣传涉及平台与供需任意一方，虚假交易涉及平台双方。参与舞弊行为主体可能是一方、两方，甚至三方，体现了舞弊主体对象的圈层性。

其次，圈层性还表现为舞弊行为影响波及范围的圈层性。技术舞弊、信用舞弊波及范围为舞弊发起者一方；平台间的舞弊行为影响可能波及平台和平台上的供需两方；平台与一方的合作舞弊行为影响往往波及三方。例如，平台与供应商和合作抬价行为，价格影响的是供应者的收益、平台方的收益、消费者的花费、供应方之间的竞争。再如，平台信用舞弊行为发起者只有平台方，但平台信用是供应商加盟和需求者最终发出购买决策的重要衡量指标，因此影响波及三方。

本章小结

本章首先通过文献梳理，从平台经济主体（供应方用户、平台提供者、需求方用户）出发，通过研究供应链管理、顾客细分等相关文献，明确了本书中平台经济主体的定义及分类。然后，按照平台三方主体之间合作的密切程度，将平台分为交易工具型平台和价值共创型平台两类。最后，利用内容分析方法，从访谈记录和互联网资讯中提取与舞弊有关的新闻材料，将其进行编码、分类汇总，得出每类平台上的商业舞弊行为表现，通过对平台舞弊表现形式分析，得出平台经济视域下商业舞弊行为的三大特征，即隐蔽性、复杂性、圈层性。本书发现，平台上舞弊类型复杂多样，不同舞弊行为涉及的参与方与舞弊行为针对对象都有不同，因此，从平台主体（平台方、供给方、需求方）的角度来开展平台经济视域下商业舞弊行为的研究非常必要。

第四章 平台经济视域下商业舞弊行为的成因分析：平台提供者视角

平台经济是由平台提供者、供应方和需求方等多方主体构成的一种互联网经济。本书研究的平台提供者专指以互联网技术作为基础，支撑双边用户之间进行交易和创新活动的平台企业。随着供给侧结构性改革的推进，平台企业的快速发展已成为新经济发展的重要推动力，其商业模式不断创新、规模日益壮大，但与此同时，平台企业发展中的一些突出问题也受到社会舆论的广泛关注，其中平台经济视域下频发的商业舞弊行为尤为突出。王节祥（2017）在定义互联网平台企业的概念和边界时，认为其一方面具有非平台企业的组织性、营利性、独立性的特征，另一方面更具有积聚性、开放性、多边性等新特征。[①] 这些新的特征需要本书以新的视角来分析平台企业商业舞弊行为的成因。

本书认为，平台经济视域下平台提供者的商业舞弊行为成因可从内部视角和外部视角来分析。从平台提供者内部视角看，其商业舞弊行为是舞弊利益与舞弊成本比较的理性决策结果；从平台提供者外部视角看，其商业舞弊行为是其所处的经济社会发展阶段的技术监管水平、制度监管水平和社会文化水平等外部环境因素的影响结果。据此，本章的成文逻辑如下：首先，从内部视角和外部视角分析平台提供者商业舞弊行为的成因机理；其次，以某电商购物平台为研究对象，基于扎根理论，采用案例追踪法、三角验证法，对相关访谈内容进行三级编码登录，验证平台提供者商业舞弊行为成因机理假设；最后，讨论平台提供者商业舞弊行为成因并得出结论，为后续章节分析供应方、需求方商业舞弊行为的成因以及对策建议提供参考。

---

① 王节祥：《互联网平台企业的边界选择与开放度治理研究：平台二重性视角》，博士学位论文，浙江大学，2017年。

第一节 平台提供者商业舞弊行为的成因机制分析

为了更好地梳理平台提供者商业舞弊行为的成因机制，需要分析平台提供者内部影响因素，也需分析其所处不同的经济社会发展阶段所对应的外部环境影响因素。本节将着重从平台提供者内部视角讨论舞弊利益与舞弊成本之间进行比较的理性决策，以及外部视角技术监管水平、制度监管水平和社会文化水平对舞弊行为的影响。

一 平台提供者商业舞弊行为的成因分析——内部视角

企业生命周期理论指出，企业通过演变和变革不断交替向前发展，企业的每个成长阶段都是由前期的演进和后期的变革或危机组成。冯冲（2018）提出组织结构演化研究，将平台组织结构划分为三个阶段：初创期、成长期和成熟期。[①] 根据冯冲的观点，本书将从平台提供者发展的初创期、成长期和成熟期等三个阶段来分析其舞弊利益与舞弊成本之间比较的理性决策。同时，需要说明的是，本书假设平台提供者为理性经济人，本书在分析其商业舞弊行为的利益获得时将关注点聚焦于最突出的一种获得方式。

（一）平台提供者商业舞弊行为的舞弊利益

追求生产经营的利益是一个企业的生存之本，企业选择实施利益获得高于成本付出的经营行为。于浩淼（2017）指出，在互联网的影响下，免费正在从营销策略向商业模式的业态形式转变。平台企业的免费商业模式不仅是对用户行为习惯的塑造，也是推动企业自身转型升级的过程。对于平台企业而言，谁率先占领并巩固了市场占有，谁就具备了先发优势。[②] 刘晓（2017）在研究互联网企业并购动机及其效应时，发现互联网平台企业在发展早期往往是以免费模式换取市场，但随着市场的逐步占有，如何让互联网企业获得盈利往往决定该公司的未来发展。由于互联网

[①] 冯冲：《平台企业组织结构演化研究——以 M 平台为例》，硕士学位论文，电子科技大学，2018 年。

[②] 于浩淼：《互联网经济下免费商业模式研究》，博士学位论文，天津财经大学，2017 年。

平台企业具有双边性特质，它们往往会采取追求规模经济发挥协调作用，取得核心技术扩大市场份额，取得资本认可给予高额回报等形式来挖掘潜在的、可能的赢利点。① 韩煜（2019）认为，平台模式极易形成网络效应，一方面会大大降低企业运营成本，另一方面还会导致用户积聚到市场中占有竞争领先地位的大型平台上，例如线上旅行社中的携程、途牛、飞猪、驴妈妈等，外卖食品中的饿了么、美团外卖、百度外卖等。研究表明，平台在发展后期为了追逐竞争领先的利益目标，可能选择实施一系列的商业行为以占据该行业的寡头垄断角色。② 借助以上文献支撑，本书认为，平台提供者的舞弊利益可以从市场占有、利润目标、竞争领先三个维度来展开分析。

第一维度，在初创期，获得市场占有（Occupational Market）是平台提供者实施商业舞弊行为的主要诱发因素。市场占有率理论认为市场占有率是反映企业在目标市场中盈利能力的首要指标。一般而言，在一个适当的目标市场区域划分中，市场占有率高的企业能够享受更低的成本和更高的利润。平台企业盈利模式往往具有较强复制性，因此谁占有市场，谁就获得竞争主动权。为了尽快地占领市场，平台提供者在初创期可能倾向于采取舞弊手段以谋求市场占有的舞弊利益。由于处于快速扩张的起步期，一方面，平台提供者无暇停下脚步检视自身的舞弊行为，对自身的舞弊行为采取"睁只眼，闭只眼"的态度。比如，"滴滴出行"早期明知供应端司机用户存在车辆与注册信息不符的情形，但为了尽可能地与"快的打车"争夺司机资源，而默许"人车不符"。另一方面，平台提供者甚至主动实施舞弊行为，将舞弊行为视为实现获得市场占有的捷径。比如，荷包这一金融P2P平台，在早期发展中为了获得超规模的散户投资市场，进行数据造假并隐瞒投资信息，以一个完美的P2P平台形象呈现在用户面前，直到互联网P2P金融全行业的"爆雷"，它的一些商业舞弊行为才被人们周知。

第二维度，在成长期，获取利润目标（Profit Goal）是平台提供者实施商业舞弊行为的主要诱发因素。范里安（2006）认为，企业所有的管

---

① 刘晓：《互联网企业并购动机和效应研究——以58同城并购赶集网为例》，硕士学位论文，山东大学，2017年。

② 韩煜：《我国电子商务平台企业的市场集中度分析》，《时代金融》2019年第5期。

理与经营动机和行为都主要受一种目标的约束和引导，即"利润目标"。①颜煜宇（2008）认为，"企业在完成市场占有率的目标之后，往往会思考市场占有率与利润目标之间的关系"②。平台提供者通过初创期的商业活动占有了大规模市场，其对于舞弊利益与舞弊成本之间的理性决策又进入一个新的阶段。随着利润目标的明晰化，为了获得更好的利润，平台提供者倾向于实施舞弊利益高于舞弊成本的舞弊行为，这些行为涵盖了较大的范畴，也涉及大多数的平台企业。比如，以平台企业商业舞弊行为大事件为例，有淘宝电商平台中的"卫哲事件"，有腾讯社交平台员工收受代理商贿赂并违规解封其公司微信公众号和 QQ 账号等。

第三维度，在成熟期，获得竞争领先（Competition Leading）是平台提供者实施商业舞弊行为的主要诱发因素。沈云林（2009）指出，竞争领先是企业发展成熟期的重要行动方略。当平台提供者发展到成熟期时，为了持续保有市场份额、获得垄断利润，它就要保持自身在行业领域内的商业竞争力，实现竞争领先。一般而言，平台提供者为获得在本行业的竞争领先地位，追求更大的市场规模价值，它们往往会并购垂直领域的其他企业或推出新细分产品以巩固市场占有和利润目标。③ 田曹阳（2017）指出，目前我国电商平台的垄断性已经形成，具有垄断势力的平台企业可以随意制定市场规则，而且用户的选择性较少，因此会导致用户的损失。该时期，平台提供者的合并行为使其成为某一平台领域中的超大型平台，其垄断垂直领域的市场份额，把持行业领域的主导权和定价权，获取寡头竞争领先优势。④ 平台提供者的商业获利行为多以非透明兼并类平台企业、随意制定或修改交易规则等形式存在，此时平台提供者凭借自身的行业领先优势和市场势力，可能会实施随意修订交易规则、滥用用户数据、控制平台上下游关联方信息等商业舞弊行为。在平台成熟期中，随着平台经济发展，平台外部的技术监管和制度监管水平也不断提高，加之社会文化的

---

① ［美］哈尔·R. 范里安：《微观经济学：现代观点》，费方域、李双金译，上海人民出版社 2006 年版。
② 颜煜宇：《市场占有率与利润关系的新思考》，《商场现代化》2008 年第 30 期。
③ 沈云林：《竞争战略领先精要》，《湖南社会科学》2009 年第 6 期。
④ 田曹阳：《电子商务平台的垄断性与规则研究》，硕士学位论文，安徽财经大学，2017 年。

氛围更趋健康，为了获得竞争领先的舞弊利益，在顾及平台声誉价值和社会形象的前提下，平台提供者的商业舞弊行为将会更加隐蔽且获利更高。

（二）平台提供者商业舞弊行为的舞弊成本

成本是企业开展经济活动行为的必要付出。Horngern（1997）提出："成本是为了获得商品或劳动所做出的牺牲，一种是现金形式，还有其他形式的机会成本。"[①] 舞弊成本是指企业通过不正当手段，以牟取不正当利益为目的，组织、从事损害他人（企业）利益活动所将要付出的承受法律制裁、接受行政处罚、经济赔偿、舆论谴责等代价的总和，它是一种具有前瞻性、预见性、负面性的将来成本。朱国正（2018）认为，互联网企业的惩罚成本是一个从低到高的发展过程，随着互联网经济监管措施的完善和法律法规的健全，其违法成本在不断提高。[②] 刘嘉峥（2016）通过研究互联网企业滥用市场支配地位进行垄断获利的违法行为，指出违法成本低是互联网企业违规占领市场、违规收集用户信息的根源。除了违法成本，企业声誉也是影响企业实施舞弊行为的重要变量。[③] 在我国现有的经济体制下，由于公司的治理效用的不足和投资者法律保护的缺乏，资本市场的秩序很大程度上是靠声誉机制来维持的，如果企业不在乎自己的声誉，再健全的法律也没有办法使得市场有效运转。李忠民和仇群（2010）认为较高的企业声誉不仅能够降低市场的信息不对称程度，从而增加上市公司的融资机会并提高其融资能力，而且可以抑制管理层的机会主义和败德行为。[④] 基于此，舞弊成本是平台提供者实施商业舞弊行为的成本考量因素，具体可从惩罚成本和声誉成本来展开分析。

第一维度，惩罚成本（Penalty Cost）是平台提供者在商业舞弊行为决策中的重要考量因素。由于平台发展往往领先于制度完善这一现实，关于平台提供者商业舞弊行为的法律法规不健全、相关的舞弊行为边界界定

---

① Horngren, George Foster. Cost Accounting. Prentice Hall, 1997.
② 朱国正：《互联网企业多维度成本管理的实践探究》，硕士学位论文，首都经济贸易大学，2018年。
③ 刘嘉峥：《互联网企业滥用市场支配地位行为法律规制》，郑州大学，硕士学位论文，2016年。
④ 李忠民、仇群：《上市公司绩效与企业家声誉的相关性研究》，《技术与创新管理》2010年第5期。

模糊，平台提供者实施商业舞弊行为所面临的法律制裁和行政干预并没有发挥应有的威慑作用，惩罚成本低滋生了商业舞弊的乱象。例如，在百度搜索平台的"魏则西事件"中，百度平台将本应以数据事实为导向的搜索算法转向以企业获利为导向的竞价算法，主动将供应方付费业务呈现在需求方面前，误导需求方的行为选择。该事件暴露出此类搜索平台广告业务长期处于监管不到位的状态。随后，国家虽然出台制定了《互联网广告管理暂行办法》（以下简称"办法"），然而，该《办法》中针对大部分平台企业的广告违法行为的最高处罚仅 3 万元，即使参照《广告法》处罚，最高处罚也仅 200 万元。又如，2014 年国家工商总局等八部门开展的专项行动中，共查处互联网广告违法案件 5232 起，罚款总额 5157 万元，案件平均处罚额不到 1 万元，最高一起也仅有 191 万元。显而易见，平台提供者商业舞弊行为的惩罚成本远低于其实施舞弊行为所能获得的动辄上亿元的利益，可能会诱使其继续实施商业舞弊行为。

　　第二维度，声誉成本（Reputational Cost）是平台提供者在商业舞弊行为决策中的重要考量因素。企业声誉是其无形资产，随着企业的存续而长期存在。在平台提供者的初创期，它的边际声誉成本处于低位，其在进行商业舞弊行为决策时，更多考虑的是惩罚成本，而不是声誉成本。在平台提供者的成熟期，由于平台已形成较大的用户规模和社会影响力，其边际声誉成本会上升到高位，成为其实施商业舞弊行为决策的重要参考因素。如果平台提供者的声誉受损，则会对其市场运营产生巨大负面效应，包括市值下跌、用户流失、行政干预，甚至亏损倒闭。例如，滴滴顺风车"乐清事件"将滴滴出行平台推上了社会舆论的风口浪尖，也导致其顺风车业务下线；爱奇艺视频传播平台被曝播放量造假，通过用虚假的数据误导用户选择，干扰正常的市场竞争，最终导致其关闭播放量，并进行平台整治。

　　通过对以上相关内容的梳理，本书认为，平台提供者初创期的市场占有、成长期的利润目标和成熟期的竞争领先与相应阶段中的惩罚成本和声誉成本之间构成"舞弊利益与舞弊成本比较的理性决策"，其通过这种决策机制来决定是否实施商业舞弊行为。

（三）舞弊利益与成本比较的理性决策过程

　　有限理性学说认为，个人和组织都无法获得真正完备的信息以及对于自身偏好清晰稳定的了解，因此人们的理性是有限而不是完全的。组织理性决策的特点可以归纳为：一是尽可能多地提出备选方案；二是尽可能获得更多与选择结果相关的信息；三是在各方利益相关者间达成平衡。孙斯坦（2005）指出，成本收益分析（Cost-Benefit Analysis）是一种经济学方法，它要求一种特定的程序对企业决策进行定性和定量的分析，以及在收益不能弥补成本的情况下，理性决策是否提供继续采取措施的理由。[①] 由此可见，企业的理性决策突出强调多假设、多视角、多选择条件下的理性决策过程。随着企业管理研究的不断深入和扩展，越来越多的研究选择从整体性视角（吴伟伟等，2016）或细分性视角（陈立文等，2018）来分析企业的商业模式、经济行为等。[②③] 这里，本书将从整体性视角和细分性视角来分析"舞弊利益与舞弊成本"比较的理性决策过程。

1. 舞弊利益与舞弊成本的比较——整体性视角

王超和王岩芳（2013）指出："'整体性'理念从'整体性政府'理论提炼而来，以整体性价值、功能化整合为核心观点，以全方位、多层次的全面合作与协同为路径，以提供整合性服务为目标。"[④] 整体性视角是指将平台企业视为一个整体系统，从相对宏观的角度来研究平台企业的市场经济行为。在整体性视角中，平台提供者的商业舞弊行为遵循"利益—成本"理性比较，它的行为决策将向"利益高于成本"的方向倾斜，即趋利避害。平台提供者在做关于是否实施商业舞弊行为的决策时，是对自身整体舞弊利益与舞弊成本之间进行比较的结果。一方面，平台提供者的整体舞弊利益和舞弊成本之间是一个综合的权衡比较，例如，平台提供者在做关于是否实施商业舞弊行为的决策时，仅有百万不到的罚款金额不会成为制约其舞弊行为的重要考量成本，而可能是除了罚款之外的社会影响、声誉受损等。另一方面，平台提供者的整体舞弊利益和舞弊成本之间

---

① ［美］孙斯坦：《风险与理性：安全、法律及环境》，师帅译，中国政法大学出版社2005年版。

② 吴伟伟、刘业鑫、高鹏斌、于渤：《技术管理研究的分布特征——整体观视角》，《技术经济》2016年第10期。

③ 陈立文、甄亚、刘广平：《基于市场细分视角的城市住房价格影响因素研究——以天津市为例》，《管理现代化》2018年第5期。

④ 王超、王岩芳：《整体性政府理论下的城市供水管理体制研究——以济南市城市供水为例》，《山东行政学院学报》2013年第5期。

还是一个动态的权衡比较，例如，平台提供者在做关于是否实施商业舞弊行为的决策时，其整体舞弊利益要动态考量当前舞弊利益与预期舞弊利益之间的比较，当前舞弊成本与预期舞弊成本之间的比较，甚至还有当前舞弊利益与当前舞弊成本、当前舞弊利益与预期舞弊成本、预期舞弊利益与当前舞弊成本以及预期舞弊利益与预期舞弊成本之间的比较。因此，整体而言，平台提供者在进行整体舞弊利益与舞弊成本的比较时，具体可以分为两种情形：第一，当舞弊利益高于舞弊成本时，平台提供者倾向于实施商业舞弊行为。第二，当舞弊利益等于或者低于舞弊成本时，平台提供者不倾向于实施商业舞弊行为。

2. 舞弊利益与舞弊成本的比较——细分性视角

细分性视角是把平台企业整体剖析开来，将其划分为几个相对独立的阶段，从相对微观的角度来研究平台企业的市场行为。

第一，在平台初创期，平台提供者的舞弊利益倾向于市场占有，该阶段中的舞弊成本主要表现为低惩罚成本、低声誉成本。彭清华（2013）认为，企业的市场占有是一种经济主体的理性行为，市场占有取决于市场收益目标和企业发展的阶段性规划。[①] 由于相关的法律法规和惩处措施还不完善（惩罚成本低），且平台社会影响力也处于低势（声誉成本低），平台提供者会在比较"市场占有"的舞弊利益与"惩罚成本和声誉成本"后，会做出相应的舞弊行为决策。当"市场占有"的舞弊利益高于"惩罚成本与声誉成本之和"时，平台提供者倾向于实施商业舞弊行为。

第二，在平台成长期，平台提供者的舞弊利益倾向于实现利润目标，该阶段中的舞弊成本表现为较高惩罚成本、较高声誉成本。在平台初创期，由于平台自身发展不成熟、市场竞争不充分，利润追逐并不是其首要目标，但到了成长期时，如何实现利润目标，就成为平台提供者需要解决的核心问题。此时，随着平台经济模式的不断发展，相关的市场机制和法律法规也日趋完善，政府的宏观调控已经干预平台经济的发展生态，该时期的惩罚成本是处于较高位。同时，平台提供者的社会影响力也不断扩大、品牌价值积聚，其声誉成本也在增加。因此，在该时期平台提供者的

---

① 彭清华：《竞争视角下市场占有均衡：理论模型与现实解释》，《北京市经济管理干部学院学报》2013年第3期。

商业舞弊行为是在比较通过舞弊获得的"利润目标"与因舞弊产生的"惩罚成本和声誉成本"之后,做出的理性决策。当"利润目标"的舞弊利益高于"较高惩罚成本和较高声誉成本之和"时,平台提供者倾向于实施商业舞弊行为。

第三,在平台成熟期,平台提供者的舞弊利益倾向于竞争领先,该阶段中的舞弊成本主要表现为高惩罚成本、高声誉成本。声誉管理理论认为,企业的声誉管理可以带来直接的经济效益,包括股价上涨、市值增加等。王芳羚(2016)通过实证验证了企业声誉对于企业社会责任和盈余管理存在中介效应。当平台提供者发展到成熟期时,它们一般会通过行业兼并以形成寡头垄断竞争优势。那些完成垄断兼并的平台提供者为了获得竞争领先的舞弊利益,其可能实施竞标舞弊、数据造假舞弊、隐性修改市场交易规则等行为。① 例如,2017年《中国超级电商平台竞争与垄断研究报告》指出,阿里巴巴的不规范竞争行为不断增加,甚至升级涉嫌垄断舞弊。此时,平台提供者的运营模式已经成熟,品牌价值居于高位,同时期的法律法规、监管措施也更加完善,相比惩罚成本而言,声誉成本更是平台提供者实施舞弊行为所顾忌的重要考量因素,毕竟品牌影响力受损的声誉代价是股价和市值的大幅下跌,这是平台所极力避免发生的后果。因此,在该时期,平台提供者的商业舞弊行为是在比较"竞争领先"与"惩罚成本和声誉成本之和"后做出的理性决策。当"竞争领先"的舞弊利益高于"高惩罚成本和高声誉成本之和"时,平台提供者倾向于实施商业舞弊行为。

综上所述,从整体性视角看,当平台提供者舞弊利益高于舞弊成本时,其倾向于实施;从细分性视角看,在平台初创期,当"市场占有"的舞弊利益高于"低惩罚成本和低声誉成本之和"时,平台提供者倾向于实施商业舞弊行为,在平台成长期,当"利润目标"的舞弊利益高于"较高惩罚成本和较高声誉成本之和"时,平台提供者倾向于实施商业舞弊行为,在平台成熟期,当"竞争领先"的舞弊利益高于"高惩罚成本和高声誉成本之和"时,平台提供者倾向于实施商业舞弊行为。

---

① 王芳羚:《企业社会责任、企业声誉与盈余管理的关系研究》,硕士学位论文,华东交通大学,2016年。

二 平台提供者商业舞弊行为的成因分析——外部视角

平台提供者商业舞弊行为的形成既有内部"舞弊利益与舞弊成本"的比较过程，也受外部环境中不同经济社会发展阶段因素的影响。这里将深入讨论技术监管水平、制度监管水平和社会文化水平三个重要外部环境因素对平台提供者商业舞弊行为决策的影响。

（一）技术监管水平因素的影响

美国学者 Ogararu（2009）指出公司的舞弊行为首先是识别问题，其次是发现问题。① Albrecht（2005）在《舞弊检查》一书中指出，发现舞弊的关键问题是要识别舞弊的迹象，以及如何做到事前发现舞弊，从而避免舞弊带来的损失。② 赵杰（2017）分析数据挖掘技术在识别财务舞弊中的研究与应用，指出企业可以通过建立舞弊数据模型来识别舞弊行为。③ 蹇洁（2012）在其博士论文《网络经济违法的监管模式建构》中引入有限理性理论，采用进化博弈的方法模拟监管主体与监管客体之间的利益均衡，蹇洁指出，网络平台中舞弊技术监管水平与舞弊行为的发生频率呈现负相关。④ 因此，对于平台提供者而言，不同经济社会发展阶段的外部技术监管是一个重要的影响因素，技术监管的不同水平往往会导致不同的结果。一般而言，外部技术监管水平高，更容易发现商业舞弊行为，从而会约束平台提供者；反之，外部技术监管水平低，不易发现商业舞弊行为，则会纵容平台提供者。因此，本书归纳出以下两种情形：一是在外部强技术监管的影响下，平台提供者可能面临高舞弊成本，其不倾向于实施商业舞弊行为；二是在外部弱技术监管的影响下，平台提供者可能面临低舞弊成本，则其倾向于实施。

（二）制度监管水平因素的影响

李旻芮（2014）认为，互联网企业的监管主体是政府，但其制定的

---

① 奥加拉：《公司舞弊：发现与防范案例研究》，龚卫雄等译，东北财经大学出版社2009年版。
② 阿尔布雷克特：《舞弊检查》，李爽译，中国财经出版社2005年版。
③ 赵杰：《数据挖掘在识别财务舞弊中的研究与应用》，硕士学位论文，首都经济贸易大学，2017年。
④ 蹇洁：《网络经济违法的监管模式构建》，博士学位论文，重庆大学，2012年。

部门规章和规范性文件一般是以事后的形式出现，且监管模式不系统、不科学，规范性文件不统一。① 郭秋实和潘安娥（2018）在探讨政府监管对企业环境信息披露的影响时，指出"政府监管强度对企业环境信息披露水平及环境信息披露水平具有显著正向影响"。② 黄宇（2018）在分析共享经济下网约车监管问题研究时，认为网约车的监管问题，主要体现在立法滞后、侵权主体不明确、网约车平台监管与政府监管脱节等。③ 孙晋和袁野（2018）也指出，政府制定完善的监管制度进行有效干预是克服互联网共享经济市场失灵的基本选择。因此，政府监管与市场失灵行为存在干预边界，在合理干预边界内，政府监管越强，市场失灵行为越少。④ 一般而言，在不同的经济社会发展阶段，平台提供者的商业舞弊行为所受到的制度监管可以分为两种情形：强制度监管和弱制度监管。强制度监管对应高舞弊成本，弱制度监管对应低舞弊成本。由此，本书归纳以下两种情形：一是在外部强制度监管的影响下，平台提供者可能面临高舞弊成本，则其不倾向于实施商业舞弊行为；二是在外部弱制度监管的影响下，平台提供者可能面临低舞弊成本，则其倾向于实施。

（三）社会文化水平因素的影响

从社会学角度来看，平台提供者的商业舞弊行为属于市场道德范畴的问题。平台提供者商业舞弊行为的选择在很大程度上是由社会价值观和平台价值观所决定。因此，分析平台提供者商业舞弊行为决策也离不开相应的社会文化系统。刘娜（2013）认为，从根本上说，会计舞弊行为频繁发生的重要原因之一就是文化的腐败乃至缺位。⑤ 刘爽（2014）则认为，企业中的制度性文化对于企业的舞弊行为具有很强的控制作用，制度文化的合法性愈广泛，其整合功能就愈大，控制功能愈强。⑥ 谢航雨（2017）

---

① 李旻芮：《我国 P2P 网络借贷平台的法律风险及监管对接》，《保山学院学报》2014 年第 5 期。

② 郭秋实、潘安娥：《企业环境绩效与经济绩效之间交互跨期影响实证研究——基于重污染行业动态面板数据的系统 GMM 估计》，《管理现代化》2018 年第 3 期。

③ 黄宇：《共享经济视野下网约车监管问题研究》，《法制博览》2018 年第 27 期。

④ 孙晋、袁野：《共享经济的政府监管路径选择——以公平竞争审查为分析视角》，《法律适用》2018 年第 7 期。

⑤ 刘娜：《基于诚信文化视角的会计舞弊治理机制研究》，《绿色财会》2013 年第 2 期。

⑥ 刘爽：《会计舞弊行为的文化社会分析模式》，《中小企业管理与科技》2014 年第 3 期。

也指出社会文化水平作为控制人们行为的思想精神因素,对于舞弊行为的发生具有抑制作用。[①] 因此,良好的社会文化风貌能够创设良好的文化氛围,从而有效抑制舞弊行为的发生。在不同的经济社会发展阶段,平台提供者的商业舞弊行为也必然会受到该阶段的社会文化水平的影响,具体可以分成两种情形:在良好的社会文化氛围影响下,有助于平台提供者树立诚信、良好的道德价值观,倾向于不实施商业舞弊行为;在不良的社会文化氛围影响下,平台提供者则可能会随波逐流,缺乏诚实守信的价值理念而倾向于实施商业舞弊行为。

综上所述,从平台提供者内部视角来看,其商业舞弊行为的形成是不同发展阶段中的舞弊利益与舞弊成本之间比较的理性决策结果;从平台提供者外部视角来看,其商业舞弊行为的形成是不同经济社会发展阶段中技术监管水平、制度监管水平和社会文化水平等外部影响因素作用的结果。因此,本书提出了平台提供者商业舞弊行为的形成机制框架图(见图4-1)。基于对第一节内容的分析和归纳,本章第二节内容将借助某电商购物平台的相关案例,来验证平台提供者商业舞弊行为的成因机理。

第二节 平台提供者商业舞弊行为成因的案例研究

一 案例概况

某购物平台自创立十多年来,已成为亚太地区最大的网络零售平台之一,其在中国拥有数以亿计的注册用户。相关数据显示,其每天固定访客量超过6000万,同时在线商品数超过8亿件,平均每分钟售出4.8万件商品。随着该购物平台规模的扩大和用户数量的增加,其从单一的C2C网络集市变成了包括C2C、团购、分销、拍卖等多种电子商务模式在内的综合性互联网平台企业。近年来,该购物平台的商业舞弊行为被相继曝光,涉及平台恶性竞争、虚假交易、知假卖假、流量舞弊以及技术作弊等。杨丽(2018)在《平台分化、交叉平台效应与平台竞争》一文中尝试性地划分了该平台发展过程中所经历的初创期、成长期和成

---

① 谢航雨:《企业文化对企业舞弊行为的抑制作用研究》,《市场研究》2017年第11期。

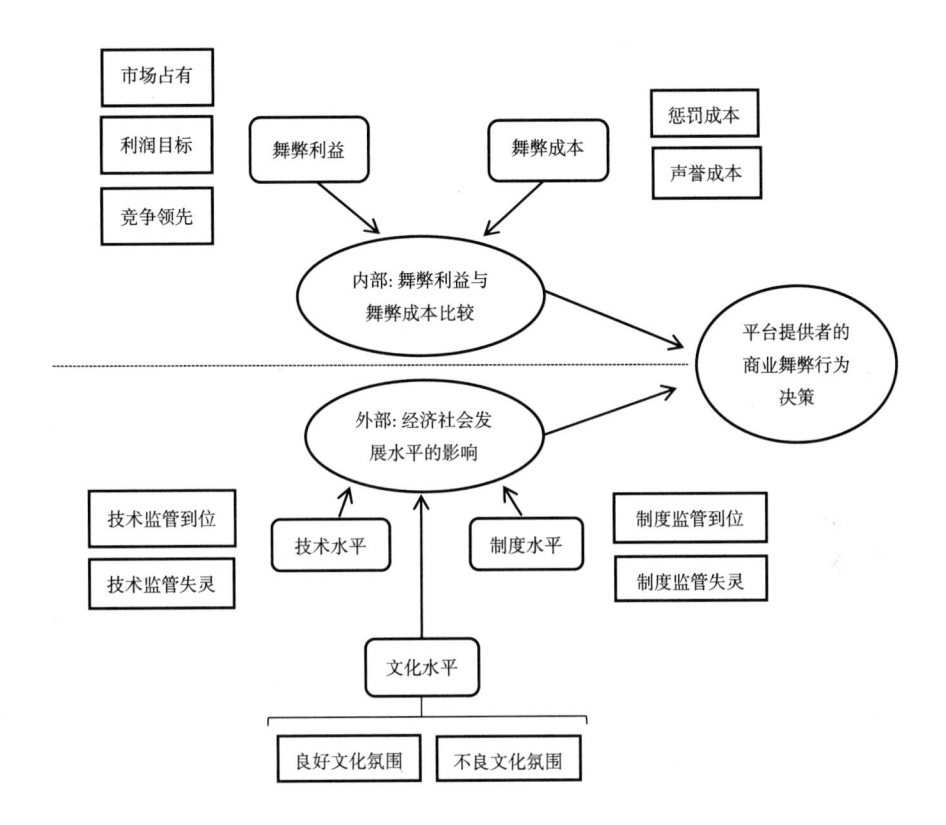

图 4-1　平台提供者商业舞弊行为的形成机制框架图

熟期这三个阶段,其中初创期的起点是以 2003 年 5 月该公司成立为标志,成长期的起点是以 2010 年"双 11"突破 10 亿销售额为标志,成熟期的起点是以 2015 年该平台成为首家直接接入国家 CCC 认证信息数据库的电商平台为标志。① 该购物平台发展的初创期、成长期和成熟期映射平台提供者企业发展的不同阶段,是其他同类购物平台企业成长的缩影。为更好地检验平台提供者商业舞弊行为形成的机制,本书以其为案例,搜集该购物平台在不同发展阶段中出现的商业舞弊行为相关资料(见表 4-1)。

---

① 杨丽:《平台分化、交叉平台效应与平台竞争——以淘宝网的分化与竞争为例》,《研究与发展管理》2018 年第 1 期。

表 4-1　　　　某电商购物平台发展历程中的重大舞弊事件

发展阶段	年份	重大舞弊事件
初创期	2005 年	与 eBay 公司抢占市场，人们关注其便宜的价格，而忽略所谓的品牌和知识产权，该平台可以说是"鱼龙混杂"的野蛮生长状态
	2008 年	上线新的 B2C 新平台，抢占电子商务市场，被媒体曝光入驻企业资质审核不严格
成长期	2011 年	爆发"黑名单事件"，为追求业绩，故意让不符合资质的供应方入驻
	2013 年	被曝存在"品牌授权潜规则"和"知假卖假"行为，高额的舞弊利益获得引起社会舆论关注
成熟期	2015 年	被国家工商总局曝光，正品率为 37.25%，随后该平台投诉国家工商总局在监管过程中程序失当
	2018 年	为了实现与"拼多多"的竞争领先，推出假货云集的特价 App，被称为"新时期的假货集散地"
	2018 年	因出售涉嫌违规物品，引起舆论关注，后该平台下线全部考试作弊物品及结果伪造物品，下线第三方代充业务

在初创期（2003—2009 年），该购物平台为了实现后发优势，不断抢占雅虎和 eBay 的电子商务市场，期间的商业舞弊行为主要以虚假交易和知假卖假等行为呈现。一方面，为了提高该购物平台的市场知名度和用户黏度，平台默许了早期的"刷单"舞弊行为，具体包括商品销售数据的虚假舞弊、店铺经营等级的虚假舞弊、商品评论的虚假舞弊等，从而以"买实惠"心理，吸引了广大用户，提高市场占有；另一方面，为了积聚更多的供应方用户，该购物平台在初创期对于入驻商家的资质认证不完善，尤其是在知假卖假上，明知入驻商品是假货或者存在商标侵权行为，但依然默许其存在，并提供相应的平台服务。

在该购物平台的成长期（2010—2014 年），"黑名单事件""品牌授权潜规则""某平台奢侈品售假"成为其涉及商业舞弊行为的典型案例。2011 年该公司宣布，为维护公司"客户第一"的价值观及诚信原则，2010 年公司清理了约 0.8% 逾千名涉嫌欺诈的"中国供应商"客户。在"黑名单事件"中，其 B2B 公司团队的一些员工追逐单一的业绩目标，故意或疏忽而导致一些涉嫌欺诈的或资质不符的公司加入该平台，此次事件中公司 CEO、COO 引咎辞职。另外，"品牌授权潜规则"事件曝光该购物平台在品牌资质审核过程中的一系列舞弊行为，品牌审核机制的不完善滋生出一条该购物平台内部人员设租、商家寻租的灰色产业链，即使提交授权书，符合该购物平台标准的卖家依然很多，到底让谁进，该购物平台的说法是要根据各种场内场外条件,而这规则从来就是一团浆糊,存在较大猫腻。同一时期,"某购物平台奢侈品售假"无疑是最为受关注的事件,各类国际奢侈品、运动装备、女性化妆用品等的皇冠店铺频频被爆兜售假冒商品。当2013年该购物平台创始人被问及平台中的"知假卖假"行为,他谈道,"假货永远都会存在,一方面是人性的贪婪,另一方面是社会发展的必然",并发出"有人想要58元的劳力士,我能怎么办?"的感慨。

在该购物平台成熟期(2015年至今),伴随定位低消费人群并倡导"用更低的价格买到更好的东西"的"拼多多"平台在美国上市。为了实现同行业领域的竞争领先,该购物平台打出一套商战组合拳。除规定供应方必须在该购物平台和"拼多多"之间"二选一"之外,该购物平台还推出了特价版App。在价格上,"特价版某购物平台"也定位低消费群体,为消费者推荐各种低价产品。2018年该购物平台发布的《2017年知识产权年度报告》指出"原有的售假团伙已转移到微商和'拼多多'",然而人们也不禁怀疑,售假团伙是否也已转移到该购物平台的特价版中。为了实现竞争领先,该购物平台特价版也实施了类似于"拉人头"的方式,老用户只要邀请一位新用户完成购物,双方均可获得最高10元的红包奖励。

二 验证方法

扎根理论是开展质性分析研究的有效方法,它所需要的资料来源广泛,且可以跨场景、时间和人物等。扎根理论是定性研究方法中一种比较科学的研究方法,其优势在于可以避免实证范式下经验理论对所用资料和所得结论的程序化限制。一般而言,资料收集、分析、逐级编码是扎根理论的核心过程,扎根理论的分析过程则主要包括三个阶段,第一是对原始数据资料进行分解,分析现象,形成初步概念化;第二是对初步概念再次进行概念化和抽象化,形成理论依据;第三是以适当的方式将概念进行第三次抽象,提升和凝练成为论文的核心范畴。本案例分析主要从三个层面展开,对相关验证信息进行编码登录,并通过对编码的归纳和分类,形成论据支撑,验证该购物平台商业舞弊行为的成因假设。第一层面,选取该购物平台在三个不同发展时期中具有影响力的典型商业舞弊事件,以事件为网络资料的收集起点，开展相关资料的收集与整理工作。案例分析选择平台初创期的"某购物平台网购刷单内幕"和"虚假交易与知假买假"行为、平台成长期的"某购物平台品牌授权潜规则"和"某购物平台奢侈品售假"事件、平台成熟期的"某购物平台特价版 App"事件为网络资料典型事件。第二层面是实地进入该购物平台企业，通过半结构化形式，访谈企业内部人员获取内部资料。研究人员进入该公司共访谈 30 位对象，基本概况为：性别上，男性 17 名，女性 13 名；年龄层次上，20—30 岁 13 名，30—40 岁 11 名，40 岁以上 6 名；学历上，博士 6 名、硕士 13 名、本科 11 名。内部访谈对象的岗位分工主要为两类：一类是该购物平台供应方资质审核的管理人员和相关岗位工作人员，另一类是该购物平台打假办公室管理人员和相关岗位工作人员。本书主要围绕"平台发展不同阶段的舞弊利益倾向""舞弊利益的内容构成""某购物平台商业舞弊行为的自我认知""舞弊成本的内容构成""技术监管和制度监管对平台商业舞弊行为影响""社会文化环境对平台商业舞弊行为的影响"等话题展开访谈资料收集。第三层面是访谈该购物平台的消费者。本书选择 30 位该购物平台日常用户，其基本概况为：性别上，男性 14 名，女性 16 名；年龄层次上，20—30 岁 18 名，30—40 岁 7 名，40 岁以上 5 名；学历上，博士 2 名、硕士 7 名、本科 13 名、专科 8 名；该购物平台使用时间上，1—2 年为 7 名，2—5 年为 15 名，5 年以上 8 名。研究人员围绕"你认为某购物平台是否存在舞弊行为""你认为某购物平台的舞弊行为表现是什么""你如何看待某购物平台商业舞弊行为'舞弊利益与舞弊成本'之间的比较""你如何看待外部技术监管、制度监管、社会文化环境等影响因素对该购物平台实施商业舞弊行为的影响"等话题展开访谈。

三　质性检验

本文按照"定义现象—发展概念—归纳范畴"的分析逻辑，进行开放式编码。在开放式编码中主要进行四个过程即：贴标签、定义现象、概念化和归纳范畴，具体操作为：首先是对原始资料进行编号。编号的规则是"资料来源—内容分类—语句编号"；其中第一层编码中 A 表示购物平台网络资料，B 表示购物平台内部人员访谈资料，C 表示购物平台的用户访谈资料；第二层编码中 1 表示舞弊利益，2 表示舞弊成本，3 表示外部影响；第三层编码中 1 表示市场占有，2 表示利润目标，3 表示竞争领先，4 表示惩罚成本，5 表示声誉成本，6 表示技术监管，7 表示制度监管，8 表示社会文化。例如 A1-1-1，指的是来源于购物平台网络二手资料，在"舞弊利益"层面中涉及"市场占有"的编号排序为 1 号的质性资料（见表 4-2 和表 4-3）。

表 4-2　　　　　　　资料标签化与定义现象过程（节选）

编号	原始资料与贴标签	定义现象
1	网络资料视角：《中国经济网》（A1）指出该购物平台"黑天鹅事件"是一个典型的以市场占有为利益驱动的商业舞弊行为。平台为了增加供应方的入驻率和市场占有率，在供应方入驻资质审核中"睁只眼、闭只眼"，默许一些打着"插边球"的供应方入驻，以实现不当得利，同时该购物平台也会通过平台所掌控的资源和渠道，让不符合规定的供应方进来，提高市场占有率。这些舞弊行为的惩罚成本在平台发展初期几乎可以忽略不计（1-2）	平台交易规则舞弊（A1） 平台发展初创期（A2）
2	平台提供者内部员工视角：某购物平台（B2）在发展成长期时，为了利润目标会主动选择舞弊行为，毕竟平台发展的盈利模式是需要探索的，不能因为有一点出格的东西，就界定为舞弊行为。此外，我们也努力加强和政府相关部门合作，不断提高监管工作，我们都是在政府监管下有序开展日常运营工作。但我们也承认存在漏洞，不能说完全没有舞弊行为，这一方面是与整个外部营商环境有关，另一方面也是该购物平台走向完善的内部事情。当前比较棘手的事情是如何界定互联网平台企业的舞弊边界以及过低的惩罚成本问题（2-1）	平台舞弊惩罚成本（A3） 平台成长期（A4）
5	消费者视角：我们用户在平台中都是被动的（C1）。你比如说该购物平台，它一开始补贴本书抢红包或者福利券，同时也要求供应方让利，在这个过程中，我们去搜索购买相应的商品时，部分商品和供应方就会成为热门搜索，而且价格优惠很大，我觉得它很有猫腻，看上去给了本书实惠，但是它背后肯定还是为了占领消费市场，把持这个流量入口，才给我们的实惠。我觉得最令人质疑的是，所谓的热搜商品和供应方是真的热搜还是平台舞弊所为，这就无法考证了（1-2）	平台市场占有舞弊（A5） 平台发展初创期（A6）

表 4-3　　　　　　平台商业舞弊行为开放式编码（节选）

贴标签	定义现象	概念化	范畴化
1.《艾瑞网》指出某购物平台 2012 年商品 SKU 作弊事件，在双 11 购物节中，该购物平台为了与同行平台开展竞争，默许平台入驻供应方随意修改商品的 SKU（A2-4-1）	平台交易规则舞弊	该购物平台商业舞弊行为表现	舞弊利益与舞弊成本比较

续表

贴标签	定义现象	概念化	范畴化
2. 我们平台在发展早期也是想尽办法为供应方提供入驻服务，每天还会提供一次免费推广。事实上，在平台发展初期，很多制度体系都是不完善的，当然也没有人来管理和监督，所以该时期的市场占有的舞弊利益获得肯定是大于正常市场占有利益的（B1-1-3）	平台利用漏洞	初创期，该购物平台的商业舞弊行为	"市场占有"舞弊利益与舞弊成本比较
3. 我觉得该购物平台的舞弊行为是一个理性经济人的正常决策，互联网企业不管前期怎么让利，都是为了将来赚取更大的利润，那么在这种利益驱动下，只要利益获得足够大，它就会铤而走险。如果又没有什么惩罚措施，那么它们的舞弊行为，我觉得是可以预料到的（C2-4-1）	平台舞弊的理性行为	成长期，该购物平台的商业舞弊行为	"利润目标"舞弊利益与舞弊成本比较
28. 在我看来，当互联网平台企业处于发展成熟期后，该企业已经站稳某一领域的垂直细分市场，此时，它们更在乎的是如何在同行竞争中赢得主动权和巩固消费市场，实现竞争领先。国内市场的蛋糕就这么大，谁处于竞争领先地位，谁就有话语权和主导权。如果谁的产品爆发出影响品牌声誉的负面事件，谁就会在竞争中处于下风（B1-3-2）	平台舞弊中的声誉成本	成熟期，该购物平台的商业舞弊行为	"竞争领先"舞弊利益与舞弊成本比较
29.《上海观察》指出随着互联网经济快速发展，互联网平台企业经济活动越发复杂，像某购物平台一样的大型平台，如果仅由政府来硬治理，而缺乏文化的软治理，那么互联网企业的舞弊行为治理就显得过于单薄无力。行政力量无法做到及时有效的监管全覆盖时，还需要反舞弊行为的社会文化的软约束，这样才能形成治理合力（A3-8-1）	平台舞弊缺乏社会文化约束	平台舞弊文化因素	平台提供者外部文化影响
30. 我觉得平台企业的商业舞弊行为也离不开整个社会大环境，虽然说我们的诚信体系正在不断完善，法律法规也在不断完善，但是关于反舞弊的社会文化建设还有些滞后，再加上社会功利主义文化的不良影响，平台企业及其内部个人会尽可能地实现利益最大化，而铤而走险实施商业舞弊行为（C3-8-1）	平台提供者缺乏文化约束	平台舞弊文化因素	平台提供者外部文化影响

第一，当平台提供者的舞弊利益高于舞弊成本时，平台提供者倾向于实施舞弊行为。从网络资料来看："'艾瑞网'指出，某购物平台2012年商品SKU作弊事件，在双11购物节中，该购物平台为了与同行平台开展竞争，默许平台入驻供应方随意修改商品的SKU，'凤凰网评论'认为，

该购物平台一方面有着巨大的可图利润，另一方面，用户和政府如果不仔细发现，很难找到它的舞弊行为，即便找到，用户也最多让店家退多出的钱。就平台本身而言是没有什么惩罚成本的。"（A2-4-1）"某购物平台被媒体曝光，存在默许山寨和假货商品流入平台市场，该购物平台则认为这种舞弊现象的存在是合理的，治理舞弊行为需要一个时间，不可能平台一成立就发展完善。"（A1-1-1）从该平台内部人员访谈来看："我觉得任何一个互联网公司的发展逻辑都是先完成某一垂直领域的市场占领，这里可能就会有风险投资的资本身影，在平台发展初期，平台组织机构并不是很完善，可能存在部分灰色地带，同时监管也不能说很全面，所以如果将此行为界定为舞弊，我认为，这可能是互联网企业所拥有的共性特征。"（B2-4-1）从该购物平台消费者视角来看："我觉得该购物平台的舞弊行为是一个理性经济人的正常决策，互联网企业不管前期怎么让利，都是为了将来赚取更大的利润，那么在这种利益驱动下，只要利益获得足够大，它就会铤而走险。如果又没有什么惩罚措施，那么它们的舞弊行为，我觉得是可以预料到的，真正可怜的是消费者，最终消费者为它的舞弊行为买单。"（C2-4-1）

第二，在平台初创期，平台提供者的"市场占有"的舞弊利益高于"低惩罚成本与低声誉成本之和"时，平台提供者倾向于实施商业舞弊行为。从网络资料来看：""中国经济网'指出该购物平台'黑天鹅事件'是一个典型的以市场占有为利益驱动的商业舞弊行为。平台为了增加供应方的入驻率和市场占有率，在供应方入驻资质审核中'睁只眼、闭只眼'，默许一些打着'插边球'的供应方入驻，以实现不当得利，同时该购物平台也会通过平台所掌控的资源和渠道，让不符合规定的供应方进来，提高市场占有率。这些舞弊行为的惩罚成本在平台发展初期几乎可以忽略不计。"（A1-1-3）从企业内部人员访谈来看："互联网平台企业与非平台企业不一样，我们更多是靠规模和市场占有量的模式盈利，互联网平台早期更多是为了培养用户习惯和用户黏性，赢得行业市场，所以才会有如此多'捡便宜'的好事。我们平台在发展早期也是想尽办法为供应方提供入驻服务，每天还会提供一次免费推广。事实上，在初期，很多制度体系都是不完善的，当然也没有人来管理和监督，所以，该时期的市场占有的舞弊利益获得肯定是大于正常市场占有利益的。"（B1-1-3、B1-

1-4）从该购物平台用户访谈来看："我们用户在平台中都是被动的。你比如说该购物平台，它一开始补贴抢红包或者福利券，同时也要求供应方让利，在这个过程中，我们去搜索购买相应的商品时，部分商品和供应方就会成为热门搜索，而且价格优惠很大，我觉得它很有猫腻，看上去给了实惠，但是它背后肯定还是为了占领市场，把持这个流量入口，才给我们的实惠。我觉得最令人质疑的是，所谓的热搜商品可能是平台舞弊所为。"（C1-1-2）

第三，在平台成长期，平台提供者的"利润目标"的舞弊利益高于"较高惩罚成本与较高声誉成本之和"时，平台提供者倾向于实施商业舞弊行为。从网络资料来看："DQNEW 评论谈道当互联网平台企业完成市场占有后，公司盈利就会成为核心目标。比如说某电商购物平台，主要通过广告投放、供应方搜索竞价排名、提供增值服务来实现利润增值。前期市场占有依靠风险投资迅速铺开，到了中期，互联网平台企业也希望能够快速实现盈利，所以该时期往往也是互联网平台企业实施舞弊行为的高发期。目前相关的监管和惩罚措施还是有的，但能否形成足够的威慑力，这还任重道远。"（A1-2-1）从企业内部人员访谈资料来看："某电商购物平台在发展成长期时，为了利润目标会主动选择舞弊行为，毕竟平台发展的盈利模式是需要探索的，不能因为一点出格的东西，就界定为舞弊行为。此外，我们也努力加强和政府相关部门合作，不断提高监管工作，我们都是在政府监管下有序开展日常运营工作。但也存在漏洞，不能说完全没有舞弊行为，这一方面是与整个外部环境有关，另一方面也是平台走向完善的一个过程。我认为当前比较棘手的事情是如何界定互联网平台企业的舞弊边界以及过低的惩罚成本问题。"（B1-2-2）从该购物平台用户访谈来看："我发现，该购物平台会根据搜索记录，通过算法，给我们提供精准的消费信息。它仿佛在我们身边无孔不入。平台的商业舞弊行为，我觉得根本还在于惩罚成本很低，他们也不怕自己的声誉会有多大的影响。说实在，罚个几万、几十万，对于估值上亿的互联网公司而言，几乎可以忽略不计。所以说，治理它们的商业舞弊行为，关键还是要有威慑力，让它的惩罚成本要足以大到让它惧怕。"（C2-4-2）

第四，在平台成熟期，平台提供者的"竞争领先"的利益获得高于

"高惩罚成本与高声誉成本之和"时,平台提供者倾向于实施商业舞弊行为。从网络资料来看:"CBNDATA发布2018年国内主要互联网平台企业声誉研究报告,报告显示具有较大社会影响事件的企业均来自互联网公司。该报告谈及某电商购物平台,指出随着网络舆论对于互联网平台企业形象的建构越来越深,良好的企业声誉已经成为互联网平台企业的无形资产。但是互联网平台企业与非平台企业不同,它的负面事件曝光不仅是企业内部人员曝光,更多是消费用户曝光,如该购物平台奢侈品售假事件。互联网平台企业负面事件的曝光,会影响用户的认同和黏度。调研报告表明,良好的企业声誉会给企业带来直接经济效益,企业的产品也更容易被接受和使用,良好的企业声誉会帮助企业迅速进入用户视线,为促进其购买起到积极作用。所以,互联网市场上的平台企业都非常关注自身的一举一动的经济行为,以免影响声誉。"(A1-3-1)从企业内部人员访谈来看:"在我看来,当互联网平台企业处于发展成熟期后,该企业已经站稳某一领域的垂直细分市场,此时,它们更在乎是如何在同行竞争中赢得主动权和巩固消费市场,实现竞争领先。国内市场的蛋糕就这么大,谁处于竞争领先地位,谁就有话语权和主导权。如果谁的产品爆发出影响品牌声誉的负面事件,谁就会在竞争中处于下风。在购物平台市场,如该购物平台与苏宁电商、京东商城等之间也存在激烈的市场竞争,那么这时任何较大的负面新闻都可能打破彼此之间的制约平衡。"(B1-3-2、B2-4-1)从该购物平台用户访谈来看:"发展成熟的互联网平台企业都比较在乎自己的声誉和品牌影响力,但据我观察,它们也存在类似的商业舞弊行为,以实现所谓的竞争领先。例如大打价格战,平台之间发放大量补贴,可这背后却存在商品SKU造假和后台擅自修改销售数据及商品价格等舞弊行为。所以,我觉得互联网平台企业也有一个所谓的侥幸心理,即赌一下自己的舞弊会不会被发现,发现之后,会不会影响到自己的声誉和品牌,即便是影响,又是否会有严重的后果。"(C2-4-3)

第五,在外部弱技术监管和弱制度监管的影响下,平台提供者可能面临低舞弊成本,其倾向于实施商业舞弊行为。从网络资料来看:"据'科技日报网'报道,以某电商购物平台为例,指出互联网平台公司商业舞弊行为暴露主要来自两个环节:一是用户或知情人的自我曝光行为;二是第三方或政府机构通过技术手段监测发现。目前用户和知情人的自我曝光行为是该购物平台舞弊行为暴露的主要渠道。当该购物平台在实施商业舞弊行为时，如果没有被外部发现，或者被外部发现后，惩罚成本低于舞弊利益，那么该平台还是会铤而走险，选择相应的商业舞弊行为。"（A3-4-1）从企业内部人员访谈来看："没有哪个企业是专门为了舞弊而舞弊，舞弊行为可能是企业发展，尤其是互联网企业发展的一种阶段性的行为。但是如果商业舞弊行为，没有被发现的话，它的存在时间可能会长一点，这是企业盈利的一种惯性，一般会以某个负面性事件发生而终结。企业是理性经济人，作为该购物平台的监管人员，我们既不希望平台内部存在商业舞弊现象，也在努力杜绝平台的商业舞弊行为。"（B3-3-1）从该购物平台用户访谈来看："我认为互联网平台企业之所以敢舞弊，敢于悄无声息地攫取巨大舞弊利益，例如该购物平台中最经典的'大数据杀熟'，很大程度上是因为它们不怕被发现，即便发现了，罚款也只是毛毛雨，不能对它整体上造成巨大损失。此外，还有一点就是即便被惩罚，但它已经让人们养成了其所希望的消费习惯，如果没有它，人们反而还会觉得生活不方便。"（C3-3-1）

第六，在外部不良的社会文化影响下，平台提供者缺乏有效的自我约束氛围，可能倾向于实施商业舞弊行为。从网络资料来看："随着互联网经济快速发展，互联网平台企业经济活动越发复杂，像某电商购物平台一样的大型平台，如果仅由政府来硬治理，而缺乏文化的软治理，那么互联网企业的舞弊行为治理就显得过于单薄无力。行政力量无法做到及时有效的监管全覆盖时，还需要反舞弊行为的社会文化的软约束，这样才能形成治理合力。"（A3-8-1）从企业内部人员访谈来看："社会文化中关于舞弊行为的内容过少，公司中也没有公开谈论和系统教育。很多时候，平台自身是没有主动采取商业舞弊行为的，但是内部员工反而成为了舞弊行为的背后黑手。可见，文化价值观是防范商业舞弊行为的关键因素。"（B3-8-2）从某购物平台用户访谈来看："我觉得平台企业的商业舞弊行为的形成也离不开整个社会大环境，虽说我们的诚信体系正在不断完善，法律法规也不断完善，但是关于反舞弊的社会文化建设还有些滞后，再加上社会功利主义文化的不良影响，平台及其内部个人会尽可能地实现利益最大化，而铤而走险实施商业舞弊行为。"（C3-8-1）

第三节　平台提供者商业舞弊行为成因的案例讨论

综上所述，平台提供者的商业舞弊行为决策是多重因素影响的结果。从内部视角来看，不同发展阶段中的"舞弊利益与舞弊成本"的理性比较可能会影响其商业舞弊决策行为；从外部视角来看，平台所处的经济社会发展阶段中技术监管水平、制度监管水平和社会文化水平也是影响平台提供者商业舞弊行为决策的重要因素。通过上文对平台提供者实施商业舞弊行为的成因机制和案例分析，可以发现平台提供者商业舞弊行为成因具有以下三大特性。

一是平台提供者商业舞弊行为成因表现为比较相对性。平台提供者的商业舞弊行为是舞弊利益与舞弊成本之间理性比较的结果，而这个比较结果是相对的。首先，平台提供者处于不同的发展阶段，其舞弊利益中的"当前利益""核心利益"是相对的。其次，平台提供者的舞弊成本也是相对的，一方面，平台提供者在不同的发展阶段所面临的舞弊成本负担是有所侧重的、相对的；另一方面，其舞弊成本中所包含的惩罚成本、声誉成本之间的成本负担也存在相对性。在平台初创期，惩罚成本相对于声誉成本具有较大的约束力，而在成熟期，声誉成本相对于惩罚成本却需要得到更大的重视和考量。

二是平台提供者商业舞弊行为成因表现为阶段倾向性。平台提供者的发展阶段可分为初创期、成长期和成熟期，在不同的发展阶段，平台提供者倾向于追逐市场占有（Occupational market）、利润目标（Profit goal）、竞争领先（Competition leading）等不同的利益维度。在平台提供者内部进行舞弊利益和舞弊成本比较时，所处不同的平台发展阶段将导致不同的选择倾向。当处于初创期时，平台提供者的利益驱动倾向于实现市场占有，若市场占有的舞弊利益大于舞弊成本时，其倾向于作出商业舞弊行为；当处于成长期时，平台提供者的利益驱动倾向于达到利润目标，若利润目标的舞弊利益大于舞弊成本时，其倾向于作出商业舞弊行为；当处于成熟期时，平台提供者的舞弊利益倾向于完成竞争领先，若竞争领先的舞弊利益大于舞弊成本时，其倾向于作出商业舞弊行为。

三是平台提供者商业舞弊行为成因表现为影响综合性。平台提供者所处的技术监管水平、制度监管水平以及社会文化水平等外部环境影响因素对其商业舞弊行为的形成存在多维的影响。在硬约束层面，当技术监管层面和制度监管水平低，乃至技术监管失灵或制度监管失灵，则可能导致外部环境因素对平台提供者商业舞弊行为的监管和抑制作用降低，平台提供者倾向于逃避技术监管并利用制度漏洞来实施商业舞弊行为。反之，若外部技术监管水平高，能有效地识别平台提供者的商业舞弊行为，同时外部制度监管水平高且能有效地震慑平台提供者的商业舞弊行为，则不倾向于实施商业舞弊行为。在软约束层面，当社会文化水平中消极因素和惰性因素在一定条件下纵容平台提供者的商业舞弊行为，这会助长平台提供者商业舞弊行为的蔓延；当社会文化中的积极因素营造了良性健康的行业氛围、有效约束平台提供者的商业舞弊行为时，平台提供者也倾向于不实施商业舞弊行为。

最后，由于时间、精力和研究资源有限，本节仅以某电商购物平台的商业舞弊行为作为典型样本进行扎根理论研究，未能选取更多的平台提供者样本进行调研。因此，未来还亟须选择更多的平台提供者样本进行研究，不断深化对平台提供者实施商业舞弊行为的成因研究，充实本节提出的平台提供者商业舞弊行为的成因机制。此外，本案例采用扎根理论方法验证了平台提供者商业舞弊行为的成因，并对相关的案例资料进行概念化的提炼，但是在此过程中由于缺乏与现有的成熟理论进行借鉴与比较，从而导致质性材料验证过程中存在一定的主观性。所以，本文所提出的平台提供者的商业舞弊行为成因将来还需要大样本的统计检验进行量化的实证研究，以更为全面地解释平台提供者的商业舞弊行为。

本章小结

本章通过对平台提供者商业舞弊行为的成因机制进行探索，首先，详细分析平台提供者内部"市场占有"的舞弊利益与"低惩罚成本和低声誉成本"比较、"利润目标"的舞弊利益与"较高惩罚成本和较高声誉成本"比较、"竞争领先"的舞弊利益与"高惩罚成本和高声誉成本"比较之间的理性决策过程。其次，探讨了外部技术监管水平、制度监管水平和社会文化水平等因素对平台提供者商业舞弊行为的影响。随后，基于案例分析，可以验证平台提供者商业舞弊行为的成因主要是：从内部视角来看，在平台初创期，"市场占有"的舞弊利益高于"低惩罚成本和低声誉成本"，平台提供者倾向于实施商业舞弊行为；在平台成长期，"利润目标"的舞弊利益获得高于"较高惩罚成本和较高声誉成本"，平台提供者倾向于实施商业舞弊行为；在平台成熟期，"竞争领先"的舞弊利益高于"高惩罚成本和高声誉成本"，平台提供者倾向于实施商业舞弊行为。从外部视角来看，技术弱监管、制度弱监管所对应的低舞弊成本，会促使平台提供者倾向于实施商业舞弊行为。此外，不良的社会文化氛围也会诱发其实施商业舞弊行为。综上，本章在现有的平台经济和商业舞弊行为的研究基础上，进一步深入探索"平台经济视域下平台提供者实施商业舞弊行为的成因是什么"的问题，针对现有研究不足提供理论贡献。

第五章 平台经济视域下商业舞弊行为的成因分析：供应方用户视角

承接第四章从平台提供者的视角分析其在平台经济视域下的商业舞弊行为，本章旨在从平台供应方用户（即商家）视角对其在平台经济视域下的商业舞弊行为的成因进行分析。在现有平台经济视域下商家舞弊的文献中，互联网平台经济的特性在研究中的考虑不够深入。大多数文献只是将舞弊的研究情境从传统企业转移到互联网平台情境，但是却没有在具体分析中考虑互联网平台的网络效应等特性对相关主体行为的影响。此外，相关文献还往往只是单独分析商家与平台经济中某一构成主体的博弈互动，没有系统地将商家与平台经济所有主要构成主体的博弈整合在一个机理框架中，故而没有对商家的商业舞弊行为进行一个系统的整合性分析。本章首先基于"困境诱发—行为形成—行为扩散"的逻辑过程对平台供应方用户商业舞弊行为的形成和扩散进行理论分析，形成平台经济视域下供应方用户商业舞弊行为的机制框架，然后运用博弈论方法分别对平台供应方用户商业舞弊行为的形成博弈模型和扩散博弈模型进行建立、求解、分析和讨论。

第一节 供应方用户商业舞弊行为的成因机制分析

平台经济视域下，供应方用户视角的商业舞弊行为研究主要涉及以下基本问题：商业舞弊行为的诱发起点是什么？影响因素是什么？扩散因素是什么？本节首先对相关理论和文献进行系统梳理，提供了供应方用户视角下商业舞弊行为的分析基础，随后在此基础上形成供应方用户视角下商业舞弊行为形成和扩散的机制框架，厘清了供应方用户视角下商业舞弊行为的诱发困境、影响因素和扩散因素，这为后文中的博弈模型构建给出了思路。

一 理论基础

纵观文献,组织非伦理行为会经历"诱发—横向扩散—纵向扩散"的过程(谭亚莉等,2011),[①] 与之类似,供应方用户视角下的商业舞弊行为也不是静态的,也会经历"困境诱发—行为形成—行为扩散"的过程。现有主流文献中有关舞弊行为的诱发困境、影响因素和扩散因素的理论基础主要集中在产品生命周期理论、道德失范理论、信息不对称理论和社会网络理论,本节将从平台的供应方用户视角对相关文献进行梳理。

(一)产品生命周期理论

"产品生命周期"这一概念首先由 Dean 在《新产品定价策略》一文中首先提出。Dean 认为产品在市场中的演化过程可以分为推广、成长、成熟和衰亡四个阶段,产品在不同的阶段应该有不同的定位(Dean,1950)。[②] 其后,美国经济学家 Levitt 进一步将"产品生命周期"这一概念用于产品的市场战略研究(Levitt,1965),[③] 逐步形成了描述产品市场销售规律与竞争力的产品生命周期理论(Product Lifecycle Theory)(林朝阳,2006)。[④]

根据产品生命周期理论,产品生命周期可以分为四个阶段,即导入期、成长期、成熟期和衰退期,随着时间和市场的变化,不同阶段呈现出不同的特征。产品生命周期各个阶段的特征因其在销售量、利润和市场占有率等方面不同而表现不一。一般来说,在导入期,顾客对新产品不熟悉,对其尚未大范围接受,同时,同行竞争小,所以生产量很小,产品生产成本较高,营销费用较高,市场占有率不高,销售额缓慢增长,企业一般是亏损的。在成长期,新产品转入批量生产和扩大市场销售的阶段,此

[①] 谭亚莉、廖建桥、李骥:《管理者非伦理行为到组织腐败的衍变过程、机制与干预:基于心理社会微观视角的分析》,《管理世界》2011 年第 12 期。

[②] Dean J. Pricing Policies for New Products [J]. Harvard Business Review, 1950, 28 (06): 45-53.

[③] Levitt T. Exploit the Product Life Cycle [J]. Harvard Business Review, 1965, 43 (06): 81-94.

[④] 林朝阳:《基于产品生命周期理论的新产品渠道策略选择》,《大众科技》2006 年第 1 期。

时，批量生产使得产品成本大幅下降，因为用户对产品已经比较熟悉而使得广告费用也相对减小，销售成本大幅度下降，企业可能会扭亏为盈，同时，同行竞争趋势慢慢出现。在成熟期，产品进入大批量生产，市场竞争激烈，同时，市场需求量逐渐趋向饱和，销售量基本达到最高点，这在后期会导致销售量不增反降，此外，因为生产批量大而使得产品成本较低，利润也达到最高点，因此，成熟期的企业通常能获得大量的现金收入来支持更多新产品的开发设计。在衰退期，产品逐渐老化，有新产品进入市场逐渐代替老产品，市场销售量日益下降，市场竞争突出的表现为价格竞争（吴杰民，2007）。[①] 对于处在不同阶段的产品，企业一般选择与之相对应的营销策略（沈伟玲和陈金阳，2008）。[②] 在导入期，企业需要快速建立新产品的知名度，争取打通分销渠道，占领市场，所以，导入期的产品策略在于降低产品的生产成本和改善产品性能；销售策略在于采用营销手段使消费者快速熟知产品和提高品牌知晓率；价格策略则是以低价格为主快速抢占市场。在成长期，企业旨在抓住销售的有利时机，尽可能地扩大市场份额，以取得最大的经济效益，所以，成长期的产品策略在于扩大产品深度、开发产品新用途；销售策略在于将营销的重心从产品介绍转变为产品特色宣传。在成熟期，企业要积极进取，采取进攻性的营销策略，争取稳定市场份额，延长产品市场寿命，所以，成熟期的产品策略主要是改良原有产品，不断增加产品系列，使产品多样化；营销策略方面主要是通过改进营销组合的一个或者几个要素来刺激销售，如调整价格、改进包装、宣传企业理念和形象等。在衰退期，企业既可以采取"撤"策略，对旧产品进行大甩卖，也可以采取"攻"策略，在撤退老产品的同时推出新产品，进行产品新一轮的生命周期的营销。在平台经济视域下，供应方用户所提供的产品和服务的销售规律以及营销策略制定等基本遵循普适的产品生命周期理论，所以产品和服务在平台双边市场中会经历一个从开始被接受到慢慢被更新、淘汰、替换的过程，这是每一个供应方用户个体或者组织在成长和发展过程中必须面对的现实问题，即为本书中舞弊行为的诱发困境的起始点。

---

① 吴杰民：《基于生命周期的产品价值研究》，博士学位论文，武汉理工大学，2007年。
② 沈伟玲、陈金阳：《企业市场营销策略分析——基于产品生命周期理论》，《当代经济（下半月）》2008年第11期。

基于产品生命周期理论，与本书密切相关的另一个衍生概念是产品生命周期成本（Product Life Cycle Cost）。产品生命周期成本就是产品生命周期各个阶段所发生的各项成本之和，有狭义和广义之分。狭义的产品生命周期成本指在企业内部及相关方发生的由生产者自身承担的各项成本，包括在产品策划、开发、设计、制造、销售和物流运输过程中发生的各类成本；广义的产品全生命周期成本不仅包括上述企业生产者本身发生的成本，还把消费者购买产品后的使用成本、废弃成本和环境保护成本也考虑在内。已有研究主要从两个维度对产品生命周期成本进行分析（袁雯，2015）。[①] 横向维度下，可以从上游、中游和下游的角度分别对产品生命周期成本进行分析，其中，上游成本包括开发和设计成本，中游成本主要是制造成本，下游成本包括销售成本、维修成本、使用成本和回收报废成本。纵向维度下，在导入期，成本主要在设计、开发、调试和验证等方面；在成长期，成本主要在研发、营销和生产等方面；在成熟期时，竞争加剧，成本集中在生产和客户方面；在衰退期，产品竞争减弱，主要成本包括顾客成本、使用成本、售后成本等。在平台经济视域下，对于供应方用户来说，在横向维度和纵向维度的产品生命周期成本分析之外，因为平台经济的规模效应、网络效应等特性使得其成本分析不再限定在本地区、本行业的上、中、下游，也不会拘泥于本组织内部的产品发展过程，而是需要嵌入到平台经济下的网络纬度分析之中来考虑更多不同节点的成本，所以，面对更大的网络市场来控制成本和赢取收益更是为平台经济视域下供应方用户个体或组织的生存发展带来了更大的挑战。

（二）道德失范理论

在市场营销学中，营销道德的定义经历了纯企业视角到系统视角的转变：纯企业视角下，营销道德是指企业营销或经营活动应该遵守的道德规范，是有关营销决策及营销情境的道德判断标准；系统视角下，企业营销道德应该考虑满足并谋求消费者幸福和社会利益两个方面，企业与消费者价值应该相互增益，提倡消费者至上主义、环境保护主义，提倡消费者知

[①] 袁雯：《基于产品生命周期的定价研究——以 M 公司为例》，硕士学位论文，华东理工大学，2015 年。

晓信息的权利和自我保护的权利等（甘碧群，1997；科特勒，2010）。[①][②]

社会道德失范是相对社会道德规范而言的，是指社会成员在道德方面不符合最基本的道德规范的行为或价值取向（朱蕴丽和潘弘韬，2011）。[③]社会学界普遍认为道德失范的表现形式主要有三种：一是道德的规则性、强制性、制裁与约束力日益丧失；二是社会归属感淡化，无法正确处理个人与集体的关系、个人与他人的关系；三是道德自主性的缺失，规则与实践严重脱离（苏航，2015）。[④]

基于上述对营销道德和道德失范的内涵梳理，结合本书对平台经济视域下商业舞弊行为的定义，可以看到平台经济视域下的商业舞弊行为是违反企业营销道德的、是道德失范的现实体现。具体来说，平台经济视域下的商业舞弊行为"故意误导信息使用者对企业信息或产品信息等的判断"，这是在信息呈现和信息内容方面不真实，侵犯了信息使用者（即平台使用者）的知情权；平台经济视域下的商业舞弊行为中，"平台构成主体中的一个或多个利用欺骗性的手段来获取不正当或非法的经济利益"则严重偏离了一般社会道德和法律规范的要求，不同主体间的关系不能可持续发展。除此之外，在实践方面，美国市场营销协会已将"网络营销道德"纳入新道德规范体系中；在理论研究方面，敬佳琪（2010）也认为网络营销道德是企业在网络营销过程中遵守法律法规的要求，符合社会道德标准，满足受众的共同期望，其实质是网络企业在发展的同时，还应该关注消费者需求、社会利益，承担相应责任，妥善处理企业与个人、企业与社会、企业与自然之间的关系，杜绝损害公众和社会利益的网络营销行为。[⑤] 这进一步说明了本书聚焦的以互联网技术创新推动形成的一个为供需用户双方提供信息交流等服务的网络虚拟平台载体下的商业舞弊行为更是虚拟环境中道德问题的具化表现。

---

① 甘碧群：《关于影响企业营销道德性因素决策的探究》，《商业时代》，1997年第5期。
② ［美］菲利普·科特勒：《市场营销原理 第2版》，机械工业出版社2010年版。
③ 朱蕴丽、潘弘韬：《试论当前社会道德失落的原因及其应对策略》，《江西师范大学学报（哲学社会科学版）》，2011年第4期。
④ 苏航：《电商平台中商家信息展示道德失范问题研究》，博士学位论文，吉林大学，2015年。
⑤ 敬佳琪：《企业网络营销道德规范问题研究》，《合作经济与科技》2010年第20期。

综上所述,营销道德和社会道德失范理论的相关文献研究适用于平台经济视域下商业舞弊行为的分析。对于网络不道德现象的成因,国内学者进行了一些研究,但是基本都属于定性研究,定量研究相对较少。比如,凌守兴(2014)借助菲利普·科特勒的大市场营销6Ps策略对企业网络营销道德的影响因素进行分析,提出的企业网络营销伦理水平影响因素模型融合了社会文化、法律法规、市场、网络技术、企业自身、消费者等因素;[1] 刘红叶(2010)另辟蹊径,从营销活动的全过程视角分析道德失范成因,主要包括市场因素、社会文化因素、法制因素、企业经营哲学、个人因素等。[2] 除了营销学界,社会学界也对道德失范的成因进行了一些研究,有学者提出市场经济等价交换规律的不恰当引入、社会调控机制、社会转型、教育活动以及个人欲望在现代社会结构中急剧增长等方面的道德失范根源(吴绍芬,2001;余传杰,2004;何明,2004;朱蕴丽和潘弘韬,2011)。[3][4][5][6] 比如,余传杰(2004)从宏观、中观、微观层面分析道德失范的成因,宏观层面下,社会转型出现失控,中观层面下,教育活动存在失误,微观层面下,个人欲望在现代社会结构中急剧增长;何明(2004)指出我国当代道德失范的根源为"价值目标的多元化、社会调控机制滞后、市场经济自身的弱点、道德教育不适应迅速变化的形势"四个方面等。基于以上文献梳理,从道德失范角度来看,平台经济视域下供应方用户的商业舞弊行为形成的影响因素包括文化、社会责任感缺失、企业经营哲学、个人欲望等。

(三) 信息不对称理论

信息不对称是指信息在市场经济中的交易双方之间呈不均衡、不对称的分布状态,即市场交易中的一方对某些事件所包含的信息比市场交易的

---

[1] 凌守兴:《经济转型期企业网络营销伦理水平影响因素模型研究》,《科技管理研究》2014年第7期。

[2] 刘红叶:《企业营销道德失范的成因与对策》,《玉溪师范学院学报》2010年第3期。

[3] 吴绍芬:《道德失范探析》,《中国地质大学学报(社会科学版)》2001年第2期。

[4] 余传杰:《论当前道德失范及其矫正措施》,《河南大学学报(哲学社会科学版)》2004年第4期。

[5] 何明:《中国当代道德失范的根源及其重建》,《江西社会科学》2004年第1期。

[6] 朱蕴丽、潘弘韬:《试论当前社会道德失落的原因及其应对策略》,《江西师范大学学报(哲学社会科学版)》2011年第4期。

另一方掌握得更多、更全面，因此具有信息优势，而市场交易的另一方则处于相对的信息劣势。对于处于信息不对称环境中的市场交易如何均衡的研究构成了信息不对称理论。信息不对称理论有两个基本假设：一是市场交易双方之间拥有的交易信息是不对称的，也就是说，市场交易的一方比另一方拥有更多的交易相关信息，处于信息优势地位，而另一方则处于相对信息劣势地位；二是市场交易双方对各自在信息拥有量上的相对地位都是清楚的，即交易的双方都明白自己是处于相对信息优势地位还是相对信息劣势地位。

针对电子商务和网络市场中的信息不对称的大量文献（陆弘彦，2007；陈芳，2012；储节旺和李善圆，2014）说明了以网络信息技术推动的虚拟平台载体支撑的平台经济中，各参与主体间的信息不对称是大量存在的，并且这种信息不对称是商家在开展电子商务网络经营时出现不道德行为和机会主义行为的重要原因，即导致了商家在平台经济视域下舞弊行为的滋生。[1][2][3] 比如，苏航（2015）从商品信息、服务信息、价格信息和经营状况信息四个方面对平台中商家和消费者之间的信息不对称进行了阐述：针对商品信息，网购中的信息不对称程度比线下购物更加严重，具体来说，消费者在网购时无法接触到实际的商品，只能通过商家页面中的文字和图片了解商品，对商品的材料、质量、颜色、性能等方面不能做出准确的判断，所以消费者在商品信息方面是劣势的一方，不道德的商家或者发布虚假商品信息、或者销售假冒商品；针对服务信息，虽然商家许诺线上或线下可提供各种服务，但在网购时消费者根本无从判断，所以消费者在服务信息方面仍是劣势的一方；针对价格信息，因为大多数消费者对商家的商品价格不会提前关注，甚至对市场上同类商品的价格也并不了解，所以消费者在价格信息方面也是劣势的一方；针对经营状况信息，消费者对商家的经营状况，包括产品质量、价格、服务质量和信誉等都不了

---

[1] 陆弘彦：《C2C 网络零售市场中的信息不对称分析》，《商情：教育经济研究》2007 年第 3S 期。

[2] 陈芳：《C2C 电子商务市场中的逆向选择问题分析》，《中小企业管理与科技旬刊》2012 年第 31 期。

[3] 储节旺、李善圆：《信息不对称对消费者的二次伤害研究》，《现代情报》2014 年第 11 期。

解,是处于信息劣势的一方,不道德的商家通过"刷销量、刷信誉、引诱好评、对同业商家恶意差评"等来使自己的资质看上去很好。① 综上所述,从信息不对称的视角分析,平台经济视域下,商家比消费者掌握更多、更准确的商品信息、服务信息、价格信息和经营状况信息,而且双方都明白彼此的信息差距,即商家处于信息优势、消费者处于信息劣势。依据交易成本理论,当线上交易的信息不对称问题趋于严重时,消费者承担的交易成本可能会更大(何为和李明志,2014),② 所以商家实施舞弊、消费者利益受损的现象在平台上不断出现。

(四) 社会网络理论

1981 年,White 在其论文《市场从何而来》中指出市场是从社会网络发展而来的,并提出"社会网络是经济交易发生的基础",也就是说,市场本身就是一个社会网络。首先,生产经营者们从一开始就处在同一个社会网络之中,他们互相接触和观察对方在做什么,特别是对方在同类和相关产品上是如何定价的,生产经营者的社会网络为他们提供了必要的经营信息;其次,处于同一网络中的生产经营者们相互传递信息并相互暗示从而建立一种信任关系,在这种信任关系的制约下,大家共同遵守同一规则、一起维持共识,使得商业往来得以延续;最后,市场秩序是生产经营者网络内部相互交往产生的暗示、信任和规则的反映。③ 因此,基于市场即网络理论,平台上的交易市场就是一种特定社会网络下的一系列行为和规律的总和,那么,平台经济视域下供应方用户商业舞弊行为的扩散就可以从社会网络理论的视角进行分析,即当一个商家或者多个商家出现舞弊时,类似的舞弊行为如果不加以制约就会因为社会网络的发展和内部节点的相互交往而扩散开来。

与社会网络密切相关的概念主要涉及网络、企业网络、网络权力和角色。网络的概念最为广泛,指一组个体,网络中的每一个个体称为顶点或

---

① 苏航:《电商平台中商家信息展示道德失范问题研究》,博士学位论文,吉林大学,2015 年。

② 何为、李明志:《电子商务平台上的信息不对称、交易成本与企业机制的运用》,《技术经济》2014 年第 6 期。

③ White, H C. Where Do Market Come From? [J]. American Journal of Sociology, 1981, 87: 517-547.

节点，它们之间的连接称为边。社会网络则是以各种连接或相互作用的模式而存在的一组人或群体，比如社交关系网络等（Scott，2000）。[1] 在内涵上，社会网络不是个体的简单集合，也不是彼此相互关系的简单加和，而是由一组代表社会成员（人或者组织）的节点和表示节点间关系的边或连线构成的社会结构（张树森等，2017）。[2] 企业网络指企业内部的社会关系网络和企业外部的社会关系网络，这些关系既可以是正式的制度安排，也可以是非正式的制度安排，其中，企业内部的社会关系网络表现为企业与雇员之间、雇员与雇员之间的关系等，企业的外部社会关系网络包括企业与企业之间、企业与研究机构、企业与政府之间的关系等（李正彪，2005）。[3] 与本章联系紧密的是平台上供应方用户（即商家）的外部关系网络，具体包括商家与商家之间、商家与消费者之间、商家与平台之间、商家与政府之间的关系等，尤其对于处于成长初期的中小企业来说，这些是它们最重要的社会资本（黄金华和徐俊，2003）。[4]

随着对社会网络研究的演进，网络权力和网络角色的相关研究引起了学者的关注，且这两者与供应方视角下对平台经济视域下商业舞弊行为的成因分析密切相关。网络权力起源于社会学领域的人际网络研究，指内嵌于社会网络中的个体拥有影响他人的权力（孙国强等，2014）。[5] 持有关系观的学者认为网络权力来源于个体在社会网络中所处的位置（Martin，2000）;[6] 持有能力观的学者认为网络权力是社会中某些人对其他人产生预期或者预见效果的能力，或者能够聚合行为者以及联结知识与生产的能

---

[1] Scott J. Social Network Analysis: A Handbook [M]. California, American: SAGE Publication Ltd., 2000.

[2] 张树森、梁循、齐金山:《社会网络角色识别方法综述》,《计算机学报》2017 年第 3 期。

[3] 李正彪:《企业成长的社会关系网络研究》,博士学位论文,四川大学,2005 年。

[4] 黄金华、徐俊:《试论企业社会资本及其优化策略》,《安徽理工大学学报（社会科学版）》2003 年第 1 期。

[5] 孙国强、张宝建、徐俪凤:《网络权力理论研究前沿综述及展望》,《外国经济与管理》2014 年第 12 期。

[6] Martin K. Hingley. Power Imbalanced Relationships: Cases from UK Fresh Food Supply [J]. International Journal of Retail & Distribution Management, 2000 (08).

力（Bridge，1997）；① 持有依赖观的学者认为网络权力关系产生于相互依赖之中，一个组织对另一个组织的依赖程度与其对后者所提供的资源或者服务的需要呈现正比关系，同时与可替代的其他组织提供相同的资源或者服务的能力呈现反比的关系。从以上不同视角出发，网络权力的决定机制形成了结构决定论、知识决定论、能力决定论和策略决定论等不同观点（孙国强等，2014）。互联网平台经济下的平台供应方用户（商家）在不同视角下因其在平台经济运行中和在各自行业中所处的结构不同、因其所具有的影响他人的知识能力不同、因其对平台的依赖程度不同而呈现不同的网络权力，进而在舞弊行为形成和扩散中发挥不同的影响力。

在20世纪20年代，美国社会学芝加哥学派将"角色"的概念应用到社会结构的研究中（秦启文，2011；黄令贺和朱庆华，2013），②③ 一般来说，社会网络中，角色被定义为用来帮助人们达到目标的一种资源，是用来建立社会结构的工具（Baker 和 Faulkner，1991），④ 比如影响者、意见领袖、专家角色等。在社会网络中，社会角色一般根据研究对象的行为特点和网络属性来定义，个体的社会位置是其社会角色的基础，其中，社会位置侧重于社会关系网络中个体的结构位置以及与此位置相对应的各种行为、指责和权利，除此之外，社会角色还更多地与个体所处的环境有关，对于处在相同位置的个体，其社会角色也有可能因周围环境不同而不一样（黄令贺和朱庆华，2013）。⑤ 互联网平台经济下的大多数商家是相关互联网平台的供应方用户，与其需求方用户相对，各商家拥有的网络权力在关系观、能力观和依赖观等视角的分析下还需要考虑特定的环境，以更加明晰其在平台经济视域下商业舞弊行为形成和扩散中的影响，如相关法律的完备建设现状等。

---

① Gary Bridge. Mapping the Terrain of Time-Space Compression: Power Networks in Everyday Life [J]. *Environment and Planning D: Society and Space*, 1997（05）.

② 秦启文：《角色学导论》，中国社会科学出版社2011年版。

③ 黄令贺、朱庆华：《社会角色视角下网络社区用户类型及其关系的识别》，《情报资料工作》2013年第2期。

④ Baker W. E., Faulkner R. R. Role as Resource in the Hollywood Film Industry [J]. *American Journal of Sociology*, 1991, 97（02）: 279-309.

⑤ 黄令贺、朱庆华：《社会角色视角下网络社区用户类型及其关系的识别》，《情报资料工作》2013年第2期。

在以往的社会网络研究中,社会网络关系形成的动机可以分为两大类:社会影响和选择效应。社会影响是一种由外向内的影响机制,主要包括结构等价、社会传染、观察学习和互惠性等主要变量(肖邦明,2015)。[1] 结构等价指当两个陌生的网络节点具有共同好友时,这两个节点更有可能产生连接,形成网络,其中的机制是具有结构等价的两个陌生节点因为具有相似的关系结构而具有相似的行为特点(Burt,1987)。[2] 社会传染指网络中的节点会模仿周围节点的行为,导致某种行为在一个圈子里逐渐扩散、传染,从而导致社会网络中的一个小群体内部关系的聚类形成(Newman和Park,2003;Young,2009)。[3][4] 观察学习指节点通过观察其他节点的行为,再进一步对这些观察到的信息进行理性分析之后,对其自身行为产生影响和改变(Bikhchandani等,1998)[5],比如"意见领袖"会不断地扩大其影响力。互惠性从二元的相互关系角度出发,是指在网络中的两个节点之间是否存在双向的连接,通常发生在相互间进行合作的网络中(Nowak,2006)。[6] 与社会影响相反,选择效应是由内向外的影响机制,主要变量是同质性(肖邦明,2015)。同质性指两个行为具有相似性的节点相互之间构建关系的概率会高于两个行为相似性较低的节点(McPherson等,2001;Kossinets和Watts,2006)。[7][8] 在对社会化商务

---

[1] 肖邦明:《社会化商务中基于多重关系的社会网络形成机制及其对产品销售的影响》,博士学位论文,武汉大学,2015年。

[2] Burt R S. Social Contagion and Innovation: Cohesion versus Structural Equivalence [J]. American Journal of Sociology, 1987, 92 (06): 1287-1335.

[3] Newman M E J, Park J. Why Social Networks Are Different from Other Types of Networks [J]. Physical Review E Statistical Nonlinear & Soft Matter Physics, 2003, 68 (02): 036122.

[4] Young H P. Innovation Diffusion in Heterogeneous Populations: Contagion, Social Influence, and Social Learning [J]. American Economic Review, 2009, 99 (05): 1899-1924.

[5] Bikhchandani S, Hirshleifer D, Welch I. Learning from the Behavior of Others: Conformity, Fads, and Informational Cascades [J]. Journal of Economic Perspectives, 1998, 12 (03): 151-170.

[6] Nowak M A. Five Rules for the Evolution of Cooperation [J]. Science, 2006, 314 (5805): 1560-3.

[7] McPherson M, Smith-Lovin L, Cook J M. Birds of a Feather: Homophily in Social Networks [J]. Annual Review of Sociology, 2001, 27 (01): 415-444.

[8] Kossinets G, Watts D J. Empirical Analysis of An Evolving Social Network [J]. Science, 2006, 311 (5757): 88.

中基于多重关系的社会网络形成机制的研究中,肖邦明(2015)提出交易型社区中的卖家相互之间构建关系的策略主要体现了竞合关系的原则,而且相对于交易型社区中的买家,卖家更容易通过结构等价、互惠性以及同质性化的机制来关注社区中的其他买家或卖家。类似地,互联网平台经济视域下,供应方用户(即商家)的社会网络建立的动机主要在于商家之间是否具有共同关注点、是否具有双向连接以及是否具有相似的行为特征等。

二 机制框架

基于上文对产品生命周期理论、道德失范理论、信息不对称理论和社会网络理论的梳理和分析,本文构建了平台经济视域下供应方用户(即商家)的商业舞弊行为形成和扩散的机制框架(见图5-1),一方面对与

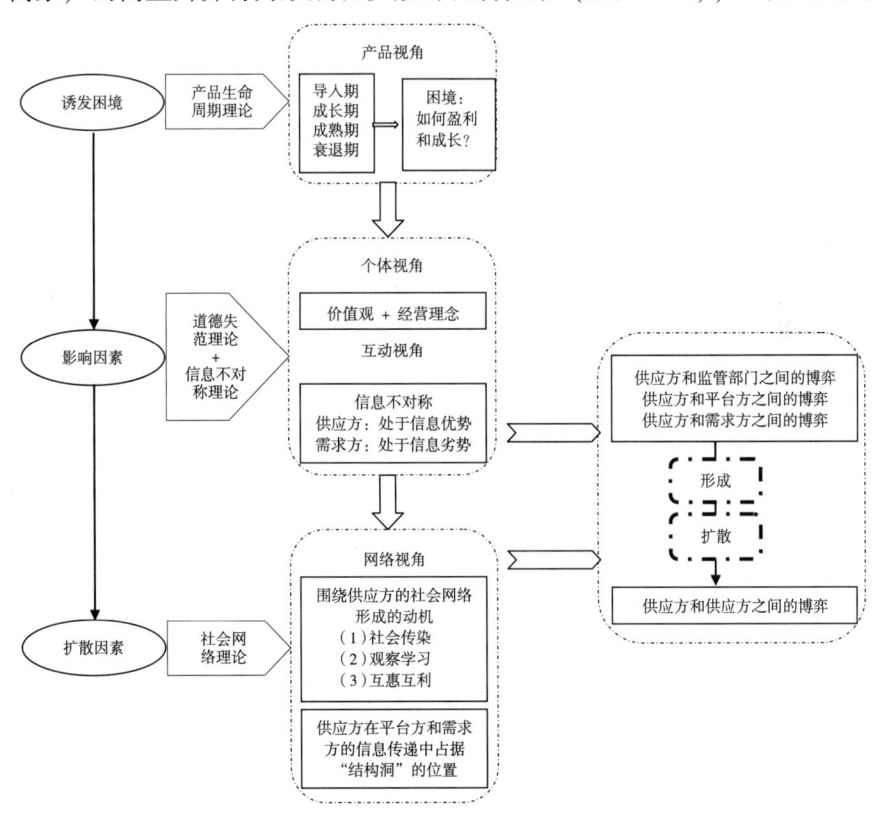

图 5-1 供应方用户视角下商业舞弊行为形成和扩散的机制框架

供应方用户视角下商业舞弊行为形成和扩散有关的理论研究形成总结，系统地分析商业舞弊行为从行成到扩散的全过程，另一方面提出了供应方用户视角下商业舞弊行为形成和扩散的博弈模型构建思路。

如图5-1所示，按照商业舞弊行为经历"困境诱发阶段—行为形成阶段—行为扩散阶段"的逻辑，本书首先基于产品生命周期理论确定了供应方视角下商业舞弊行为的诱发困境，其次，依据道德失范理论和信息不对称理论确定了供应方视角下商业舞弊行为形成的影响因素，最后，以社会网络理论为基础，明确了供应方视角下商业舞弊行为的扩散因素。此外，在分析过程中，对于平台经济视域下商家舞弊行为的分析视角呈现出"个体视角—互动视角—网络视角"的转变。最终，本文提出，在平台经济视域下供应方用户商业舞弊行为的形成过程中，供应方和监管部门、供应方和平台方以及供应方和需求方之间的博弈为主要互动模型，在平台经济视域下供应方用户的商业舞弊行为的扩散过程中，供应方之间的博弈为主要互动模型。

在商业舞弊的困境诱发阶段，产品在进入市场后一般会经历"导入期、成长期、成熟期、衰退期"的生命周期历程，这种周期规律使得平台上的供应方用户（即商家）需要依据产品所处的生命周期阶段调整其产品策略、价格策略、市场营销策略等，并且要同时考虑产品在每个阶段的生命周期成本，最终作出决策，但即便如此，最终收益并不一定会符合供应方的预期，这种现实困境有可能会诱发供应方用户对舞弊行为的选择和实施。

在商业舞弊的行为形成阶段，需要考虑从个体和互动两个视角进行成因分析。个体视角下，作为一个经济个体，平台供应方用户具有自己的经营理念、使命、组织文化等，供应方用户里的决策者作为单独的自然人个体，也具有自己的价值观、道德强度、直觉、人格等，在道德失范理论中，不论是经济个体还是自然人，其理念、文化、价值观、道德水平都会影响道德失范，即本书所研究的商业舞弊行为的发生，此时，唯有正式的法规制度才会有效抑制道德失范。因此，在以上过程中，供应方和相关监管部门、平台方间的博弈互动会影响供应方用户的真实行为。互动视角下，商业舞弊行为内嵌于复杂的社会互动过程中。影响供应方用户收益的是需求方（本书中特指终端消费者），在互联网平台的背景下，供应方和需求方之间的信息获取是不对称的，这涵盖了商品信息、服务信息、价格信息和经营状况信息等。依据信息不对称理论，供应方比需求方掌握更多、更准确的信息，供应方处于信息优势、需求方处于信息劣势，而且双方都明白彼此的信息差距，在有限理性的前提下，为了持续获得更大的支付收益（Payoff），平台供应方用户有动机去实施商业舞弊行为，进而影响他们的真实行为。因此，在以上过程中，供应方和需求方间的博弈互动会影响供应方用户的真实行为。

在商业舞弊的行为扩散阶段，因为社会网络是经济交易发生的基础，一组代表平台组成的节点和表示节点之间关系的边或者连线就构成了平台网络。围绕供应方的网络形成的动机主要有三个变量：社会传染、观察学习和互惠互利。社会传染和观察学习主要存在于供应方和供应方之间的博弈和竞合关系中，在一方实施商业舞弊行为的情况下，另一方在博弈过程中可能通过分析进而模仿和学习其行为，从而使得商业舞弊现象扩散开来；互惠互利的动机主要存在于供应方和平台方之间的博弈过程，在供应方舞弊的前提下，平台方是否监管、是否举报、是否选择同谋等都影响了商业舞弊行为在平台经济视域下的扩散。除此之外，依据社会网络理论，平台网络中的供应方可能因其结构位置不同具有不同的网络权力，而不论是强关系力量还是弱关系力量，在平台方和需求方之间，供应方的一个重要网络角色就是担任了"桥"的位置：供应方和平台方发生直接联系，供应方和需求方发生直接联系，供应方在平台方和需求方的信息沟通上占据了更多的"结构洞"，也因此更有影响力，这样的位置使得供应方的行为可能有更小的限制，从而导致某些行为的滋生和蔓延，如舞弊行为的扩散。

第二节 供应方用户商业舞弊行为形成的博弈分析

博弈（Game Theory）理论，又被称为对策论，指两个或两个以上的主体在特定环境下做出决策的过程。在博弈模型中，局中人、策略和收益是最基本的要素（汪贤裕和肖玉明，2008）。[①] 博弈论按照不同的分类标

[①] 汪贤裕、肖玉明：《博弈论及其应用》，科学出版社2008年版。

准分为不同的类别；按照主体之间是否有一个具有控制力的协议分为合作博弈和非合作博弈；根据行为发生的先后顺序，分为动态博弈和静态博弈；按照行为发生的次数，分为一次博弈和重复博弈。理论上说，一次博弈和静态博弈模型假设下，博弈方会依据自身利益最大化的原则（即完全理性假设）采取行动。鉴于上述对于平台经济视域下商家舞弊行为的诱发困境的分析，以理性假设为前提的博弈模型恰好适用于对商家的舞弊行为进行分析。基于前文提出的供应方用户视角下商业舞弊行为形成和扩散机理框架，本节旨在对舞弊行为的形成阶段进行博弈分析，所含模型包括供应方用户和政府监管部门间、供应方用户和平台提供者间，以及供应方用户和需求方用户间的一次博弈。

一 供应方用户和政府监管方的博弈模型

（一）基本假设

为简化分析，这里进行如下一些基本假设：

1. 参加者假设：在供应方用户和政府监管部门的博弈模型中，参加者包括一个供应方用户（即商家）和一个政府监管部门。此外，本书假设供应方用户提供一类产品或服务，故而产品的生命周期和供应方用户的生命周期保持一致。

2. 策略集假设：假设供应方用户和政府监管部门是一种是否选择舞弊和是否实施强监管的关系：即政府监管部门的策略集是 |强监管，弱监管|，供应方用户的策略集是 |舞弊，不舞弊|。鉴于《网络商品交易及有关服务行为管理暂行办法》和《第三方电子商务交易平台服务规范》等规定，政府对平台进行监管、平台对用户进行监管的模式已经初建，但是又因为法律上和实践中政府对平台上供应方用户的责任还尚未明确规定，因此政府的策略包括强监管和弱监管，强监管是指政府对供应方用户的监管与其对平台的监管或与其对其他线下注册商家的监管力度相同，且执行有力，弱监管指政府消极依赖各平台的监管完成对供应方的监管，执行力度较弱。

3. 行动次序假设：供应方用户和政府监管部门彼此在做出决策之前都不清楚对方的具体行动，假设他们的行动是同时进行的，即供应方用户不能提前得知政府部门的实际监管力度是强还是弱，政府部门则不能提前获悉供应方用户是否选择舞弊。

4. 信息假设：在供应方用户和政府监管部门的博弈模型中，因为立法不完善和实践不统一，假设彼此无法准确地知道对方的行动策略，所以信息是不完全的。

（二）参数设置

依据以上基础假设，可以建立供应方用户和政府监管部门之间的博弈模型，此外，两者之间的支付假设和参数设置如下所示：

1. 供应方用户的支付函数假设和参数设置

（1）供应方用户初始进入平台的成本为 H（$H>0$），此外，不论是否舞弊，供应方用户需要保证正常经营的成本（包括不限于生产成本、营销费用、竞争成本等）为 D，而且对应不同的生命周期阶段，供应方用户的经营成本为 D_i（$D_i>0$）。

（2）不舞弊的供应方用户在平台上的销售收益为 R，对应不同的生命周期阶段，R_i 有所不同，可正可负。

（3）不舞弊的供应方用户因为信用、名誉口碑积累而获得的收益为 W（$W>0$），同时 W 也是供应方用户在舞弊下的机会成本。

（4）如果选择舞弊，供应方用户因此而获得的额外收益为 E（$E>0$）。

（5）如果选择舞弊，对于供应方用户来说，舞弊行为本身的实施成本为 M（$M>0$），而且针对不同的舞弊类型和舞弊行为力度，M_i 大小有所不同。

（6）如果选择舞弊，不论是否被查处，供应方用户因此而带来的信用、名誉口碑等方面的损失为 N（$N>0$），包括物质（如需要处理信用和口碑排名等需要额外付出的处理成本等）和非物质方面损失等。

（7）如果选择舞弊，供应方用户的舞弊行为被政府查处的概率为 P（$0 \leqslant P \leqslant 1$），同时如果被查处，供应方用户因此受到的行政和法律处罚为 A 且供应方用户需要赔偿消费者的损失为 B（$A>0$，$B>0$）。

2. 政府监管部门的支付函数假设和参数设置

（1）不论政府是强监管还是弱监管，政府治理下的收益为 G_i，在强监管中，政府获得的政府名誉、社会治理有效、市场有序等收益更大。

（2）政府监管部门实施强监管时，相比弱监管多投入的总成本（包括人力、财力、物力等）为 C（$C \geqslant 0$）。

(3) 如果政府监管部门实施弱监管,会造成政府形象受损和社会出现损失等 L。

(三) 模型一建立

供应方用户舞弊时,如果政府监管强,在一般经营获利的基础上会获得额外的收益,供应方用户同时还需要付出正常的经营成本以及与舞弊实施、查处相关的成本,所以此时供应方用户的支付函数为 $R_i+E-H-D_i-M_i-N-PA-PB$;如果政府监管弱,那么供应方用户可以暂时不需要考虑与查处相关的成本,所以供应方用户的支付函数为 $R_i+E-H-D_i-M_i-N$。供应方用户不舞弊时,不论政府监管的强度如何,供应方用户都会在一般盈利和正常经营成本付出的基础上获得与诚信经营相关的额外收益,即供应方用户的支付函数为 $R_i+W-H-D_i$。

政府监管部门实施强监管时,如果供应方用户舞弊,政府会支付强监管所需的更大成本,此外,政府会因为有所作为获得名誉等收益,同时供应方用户承担违法损失避免社会的损失,所以政府监管部门的支付函数为 $G_i-C+PA+PB$;如果供应方用户不舞弊,政府会支付强监管所需的更大成本,故此时政府监管部门的支付函数为 G_i-C。政府实施弱监管时,如果供应方用户舞弊,政府会因为不作为造成形象受损以及其他社会损失等,所以政府监管部门的支付函数为 G_i-L;如果供应方用户不舞弊,那么平台则会获得基本收益,即支付函数为 G_i。

综上可得供应方用户和政府监管部门的博弈矩阵如表 5-1 所示。

表 5-1　供应方用户和政府监管部门的策略组合与收益矩阵

		供应方用户	
		舞弊	不舞弊
政府监管部门	强监管	$G_i-C+PA+PB$, $R_i+E-H-D_i-M_i-N-PA-PB$	G_i-C, $R_i+W-H-D_i$
	弱监管	G_i-L, $R_i+E-H-D_i-M_i-N$	G_i, $R_i+W-H-D_i$

(四) 模型一求解

首先,假定政府强监管的概率为 z,则政府弱监管的概率为 $1-z$,而且 $0 \leqslant z \leqslant 1$,对供应方用户而言,其舞弊时的期望收益为 E_1,不舞弊时的期望收益为 E_2,

$$E_1 = R_i+E-H-D_i-M_i-N-z(PA+PB) \tag{1}$$

$$E_2 = R_i+W-H-D_i \tag{2}$$

均衡时，供应方用户选择舞弊和选择不舞弊时的收益应相同，即，

$$E_1 = E_2 => R_i+E-H-D_i-M_i-N-z(PA+PB) = R_i+W-H-D_i \tag{3}$$

公式（3）是 z 的一元一次方程，求解得：

$$z = \frac{E-(M_i+N+W)}{PA+PB} \tag{4}$$

其次，假定供应方用户舞弊的概率为 u_1，则供应方用户不舞弊的概率为 $1-u_1$，而且 $0 \le u_1 \le 1$，对政府监管部门而言，强监管时的期望收益为 E_3，弱监管时的期望收益为 E_4，即，

$$E_3 = u_1(PA+PB)+G_i-C \tag{5}$$

$$E_4 = G_i-u_1 L \tag{6}$$

均衡时，政府部门选择强监管和选择弱监管时的收益应相同，即，

$$E_3 = E_4 => u_1(PA+PB)+G_i-C = G_i-u_1 L \tag{7}$$

公式（7）是 t 的一元一次方程，求解得：

$$u_1 = \frac{C}{PA+PB+L} \tag{8}$$

二 供应方用户和平台提供者的博弈模型

（一）基本假设

为简化分析，这里进行如下一些基本假设：

1. 参加者假设：在供应方用户（即商家）和平台方的博弈模型中，参加者包括一个平台和一个供应方用户。平台和供应方用户个体都是理性的。此外，本书假设供应方用户提供一类产品或服务，故而产品的生命周期和供应方用户的生命周期保持一致。

2. 策略集假设：在平台和供应方用户的博弈模型中，假设平台和供应方用户是一种是否实施强监管和是否选择舞弊的关系，即平台企业的策略集是{强监管，弱监管}，供应方用户的策略集是{舞弊，不舞弊}。因为《网络商品交易及有关服务行为管理暂行办法》和《第三方电子商务交易平台服务规范》等规定，政府对平台的监管已经初建，所以在政府对平台的监管前提下，平台对其商家完全不实施监管并不现实，故而平

台的策略集不包括不监管,在平台的策略集中,强监管指平台企业积极建立定期的事前、事中和事后的监管体系,且监管制度执行有力,弱监管指平台企业没有完全建立事前、事中和事后的监管体系,更多依靠举报核查商家的舞弊行为,且惩罚执行力度弱。

3. 行动次序假设:在平台和供应方用户的博弈模型中,彼此在做出决策之前都不清楚对方的具体行动,可以假设他们的行动是同时进行的。

4. 信息假设:在平台和供应方用户的博弈模型中,假设平台和供应方用户无法准确地知道彼此的行动策略,所以信息是不完全的。

(二) 参数设置

依据以上基础假设,可以建立平台和供应方用户之间的博弈模型,此外,两者之间的支付假设和参数设置如下所示:

1. 平台的支付函数假设和参数设置

(1) 平台通过收取供应方用户的服务费用、入驻费用、广告费用等获得物质收益为 K($K \geq 0$)。

(2) 平台实施强监管时,相比弱监管多投入的总成本(包括人力、财力、物力等)为 C($C \geq 0$)。

(3) 如果平台实施弱监管,而供应方用户也同时出现舞弊行为,那么平台会受到来自政府的行政处罚为 F($F > 0$),若供应方用户没有舞弊行为,则平台没有这一损失。

(4) 平台实施强监管后可以形成良好的信用体系,从而获得名誉口碑而带来的平台扩张和成长等收益为 G(可正可负),同时,基于平台经济特有的网络效应特征(王节祥,2017;傅瑜、隋广军和赵子乐,2014),[①][②] 假设 G 主要受正向的网络效应带来的更快的用户规模增加速度 V_1 和当前平台用户规模 S 的影响,即 $G=G(S)(V_1)$。

(5) 如果平台实施弱监管,而供应方用户也同时出现舞弊行为,那么平台会因供应方用户受到连带的信用、名誉等影响 L(可正可负),同

[①] 王节祥:《互联网平台企业的边界选择与开放度治理研究:平台二重性视角》,博士学位论文,浙江大学,2017年。

[②] 傅瑜、隋广军、赵子乐:《单寡头竞争性垄断:新型市场结构理论构建——基于互联网平台企业的考察》,《中国工业经济》2014年第1期。

时，假设 L 主要受因负向的网络效应带来的降低的用户规模增加速度 V_2 ($V_2<V_1$) 和当前平台用户规模 (S) 的影响，即 $L=L(S)(V_2)$。

2. 供应方用户的支付函数假设和参数设置

(1) 供应方用户初始进入平台的成本为 H ($H>0$)，此外，不论是否舞弊，供应方用户需要保证正常经营的成本（包括不限于生产成本、营销费用、竞争成本等）为 D，而且对应不同的生命周期阶段，供应方用户的经营成本为 D_i ($D_i>0$)。

(2) 不舞弊的供应方用户在平台上的销售收益为 R，对应不同的生命周期阶段，R_i 有所不同，可正可负。

(3) 不舞弊的供应方用户因为信用、名誉口碑积累而获得的收益为 W ($W>0$)，同时 W 也是供应方用户在舞弊下的机会成本。

(4) 如果选择舞弊，供应方用户因此而获得的额外收益为 E ($E>0$)。

(5) 如果选择舞弊，对于供应方用户来说，舞弊行为本身的实施成本为 M ($M>0$)，而且针对不同的舞弊类型和舞弊行为力度，M_i 大小有所不同。

(6) 如果选择舞弊，不论是否被查处，供应方用户因此而带来的信用、名誉口碑等方面的损失为 N ($N>0$)，包括物质（如需要处理信用和口碑排名等需要额外付出的处理成本等）和非物质方面损失等。

(7) 如果选择舞弊，供应方用户的舞弊行为被政府或者平台查处的概率为 P ($0 \leq P \leq 1$)，如果同时被查处，供应方用户因此受到的行政和法律处罚为 A 且供应方用户需要赔偿消费者的损失为 B ($A>0$，$B>0$)。

(三) 模型二建立

供应方用户舞弊时，如果平台监管强，在一般经营获利的基础上会获得额外的收益，供应方用户同时还需要付出正常的经营成本以及与舞弊实施、查处相关的成本，所以此时供应方用户的支付函数为 $R_i+E-H-D_i-M_i-N-PA-PB$；如果平台监管弱，那么供应方用户可以暂时不需要考虑与查处相关的成本，所以供应方用户的支付函数为 $R_i+E-H-D_i-M_i-N$。供应方用户不舞弊时，不论平台监管的强度如何，供应方用户都会在一般盈利和正常经营成本付出的基础上获得与诚信经营相关的额外收益，即供应方用户的支付函数为 $R_i+W-H-D_i$。

平台实施强监管时，如果供应方用户舞弊，在获取基本收益的基础上，平台会支付强监管所需的更大成本，此外，平台还会因有所作为产生正反馈的网络效应，同时供应方用户承担违法损失避免平台的损失，所以平台的支付函数为 $K+G-C+PA+PB$；如果供应方用户不舞弊，在获取基本收益的基础上，平台会支付强监管所需的更大成本，此外，平台还会因有所作为产生正反馈的网络效应，故此时平台的支付函数为 $K+G-C$。平台实施弱监管时，如果供应方用户舞弊，在获取基本收益的基础上，平台会因为不作为受到来自政府的处罚，同时产生负反馈的网络效应，所以平台的支付函数为 $K-F-L$；如果供应方用户不舞弊，那么平台则会获得基本收益，即支付函数为 K。

综上可得供应方用户和平台方的博弈矩阵如表 5-2 所示。

表 5-2　供应方用户和平台方的策略组合与收益矩阵

		供应方用户	
		舞弊	不舞弊
平台方	强监管	$K+G-C+PA+PB$, $R_i+E-H-D_i-M_i-N-PA-PB$	$K+G-C$, $R_i+W-H-D_i$
	弱监管	$K-F-L$, $R_i+E-H-D_i-M_i-N$	K, $R_i+W-H-D_i$

（四）模型二求解

首先，假定平台强监管的概率为 q，则平台弱监管的概率为 $1-q$，而且 $0 \leq q \leq 1$，对平台上的供应方用户而言，舞弊时的期望收益为 E_1，不舞弊时的期望收益为 E_2，即，

$$E_1 = R_i+E-H-D_i-M_i-N-q(PA+PB) \tag{9}$$

$$E_2 = R_i+W-H-D_i \tag{10}$$

均衡时，供应方用户选择舞弊和选择不舞弊时的收益应相同，即，

$$E_1 = E_2 => R_i+E-H-D_i-M_i-N-q(PA+PB) = R_i+W-H-D_i \tag{11}$$

公式（3）是 q 的一元一次方程，求解得：

$$q = \frac{E-(M_i+N+W)}{PA+PB} \tag{12}$$

其次，假定供应方用户舞弊的概率为 u_2，则供应方用户不舞弊的概率为 $1-u_2$，而且 $0 \leq u_2 \leq 1$，对平台而言，强监管时的期望收益为 E_3，弱监管时的期望收益为 E_4，即，

$$E_3 = u_2(PA+PB)+K+G-C \tag{13}$$

$$E_4 = K-u_2(F+L) \tag{14}$$

均衡时，平台选择强监管和选择弱监管时的收益应相同，即，

$$E_3 = E_4 => u_2(PA+PB)+K+G-C = K-u_2(F+L) \tag{15}$$

公式（7）是 t 的一元一次方程，求解得：

$$u_2 = \frac{C-G}{(PA+PB)+(F+L)} \tag{16}$$

三 供应方用户和需求方用户的博弈模型

（一）基本假设

为简化分析，这里进行如下一些基本假设：

1. 参加者假设：在博弈模型中，参加者包括一个供应方（即商家）和一个需求方（即消费者），两者都是理性经济人。假设供应方用户提供一类产品或服务，故而产品的生命周期和供应方用户的生命周期保持一致。同时，因为现实中B2C平台中消费者可以选择的供应方用户与品牌众多，假设消费者都是理性的，会基于当下实际的利益等因素选择供应方用户进行购买决策。此外，在此模型中，不考虑消费者的忠诚度，即消费者和供应方用户的博弈是一次性的。

2. 策略集假设：假设供应方和需求方是一种是否选择舞弊和是否识别以及是否交易的关系：供应方用户的策略集是{舞弊，不舞弊}，需求方用户的策略集是{识别，未识别}和{交易，不交易}。其中，对于需求方用户来说，针对供应方用户在交易中的舞弊行为，分为识别和交易两个阶段，基于自身的能力和经验，需求方用户可以识别或者不能识别出供应方用户的舞弊行为，而在识别的情况下，需求方用户又会有选择继续交易和中止交易两个策略选择。

3. 行动次序假设：假设没有政府和平台干预的情况下，供应方用户和需求方用户彼此在做出决策之前都不清楚对方的具体行动，假设他们的行动是同时进行的。

4. 信息假设：在供应方用户和需求方用户的博弈模型中，因为立法不完善和实践不统一，假设彼此无法准确的知道对方的行动策略，所以信息是不完全的。

(二) 参数设置

依据以上基础假设，可以建立供应方用户和政府监管部门之间的博弈模型，此外，两者之间的支付假设和参数设置如下所示：

1. 供应方用户的支付函数假设和参数设置

(1) 不论是否舞弊，供应方用户需要保证正常经营的成本（包括不限于生产成本、营销费用、竞争成本等）为 D，而且对应不同的生命周期阶段，供应方用户的经营成本为 D_i（$D_i > 0$）。

(2) 如果选择不舞弊，供应方用户若完成交易，因此获得的收益为 R（$R > 0$），若不能完成交易，损失为 D_i（$D_i > 0$）。

(3) 如果选择舞弊，供应方用户若完成交易，因此而获得的额外收益为 E（$E > 0$），若不能完成交易，损失为 I（$I > 0$），包含了舞弊行为的实施成本、正常成本以及信誉口碑等。

2. 需求方用户的支付函数假设和参数设置

(1) 需求方用户识别出供应方用户舞弊行为的概率为 ϕ（$0 \leq \phi \leq 1$），而需求方用户未能识别出供应方用户舞弊行为的概率为 $1-\phi$。

(2) 识别出供应方用户舞弊行为的前提下，需求方用户选择交易的概率为 φ（$0 \leq \varphi \leq 1$），而需求方用户选择不交易的概率为 $1-\varphi$。

(三) 模型三建立

供应方用户舞弊时，如果需求方用户未能识别，那么供应方用户在正常收益之外获得额外收益，而需求方用户则遭受与供应方用户的额外收益等额的损失，所以此时供应方用户的支付函数为 $R+E-D_i$，需求方用户的支付函数为 $-E$；如果需求方用户有能力进行识别，那么供应方用户有 φ 的可能性在正常收益之外获得额外收益，相对应地，需求方用户有 φ 的可能性遭受与供应方用户的额外收益等额的损失，供应方用户另有 $1-\varphi$ 的可能性遭受不能完成交易的损失，需求方用户则没有收益和损失，所以供应方用户的支付函数为 $\varphi(R+E-D_i)-(1-\varphi)I$，需求方用户的支付函数为 $-E\varphi$。供应方用户不舞弊时，不论需求方用户是否有识别能力，供应方用户和需求方用户都会完成交易，此时，供应方用户的支付函数 $R-D_i$，需求方用户的支付函数为 R。

综上可得供应方用户和需求方用户的博弈矩阵如表 5-3 所示。

表 5-3　供应方用户与需求方用户的策略组合与收益矩阵（一）

		需求方用户	
		识别	未识别
供应方用户	舞弊	$R+E-D_i$, $-E$	$\varphi(R+E-D_i)-(1-\varphi)I$, $-E\varphi$
	不舞弊	$R-D_i$, R	$R-D_i$, R

（四）模型三求解

首先，假定供应方用户舞弊的概率为 u_3，则供应方用户不舞弊的概率为 $1-u_3$，而且 $0 \leqslant u_3 \leqslant 1$，对需求方用户而言，有能力识别时的期望收益为 E_1，无能力识别时的期望收益为 E_2，即，

$$E_1 = u_3(-E) + (1-u_3)R \tag{17}$$

$$E_2 = u_3(-E\varphi) + (1-u_3)R \tag{18}$$

均衡时，需求方用户有无能力识别舞弊行为的收益应相同，即，

$$E_1 = E_2 => u_3(-E) + (1-u_3)R = u_3(-E\varphi) + (1-u_3)R \tag{19}$$

求解得：

$$\varphi = 1，u_3 无解 \tag{20}$$

此时，对于供应方用户来说，假定需求方用户识别的概率为 ϕ，则需求方用户未能识别的概率为 $1-\phi$，而且 $0 \leqslant \phi \leqslant 1$，供应方用户舞弊时的期望收益为 E_3，供应方用户不舞弊时的期望收益为 E_4，即，

$$E_3 = \phi(R+E-D_i) + 1-\phi[\varphi(R+E-D_i)-(1-\varphi)I] \tag{21}$$

$$E_4 = R-D_i \tag{22}$$

基于公式（24），想要求得供应方用户选择舞弊的条件，则应该使供应方用户舞弊时的收益大于其不舞弊时的收益，即，

$$E_3 = E_4 => E_1 = \phi(R+E-D_i) + 1 - \phi[\varphi(R+E-D_i)-(1-\varphi)I] > R-D_i \tag{23}$$

求解得：

$$\phi > \frac{(1-\varphi)(R-D_i+I)-\varphi E}{(1-\varphi)(R-D_i+I)-\varphi E+E} \tag{24}$$

（五）模型四建立

在需求方用户识别舞弊行为的前提下，供应方用户舞弊时，如果需求方用户选择交易，那么供应方用户在正常收益之外获得额外收益，而需求

方用户则遭受与供应方用户的额外收益等额的损失,所以此时供应方用户的支付函数为 $R+E-D_i$,需求方用户的支付函数为 $-E$;如果需求方用户选择不交易,那么供应方用户会遭受不能完成交易的损失,需求方用户则没有收益和损失,所以供应方用户的支付函数为 $-I$,需求方用户的支付函数为 0。

在需求方用户识别舞弊行为的前提下,供应方用户不舞弊时,如果需求方用户选择交易,那么,供应方用户的支付函数 $R-D_i$,需求方用户的支付函数为 R;如果需求方用户仍旧因为其他原因不交易,那么,供应方用户的支付函数 $-D_i$,需求方用户的支付函数为 0。

综上可得供应方用户和需求方用户的博弈矩阵如表 5-4 所示。

表 5-4 供应方用户与需求方用户的策略组合与收益矩阵(二)

		需求方用户	
		交易	不交易
供应方用户	舞弊	$R+E-D_i$, $-E$	$-I$, 0
	不舞弊	$R-D_i$, R	$-D_i$, 0

(六)模型四求解

首先,假定供应方用户舞弊的概率为 u_4,则供应方用户不舞弊的概率为 $1-u_4$,而且 $0 \leqslant u_4 \leqslant 1$,对需求方用户而言,交易时的期望收益为 E_1,不交易时的期望收益为 E_2,即,

$$E_1 = u_4(-E) + (1-u_4)R \quad (25)$$

$$E_2 = 0 \quad (26)$$

均衡时,需求方用户交易和不交易时的收益应相同,即,

$$E_1 = E_2 => u_4(-E) + (1-u_4)R = 0 \quad (27)$$

求解得:

$$u_4 = \frac{R}{E+R} \quad (28)$$

其次,假定需求方用户交易的概率为 φ,则需求方用户不交易的概率为 $1-\varphi$,而且 $0 \leqslant \varphi \leqslant 1$,供应方用户舞弊时的期望收益为 E_3,供应方用户不舞弊时的期望收益为 E_4,即,

$$E_3 = \varphi(R+E-D_i) - (1-\varphi)I \quad (29)$$

$$E_4 = \varphi(R-D_i) - (1-\varphi)D_i \qquad (30)$$

均衡时，供应方用户选择舞弊和不舞弊时的收益应相同，即，

$$E_3 = E_4 => \varphi(R+E-D_i) - (1-\varphi)I = \varphi(R-D_i) - (1-\varphi)D_i \quad (31)$$

求解得：

$$\varphi = \frac{I - D_i}{I + E - D_i} \qquad (32)$$

第三节 供应方用户商业舞弊行为扩散的博弈分析

基于前文提出的供应方用户视角下的商业舞弊行为形成和扩散的机制框架，本节旨在对舞弊行为的扩散阶段进行分析。根据理论基础和机制框架，供应方用户视角下，舞弊扩散发生在供应方之间，这些供应方用户构成了平台网络，彼此之间会基于社会传染、观察学习和互惠互利的动机在博弈过程中模仿和学习如何在平台上舞弊。因此，本节将对供应方用户之间的一次博弈过程进行分析。

一 基本假设

为简化分析，这里进行如下一些基本假设：

1. 参加者假设：在博弈模型中，参加者包括两个供应方用户，即两个商家，假设两个商家均提供相同的一类产品或服务，产品的生命周期和商家的生命周期保持一致，此外，假设需求方用户对于商家的选择除了考虑商家提供的产品或服务信息以外，还有其他信息，如该商家在平台上的评价、等级信息、以往的购物经验等。

2. 策略集假设：假设两个供应方用户的策略集均为｛舞弊，不舞弊｝。

3. 行动次序假设：假设供应方用户彼此之间的行动是同时进行的。

4. 信息假设：对于两个供应方用户来说，虽然有些平台舞弊的程序是共同知道的，但是因为舞弊类型多样，假设彼此无法准确地知道对方的具体的行动策略（包括是否舞弊或者选择哪一种舞弊行为等），所以信息是不完全的。

二 参数设置

依据以上基础假设，可以建立供应方用户之间的博弈模型，此外，两者之间的支付假设和参数设置如下所示：

1. 供应方用户初始进入平台的成本为 H（$H>0$），此外，不论是否舞弊，供应方用户需要保证正常经营的成本（包括不限于生产成本、营销费用、竞争成本等）为 D，而且对应不同的生命周期阶段，供应方用户的经营成本为 D_i（$D_i>0$）。

2. 不舞弊的供应方用户在平台上的销售收益为 R，对应不同的生命周期阶段，R_i 有所不同，可正可负。

3. 两个供应方用户都不舞弊时，供应方用户因为信用、名誉口碑积累而获得的收益为 W_0（$W_0>0$），同时 W_0 也是供应方用户在舞弊下的机会成本；一方舞弊，另一方不舞弊时的额外收益为 W（$W>W_0$）。

4. 如果都选择舞弊，供应方用户因此而获得的额外收益为 E_0（$E_0>0$），一方不舞弊时，舞弊供应方用户获得的额外收益为 E（$E_0>E$）。

5. 如果选择舞弊，对于供应方用户来说，舞弊行为本身的实施成本为 M（$M>0$），而且针对不同的舞弊类型和舞弊行为力度，M_i 大小有所不同。

6. 如果选择舞弊，不论是否被查处，供应方用户因此而带来的信用、名誉口碑等方面的损失为 N（$N>0$），包括物质（如需要处理信用和口碑排名等需要额外付出的处理成本等）和非物质方面损失等。

7. 如果选择舞弊，政府和平台不实施任何监管在现实中不存在，所以供应方用户舞弊行为被政府查处的概率为 P（$0\leqslant P\leqslant 1$），同时如果被查处，供应方用户因此受到的行政和法律处罚为 A 且供应方用户需要赔偿消费者的损失为 B（$A>0$，$B>0$）。

三 模型五建立

两个供应方用户都不舞弊时，供应方用户均需要付出正常的经营成本，除了获得正常经营收益之外，还会获得因为信用口碑积累等的额外收益，即供应方用户 1 的支付函数为 $R_{i1}+W_0-H-D_{i1}$，供应方用户 2 的支付函数为 $R_{i2}+W_0-H-D_{i2}$。

两个供应方用户同时舞弊时，供应方用户在一般经营获利的基础上会获得额外的收益，供应方用户同时还需要付出正常的经营成本以及与舞弊实施、查处相关的成本，所以此时供应方用户 1 的支付函数为 $R_{i1}+E_0-H-D_{i1}-M_{i1}-N-PA-PB$，供应方用户 2 的支付函数为 $R_{i2}+E_0-H-D_{i2}-M_{i2}-N-PA-PB$。

一个供应方用户舞弊、另一个供应方用户不舞弊时，舞弊供应方用户的支付函数为 $R_i+E-H-D_i-M_i-N-PA-PB$，不舞弊供应方用户的支付函数为 $R_i+W-H-D_i$。

综上可得供应方用户之间的博弈矩阵如表 5-5 所示。

表 5-5　　　　　　供应方用户间的策略组合与收益矩阵

		供应方用户 2	
		舞弊	不舞弊
供应方用户 1	舞弊	$R_{i1}+E_0-H-D_{i1}-M_{i1}-N-PA-PB$, $R_{i2}+E_0-H-D_{i2}-M_{i2}-N-PA-PB$	$R_{i1}+E-H-D_{i1}-M_{i1}-N-PA-PB$, $R_{i2}+W-H-D_{i2}$
	不舞弊	$R_{i1}+W-H-D_{i1}$, $R_{i2}+E-H-D_{i2}-M_{i2}-N-PA-PB$	$R_{i1}+W_0-H-D_{i1}$, $R_{i2}+W_0-H-D_{i2}$

四　模型五求解

运用纯纳什均衡求解的方法，可知：

当 $M_i+N+PA+PB<E_0-W$ 且 $M_i+N+PA+PB<E-W_0$ 时，供应方用户都会选择舞弊，纳什均衡是 {舞弊，舞弊}。

当 $M_i+N+PA+PB>E_0-W$ 且 $M_i+N+PA+PB>E-W_0$ 时，供应方用户都会选择不舞弊，纳什均衡为 {不舞弊，不舞弊}。

第四节　供应方用户商业舞弊行为的博弈结果讨论

一　形成阶段的博弈模型结果讨论

（一）模型一结果讨论

根据公式（4）可以得出，政府部门监管的强度选择与供应方用户入驻平台的成本以及供应方用户本身所处的发展阶段没有关系（分别对应

参数 H 和 R），与政府的监管收益无关（对应参数 G_i）。因此，对于收益的计算考虑不影响政府的监管强度，同时，不论供应方用户是处于起步阶段或者是发展阶段，不论供应方用户的销售额是大还是小，不论供应方用户的产品是新产品还是有着一定市场积累的品牌产品，这些都不会影响政府部门的监管强度选择。

同样，根据公式（4）还可以得出，政府部门强监管的概率和供应方用户在舞弊中获得的额外收益与供应方用户在舞弊中的实施成本和可能的后续一些列因为信誉或者口碑损失而付出的补救成本（对应参数 $E+M_i+N$）之和成正比，与供应方用户在正常经营下从正向网络效应反馈获得的额外收益（即供应方用户舞弊的机会成本，对应参数 W）成反比，和供应方用户被查处到舞弊获得的行政、法律和赔偿消费者的处罚损失（对应参数 $PA+PB$）成反比。由此说明：第一，供应方用户实施舞弊的成本越小，政府的强监管力度也越大，换句话说，政府更加倾向于积极监管那些技术含量不高、隐蔽性不强的舞弊行为；第二，政府对查处到的舞弊供应方用户的处罚力度越大，政府积极监管的概率越小，这时，政府会认为理性的供应方用户在面临更大的惩罚力度的风险下会规避风险从而真正实施舞弊的概率越小，那么政府也就没有必要花费大量的成本支出进行舞弊监管。

根据公式（8）可以得出，供应方用户是否舞弊的策略选择与供应方用户入驻平台的成本以及供应方用户本身所处的发展阶段没有关系（分别对应参数 H 和 R），与舞弊的类型、实施成本、机会成本以及额外收益也都没有关系（分别对应参数 M, N, W, E）。因此，不论供应方用户是处于起步阶段或者是发展阶段，不论供应方用户的销售额是大还是小，不论供应方用户的产品是新产品还是有着一定市场积累的品牌产品，不论供应方用户舞弊行为的收益是什么，不论舞弊的类型和成本是什么，这些都不会影响供应方用户对于是否舞弊的策略选择。

同样，根据公式（8）还可以得出，供应方用户的舞弊概率和政府部门实施强监管的额外成本支出（对应参数 C）成正比，和政府或者平台对查处到的舞弊供应方用户实施的行政、法律和赔偿消费者的处罚损失（对应参数 $PA+PB$）成反比，和政府因弱监管造成的政府形象受损和社会出现损失等（对应参数 L）成反比。由此说明：第一，政府强监管所需的额外成本越高，供应方用户的舞弊概率就越大，而对于政府来说，在社会治理的成本支出上是有一定限制的，不可能无限大；第二，政府对舞弊供应方用户的甄别查处能力和惩罚力度越大，供应方用户的舞弊概率越小，即在理性思考下，供应方用户认为在强处罚的情况下实施舞弊的风险更大；第三，政府在更注重社会口碑和政府形象的情况下（此时放任舞弊行为会使得政府形象受损），供应方用户的舞弊概率也越小，此时政府本身对于舞弊的容忍度更低、采取更加积极的强监管态度，供应方用户自然更加谨慎选择是否舞弊。

（二）模型二结果讨论

根据公式（12）和公式（16）可以得出，平台监管的强度选择和供应方用户是否实施舞弊行为与平台通过供应方用户收取的广告费用、供应方用户入驻平台的成本以及供应方用户本身所处的发展阶段没有关系（分别对应参数 K、H 和 R）。因此，不论供应方用户是处于起步阶段或者是发展阶段，不论供应方用户的销售额是大还是小，不论供应方用户的产品是新产品还是有着一定市场积累的品牌产品，不论平台是否差别化向供应方用户收取费用，这些都不会影响供应方用户对于是否舞弊这一策略的选择。

根据公式（16）可以得出，供应方用户的舞弊概率和平台实施强监管的额外成本支出与实施强监管后平台在信用、口碑、网络效应等方面的收益之差（对应参数 $C-G$）成正比，和政府或者平台对查处到的舞弊供应方用户实施的行政、法律和赔偿消费者的处罚损失（对应参数 $PA+PB$）成反比，和平台因弱监管放任舞弊发生而受到的政府处罚以及信用名誉损失（对应参数 $F+L$）成反比。由此说明：第一，平台的强监管所需的额外成本越高，平台收益越小，供应方用户的舞弊概率就越大，而平台的强监管成本和收益随着平台上的用户规模和发展阶段的变化而变化，当平台发展到强监管成本和由此带来的网络效应收益相等的时候，供应方用户的舞弊概率才有可能为零；第二，平台和政府对舞弊的惩罚力度越大，供应方用户的舞弊概率越小，即在理性思考下，供应方用户认为在强处罚的情况下实施舞弊的风险更大；第三，政府对平台的惩罚力度和平台企业间竞争越大的情况下，供应方用户的舞弊概率也越小，此时平台本身对于舞弊采取更加积极的强监管态度，供应方用户自然更加谨慎选择是否舞弊。

根据公式（12）可以得出，平台的强监管概率和供应方用户在舞弊中获得的额外收益与供应方用户在舞弊中的实施成本和可能的后续一些列因为信誉或者口碑损失而付出的补救成本（对应参数 $E+M_i+N$）成正比，和供应方用户在正常经营下从正向网络效应反馈获得的额外收益（即供应方用户舞弊的机会成本，对应参数 W）成反比，和政府或者平台对查处到的舞弊供应方用户实施的行政、法律和赔偿消费者的处罚损失（对应参数 $PA+PB$）成反比。由此说明：第一，平台的网络效应（尤其是正反馈）效果不好时，平台越有动力对可能的舞弊行为进行强监管，即当供应方用户在舞弊中的实施成本以及可能的后续一些列因为信誉或者口碑损失而付出的补救成本不变时，平台的网络效应不能充分发挥作用时，平台更有动力实施强监管；第二，平台上实施舞弊的成本越小，平台的强监管力度也越大，换句话说，平台更加倾向于积极监管那些技术含量不高、隐蔽性不强的舞弊行为；第三，政府和平台对查处到的舞弊供应方用户的处罚力度越大，平台积极监管的概率越小，这时，平台会认为理性的供应方用户在面临更大的惩罚力度的风险下会规避风险从而真正实施舞弊的概率越小，那么平台也就没有必要花费大量的成本支出进行舞弊监管。

结合公式（12）和公式（16）发现，政府或者平台对查处到的舞弊供应方用户实施的行政、法律和赔偿消费者的处罚损失越大，供应方用户的舞弊概率和平台的强监管概率都会更小，此外，平台若是因为弱监管放任舞弊的发生而受到的惩罚和损失越大，供应方用户的舞弊概率越小，因此，在其他参数保持一定的情况下，政府或者平台对查处到的舞弊供应方用户实施的行政、法律和赔偿消费者的处罚损失既能够直接影响也能间接影响供应方用户的舞弊概率。同时，因为平台本身是不断发展变化的，只有在平台的强监管成本和由此带来的网络效应收益相等的时候才会出现供应方用户舞弊概率为零，这就意味着在博弈均衡下，供应方用户的舞弊行为可以避免的情况只有一个条件，但是这个条件是随着平台的运营管理和成长变化的，具有很大的不确定性。

（三）模型三和模型四结果讨论

根据公式（20）和公式（24）可以得出，在脱离需求方用户交易与否的情况下单纯讨论需求方用户的识别与否与供应方用户的舞弊与否时，求解过程中不能得出供应方用户的舞弊概率公式，这恰恰说明了供应方用户舞弊的最核心的动机是要完成交易、要获得盈利、要解除其因企业生命周期和市场竞争陷入的生存和发展困境,所以供应方用户的舞弊行为是高利益驱动的。

根据公式(28)可以得出,供应方用户的舞弊概率和供应方用户正常经营下的收益(对应参数 R)成正比,和供应方用户正常经营下的收益与舞弊下的额外收益之和(对应参数 $R+E$)成反比。由此说明:第一,随着供应方用户在平台上的发展,供应方用户的正常收益越来越好、需求方用户市场规模越来越大时,比较容易出现舞弊行为;第二,供应方用户在选择舞弊行为类型时,更加倾向于那些对于成本小、额外收益不那么大的舞弊行为,对于这种舞弊的实施概率较高,相对来说,对于那些舞弊利益较高的舞弊行为来说,供应方用户反而实施的概率较小;第三,供应方用户和需求方用户之间的博弈过程中,供应方用户是否舞弊完全和自身利益相关,和需求方用户关系不大,即使需求方用户本身可以识别出供应方用户的舞弊行为,对供应方用户的舞弊选择也没有影响,这表明在需求方用户没有正式权力实施惩罚的前提下,供应方用户和需求方用户的博弈中的主导是供应方用户。

二 扩散阶段的博弈模型结果讨论

由模型五求解可知,基于不同的条件假设,该模型出现了不同的纳什平衡解。

当两方供应方用户均舞弊的额外收益与一方舞弊一方不舞弊中不舞弊供应方用户的额外信用收益(即舞弊供应方用户的机会成本)之差(对应参数 E_0-W)以及一方舞弊一方不舞弊中舞弊供应方用户的额外收益与两方均不舞弊时的信用收益之差(对应参数 $E-W_0$)均都大于舞弊的实施成本、名誉和售后成本,供应方用户若被查处到会受到的行政和法律处罚为且供应方用户需要赔偿消费者的损失之和(对应参数 $M_i+N+PA+PB$)时,此时两个供应方用户的纳什均衡是都选择舞弊。

当两方供应方用户均舞弊的额外收益与一方舞弊一方不舞弊中不舞弊供应方用户的额外信用收益(即舞弊供应方用户的机会成本)之差(对应参数 E_0-W)以及一方舞弊一方不舞弊中舞弊供应方用户的额外收益与两方均不舞弊时的信用收益之差(对应参数 $E-W_0$)均都小于舞弊的实施

成本、名誉和售后成本，供应方用户若被查处到会受到的行政和法律处罚为且供应方用户需要赔偿消费者的损失之和（对应参数 $M_i+N+PA+PB$）时，此时两个供应方用户的纳什均衡是都选择不舞弊。

以上条件假设说明：第一，当平台和政府对供应方用户舞弊行为的查处监管概率低，供应方用户的舞弊行为更容易在网络中扩散；第二，当供应方用户舞弊预期的查处惩罚损失比较小时，供应方用户的舞弊行为也更容易在网络中扩散；第三，当两方供应方用户均舞弊的额外收益远远大于一方舞弊一方不舞弊中不舞弊供应方用户的额外信用收益（即舞弊供应方用户的机会成本），或者一方舞弊一方不舞弊中舞弊供应方用户的额外收益远远大于两方均不舞弊时的信用收益之差，即平台和政府对于不舞弊供应方用户的奖励、认可和评级制度措施等不够完善时，供应方用户的舞弊行为也更容易在网络中扩散；第四，该模型说明对于供应方用户来说，最好的情况要么是都舞弊、要么是都不舞弊，这也验证了机制框架中提出的供应方用户舞弊行为扩散的社会网络机制。

本章小结

本章通过对产品生命周期理论、道德失范理论、信息不对称理论以及社会网络理论的梳理，明晰了相关理论在分析供应方用户在平台上的舞弊行为的适用性，并基于此提出供应方用户视角下商业舞弊行为形成和扩散的机制框架，推演出了供应方用户和政府、平台方、需求方用户之间以及供应方用户和供应方用户之间的博弈互动分析。随后，在分别对供应方用户商业舞弊行为形成和扩散过程中的博弈模型的建立、求解、分析、讨论中，本章明确和验证了供应方用户舞弊行为的成因，主要包括：政府和平台方面的高监管成本、弱惩罚机制；供应方用户方面的高利益驱动、社会网络关系影响；需求方用户层面的弱权力和信息不对称。综上，本章在现有平台经济和商业舞弊行为的研究基础上，进一步深入探索了"平台经济视域下促使供应方用户实施商业舞弊行为的原因是什么"的问题，针对现有研究不足提供了理论贡献，同时为本书之后研究"如何对平台经济视域下商业舞弊行为进行协同治理"奠定了理论基础。

第六章　平台经济视域下商业舞弊行为的成因分析：需求方用户视角

需求方用户是平台的主要组成部分之一，从需求方用户视角来分析商业舞弊成因是平台经济商业舞弊行为成因分析的重要内容。本章旨在从平台需求方用户（即消费者）的视角出发，对需求方在平台上的商业舞弊行为成因进行实证研究，并对研究结果进行讨论。本章首先以计划行为理论、自我决定理论以及舞弊风险因子理论作为理论基础，构建平台需求方用户视角下的商业舞弊行为成因理论模型。然后以目前影响较大的某网络交易平台为例，结合文中构建的商业舞弊行为成因理论模型提出相应的假设，并根据假设在问卷调研的基础上，对平台上需求方用户商业舞弊行为成因进行实证研究。最后，在实证研究结果的基础上对前文构建的理论模型进行修正，得出更为科学严谨的平台需求方用户视角下的商业舞弊行为成因修正模型。

第一节　需求方用户商业舞弊行为的成因机制分析

在对相关理论文献进行系统梳理的基础上，本节构建了平台需求方用户视角下的商业舞弊行为成因理论模型，厘清商业舞弊行为形成的影响因素，为后文假设提出和实证研究提供理论基础。

一　理论基础

通过对相关主流文献的系统梳理，本书发现与需求方用户视角下商业舞弊行为成因相关的理论研究主要集中于计划行为理论、自我决定理论和舞弊风险因子理论，因此，本节在接下来的篇幅中主要对这三个理论进行梳理。

(一) 计划行为理论

计划行为理论 (Theory of Planned Behavior, TPB) 是由理性行为理论 (Theory of Reasoned Action, TRA) 发展而来的。理性行为理论 (TRA) 主要用于分析态度如何有意识地影响个体行为,基本假设是认为人是理性的,在做出某一行为前会综合各种信息来考虑自身行为的意义和后果。Ajzen (1991) 在理性行为理论的基础上研究发现,人的行为并不是出于百分百自愿的,而是处在控制之下。[①] 因此,他将理性行为理论加以延伸,增加了一项对自我"行为控制认知"(Perceived Behavior Control) 的新概念,从而发展成为新的行为理论研究模式——计划行为理论 (TPB)。计划行为理论 (TPB) 认为每个人的外显行为都是经过深思熟虑的计划的结果,在消费者行为决策研究理论中,计划行为理论 (TPB) 被认为是最有力的模型之一,其主要分析消费者从态度、感知等到意图和行为的过程,研究计划行为理论能够帮助我们理解消费者是如何改变自己的行为模式的。

依据计划行为理论 (TPB) (见图6-1),所有可能影响行为的因素都是经由行为意向来间接影响行为表现的。其中,行为意向 (Behavior Intention) 是指个人对于采取某项特定行为的主观概率的判定,它反映了个人对于某一项特定行为的采取意愿,而行为 (Behavior) 是指个人实际采取的行动。同时,行为意向受到三项相关因素的影响,其一是源自于个人本身的态度,即对于采取某项特定行为所抱持的"态度"(Attitude);其二是源自于外在的"主观规范"(Subjective Norm);最后是源自于"知觉行为控制"(Perceived Behavioral Control)。具体来说,态度是指个人对该项行为所抱持的正面或负面的感觉,亦指由个人对此特定行为的评价经过概念化之后所形成的态度,所以,态度的组成成份经常被视为个人对此行为结果的显著信念函数;主观规范是指个人对于是否采取某项特定行为所感受到的社会压力,亦即在预测他人的行为时,那些对个人的行为决策具有影响力的个人或团体对于个人是否采取某项特定行为所发挥的影响作用大小;知觉行为控制是指反映个人过去的经验和预期的阻碍,当个人认为

[①] Ajzen I. The Theory of Planned Behavior [J]. *Organizational Behavior and Human Decision Processes*, 1991, 50: 179-211.

自己所掌握的资源与机会愈多、所预期的阻碍愈少，则对行为的知觉行为控制就愈强，其影响的方式有两种，一是对行为意向具有动机上的含义；二是能直接预测行为。

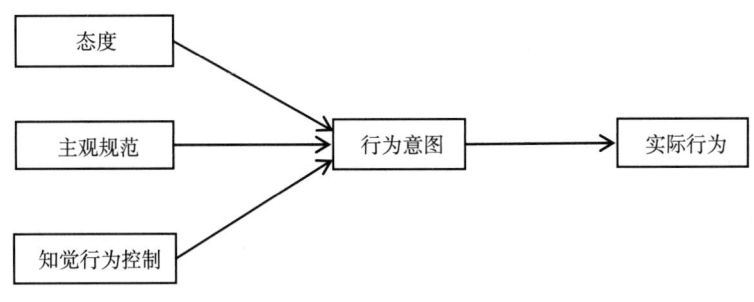

图 6-1 计划行为理论结构图

根据计划行为理论（TPB）结构图，可以清楚地知道，个体的外显行为都是经过一定思考和计划的结果，影响消费者形成实际行为的因素是通过影响消费者的行为意图间接影响实际行为的。需求方用户视角下，商业舞弊行为意图的形成过程也是消费者实际行为形成的过程。因此，计划行为理论可以解释消费者是如何改变自己的行为模式以及是如何形成商业舞弊行为的。通过计划行为理论中阐述的消费者行为意图形成过程可以发现商业舞弊行为的形成过程，并在此基础上找到平台经济视域下需求方用户舞弊的成因。

（二）自我决定理论

美国心理学家 Deci 和 Ryan 从 20 世纪 70 年代开始对动机展开研究，经过近三十年的研究，他们提出了一系列颇有价值的观点，形成了一个新的动机理论：自我决定理论（Self-Determination Theory，SDT）。自我决定理论是一种认知动机理论，该理论关注人类行为在多大程度上是自愿的或自我决定的，强调自我在动机过程中的能动作用，重视个体的主动性与社会情境之间的辩证关系（暴占光，2005）。[①] 自我决定理论的基础是有机辩证理论（Organismic-Dialectical Metatheory），该理论假设人类是一种积极的生物，生来就具有心理成长和发展的趋向。这种自我决定的潜能可引

[①] 暴占光、张向葵：《自我决定认知动机理论研究概述》，《东北师大学报》2005 年第 6 期。

导人们从事感兴趣的、有益于能力发展的行为，并构成了人类行为的内在动机。在有机辩证理论的基础上，自我决定理论研究不断发展，形成四个分支理论：基本心理需要理论、认知评价理论、有机整合理论和因果定向理论。

1. 基本心理需要理论

基本心理需要理论（Basic Psychological Needs Theory）阐述了基本心理需要的含义以及心理需要与动机、目标定向、幸福感等的关系。自我决定论认为，个体存在着一种发展的需要，这种需要不是后天习得的，而是先天的，本质上是心理性的，即人类的基本心理需要。学者通过实证研究鉴别出人类三种基本心理需要：自主需要（Autonomy）、能力需要（Competence）和归属需要（Relatedness）。自主需要即自我决定的需要，指个体在从事各种活动中能根据自己的意愿进行选择。能力需要指个体控制环境的需要，即人们在从事各种活动中需要体验到一种胜任感。归属需要即个体需要来自周围环境或他人的关爱、理解、支持，体验到归属感。基本心理需要理论是自我决定论的核心理论，是自我决定论其他重要研究的基础。三种基本心理需要的满足对促进个体外在动机的内化、形成内在目标定向以及提升个体的幸福感有重要作用。

2. 认知评价理论

认知评价理论（Cognitive Evaluation Theory）是在 Chaems（1968）关于报酬对个体内在动机的影响研究的基础上发展起来的，Deci（1975）在整合以往学者在外部事件对内在动机影响实证研究的基础上，提出了认知评价理论。首先，根据动机的来源，认知评价理论将动机分为内在动机与外在动机。内在动机是由活动本身产生的快乐和满足引起的，不需要外在条件的参与。外在动机是由活动外部因素引起的，个体在外界的要求与外力的作用下产生的行为动机。在对动机进行划分的基础上，认知评价理论阐述了内在动机的影响因素，特别是社会环境因素即外部事件对内在动机的影响。Deci 和 Ryan（1985）指出，外部事件对内在动机的影响是通过个体对事件的认知评价实现的。① 第一，个体对外部事件知觉到的胜任

---

① Deci E L, Ryan R M. Intrinsic Motivation and Self-Determination in Human Behavior [M]. *Plenum Press*, 1985.

感，即能力。当外部事件激发了人们的成就感时，使个体知觉到对活动的胜任感时，行为的内在动机就增强，反之，则会降低行为的内在动机。第二，个体的自主感，即自我决定。人们在体验到成就感的同时，必须同时体验到行为是自我决定的，在这种情况下才能真正地对内在动机有促进作用。因此，内在动机的改变会随着自我决定程度和直觉到的胜任感而改变，即高水平的自我决定和胜任感，将使内在动机增加，反之减少内在动机。

3. 有机整合理论

有机整合理论（Organismic Integration Theory）主要阐述了外在动机不断内化或整合的过程。通过内化，个体将社会认可的规则、价值观等转化为自己认同的规则或价值观，并将它整合到自我之中。该理论将内化区分为四种水平：外部调节（External Regulation）、内摄调节（Introjection Regulation）、认同调节（Identification Regulation）、整合调节（Integration Regulation）。外部调节，指人们为了获得或者避免由他人所支配的奖赏或惩罚而做出的行为，此时个体的自主程度最小；内摄调节类似外部调节，指人们的行为仍旧受到奖赏或惩罚的驱动，但个体的行为是为了展示自己的能力，或者为了避免失败，是相对受到控制的动机类型；认同调节指人们出于活动本身的利益而考虑其价值，它含有更多的自主或自我决定的成分；最后，当个体产生与其价值观和需要相一致的行为时，产生了整合调节。

有机体整合理论进一步阐述了促进外在动机内化的因素。首先，由于外在动机激发的行为对个体而言常常是缺乏内在兴趣的，个体进行活动的最初原因一般是榜样行为或他人的促进与重视，因此，个体在活动中体验到的归属感对促进内化十分重要。其次，当人们感觉到自身的能力感时更容易采纳相关社会群体的价值，所以支持胜任感的环境促进外部动机的再次内化，当个体感觉到自主支持时才会出现自主调节。当存在明显的奖励与威胁时，即使个体感觉到足够的胜任，也只能产生外在的调节，这时，即使得到参照群体的赞同，体验到归属感，个体也只会产生内摄调节。因此，胜任感与归属感并不足以维持内在动机，只有当人们同时体验到胜任、归属与自主时才能够促进内在动机与活力。

4. 因果定向理论

因果定向理论（Causality Orientation Theory）认为个体具有对有利于

自我决定的环境进行定向的发展倾向。Deci 和 Ryan（2003）认为个体存在三种水平的因果定向，即自主定向、控制定向和非个人定向，每一种定向都是相对独立的。[①] 自主定向是指个体对能够激发内在动机的环境的定向，这样的环境具有挑战性并且能提供信息反馈。控制定向是指一个人倾向于受报酬、限期、结构、自我卷入和别人指令的控制。非个人定向是指一个人相信对满意结果的获得是个人无法控制的，这些成绩在很大程度上是运气的产物。不同因果定向水平的人具有不同的人格特点：高水平自主定向的人富有创新精神、勇于承担责任、善于寻求有趣的和有挑战性的活动；高控制定向的人会把财富、荣誉和其他一些外界的因素看作极端重要的事情；非个人定向的人从来不进行规划，并且墨守成规，随波逐流。

基本心理需要理论、认知评价理论、有机整合理论和因果定向理论共同构成了自我决定理论的基本内容。该理论将需要和认知相结合来理解人类行为，从真实的自我的角度去研究人类动机，既强调自我在动机过程中的能动作用，同时也强调社会环境对人的潜能发挥的重要影响，既关注个体的内在心理需要、动力、情感，又重视个体行为的认知调节过程（林烨，2008）。[②] 在外部环境的影响下，个人采取某种行为的外在动机会内化为内在动机，进而逐渐演变为个人对于这种行为的态度，而在计划行为理论中，态度又是分析消费者行为的重要因素。自我决定理论作为引发行为态度的源头，为深入分析计划行为理论提供了可能。在平台经济视域下，需求方用户采取某种舞弊行为的动机与消费者所处的外部环境紧密相关，在外部环境的影响下，消费者对某种舞弊行为逐渐产生不同的行为态度。依据计划行为理论，这种行为态度又将进一步形成采取某种舞弊行为的意图，进而产生舞弊行为。

（三）舞弊风险因子理论

舞弊风险因子理论（Theory of Fraud Risk Factors）又称多因素理论，是 Bologana 等人于 1997 年在 GONE 理论的基础上发展形成的，也是迄今为止公认的最为完整的舞弊动因理论。GONE 理论是企业会计舞弊与反会

[①] Deci E. L., Ryan R. M. Handbook of Self-determination Research [M]. Rochester, NY: University of Rochester Press, 2003.

[②] 林烨：《自我决定理论研究》，硕士学位论文，湖南师范大学，2008 年。

计舞弊的著名理论，GONE 由 4 个英语单词的开头字母组成，其中：G 为 Greed，指贪婪因子；O 为 Opportunity，指机会因子；N 为 Need，指需要因子；E 为 Exposure，指暴露因子。上述 4 个因子实质上表明了舞弊产生的 4 个条件，即舞弊者有贪婪之心且又十分需要钱财时，只要有机会，并认为事后不会被发现，他就一定会进行舞弊。由此发展而来的舞弊风险因子理论（见图 6-2）则认为舞弊风险因子包括：道德品质、舞弊动机、舞弊机会、舞弊被发现的可能性及舞弊被发现后对舞弊者惩罚的性质和程度五个因子。其中，道德品质与舞弊动机归为个别风险因子，这是因人而异、很难受组织管理和控制的因素；舞弊机会、舞弊被发现的可能性以及舞弊被发现后舞弊者受罚的性质和程度归为一般风险因子，属于可由组织进行管理和控制的因素。根据舞弊风险因子理论，舞弊行为是否发生取决于拟舞弊者对五个因素衡量利弊后做出的决定。舞弊者会针对一般风险因子和个别风险因子进行思考，当两种因子相结合，且舞弊者认为其结果利大于弊时，才会实施舞弊（吴学斌，2005）。[①]

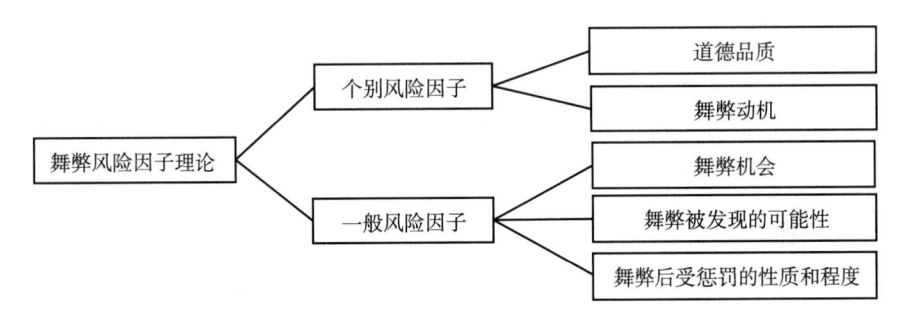

图 6-2 舞弊风险因子理论结构图

舞弊风险因子理论虽然在传统的舞弊行为成因分析中用得比较多，但是通过系统的文献梳理，本书认为该理论也同样适用于构建平台需求方用户视角下舞弊行为的成因理论模型，其具体分析将针对这五个因子分别进行阐述。

如图 6-2 所示，个别风险因子由道德品质和舞弊动机两个因子构成。对于舞弊者来说，道德是一种心理上的因素，其作用体现在行为主体的行为产生与实现过程的每一个环节中。如果平台管理者的道德水平不高，即

---

① 吴学斌：《犯罪构成要件符合性判断研究》，博士学位论文，清华大学，2005 年。

使有很好的内部控制也无法避免舞弊的发生（齐晶晶，2015）。[1] 比如，许多 P2P 平台出现经营不佳和财务困难时，平台管理者会要求会计人员在会计信息上做文章，粉饰财务报告，而不是通过加强平台管理等正规渠道来改善平台的经营业绩。管理层的道德水平还直接影响着一个平台的文化氛围，在一个无视道德约束的平台里，内部控制将无法发挥有效作用，平台需求方自然会受到影响，滋生一些舞弊行为。可见，平台经济视域下的舞弊行为与道德品质有很重要的关系。

动机即舞弊需求，是舞弊行为产生的关键。现有实证研究发现企业高层的贪婪和某种特殊的需要成为了企业舞弊的重要动机（黄妍，2016）[2]，同时这些舞弊动机是舞弊行为产生的最重要因素（许文迪，2018）。[3] 在平台经济视域下，合法的消费者行为是由正当的消费者行为动机而产生，而不正当的消费者行为则是由不良的行为动机在外界条件适宜的情况下产生的，而这些不良的行为动机主要由利益驱动产生，且以经济利益为主。可见，平台经济视域下的舞弊行为与舞弊动机有很重要的关系。

一般风险因子包括舞弊机会、舞弊被发现的可能性以及舞弊后所受的惩罚三个方面，通常表现为企业组织方面以及外部因素。其中，舞弊机会通常与潜在舞弊者在企业中所掌握的权力大小有关，若潜在舞弊管理者的行为得不到应有的监督和制约，那么由于其本身拥有的相对信息优势及管理工作的权限将直接为舞弊创造机会，使得管理层从中获取利益（范海敏，2015）。[4] 目前我国有关互联网平台经济的治理结构不够健全，各个平台的规则、法规、规范对平台需求方约束力度小都会导致舞弊的机会增加。一旦平台治理结构存在缺陷，确保平台各方信息真实有效的治理机制将不能发挥作用，这给具有舞弊动机的平台参与者提供舞弊机会，舞弊行为自然不可避免（李若山和郭牧，1998）。[5]

---

[1] 齐晶晶：《企业会计舞弊分析及其监管措施》，《中外企业家》2015 年第 35 期。

[2] 黄妍：《上市公司收入舞弊动因及常见方式分析》，《合作经济与科技》2016 年第 8 期。

[3] 许文迪：《基于舞弊风险因子理论的山东墨龙财务舞弊动因及治理研究》，硕士学位论文，云南师范大学，2018 年。

[4] 范海敏：《我国上市公司会计舞弊动因分析——基于风险因子理论》，《经济师》2015 年第 12 期。

[5] 李若山、郭牧：《ESM 政府证券有限公司审计案例》，《审计研究资料》1998 年第 11 期。

舞弊被发现的可能性，即需求方舞弊后被发现和披露的概率有多大。一个平台上消费者舞弊被发现的概率取决于平台监管的有效性。一方面，第三方平台相关部门监管不力。已有文献证实平台相关部门监管的效率和效果不佳是造成目前消费者舞弊被发现的概率低的一个重要原因（张文贤，1997）。[①] 另一方面，政府及行业监管不力。政府及行业方面监管舞弊不足的相关研究已较为丰富，例如，郭婧涵（2018）在研究SXY公司财务造假问题时发现所处行业存货与税收政策特殊性、注册会计师未执行审计程序、主办券商失职、以及新三板挂牌制度不完善等监管方面存在的问题是导致SXY公司财务造假的外部成因。[②]

舞弊被发现后受惩罚的性质和程度，即对舞弊者的惩罚力度，这是舞弊者在实施舞弊行为前必须考虑的成本，只有付出的成本大时才能给潜在的舞弊者带来足够的威慑力（刁琰，2014）。[③] 一方面，平台的主要惩罚方式有警告、罚款、限制账号使用等，但是鉴于互联网具有多属性的特征，即一个消费者通常在多个同类型的平台上注册账号，所以单个平台内部对他的惩罚并不会对其造成较严重影响。这种情况使得消费者之间进行合谋舞弊的收益通常大于成本，这也是导致消费者舞弊行为不断发生的原因。另一方面，我国相关法律法规较为滞后，对于平台视域下消费者舞弊行为的各项规定之间缺乏衔接。比如，《网络交易管理办法》中对舞弊行为提到了追究相关刑事责任，但现行《刑法》上却并无消费者舞弊罪以及其他有关形成与披露虚假信息等方面罪行的法律规定。由此，舞弊者无论存在多么严重的舞弊行为，只要不与其他罪名相结合，《网络交易管理办法》中"追究刑事责任"的规定就只能是一句无法可依的空话。在众多需求方舞弊中真正受到刑罚的案件寥寥无几，即便有少数追究过刑事责任的案件，相较于其舞弊获取的巨大利益，其处罚力度也显得较轻，这也会使得需求方舞弊案例层出不穷。

[①] 张文贤：《会计信息真实性的责任保证系统初探》，《财会月刊》1997年第8期。
[②] 郭婧涵：《SXY公司财务造假问题研究》，硕士学位论文，辽宁大学，2018年。
[③] 刁琰：《我国上市公司财务舞弊的方式、动因及治理研究》，硕士学位论文，西南财经大学，2014年。

二 假设提出

大量的实证研究表明,计划行为理论(TPB)可以有效地预测人们产生行为的影响因素,其实证研究一般是通过以下三种方式进行:一是增加前因变量,即根据实际情况,适当增加前因变量,然后通过实证方法来验证;二是通过文献综述和理论回顾,适当加入前因变量和结果测量变量;三是将已有的模型进行综合性的整合,建立一个整合的模型来解释相关的变量之间的关系。

基于上述对需求方用户商业舞弊行为基础理论的论述,本节以计划行为理论(TPB)、自我决定理论、GONE 理论和舞弊风险因子理论为基础,在计划行为理论结构图的基础上增加了商业舞弊行为态度的前因变量——商业舞弊动机,商业舞弊知觉行为控制的前因变量——感知机会与感知风险,以及个人风险偏好和衡量道德品质的贪婪个性两个调节变量。最终,构建了平台需求方用户视角下的商业舞弊行为成因理论模型(见图6-3)。

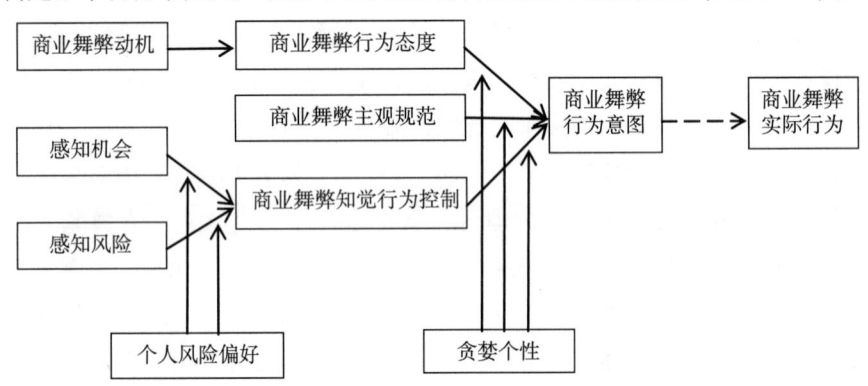

图 6-3 平台需求方用户视角下的商业舞弊行为成因理论模型

(一)态度、主观规范、知觉行为控制和消费者商业舞弊行为意图的关系假设

在计划行为理论中,态度是指一个人对人、事、物或行为所持有的正面或负面的评价,反映了个人对人、事、物或行为的好恶感觉(Ajzen 和 Fishbein,1977),[①] 其中,态度又分为情感性态度(喜欢—不喜欢、愉

[①] Ajzen I, Fishbein M. Attitude-behavior relations: a theoretical analysis and review of empirical research [J]. *Psychological Bulletin*, 1977, (84): 888-918.

悦—不愉悦）和工具性态度（安全—危险、有价值—无价值）（Ajzen，1989）。① 基于此，本书将商业舞弊行为态度定义为消费者对商业舞弊行为的积极或消极结果的评估，也就是消费者对商业舞弊行为的好恶感觉。从计划行为理论（TPB）提出之后，很多学者依据这个理论进行了实证分析，证实了态度对行为意图具有一定的影响作用。学界对计划行为理论（TPB）的实证研究普遍证实了态度与行为意向之间的正向相关关系，这些研究主要涉及消费者评价（冯萍，2005；吴仁旼，2009；唐佳阳，2010；邓新明，2012；赵红燕和薛永基，2015；杜娟，2015）、②③④⑤⑥⑦ 消费者网络支付（Bhattacherjee，2000；罗丞，2010；Han，2006；高琴等，2017）以及消费者的购买行为（Choi，2003；王月辉和王青，2013）等。⑧⑨⑩⑪⑫⑬ 比如，

---

① Ajzen，I. Attitude, Personality, & Behavioral [M]. Milton Keynes：Open University Press，1989.
② 冯萍：《消费者网络银行使用意愿实证研究》，硕士学位论文，对外经济贸易大学，2005年。
③ 吴仁旼：《奢侈品皮包的消费者购买动机研究——计划购买理论在中国和意大利的实践运用》，硕士学位论文，复旦大学，2009年。
④ 唐佳阳：《基于扩展的计划行为理论的C2C网上购物行为意向研究》，硕士学位论文，西南财经大学，2010年。
⑤ 邓新明：《中国情景下消费者的伦理购买意向研究——基于TPB视角》，《南开管理评论》2012年第3期。
⑥ 赵红燕、薛永基：《网络评价影响消费者品牌忠诚的实证研究——主观规范和行为态度的中介效应》，《资源开发与市场》2015年第5期。
⑦ 杜娟：《网络负面评价意向实证研究》，《沈阳师范大学学报（社会科学版）》2015年第3期。
⑧ Bhattacherjee A. Acceptance of E-Commerce Services：The Case of Electronic Brokerages [J]. IEEE Transactions on Systems Man and Cybernetics-Part A Systems and Humans，2000，30（4）：411-420.
⑨ 罗丞：《消费者对安全食品支付意愿的影响因素分析——基于计划行为理论框架》，《中国农村观察》2010年第6期。
⑩ Han J H. The Effects of Perceptions on Consumer Acceptance of Genetically Modified（GM）Foods [J]. Dissertation Abstracts International，Volume：67-02，Section：B，page：0607，Adviser：R. Wes Harriso，2006.
⑪ 高琴、敖长林、毛碧琦等：《基于计划行为理论的湿地生态系统服务支付意愿及影响因素分析》，《资源科学》2017年第5期。
⑫ Choi H, Choi M, Kim J, et al. An Empirical Study on the Adoption of Information Appliances With a Focus on Interactive TV [J]. Telematics & Informatics，2003，20（02）：161-183.
⑬ 王月辉、王青：《北京居民新能源汽车购买意向影响因素——基于TAM和TPB整合模型的研究》，《中国管理科学》2013年第s2期。

我国学者马婕和常峰（2011）运用计划行为理论构建了就医选择行为的计划行为理论模型，在此基础上详细分析了就医行为决策中的行为态度对行为意图的影响，全面真实地反映了就医选择行为过程中态度对行为意图的正向影响作用。[①] 基于商业舞弊行为态度含义和已有文献的支撑，本书做出如下假设：

H1：态度（消极）与商业舞弊行为意图负相关，即消费者对商业舞弊的消极态度越强，商业舞弊行为意图越弱。

H1a：情感性态度（消极）与商业舞弊行为意图负相关。

H1b：工具性态度（消极）与商业舞弊行为意图负相关。

在计划行为理论中，主观规范是个人执行某一行为时认为其他重要关系人（亲戚、朋友）是否同意他这一行为而做出的反应，也就是指个人从事某一行为时所预期的社会影响的压力（Fishbein 和 Ajzen，1977）。[②] 基于以上理论，本书将商业舞弊行为主观规范定义为身边的人（亲戚、朋友等）对自己商业舞弊行为意图的影响力。在对主观规范变量因子的研究中，学界普遍将主观规范分为指令性规范和示范性规范两个维度。在已有研究中，有学者将商业行贿主观规范分为两种类型：即对个体重要的人或群体不赞同商业行贿行为（指令性规范）和对个体重要的人或群体不从事商业行贿行为（示范性规范）（黄攸立和刘张晴，2010）。[③] 类似地，本书将消费者商业舞弊主观规范也分为两种类型，即身边的人支持自己的某一舞弊行为（指令性规范）和身边的人从事过某一舞弊行为（示范性规范）。对于主观规范与行为意图的关系研究，胥琳佳和陈妍霓（2016）等通过行为预测模型发现主观规范与行为意图有显著的相关关系。[④] 除此之外，在乡村旅游开发过程中，罗文斌等（2017）对女性村官参与行为影响机制进行研究，并对女性村官的主观规范和知觉行为控制进

---

① 马婕、常峰：《就医选择行为决策过程研究：基于计划行为理论模型的构建》，《社区医学杂志》2011 年第 22 期。

② Ajzen I, Fishbein M. Attitude-Behavior Relations: A Theoretical Analysis and Review of Empirical Research [J]. *Psychological Bulletin*, 1977, (84): 888-918.

③ 黄攸立、刘张晴：《基于 TPB 模型的个体商业行贿行为研究》，《北京理工大学学报（社会科学版）》2010 年第 6 期。

④ 胥琳佳、陈妍霓：《受众对草本产品的认知态度与行为研究——基于公众情境理论模型和理性行为理论模型的实证研究》，《自然辩证法通讯》2016 年第 2 期。

行了变量因子设计,证实了主观规范对行为意图的影响作用。[1] 路红和吴洁玲（2011）通过实证分析得出主观规范对大学生就业意向具有正向的预测作用。[2] 针对主观规范的两个维度对行为意图的影响作用,廖俊峰（2013）通过情景模拟实验研究得出示范性安全规范正向影响安全行为意图,示范性安全规范比指令性安全规范对安全建言行为意图的作用更强。[3] 彭志斌（2018）认为赛会志愿服务行为态度、示范性规范、指令性规范等均与赛会志愿服务行为意图呈显著的正相关关系。[4] 因此,通过上述实证研究的文献梳理,针对主观规范对商业舞弊行为意图的影响,本书做出如下假设：

H2：主观规范与商业舞弊行为意图正相关。

H2a：指令性规范与商业舞弊行为意图正相关。

H2b：示范性规范与商业舞弊行为意图正相关。

知觉行为控制被定义为个体感觉到完成行为的难易程度,即个人认为自己具有执行行为的能力或拥有执行行为相关的资源、机会越多时,则对执行该项行为的控制认知能力越强（Ajzen,1989）。[5] 基于此,本书将消费者商业舞弊知觉行为控制定义为个体实施商业舞弊行为所感知到的控制的难易程度。当人们认为缺乏资源、机会或能力去执行一项行为时,或过去的类似经验让他感觉到执行该类行为有困难时（即当知觉到行为控制力低时）,他们就不太可能有很强的意愿去执行此类行为（Ajzen,1991）。[6] 知觉行为控制由自我效能和便利条件决定,即使是平凡的日常行为也会遇到不可预见的障碍,知觉行为控制的行为表现由反映内部控制

---

[1] 罗文斌、钟诚、Dallen 等：《乡村旅游开发中女性村官参与行为影响机理研究——以湖南省女性村官为例》,《旅游学刊》2017 年第 1 期。

[2] 路红、吴洁玲：《大学生对企业社会责任行为的态度、主观规范与就业意向的关系》,《中国健康心理学杂志》2011 年第 7 期。

[3] 廖俊峰：《安全规范对员工安全行为意图的影响》,硕士学位论文,浙江大学,2013 年。

[4] 彭志斌：《基于计划行为理论的体育赛会志愿者行为意向研究——以全国首届青运会福州赛区为例》,《三门峡职业技术学院学报》2018 年第 1 期。

[5] Ajzen, I. Attitude, Personality, & Behavioral [M]. Milton Keynes: Open University press, 1989.

[6] Ajzen I. The Theory of Planned Behavior [J]. Organizational Behavior and Human Decision Processes, 1991, (50): 179-211.

因素的自我效能和反映外部控制因素的便利条件组成，它提供了关于实际行为执行人非常有用的信息。Kang 等学者（2006）在研究消费者对电子优惠券的使用意向时，证实了消费者的知觉行为控制能力对电子优惠券的使用意向存在显著正向影响。[1] 李淑清（2001）对家庭绿色消费倾向影响的研究中，将知觉行为控制分为绿色产品的寻找时间、便利性和经济成本三个维度，研究结果表明知觉行为控制是影响其购买绿色产品的主要因素。[2] 通过上述实证研究的文献梳理，针对知觉行为控制对商业舞弊行为意图的影响，本书做出如下假设：

H3：知觉行为控制与商业舞弊行为意图正相关，即消费者对商业舞弊行为的知觉行为控制越强，商业舞弊行为意图越强。

（二）动机和消费者商业舞弊行为意图的关系假设

自我决定理论中将动机阐述为刺激一个人产生行为与决策的过程，由于认知过程中的差异，动机分成内在动机和外在动机。张爱卿（2003）认为动机是在自我调节的作用下，个体使自身的内在要求（如本能、需要、驱力等）与行为的外在诱因（目标、奖惩等）相协调，从而形成激发、维持行为的动力因素。[3] 在组织行为学中，动机主要是指激发人的行为的心理过程。已有学者对动机与行为意图的关系进行实证研究并证实动机对行为意图有显著影响，比如，Ntoumanis 和 Standage 等人（2009）提出，当人们的行为动机是自主性的时候，人们就会坚持自己的行为并有充分的行动意志力。[4] 李炳煌（2012）在乡村学生学习动机、学习态度与学习成绩的相关性的研究中发现，学习动机越强的学生，学习态度越好，从而也较容易取得一个好成绩。[5] 王娟（2010）在对微博用户的使用动机与行为的实证研究中发现，微博用户的使用动机越强烈，对微博的使用态度

---

[1] Kang H, Hahn M, Fortin D R, Hyun Y J, Eom Y. Effects of Perceived Behavioral Control on the Consumer Usage Intention of E-Coupons [J]. *Psychology&Marketing*, 2006, 23（10）：841-864.

[2] 李淑清：《家庭因素对家庭绿色消费倾向之影响研究——以凤山市家计单位为对象高雄》，硕士学位论文，义守大学，2001年。

[3] 张爱卿：《归因理论研究的新进展》，《教育研究与实验》2003年第1期。

[4] Ntoumanis, Nikos Standage, Martyn. Motivation in Physical Education Classes: A Self-Determination Theory Perspective [J]. *Theory & Research in Education*, 2009, 7（2）：194-202.

[5] 李炳煌：《农村初中生学习动机、学习态度与学业成绩的相关研究》，《湖南科技大学学报（社会科学版）》2012年第4期。

越好，从而越愿意去使用微博。① 根据舞弊风险因子理论，动机是个体或组织舞弊的因素之一，对舞弊意图以及实际舞弊行为产生直接影响，一般而言，消费者商业舞弊的动机越强烈，舞弊行为意图越明显。对于行为动机和行为意图之间的作用过程，彭山洪（2017）在通过对顾客参与的一系列问题研究发现，顾客参与态度在参与动机对参与行为间的部分中介效应显著。② 通过上述实证研究的文献梳理，针对商业舞弊动机、行为态度和行为意图之间的关系，本书做出如下假设：

H4：动机与消费者对商业舞弊行为的消极态度负相关，即动机越强，消费者对商业舞弊行为的消极态度越弱。

H5：动机与商业舞弊行为意图正相关。

H6：态度（消极）在动机与商业舞弊行为意图的关系中起中介作用。

（三）感知机会、感知风险和消费者商业舞弊行为意图的关系假设

感知机会是指行为决策过程中出现能够促成行为决策的因素。基于此，本书将消费者对商业舞弊行为的感知机会定义为能够促使或者扩大商业舞弊行为决策行为机会的因素，消费者感知到的机会越大，认为其所能控制的商业舞弊资源越多。已有文献表明感知机会与行为意图之间存在显著的相关关系。比如，张爱丽（2010）提出感知机会是衡量个体成功开发特定机会的可能性的大小。当个体认为开发某一个机会实现预期成果有足够的可能性时，个体才会有足够的信心，才会被激发出强大的力量去开发，而如果开发某个机会可望而不可即，就不足以激起个体强大的内部动力。③ 翁清雄和席酉民（2010）对员工离职意向的实证研究也表明感知机会对员工离职意向有直接影响。④ 因此，可以推断消费者对商业舞弊行为的感知

---

① 王娟：《微博客用户的使用动机与行为——基于技术接受模型的实证研究》，硕士学位论文，山东大学，2010年。

② 彭山洪：《顾客参与动机与参与行为的关系研究：参与态度的中介作用及企业激励策略的调节作用》，硕士学位论文，广西大学，2017年。

③ 张爱丽：《潜在企业家创业机会开发影响因素的实证研究——对计划行为理论的扩展》，《科学学研究》2010年第9期。

④ 翁清雄、席酉民：《职业成长与离职倾向：职业承诺与感知机会的调节作用》，《南开管理评论》2010年第2期。

机会与商业舞弊行为意图可能有正向的影响关系。根据 Ajzen（1989）的研究可知，当个体拥有执行行为相关的资源或机会越多时，知觉行为控制水平越高，对执行该特定行为的意向更强。[1] 综合上述研究可知，消费者所感知到的商业舞弊机会越多，感知到的知觉行为控制越强，其舞弊行为意图越明显，由此可以推断，知觉行为控制可能在商业舞弊感知机会和行为意图之间起到中介作用。通过上述实证研究的文献梳理，针对感知机会、知觉行为控制以及商业舞弊行为意图之间的关系，本书做出如下假设：

H7：感知机会与商业舞弊行为意图正相关。

H8：感知机会与消费者对商业舞弊的知觉行为控制正相关。

H9：知觉行为控制在消费者对商业舞弊行为的感知机会与行为意图的关系中起中介作用。

感知风险最初是哈佛大学 Ball 从心理学延伸出来的一个概念，他认为消费者的任何购买行为都可能无法明确其预期的结果是否正确，而某些结果可能令消费者不愉快，所以，消费者购买决策中隐含着对结果的不确定性，而这种不确定性就是感知风险的最初内涵。基于此，本书将消费者对商业舞弊行为的感知风险定义为消费者在商业舞弊决策时所感知到的不确定性和不利后果的可能性。已有文献表明感知风险与行为意图之间存在显著的相关关系。尤其对于购买意愿来说，感知风险具有显著的负向影响作用（Pavlou，2003），[2] 比如，杨水清等学者（2012）通过实证研究证明感知风险对移动支付服务初始采纳意愿存在负向影响。[3] 此外，已有研究显示，感知风险对于购假行为也有显著的负向影响（Moores 和 Dhaliwal，2004），[4] 比如，Albers Miller（1999）发现购假中风险因素的显著作用，证实了"购假意愿与感知的犯罪风险水平负相关"的假设。[5]

---

[1] Ajzen, I. Attitude, Personality, & Behavioral [M]. Milton Keynes: Open University press, 1989.

[2] Pavlou A P. Consumer Acceptance of Electronic Commerce: Integrating Trust and Risk With the Technology Acceptance Model [J]. International Journal of Electronic Commerce, 2003, (07): 69-103.

[3] 杨水清、鲁耀斌、曹玉枝：《移动支付服务初始采纳模型及其实证研究》，《管理学报》2012年第9期。

[4] Moores T T, Dhaliwal J. A Reversed Context Analysis of Software Piracy Issues in Singapore [J]. Information & Management, 2004, 41 (8): 1037-1042.

[5] Albers Miller N D. Consumer Misbehavior: Why People Buy Illicit Goods [J]. Journal of Consumer Marketing, 1999, 16 (03): 273-287.

众多实证研究表明，消费者对商业舞弊行为的感知风险对行为意图有着直接影响。由感知风险、知觉行为控制的概念内涵可知，消费者在参与某一商业舞弊时，感知到的舞弊风险越大，对舞弊结果的不确定性越高，即消费者认为参与舞弊的难度较大，倾向于认为自身不具备执行该舞弊的能力，他对该舞弊行为的认知控制能力就会被削弱，即知觉行为控制被削弱，从而在一定程度上弱化消费者的舞弊行为意图。由此可以推断，知觉行为控制在感知风险和行为意图中间起到中介作用。通过上述实证研究的文献梳理，针对感知风险、知觉行为控制以及商业舞弊行为意图之间的关系，本书做出如下假设：

H10：感知风险与商业舞弊行为意图负相关。

H11：感知风险与消费者对商业舞弊的知觉行为控制负相关。

H12：知觉行为控制在消费者对商业舞弊行为的感知风险与行为意图的关系中起中介作用。

（四）风险偏好调节作用的关系假设

个人风险偏好是指个体承担风险的基本态度，是个人感知决策情境及制定风险决策的重要前导因素。刘坤（2009）将个人的风险偏好定义为一个人在面临具有一定风险和不确定性的决策问题时所表现出来的态度和行为，也就是说，风险偏好是一个人内在观念的外在表现。[①] 根据前文所述，知觉行为控制是个人感觉到完成行为的可能程度，其可能受到感知机会与感知风险的影响，而个人的风险偏好是个人对风险所存在的态度，若个人的风险偏好不同，那么他们对某一行为的感知机会和感知风险就会不同，即对该行为的知觉行为控制也会因此而存在差别。现有文献认为风险直觉的理解是多维的，个人感知、偏好、背景、信念等主观因素会对风险认知产生影响。相关实证研究发现公众的个人风险偏好负向影响公众对科技的风险感知（李燕燕和宋伟，2017）。[②] 马昆姝等（2010）的实证研究也发现高风险倾向的个体由于自身具备冒险的行为倾向，降低了创业机会

---

① 刘坤：《个人投资风险偏好程度评价体系的建立及实证分析》，硕士学位论文，中南大学，2009年。

② 李燕燕、宋伟：《信息传播媒介下信任对公众科技风险感知的作用影响研究》，《科普研究》2017年第4期。

的风险程度,即创业者识别到的创业机会更多,进而促进创业决策的产生。[①] 林嵩等(2009)通过对相关文献的研究也发现风险偏好作为一项个人特质会对创业机会的识别产生正向影响。[②] 由此可以推断,个人风险偏好可以增强感知机会对知觉行为控制的影响或削弱感知风险对知觉行为控制的影响。因此,基于上述分析,本书做出如下假设:

H13:商业舞弊情境下,个人风险偏好会正向调节感知机会对知觉行为控制的影响。

H14:商业舞弊情境下,个人风险偏好会负向调节感知风险对知觉行为控制的影响。

(五)贪婪个性调节作用的关系假设

在 GONE 理论中,贪婪是道德品质的一种表现形式,主要指道德水平的低下,是行为主体自身的一种特征,是一种心理因素。Gilliland 和 Anderson(2011)基于归因理论和分配公平理论提出贪婪的操作性定义:当个体感知到他人追求超过自身应得或必需的东西,而另一些人却因此遭受损失时,就会感知到贪婪。[③] 李嘉诚曾经说过一句话:"企业家所有的失败都源于贪婪",可见贪婪个性的影响程度。Piff(2012)等人在研究社会阶层对道德行为的影响时,就考虑了贪婪对态度的调节作用,并通过实验设计得以证实贪婪个性越突出,消费者倾向于舞弊的行为态度越明显,舞弊行为意图越高。[④] Parker 等(1995)也在文章中证实了道德规范的重要作用,他们控制了 TPB 传统模型中的变量影响,发现道德规范对

[①] 马昆姝、覃蓉芳、胡培:《个人风险倾向与创业决策关系研究:风险感知的中介作用》,《预测》2010 年第 1 期。

[②] 林嵩:《创业者的个体特质与创业绩效——基于战略的传导机制》,《未来与发展》2009 年第 12 期。

[③] Gilliland S. W. & Anderson J. S. (2011). Perceptions of Greed: A Distributive Injustice Model Emerging Perspectives on Organizational Justice and Ethics [J]. Charlotte, NC, US: IAP Information Age Publishing, Charlotte, NC.

[④] Piff Paul K, Stancato Daniel M, Côté Stéphane, Mendoza - Denton Rodolfo, Keltner Dacher. Higher Social Class Predicts Increased Unethical Behavior [J]. Proceedings of the National Academy of Sciences of the United States of America, 2012, 109 (11).

危险的道路交通行为意图有非常重要的预测作用。① 王良秋等（2015）也提到在道路交通违法行为研究中，道德规范对道路交通行为意图产生影响。② 由前文对主观规范、知觉行为控制两个变量的相关文献研究可知，消费者的贪婪个性越突出，越关注舞弊所获利益，对舞弊利益的相关信息敏感度越高，长时间的注意力聚焦使其更容易发现舞弊的机会，即贪婪个性强的消费者倾向于认为自身所掌握的舞弊资源、舞弊机会较多，对舞弊的认知控制能力较强，即知觉行为控制也较强。同样地，若消费者的贪婪个性突出，即个体特性突出时，消费者越倾向于按自己的主观意志行事，身边的朋友、家人等对他的影响就越弱，即主观规范越弱。郭姗（2014）在对消费者个性影响主观规范和网络购买意愿的研究中将个性分为个性宜人性、经验开放性、严谨性三个维度，并通过实证分析验证了消费者个性对主观规范有显著的影响。③ 因此在 TPB 理论中态度、知觉行为控制、主观规范等对行为意图的变量研究中，加入贪婪因子的调节作用，做出如下假设：

H15：贪婪个性会负向调节态度（消极）对商业舞弊行为意图的影响。

H16：贪婪个性会正向调节知觉行为控制对商业舞弊行为意图的影响。

H17：贪婪个性会负向调节主观规范对商业舞弊行为意图的影响。

第二节 需求方用户商业舞弊行为成因的实证分析

一 研究设计的基础

为了更好地设计实证研究，本文首先深入分析了相关的实证文献，最

---

① Parker, D., Manstead, A. S. R., & Stradling, S. G. Extending the Theory of Planned Behaviour: The Role of Personal Norml [J]. *British Journalof Social Psychology*, 1995, 34 (02): 127 - 138.

② 王良秋、孙婷婷、董妍、贾燕飞、安然:《道路交通违法行为研究：基于计划行为理论的视角》,《心理科学进展》2015 年第 11 期。

③ 郭姗:《消费者个性对主观规范及网络购买意愿影响的实证研究》,硕士学位论文,重庆工商大学, 2014 年。

终采取调查问卷的方式搜集数据，在问卷回收之后，筛选出有效问卷，采用 SPSS 等工具进行数据分析，得出结果，展开讨论。问卷设计的合理性和科学性是此次研究目标顺利完成的基础，为保证问卷设计的合理性和科学性，本书按照以下步骤展开具体的问卷设计过程：

第一，文献和理论回顾。通过对有关行为决策理论和模型以及相关变量因子的文献阅读和整理，收集现成的变量测量量表，以此为基础结合本书的研究思路设计出调查问卷，筛选出被证实有效的或相对成熟的测量条款，初步编制本书所用的量表。

第二，专家、消费者访谈。首先，通过与专家访谈，对量表的条款进行初步修改和补充。其次，进行少量问卷发放，就问卷设计排版、问题合理性等问题与问卷填写者（即消费者）沟通，对量表进行了进一步修改和补充，使量表设计能够更为准确地被消费者理解。

第三，预调研阶段。在访谈调查之后，本书以网上问卷发放的方式进行预调研，一共调查30人。通过对问卷数据的收集与分析，初步检测问卷的信度和有效性，修正调查问卷的问题设计，调整调查问卷的变量因子。

第四，量表的最终编制与调研。在完成调查问卷的设计、与专家和消费者访谈以及预调研之后，形成了本书的最终问卷，并开始大批量地发放问卷。

二 研究变量的测量

本书所涉及的主要变量包括态度、主观规范、知觉行为控制、动机、贪婪个性、感知风险、感知机会以及行为意图等。虽然中西方学者对本节所涉及变量的研究较为丰富，但是就商业舞弊行为来说，国内外研究中涉及的文献比较少，因此，结合商业舞弊行为的主题，若是中国情境下已有的变量测量表，则直接应用并进行验证性分析；若为西方情境下的变量测量量表，则请有国外就读经历的研究生将英文量表翻译成中文，然后再委托另一位管理学的博士生对该量表进行回译，经过多次修改后，确保回译后的量表表达与原始量表没有较大差异后，确定最终使用的中文量表（见表6-1）。本次调查问卷量表的大部分题项采用李克特七级量表设计，由于商业舞弊行为客观上是一种不正确的行为，为避免调查者对被调查行为的不了解，问卷对被调查的商业舞弊行为还进行客观描述与定义。基于第三章对商业舞弊行为表现形式的分析，本书以某网络交易平台为例，分别对刷单、好评返现、知假买假、职业差评进行测量，此外，为确保问卷的真实性，将问题的参与意向以及参与度变量量表放在其他量表之前。具体的变量设计如下。

（一）态度

基于 Ajzen（1989）对计划行为理论的研究，本书将消费者对商业舞弊行为的态度定义为消费者对商业舞弊行为的积极或消极结果的评估，也就是消费者对商业舞弊行为的好恶感觉，且态度又可以分为情感性态度和工具性态度。[①] 基于已有研究设计以下两个问题：（1）对于在某购物平台上刷单/好评返现/知假买假/职业差评，我的态度是反感的；（2）我认为在某购物平台上刷单/好评返现/知假买假/职业差评对我不利。

（二）主观规范

基于 Ajzen（1989）的研究，商业舞弊行为主观规范可以被定义为身边的人（亲戚、朋友等）对自己商业舞弊行为意图的影响力，具体可以分为指令性规范和示范性规范两类。基于已有研究（闫强，2011；赵斌等，2013；李辉，2017）对主观规范变量因子设计两个问题：[②③④]（1）身边的人支持我在某购物平台上刷单/好评返现/知假买假/职业差评（指令性规范）；（2）身边的人有参与过在某购物平台上刷单/好评返现/知假买假/职业差评（示范性规范）。

（三）知觉行为控制

根据 Ajzen（1989）的研究，消费者对商业舞弊的知觉行为控制可以被定义为个体实施商业舞弊行为所感知到的控制的难易程度。基于已有研究

[①] Ajzen, I. Attitude, Personality, & Behavioral [M]. Milton Keynes: Open University Press, 1989.

[②] 闫强：《基于计划行为理论的企业员工离职意向研究》，硕士学位论文，山西大学，2011 年。

[③] 赵斌、栾虹、李新建等：《科技人员创新行为产生机理研究——基于计划行为理论》，《科学学研究》2013 年第 2 期。

[④] 李辉：《论民众反恐参与意向的驱动因素及其微观机理——基于计划行为理论和群体认同理论的实证研究》，《中国人民公安大学学报（社会科学版）》2017 年第 1 期。

中对知觉行为控制的变量设计,设计以下两个问题:(1)对我来说,在某购物平台上刷单/好评返现/知假买假/职业差评比较容易操作;(2)在某购物平台上刷单/好评返现/知假买假/职业差评通常都取决于我自己。

(四)贪婪个性

贪婪作为人性的一个侧面,一直受到心理学研究者的关注(Robertson,2001),[①] 贪婪可分为"物质贪婪"和"精神贪婪"。其中,精神贪婪是指对精神需求的强烈渴望,例如对关心、爱、知识等的贪婪,而物质贪婪是指对物质的渴求,例如对金钱、服装、住房等的贪婪,即为本书中贪婪个性这一变量的内涵。Lee(2009)在研究中将贪婪因子作为诚实个性的一个变量进行设计,[②] 本书据此设计以下两个问题:(1)对我而言,拥有很多钱不是特别重要;(2)我不会因为拥有昂贵的奢侈品而感到非常开心。

(五)动机

动机是个体或组织发生舞弊行为的因素之一,对舞弊行为意图以及实际舞弊行为的发生产生影响。本书将动机定义为由一种目标或对象所引导、激发和维持的个体活动的内在心理过程或内部动力。本书旨在探索消费者是否有商业舞弊动机,因此,根据商业舞弊风险因子理论对动机的描述设计了一个问题:我有非常充分的理由需要在某购物平台上刷单/好评返现/知假买假/职业差评。

(六)感知机会

本书将消费者对商业舞弊行为的感知机会定义为:在进行商业舞弊行为过程中,能够促使或者扩大商业舞弊行为决策行为机会的因素。在对某平台上的消费者进行好评返现、职业差评、刷单、知假买假的行为研究中发现,这些商业舞弊行为的产生原因很大一部分是法律不健全、平台监管力度不强等(陈娅玲,2015;王雯丹和陈洲,2017)。[③][④] 基于此,平台监

[①] Robertson A F. Greed: Gut Feelings, Growth, and History [J]. *Greed. Gut Feelings, Growth, and History-Research and Markets*, 2001.

[②] Lee K. A Short Measure of the Major Dimensions of Personality [J]. *Journal of Personality Assessment*, 2009, 91 (04): 340-345.

[③] 陈娅玲:《网络差评管理对策研究》,《经贸实践》2015 年第 12 期。

[④] 王雯丹、陈洲:《网络刷单行为的实证考察与规范分析》,《法制与社会》2017 第 11 期。

管力度、法律机制完善程度可能会影响消费者对商业舞弊的感知机会，本书设计以下两个问题：（1）平台监管力度相对不强导致我有很大的机会在某购物平台上刷单/好评返现/知假买假/职业差评；（2）法律机制相对不完善导致我有很大的机会在某购物平台上刷单/好评返现/知假买假/职业差评。

（七）感知风险

本书将消费者对商业舞弊行为的感知风险定义为：消费者在进行商业舞弊决策时所感知到的不确定性和不利后果的可能性。已有文献认为感知风险包括两个因素：一是决策结果的不确定性，二是错误决策的后果严重性，亦即可能损失的重要性（Taylor，1974）。[①] Cunningham（1967）基于感知风险的定义提出了衡量其程度的双因素模型，以不确定性与结果损失的乘积来测算感知风险的大小，以直接的方式询问受访者关于不确定性和结果损失的感受。[②] 基于此，本书设计了如下两个问题：（1）我认为，在某购物平台上刷单/好评返现/知假买假/职业差评被发现的概率很小；（2）如果在某购物平台上刷单/好评返现/知假买假/职业差评暴露了，我认为会受到的惩罚不严重。

（八）个人风险偏好

个人风险偏好是指个体承担风险的基本态度，是个人感知决策情境及制定风险决策的重要前导因素。已有文献认为风险态度是对于风险的喜恶程度，可以将风险态度分为风险规避型、风险偏好型和风险中立型三种类型。本文主要是对消费者进行商业舞弊行为的成因进行实证研究，消费者的个人风险偏好是消费者进行商业舞弊行为决策的一个重要影响因素，通过对问题的设计来说明消费者属于哪种风险偏好类型者。因此，本问卷针对"个人风险偏好"变量因子设计一个问题：一般来说，我倾向于规避风险或寻求风险？（1=规避风险，7=寻求风险）。

（九）行为意图

行为意图是指消费者在心中形成的一种主观概率，也就是指个人从事

---

① Taylor J W. The Role of Risk in Consumer Behavior [J]. *Journal of Marketing*，1974，38（02）：54-60.

② Cunningham S. M. The Major Dimensions of Perceived Risk [M]. Boston：*Harvard University Press*，1967：82-108.

某种行为活动的主观概率的大小。Ajzen（1991）认为意图是行为发生的必须过程，是行为显现前的决定。[①] 对行为意图进行变量设计时，本书在借鉴国内外学者研究成果的基础上，结合消费者进行商业舞弊行为的特征与表现，设计了以下两个问题：（1）在使用某购物平台的过程中，我考虑过在某购物平台上刷单/好评返现/知假买假/职业差评；（2）在未来，我可能会在某购物平台上刷单/好评返现/知假买假/职业差评。

以上各研究变量的问卷设计汇总见表6-1。

表6-1　　　　　　　　　　问卷设计汇总表

变量	维度	向项
贪婪个性（2）		对我而言，拥有很多钱特别重要；我会因为拥有昂贵的奢侈品而感到非常开心
个人风险偏好（1）		一般来说，我倾向于规避风险或寻求风险（1＝规避风险，7＝寻求风险）
态度（2）	情感性态度	对于在某购物平台上刷单/好评返现/知假买假/职业差评，我的态度是反感的
	工具性态度	我认为在某购物平台上刷单/好评返现/知假买假/职业差评对我不利
主观规范（2）	指令性规范	身边的人支持我在某购物平台上刷单/好评返现/知假买假/职业差评
	示范性规范	身边的人有参与过在某购物平台上刷单/好评返现/知假买假/职业差评
知觉行为控制（2）		对我来说，在某购物平台上刷单/好评返现/知假买假/职业差评比较容易操作
		在某购物平台上刷单/好评返现/知假买假/职业差评通常都取决于我自己
商业舞弊动机（1）		我有非常充分的理由需要在某购物平台上刷单/好评返现/知假买假/职业差评
感知机会（2）		平台监管力度相对不强导致我有很大的机会在某购物平台上刷单/好评返现/知假买假/职业差评
		法律机制相对不完善导致我有很大的机会在某购物平台上刷单/好评返现/知假买假/职业差评
感知风险（2）		我认为，在某购物平台上刷单/好评返现/知假买假/职业差评被发现的概率很小
		如果在某购物平台上刷单/好评返现/知假买假/职业差评暴露了，我认为会受到的惩罚不严重

[①] Ajzen I. The Theory of Planned Behavior [J]. *Organizational Behavior and Human Decision Processes*, 1991, 50: 179-211.

续表

变量	维度	向项
行为意图（2）		在使用某购物平台的过程中，我考虑过在某购物平台上刷单/好评返现/知假买假/职业差评
		在未来，我可能会在某购物平台上刷单/好评返现/知假买假/职业差评

（十）个人统计变量

人口统计变量是对消费者的客观描述，是在行为学中区分消费者群体最常用的基本变量，主要包括：性别、年龄、收入、受教育程度、职业等。在互联网背景下，人口统计变量也是影响网上消费者行为的重要因素（Korgaonkar 和 Wolin，1998），[①] 在众多关于消费者行为决策的研究中发现，大部分研究都加入了个人统计变量。本章是对消费者在某平台进行商业舞弊行为成因的研究，消费者网络购物频率影响消费者对该平台进行商业舞弊行为的了解和感知，因此本文除却基本的个人统计变量，如性别、年龄、受教育程度、职业、月收入等之外，还增加了一道题项来测量消费者的网络购物频率。

三 研究样本的描述性统计

本书的样本构成主要是来自某平台全国各地的消费者，对消费者的描述性统计详见表6-2。从此可知：从性别分布上，大部分样本为"女"，比例是60.8%，另外"男"样本的比例是39.2%；年龄段分布中，超过9成样本选择"18—29"岁，其他年龄阶段的总人数只占到一成；对受教育程度的分析发现，样本中有66.19%为"专科及本科"，另外有26.14%的人为硕士学历，其他的学历水平则占比较少；从目前从事的职业来看，样本中学生占比最高，为68.75%，此外，职员和其他职业人员比重较为接近，为10.8%和8.52%，其余职业的比重则都比较低，低于5%；其他方面，从月收入来看，样本中"1000元以下"相对较多，比例为38.64%，月收入为"1000—3000元"样本的比例是33.24%，其他收入

---

① Korgaonkar P K, Wolin L D. A Multivariate Analysis of Web Usage [J]. *Journal of Advertising Research*, 1998, 39 (02): 53-68.

的人群所占总比重为 25.29%，总体来讲较低。

表 6-2 样本情况分布

人口统计变量	性别（频数）	百分比	人口统计变量	频数	百分比
性别			目前从事职业		
男	138	39.2	职员	38	10.8
女	214	60.8	教师	19	5.4
年龄			商人	3	0.85
18 岁以下	9	2.56	公务员	6	1.7
18—29 岁	322	91.48	自由职业者	12	3.41
30—39 岁	13	3.69	学生	242	68.75
40—49 岁	4	1.14	已退休	2	0.57
49 岁以上	4	1.14	其他	30	8.52
受教育程度			月收入		
高中以下	7	1.99	1000 元以下	136	38.64
高中	14	3.98	1000—3000 元	117	33.24
专科及本科	233	66.19	3000—5000 元	46	13.07
硕士	92	26.14	5000—8000 元	25	7.1
博士及以上	6	1.7	8000—12000 元	7	1.99
			12000 元以上	11	3.13

四 问卷量表信度、效度检验

采用 SPSS 26.0 进行信度和效度分析，调查问卷中，感知风险、感知机会、态度、贪婪个性、知觉行为控制 5 个变量的信度系数值均大于 0.7，因而说明研究数据信度质量良好。针对"项已删除的 α 系数"，任意题项被删除后，信度系数并不会有明显的上升，因此说明题项不应该被删除处理。综上所述，研究数据信度系数值高于 0.7，且删除题项后信度系数值并不会明显提高，说明数据信度质量高，可用于进一步分析。此外，行为意图的信度系数值为 0.647，大于 0.6，其研究数据信度质量可以接受。但动机、主观规范两个变量，信度系数值分别为 0.578、0.512，小于 0.6，研究数据信度质量相对不佳，但是因其介于 0.5—0.6，且分析题项分别为 1 个和 2 个，此时可以选择接受。具体结果如表 6-3 所示。

表 6-3　　　　　　　　　　量表信度检验结果

变量	动机	感知风险	感知机会	行为意向	态度	贪婪个性	知觉行为控制	主观规范
Cronbach α	0.578	0.878	0.913	0.647	0.777	0.756	0.79	0.512

在此基础上，对总体量表进行了探索性因子分析，因子的测度指标载荷系数及斜交旋转后累积方差解释量数据显示出问卷具有较好的整体结构效度，其具体结果表示如表 6-4 所示。

表 6-4　　　　　　　　　　量表效度检验结果

	变量	指标	因子载荷系数	KMO 值	变量	指标	因子载荷系数	KMO 值
平台刷单	态度	Q1	0.875	0.5	主观规范	Q1	0.739	0.5
		Q2	0.875			Q2	-0.739	
	知觉行为控制	Q1	0.789	0.5	行为意图	Q1	0.807	0.5
		Q2	0.789			Q2	0.807	
	感知机会	Q1	0.949	0.5	感知风险	Q1	0.892	0.5
		Q2	0.949			Q2	0.892	
知假买假	态度	Q1	0.939	0.5	主观规范	Q1	0.748	0.5
		Q2	0.939			Q2	-0.748	
	知觉行为控制	Q1	0.787	0.5	行为意图	Q1	0.911	0.5
		Q2	0.787			Q2	0.911	
	感知机会	Q1	0.973	0.5	感知风险	Q1	0.913	0.5
		Q2	0.973			Q2	0.913	
好评返现	态度	Q1	0.954	0.5	主观规范	Q1	0.764	0.5
		Q2	0.954			Q2	-0.764	
	知觉行为控制	Q1	0.787	0.5	行为意图	Q1	0.861	0.5
		Q2	0.787			Q2	0.861	
	感知机会	Q1	0.97	0.5	感知风险	Q1	0.922	0.5
		Q2	0.97			Q2	0.922	
职业差评	态度	Q1	0.939	0.5	主观规范	Q1	0.782	0.5
		Q2	0.939			Q2	0.782	
	知觉行为控制	Q1	0.827	0.5	行为意图	Q1	0.935	0.5
		Q2	0.827			Q2	0.935	
	感知机会	Q1	0.974	0.5	感知风险	Q1	0.942	0.5
		Q2	0.974			Q2	0.942	

由表6-4的效度检验结果可知,所有研究项对应的因子载荷系数绝对值均大于0.6,即说明选项和因子有对应关系。另外,因为每一个变量中只有两个研究项,因而KMO值为0.5。在平台刷单下对应的"态度变量"中,一个因子的方差解释率值分别是54.655%,旋转后累积方差解释率为54.655%>50%,意味着研究项的信息量可以被有效地提取出来。其他该行为下的变量如主观规范、知觉行为控制、行为意图、感知机会、感知风险均的累积旋转方差解释率均>50%,说明每个变量研究项的信息量均可被有效提取出来。此外,在好评返现、知假买假、职业差评舞弊行为下,所有研究项对应的因子载荷系数绝对值均大于0.6,说明在这3个舞弊行为下,研究项和因子有对应关系。每个因子旋转后累积方差解释率均>50%,有的变量甚至达到90%,说明所有研究项的信息50%以上可被有效提取出来,即在上述4个商业舞弊行为下,本文所研究的每个变量都具有效度。

五 网络刷单行为意图的成因分析和模型修正[①]

（一）相关分析

由表6-5可知,动机与态度（消极）、行为意图之间的相关关系系数值呈现出显著性,其相关系数值分别为-0.187、0.398,并且均呈现出0.01水平的显著性,因而说明动机与态度（消极）之间有着显著的负相关关系,动机和行为意图之间有着显著的正相关关系。行为意图与感知风险、感知机会、动机、知觉行为控制、态度（消极）之间的相关关系系数值呈现出显著性,其相关系数分别为：0.183、0.142、0.398、0.202、-0.124,均呈现出0.05水平的显著性,说明行为意图与态度（消极）之间有显著的负相关关系,与其他变量之间均为显著的正相关关系。除此之外,行为意图与主观规范之间的相关关系数值并不会呈现出显著性（$P>0.05$）,意味着行为意图与主观规范之间并没有相关关系。

（二）回归分析

从表6-6中的数据可知,具体结果如下：

（1）模型拟合优度：6个模型回归结果F值分别为5.451、6.512、11.318、65.703、7.205、6.164,并且显著性P值均小于0.05,达到了

---

① 本小节出现的表6-5到表6-10,详见附录。

显著效果，说明回归有效。模型2、模型3中 VIF 值全部小于5，意味着不存在共线性问题，模型较好。

（2）回归系数：回归结果显示，态度（消极）、主观规范、知觉行为控制、动机、感知机会、感知风险进入回归方程，模型1到模型6中态度（消极）、主观规范、知觉行为控制、动机、感知机会、感知风险的回归系数均达到了显著水平，回归效果较好。

（三）中介分析

当自变量对中介变量、中介变量对因变量、自变量对因变量均有显著的相关关系时，将待验证的中介变量与自变量都放入回归方程，若自变量的回归系数有显著性下降，说明中介变量起到了部分中介的作用，若自变量的回归系数显著性消失，说明中介变量起到完全中介的作用。

根据回归分析的结果，本书需要验证的中介效应主要有：态度（消极）在动机与行为意图的关系中起到中介的作用；知觉行为控制在感知机会与行为意图的关系中起到中介的作用；知觉行为控制在感知风险与行为意图的关系中起到中介的作用。

1. 态度的中介作用

对态度（消极）的中介作用进行检验，检验结果如下所示，其中模型1以态度（消极）为因变量，模型2、模型3、模型4以行为意图为因变量。

由表6-7可知，在模型1中，动机的回归系数值为-0.174，P 值为0.000，小于0.001，意味着动机会对态度（消极）产生显著的负向影响。模型2中，态度（消极）的回归系数值为-0.051，P 值为0.020，小于0.05，意味着态度（消极）对行为意图产生显著的负向影响。模型3中，动机的回归系数值为0.153，P 值为0.000，小于0.001，意味着动机会对行为意图产生显著的正向影响。模型4中，动机的回归系数值为0.150，P 值为0.000，小于0.001，意味着动机对行为意图产生显著的正向影响；态度（消极）的回归系数值为-0.021，P 值为0.305，大于0.05，意味着态度（消极）并不会对行为意图产生影响。综上可得结论，针对刷单这一消费者舞弊行为，舞弊态度（消极）在舞弊动机和舞弊行为意图中间没有中介作用，反而是舞弊动机在舞弊的态度（消极）和行为意图之间起到中介作用。

2. 知觉行为控制的中介作用

对知觉行为控制的中介作用进行检验，检验结果如下所示，其中模型 A1 和 B1 以知觉行为控制为因变量，其他模型以行为意图为因变量。

从表 6-8 可知，在模型 A1 中，感知机会的回归系数值为 0.288，P 值为 0.000，小于 0.001，意味着感知机会对知觉行为控制产生显著的正向影响。在模型 A2 中，知觉行为控制的回归系数值为 0.097，P 值为 0.000，小于 0.001，意味着知觉行为控制对行为意图产生显著的正向影响。在模型 A3 中，感知机会的回归系数值为 0.051，P 值为 0.008，小于 0.01，意味着感知机会会对行为意图产生显著的正向影响。在模型 A4 中，感知机会的回归系数值为 0.027，P 值为 0.186，大于 0.05，意味着感知机会并不会对行为意图产生影响；知觉行为控制的回归系数值为 0.083，P 值为 0.003，小于 0.01，意味着知觉行为控制对行为意图产生显著的正向影响。针对刷单这一消费者舞弊行为，知觉行为控制在感知机会与行为意图的关系中起中介作用。

在模型 B1 中，感知风险的回归系数值为 0.293，P 值为 0.000，小于 0.001，意味着感知风险会对知觉行为控制产生显著的正向影响。在模型 B2 中，知觉行为控制的回归系数值为 0.097，P 值为 0.000，小于 0.001，意味着知觉行为控制对行为意图产生显著的正向影响。在模型 B3 中，感知风险的回归系数值为 0.074，P 值为 0.001，小于 0.01，意味着感知风险对行为意图产生显著的正向影响。在模型 B4 中，感知风险的回归系数值为 0.051，P 值为 0.022，小于 0.05，意味着感知风险对行为意图产生显著的正向影响；知觉行为控制的回归系数值为 0.075，P 值为 0.005，小于 0.01，意味着知觉行为控制对行为意图产生显著的正向影响。针对刷单这一消费者舞弊行为，知觉行为控制在感知风险与行为意图之间起部分中介作用。

（四）调节分析

1. 个人风险偏好的调节作用

将个人风险偏好作为调节变量进入回归方程，分为模型 A3 和模型 B3，具体分析结果如下：

从表 6-9 可知，在模型 A3 中，感知机会的回归系数值为 0.333，P 值为 0.000，小于 0.001，意味着感知机会对知觉行为控制产生显著的正向影响；个人风险偏好的回归系数值为 0.192，P 值为 0.073，大于 0.05，意味着个人风险偏好并不会对知觉行为控制产生影响；感知机会×偏好的回归系数值为-0.016，P 值为 0.504，大于 0.05，意味着感知机会×偏好并不会对知觉行为控制产生影响。针对刷单这一消费者舞弊行为，个人风险偏好在感知机会对知觉行为控制的影响过程中没有调节作用。

在模型 B3 中，感知风险的回归系数值为 0.422，P 值为 0.000，小于 0.001，意味着感知风险对知觉行为控制产生显著的正向影响；个人风险偏好的回归系数值为 0.278，P 值为 0.009，小于 0.01，意味着个人风险偏好对知觉行为控制产生显著的正向影响；感知风险×偏好的回归系数值为-0.038，P 值为 0.129，大于 0.05，意味着感知风险×偏好并不会对知觉行为控制产生影响。针对刷单这一消费者舞弊行为，个人风险偏好在感知风险对知觉行为控制的影响过程中没有调节作用。

2. 贪婪个性的调节作用

将贪婪个性作为调节变量进入回归方程分析，分为模型 A3、模型 B3 和模型 C3，具体分析结果如下：

从表 6-10 可知，在模型 A3 中，态度（消极）的回归系数值为 0.059，P 值为 0.289，大于 0.05，意味着态度（消极）并不会对行为意图产生影响；贪婪的回归系数值为 0.204，P 值为 0.001，小于 0.01，意味着贪婪对行为意图产生显著的正向影响；态度（消极）×贪婪的回归系数值为 0.027，P 值为 0.023，小于 0.05，意味着态度（消极）×贪婪对行为意图产生显著的正向影响。针对刷单这一消费者舞弊行为，贪婪个性在态度（消极）对行为意图的影响过程中有正向的调节作用。

在模型 B3 中，主观规范的回归系数值为 0.214，P 值为 0.026，小于 0.05，意味着主观规范对行为意图产生显著的正向影响；贪婪的回归系数值为 0.192，P 值为 0.007，小于 0.01，意味着贪婪对行为意图产生显著的正向影响；主观规范×贪婪的回归系数值为-0.039，P 值为 0.051，大于 0.05，意味着主观规范×贪婪并不会对行为意图产生影响。针对刷单这一消费者舞弊行为，贪婪个性在主观规范对行为意图的影响过程中没有调节作用。

在模型 C3 中，知觉行为控制的回归系数值为 0.120，P 值为 0.069，大于 0.05，意味着知觉行为控制并不会对行为意图产生影响；贪婪的回归系数值为 0.084，P 值为 0.241，大于 0.05，意味着贪婪并不会对行为意图产生影响；知觉行为控制×贪婪的回归系数值为 -0.008，P 值为 0.545，大于 0.05，意味着知觉行为控制×贪婪并不会对行为意图产生影响。针对刷单这一消费者舞弊行为，贪婪个性在知觉行为控制对行为意图的影响过程中没有调节作用。

（五）结果讨论和模型修正

1. 结果讨论

本节通过对刷单行为意图下实证结果的分析，针对各项假设进行了有效验证，检验具体结果如表 6-11 所示。[①] 态度（消极）、知觉行为控制在动机对行为意图和感知风险、感知机会对行为意图的影响过程中的中介效应结果见表 6-12。个人风险偏好、贪婪个性在感知风险、感知机会对知觉行为控制和态度（消极）、主观规范、知觉行为控制对行为意图的影响过程中的调节效应结果见表 6-13。

2. 模型修正

根据实证分析以及结果讨论，将最初根据文献梳理出的理论模型进行修正。针对平台刷单这一舞弊行为，态度（消极）、动机、主观规范、感知机会、感知风险和知觉行为控制对消费者商业舞弊行为意图有显著影响；态度（消极）在动机和行为意图之间没有中介作用，而动机在态度（消极）和行为意图之间有中介作用；知觉行为控制在感知风险对行为意图的影响过程中有中介作用，在感知机会对行为意图的影响过程有中介作用；个人风险偏好在感知机会和感知风险对知觉行为控制的影响过程中都没有调节作用；贪婪个性在态度（消极）对行为意图的影响过程中有负向的调节作用；贪婪个性在主观规范、知觉行为控制对行为意图的影响过程中没有调节作用。根据上述分析，消费者在某平台刷单的成因修正模型如图 6-4 所示。

表 6-11 　　刷单行为意图下相关关系假设验证结果汇总

序号	研究假设	结论
H1	消费者对刷单行为的消极态度与刷单的行为意图负相关	成立

[①] 注：本章对感知风险的数据处理中，数值越大代表感知风险越小。

续表

序号	研究假设	结论
H1a	消费者对刷单行为的情感性态度（消极）与刷单的行为意图负相关	成立
H1b	消费者对刷单行为的工具性态度（消极）与刷单的行为意图负相关	成立
H2	刷单行为主观规范与刷单的行为意图正相关	成立
H2a	刷单行为指令性规范与刷单的行为意图正相关	成立
H2b	刷单行为示范性规范与刷单的行为意图正相关	成立
H3	消费者对刷单的知觉行为控制与刷单的行为意图正相关	成立
H4	消费者刷单的动机与刷单的消极态度负相关	成立
H6	消费者刷单的动机与刷单的行为意图正相关	成立
H7	消费者对刷单行为的感知机会与刷单的行为意图正相关	成立
H8	消费者对刷单行为的感知机会与刷单的知觉行为控制正相关	成立
H10	消费者对刷单行为的感知风险与刷单的行为意图正相关	成立
H11	消费者对刷单行为的感知风险与刷单的知觉行为控制正相关	成立

表 6-12　刷单行为意图下态度、知觉行为控制的中介效应汇总

中介变量	序号	影响关系	中介效应
态度	H5	在消费者刷单的动机与行为意图的关系中起中介作用	无中介效应
知觉行为控制	H9	在消费者对刷单的感知机会与行为意图的关系中起中介作用	有中介效应
知觉行为控制	H12	在消费者对刷单的感知风险与行为意图的关系中起中介作用	有中介效应

结论修正：在刷单行为意图下，舞弊动机在舞弊的态度和行为意图之间起到中介作用。

表 6-13　刷单行为意图下个人风险偏好、贪婪个性的调节效应汇总

调节变量	序号	影响关系	调节效应
个人风险偏好	H13	会正向调节刷单的感知机会对刷单的知觉行为控制的影响	无调节效应
个人风险偏好	H14	会负向调节刷单的感知风险对刷单的知觉行为控制的影响	无调节效应

续表

调节变量	序号	影响关系	调节效应
贪婪个性	H15	会负向调节刷单的行为态度（消极）对刷单的行为意图的影响	正向调节效应
	H16	会正向调节刷单的知觉行为控制对刷单的行为意图的影响	无调节效应
	H17	会正向调节刷单的主观规范对刷单的行为意图的影响	无调节效应

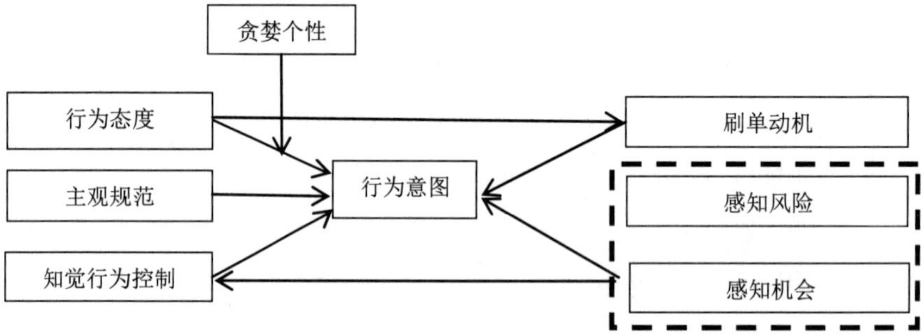

图 6-4 消费者在某平台刷单的成因修正模型

六　知假买假行为意图的成因分析和模型修正[①]

（一）相关分析

由表 6-14 可知，态度（消极）与动机、行为意图之间的相关关系系数值呈现出显著性，相关系数值分别为 -0.254、-0.336，并且均呈现出 0.01 水平的显著性，因而说明态度（消极）和动机、意图之间有着显著的负相关关系。主观规范与行为意图之间并不会呈现出显著性，相关系数值接近于 0，说明主观规范与行为意图之间并没有相关关系。知觉行为控制与行为意图之间全部均呈现出显著性，相关系数值是 0.186，相关系数值均大于 0，意味着知觉行为控制与行为意图之间有着正相关关系。动机与行为意图之间的相关关系系数值呈现出显著性，动机与行为意图之间有着显著的正相关关系。感知机会与知觉行为控制、行为意图之间全部均呈现出显著性，相关系数值分别是 0.510、0.254，全部均大于 0，意味着感知机会与知觉行为控制、行为意图之间有着正相关关系。感知风险与知觉

---

① 本小节文中出现的表 6-14 到表 6-19，详见附录。

行为控制、行为意图之间全部均呈现出显著性，相关系数值分别是0.513、0.276，全部均大于0，意味着感知风险与知觉行为控制、行为意图之间有着正相关关系。

(二) 回归分析

从表6-15中的数据可知，具体结果如下：

(1) 模型拟合优度：6个模型回归结果F值分别为23.035、24.596、24.975、142.150、27.780、24.600，并且模型1到模型6的显著性P值均小于0.05，达到显著效果，说明回归有效。模型2、模型3中VIF值全部均小于5，意味着不存在共线性问题，模型较好。

(2) 回归系数：回归结果显示，态度（消极）、主观规范、知觉行为控制、动机、感知机会、感知风险进入回归方程，模型1到模型6中态度（消极）、主观规范、知觉行为控制、动机、感知机会、感知风险的回归系数均达到了显著水平，回归效果较好。

(三) 中介分析

1. 态度（消极）的中介作用

对态度（消极）的中介作用进行检验，检验结果如下所示，其中模型1以态度（消极）为因变量，模型2、模型3、模型4以行为意图为因变量。

由表6-16数据可知，在模型1中，动机的回归系数值为-0.238，P值为0.000，小于0.001，意味着动机对态度（消极）产生显著的负向影响。在模型2中，态度（消极）的回归系数值为-0.115，P值为0.000，小于0.001，意味着态度（消极）对行为意图产生显著的负向影响。在模型3中，动机的回归系数值为0.234，P值为0.000，小于0.001，意味着动机会对行为意图产生显著的正向影响。在模型4中，动机的回归系数值为0.220，P值为0.000，小于0.001，意味着动机会对行为意图产生显著的正向影响；态度（消极）的回归系数值为-0.056，P值为0.010，意味着态度（消极）对行为意图产生显著的负向影响。针对知假买假这一舞弊行为，态度（消极）在动机和行为意图之间没有中介作用，说明动机和态度（消极）均可作为行为意图的自变量。

2. 知觉行为控制的中介作用

对知觉行为控制的中介作用进行检验，检验结果如下所示，其中模型

$A1$ 和模型 $B1$ 以知觉行为控制为因变量，其他模型以行为意图为因变量。

由表 6-17 数据分析可知，在模型 $A1$ 中，感知机会的回归系数值为 0.380，P 值为 0.000，小于 0.001，意味着感知机会会对知觉行为控制产生显著的正向影响。在模型 $A2$ 中，知觉行为控制的回归系数值为 0.089，P 值为 0.002，小于 0.01，意味着知觉行为控制对行为意图产生显著的正向影响。在模型 $A3$ 中，感知机会的回归系数值为 0.111，P 值为 0.008，小于 0.01，意味着感知机会对行为意图产生显著的正向影响。在模型 $A4$ 中，感知机会的回归系数值为 0.104，P 值为 0.000，小于 0.001，意味着感知机会对行为意图产生显著的正向影响。知觉行为控制的回归系数值为 0.017，P 值为 0.596，大于 0.05，意味着知觉行为控制并不会对行为意图产生影响。针对知假买假这一舞弊行为，感知机会在知觉行为控制和行为意图之间有一定的中介作用。

在模型 $B1$ 中，感知风险的回归系数为 0.408，P 值为 0.000，小于 0.001，意味着感知风险对知觉行为控制产生显著的正向影响。在模型 $B2$、模型 $B3$ 中，知觉行为控制的回归系数值分别为 0.089、0.153，P 值均小于 0.01，意味着知觉行为控制和感知风险均对行为意图产生显著的正向影响。在模型 $B4$ 中，感知风险的回归系数值为 0.158，P 值为 0.000，小于 0.001，意味着感知风险对行为意图产生显著的正向影响。知觉行为控制的回归系数值为 -0.013，P 值为 0.684，大于 0.05，意味着知觉行为控制并不会对行为意图产生影响。针对知假买假这一舞弊行为，感知风险在知觉行为控制和行为意图之间有一定的中介作用。

（四）调节分析

1. 个人风险偏好的调节作用

将个人风险偏好作为调节变量进入回归方程，分为模型 $A3$ 和模型 $B3$，具体分析结果如下：

由表 6-18 可知，在模型 $A3$ 中，感知机会的回归系数值为 0.348，P 值为 0.000，小于 0.001，意味着感知机会对知觉行为控制产生显著的正向影响。个人风险偏好的回归系数值为 0.111，P 值为 0.235，大于 0.05，意味着个人风险偏好并不会对知觉行为控制产生影响。感知机会×偏好的回归系数值为 0.006，P 值为 0.778，大于 0.05，意味着感知机会×偏好并不会对知觉行为控制产生影响。针对知假买假这一舞弊行为，个人风险偏好对感知机会和知觉行为控制之间的关系没有调节作用。

在模型 B3 中,感知风险的回归系数值为 0.466,P 值为 0.000,小于 0.001,意味着感知风险对知觉行为控制产生显著的正向影响。个人风险偏好的回归系数值为 0.161,P 值为 0.102,大于 0.05,意味着个人风险偏好并不会对知觉行为控制产生影响。感知风险×偏好的回归系数值为 -0.019,P 值为 0.413,大于 0.05,意味着感知风险×偏好并不会对知觉行为控制产生影响。针对知假买假这一舞弊行为,个人风险偏好对感知风险和知觉行为控制之间的关系没有调节作用。

2. 个人贪婪个性的调节作用

将贪婪个性作为调节变量进入回归方程分析,分为模型 A3、模型 B3 和模型 C3,具体分析结果如下:

由表 6-19 可知,在模型 A3 中,态度(消极)的回归系数值为 -0.000,P 值为 1.000,大于 0.05,意味着态度(消极)并不会对行为意图产生影响;贪婪的回归系数值为 0.256,P 值为 0.000,小于 0.001,意味着贪婪对行为意图产生显著的正向影响;态度(消极)×贪婪的回归系数值为 -0.030,P 值为 0.015,小于 0.05,意味着态度(消极)×贪婪对行为意图产生显著的负向影响。针对知假买假这一舞弊行为,贪婪对态度(消极)和行为意图之间的关系有负向的调节作用。

在模型 B3 中,主观规范的回归系数值为 -0.042,P 值为 0.715,大于 0.05,意味着主观规范对行为意图无影响;贪婪的回归系数值为 0.043,P 值为 0.612,大于 0.05,意味着贪婪对行为意图无影响;主观规范×贪婪的回归系数值为 0.008,P 值为 0.721,大于 0.05,意味着主观规范×贪婪并不会对行为意图产生影响。针对知假买假这一消费者舞弊行为,贪婪个性在主观规范对行为意图的影响过程中没有调节作用。

在模型 C3 中,知觉行为控制的回归系数值为 0.091,P 值为 0.000,小于 0.001,意味着知觉行为控制对行为意图有显著的正向影响;贪婪的回归系数值为 0.07,P 值为 0.361,大于 0.05,意味着贪婪对行为意图无影响;知觉行为控制×贪婪的回归系数值为 -0.004,P 值为 0.767,大于 0.05,意味着知觉行为控制×贪婪并不会对行为意图产生影响。针对知假买假这一消费者舞弊行为,贪婪个性在知觉行为控制对行为意图的影响过程中无调节作用。

(五) 结果讨论和模型修正

1. 结果讨论

通过对知假买假行为意图的实证分析,对提出的各项假设进行了有效验证,检验具体结果如表6-20所示。态度(消极)、知觉行为控制在动机对行为意图和感知风险、感知机会对行为意图的影响过程中的中介效应结果见表6-21。个人风险偏好、贪婪个性在感知风险、感知机会对知觉行为控制和态度(消极)、主观规范、知觉行为控制对行为意图的影响过程中的调节效应结果见表6-22。

2. 模型修正

根据实证分析以及结果讨论,将最初根据文献梳理出的理论模型进行修正。针对知假买假这一舞弊行为,态度(消极)、动机、主观规范、感知机会、感知风险和知觉行为控制对行为意图有显著影响;态度(消极)在动机对行为意图的影响过程中没有中介作用;知觉行为控制在感知风险和感知机会对行为意图的影响过程中有中介作用;个人风险偏好在感知机会、感知风险对知觉行为控制的影响过程中都没有调节作用;贪婪个性在态度(消极)对行为意图的影响过程中有负向的调节作用,在主观规范、知觉行为控制对行为意图的影响过程中没有调节作用。根据上述分析,消费者在某平台知假买假的成因修正模型如图6-5所示。

表6-20　　知假买假行为意图下相关关系假设验证结果汇总

序号	研究假设	结论
H1	消费者对知假买假的消极态度与知假买假的行为意图负相关	成立
H1a	消费者对知假买假的情感性态度(消极)与知假买假的行为意图负相关	成立
H1b	消费者对知假买假的工具性态度(消极)与知假买假的行为意图负相关	成立
H2	知假买假的主观规范与知假买假的行为意图正相关	成立
H2a	知假买假的指令性规范与知假买假的行为意图正相关	成立
H2b	知假买假的示范性规范与知假买假的行为意图正相关	成立
H3	消费者对知假买假的知觉行为控制与知假买假的行为意图正相关	成立

续表

序号	研究假设	结论
H4	消费者知假买假的动机与知假买假行为的态度正相关	成立
H6	消费者知假买假的动机与知假买假行为的意图正相关	成立
H7	消费者对知假买假的感知机会与知假买假的行为意图正相关	成立
H8	消费者对知假买假的感知机会与知假买假的知觉行为控制正相关	成立
H10	消费者对知假买假的感知风险与知假买假的行为意图正相关	成立
H11	消费者对知假买假的感知风险与知假买假的知觉行为控制正相关	成立

表 6-21　　　知假买假行为意图下态度、控制的中介效应汇总

中介变量	序号	影响关系	中介效应
态度	H5	在消费者知假买假的动机与行为意图的关系中起中介作用	无中介效应
控制	H9	在消费者对知假买假的感知机会与行为意图的关系中起中介作用	有中介效应
控制	H12	在消费者对知假买假的感知风险与行为意图的关系中起中介作用	有中介效应

结论修正：
（1）在知假买假行为意图下，感知机会在知觉行为控制和行为意图之间起到中介作用。
（2）在知假买假行为意图下，感知风险在知觉行为控制和行为意图之间起到中介作用。

表 6-22　　　知假买假行为意图下个人风险偏好、
贪婪个性的调节效应汇总

调节变量	序号	影响关系	调节效应
个人风险偏好	H13	会正向调节知假买假的感知机会对知假买假的知觉行为控制的影响	无调节效应
个人风险偏好	H14	会负向调节知假买假的感知风险对知假买假知觉行为控制的影响	无调节效应
贪婪个性	H15	会负向调节知假买假的态度（消极）对知假买假的行为意图的影响	负向调节效应
贪婪个性	H16	会正向调节知假买假的知觉行为控制对知假买假的行为意图的影响	无调节效应
贪婪个性	H17	会正向调节知假买假的主观规范对知假买假的行为意图的影响	无调节效应

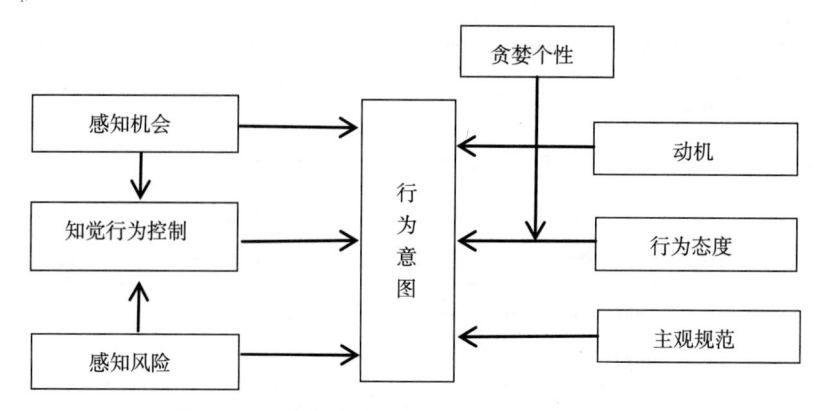

图 6-5　消费者在某平台知假买假成因修正模型

七　好评返现行为意图的成因分析和模型修正[①]

(一) 相关分析

由表 6-23 可知，态度（消极）与动机、行为意图之间的相关关系系数值分别为-0.199、-0.326，且均呈现出 0.01 水平的显著性，因而说明态度（消极）和动机、行为意图之间有着显著的负相关关系。主观规范与行为意图之间并不会呈现出显著性，相关系数值接近于 0，说明主观规范与行为意图之间并没有相关关系。知觉行为控制行为意图之间呈现出显著性，相关系数值是 0.235，并且相关系数值均大于 0，意味着知觉行为控制与行为意图之间有着正相关关系。动机与行为意图之间的相关关系系数值为 0.532，且呈现出 0.01 的显著性，因而说明动机和行为意图之间有着显著的正相关关系。感知机会与知觉行为控制、行为意图之间全部均呈现出显著性，相关系数值分别是 0.492、0.185，并且相关系数值均大于 0，意味着感知机会与知觉行为控制、行为意图之间有着正相关关系。感知风险与知觉行为控制、行为意图之间全部均呈现出显著性，相关系数值分别是 0.444、0.151，并且相关系数值均大于 0，意味着感知风险与知觉行为控制、行为意图之间有着正相关关系。

(二) 回归分析

从表 6-24 中的数据可知，具体结果如下：

---

① 本小节出现的表 6-23 到表 6-28，详见附录。

(1) 模型拟合优度：6 个模型回归结果 F 值分别为 20.168、47.314、40.094、301.972、23.297、13.465，并且模型 1 到模型 6 的显著性 P 值均小于 0.05，达到显著效果，说明回归有效。模型 2、模型 3 中 VIF 值全部均小于 5，意味着不存在共线性问题，模型较好。

(2) 回归系数：回归结果显示，态度（消极）、主观规范、知觉行为控制、动机、感知机会、感知风险进入回归方程，模型 1 到模型 6 中态度（消极）、主观规范、知觉行为控制、动机、感知机会、感知风险的回归系数均达到了显著水平，回归效果较好。

(三) 中介分析

1. 态度（消极）的中介作用

对态度（消极）的中介作用进行检验，检验结果如下所示，其中模型 1 以态度为因变量，模型 2、模型 3、模型 4 以行为意图为因变量。

由表 6-25 数据可知，在模型 1 中，动机的回归系数值为 -0.190，P 值为 0.000，小于 0.001，意味着动机对态度（消极）产生显著的负向影响。在模型 2 中，态度（消极）的回归系数值为 -0.105，P 值为 0.000，小于 0.001，意味着态度（消极）对行为意图产生显著的负向影响。在模型 3 中，动机的回归系数值为 0.293，P 值为 0.000，小于 0.001，意味着动机对行为意图产生显著的正向影响。在模型 4 中，动机的回归系数值为 0.284，P 值为 0.000，小于 0.001，意味着动机对行为意图产生显著的正向影响。态度（消极）的回归系数值为 -0.046，P 值为 0.010，小于 0.05，意味着态度（消极）对行为意图产生显著的负向影响。针对好评返现这一消费者舞弊行为，态度（消极）在动机和行为意图之间没有中介作用，动机可作为行为意图的自变量。

2. 知觉行为控制的中介作用

对知觉行为控制的中介作用进行检验，检验结果如下所示，其中模型 $A1$ 和 $B1$ 以知觉行为控制为因变量，其他模型以行为意图为因变量。

由表 6-26 可知，在模型 $A1$ 中，感知机会的回归系数为 0.402，P 值为 0.000，小于 0.001，意味着感知机会对知觉行为控制有显著的正向影响。在模型 $A2$ 中，知觉行为控制的回归系数值为 0.112，P 值为 0.000，小于 0.001，意味着知觉行为控制对行为意图产生显著的正向影响。在模型 $A3$ 中，感知机会的回归系数值为 0.108，P 值为 0.000，小于 0.001，意味着感知机会对行为意图产生显著的正向影响。在模型 A4 中，感知机会的回归系数值为 0.083，P 值为 0.001，小于 0.01，意味着感知机会对行为意图产生显著的正向影响；知觉行为控制的回归系数值为 0.062，P 值为 0.048，小于 0.05，意味着知觉行为控制对行为意图产生显著的正向影响。综上所述，在好评返现这一消费者舞弊行为下，知觉行为控制并不会在感知机会和行为意图之间起到中介作用。

在模型 B1 中，感知风险的回归系数值为 0.382，P 值为 0.000，小于 0.001，意味着感知风险对知觉行为控制产生显著的正向影响。在模型 B2 中，知觉行为控制的回归系数值为 0.112，P 值为 0.000，小于 0.001，意味着知觉行为控制对行为意图产生显著的正向影响。在模型 B3 中，感知风险的回归系数值为 0.113，P 值为 0.000，小于 0.001，意味着感知风险对行为意图产生显著的正向影响。在模型 B4 中，感知风险的回归系数值为 0.087，P 值为 0.001，小于 0.01，意味着感知风险对行为意图产生显著的正向影响；知觉行为控制的回归系数值为 0.067，P 值为 0.027，小于 0.05，意味着知觉行为控制对行为意图产生显著的正向影响。综上所述，针对好评返现这一消费者舞弊行为，知觉行为控制在感知风险和行为意图之间并没有起到中介作用。

（四）调节分析

1. 个人风险偏好的调节作用

将个人风险偏好作为调节变量进入回归方程，分为模型 A3 和模型 B3，具体分析结果如下：

由表 6-27 数据可知，在模型 A3 中，感知机会的系数值为 0.586，P 值为 0.000，小于 0.001，所以感知机会对知觉行为控制产生显著的正向影响，风险偏好的系数值为 0.299，P 值为 0.006，小于 0.01，说明风险偏好对知觉行为控制有显著的正向影响，感知机会×偏好的系数值为 -0.054，P 值为 0.019，小于 0.05，说明感知机会×偏好对知觉行为控制有负向影响，针对好评返现这一消费者舞弊行为，个人风险偏好在感知机会对知觉行为控制的影响过程中有一定的负向调节作用。

在模型 B3 中，感知风险的回归系数值为 0.643，P 值为 0.000，小于 0.001，意味着感知风险对知觉行为控制有显著的正向影响；个人风险偏好的回归系数值为 0.374，P 值为 0.001，小于 0.01，意味着个人风险偏好对知觉行为控制产生显著的正向影响;感知风险×偏好的回归系数值为-0.077,P值为0.002,小于0.01,说明感知风险×偏好对知觉行为控制有显著的负向影响。综上所述,针对好评返现这一消费者舞弊行为,个人风险偏好对感知风险和知觉行为控制之间的关系有负向调节作用。

2. 个人贪婪个性的调节作用

将贪婪个性作为调节变量进入回归方程分析,分为模型 A3、模型 B3 和模型 C3,具体分析结果如下:

由表6-28数据可知,在模型 A3 中,由数据可知,态度的回归系数为-0.065,P值为0.26,大于0.05,意味着对行为意图无显著影响,而贪婪、态度×贪婪的回归系数分别为0.19和-0.01,P值分别为0.000 *** 和0.403 **,"**"意味着是0.01水平上的显著性,说明贪婪、态度×贪婪对行为意图有着显著的影响。针对好评返现这一消费者舞弊行为,贪婪个性在态度对行为意图的影响过程中有一定的负向调节作用。

在模型 B3 中,主观规范的回归系数值为0.107,P值为0.302,大于0.05,意味着主观规范对行为意图无影响;贪婪的回归系数值为0.152,P值为0.035,小于0.05,意味着贪婪对行为意图产生一定的正向影响;主观规范×贪婪的回归系数值为-0.003,P值为0.897,大于0.05,意味着主观规范×贪婪并不会对行为意图产生影响。针对好评返现这一消费者舞弊行为,贪婪个性在主观规范对行为意图的影响过程中没有调节作用。

在模型 C3 中,知觉行为控制的回归系数值为0.253,P值为0.000,小于0.001,意味着知觉行为控制对行为意图有显著的正向影响;贪婪的回归系数值为0.353,P值为0.000,小于0.001,意味着贪婪对行为意图有显著的正向影响;知觉行为控制×贪婪的回归系数值为-0.045,P值为0.001,小于0.01,意味着知觉行为控制×贪婪并不会对行为意图有显著的负向影响。针对好评返现这一消费者舞弊行为,贪婪个性在知觉行为控制对行为意图的影响过程中有负向调节作用。

(五) 结果讨论和模型修正

1. 结果讨论

通过对好评返现行为意图下的实证分析对提出的各项假设进行了有效验证,检验具体结果如表6-29所示。态度(消极)、知觉行为控制在动机对行为意图和感知风险、感知机会对行为意图的影响过程中的中介效应结果见表6-30。个人风险偏好、贪婪个性在感知风险、感知机会对知觉行为控制和态度（消极）、主观规范、知觉行为控制对行为意图的影响过程中的调节效应结果见表6-31。

表6-29　　　好评返现行为意图下相关关系假设验证结果汇总

序号	研究假设	结论
H1	消费者对好评返现的消极态度与好评返现的行为意图负相关	成立
H1a	消费者对好评返现的情感性态度（消极）与好评返现的行为意图正相关	成立
H1b	消费者对好评返现的工具性态度（消极）与好评返现的行为意图正相关	成立
H2	好评返现行为的主观规范与好评返现的行为意图正相关	成立
H2a	好评返现行为的指令性规范与好评返现的行为意图正相关	成立
H2b	好评返现行为的示范性规范与好评返现的行为意图正相关	成立
H3	消费者对好评返现的知觉行为控制与好评返现的行为意图正相关	成立
H4	消费者进行好评返现的动机与好评返现的行为态度正相关	成立
H6	消费者进行好评返现的动机与好评返现的行为意图正相关	成立
H7	消费者对好评返现的感知机会与好评返现行为意图正相关	成立
H8	消费者对好评返现的感知机会与好评返现知觉行为控制正相关	成立
H10	消费者对好评返现的感知风险与好评返现行为意图负相关	成立
H11	消费者对好评返现的感知风险与好评返现知觉行为控制负相关	成立

表6-30　　　好评返现行为意图下态度、控制的中介效应汇总

中介变量	序号	影响关系	中介效应
态度	H5	在消费者好评返现的动机与行为意图的关系中起中介作用	无中介效应
控制	H9	在消费者对好评返现的感知机会与行为意图的关系中起中介作用	无中介效应
	H12	在消费者对好评返现的感知风险与行为意图的关系中起中介作用	无中介效应

表6-31　　　好评返现行为意图下个人风险偏好、
贪婪个性的调节效应汇总

调节变量	序号	影响关系	调节效应
个人风险偏好	H13	会正向调节好评返现的感知机会对好评返现的知觉行为控制的影响	负向调节效应
	H14	会负向调节好评返现的感知风险对好评返现的知觉行为控制的影响	负向调节效应

续表

调节变量	序号	影响关系	调节效应
贪婪个性	H15	会负向调节好评返现的态度（消极）对好评返现的行为意图的影响	负向调节效应
	H16	会正向调节好评返现的知觉行为控制对好评返现的行为意图的影响	负向调节效应
	H17	会正向调节好评返现的主观规范对好评返现的行为意图的影响	无调节效应

2. 模型修正

根据实证分析以及结果讨论，将最初根据文献梳理出的理论模型进行修正，针对好评返现这一舞弊行为，态度（消极）、动机、主观规范、感知机会、感知风险和知觉行为控制对行为意图有显著影响；态度（消极）在动机对行为意图的影响过程中没有中介作用；知觉行为控制在感知风险和感知机会对行为意图的影响过程中没有中介作用；个人风险偏好对感知机会、感知风险对知觉行为控制的影响过程中都有负向调节作用；贪婪个性在主观规范对行为意图的影响过程中没有调节作用；贪婪个性在态度（消极）、知觉行为控制对好评返现行为意图的影响过程中有负向调节作用。根据上述分析，消费者在某平台好评返现的成因修正模型如图 6-6 所示：

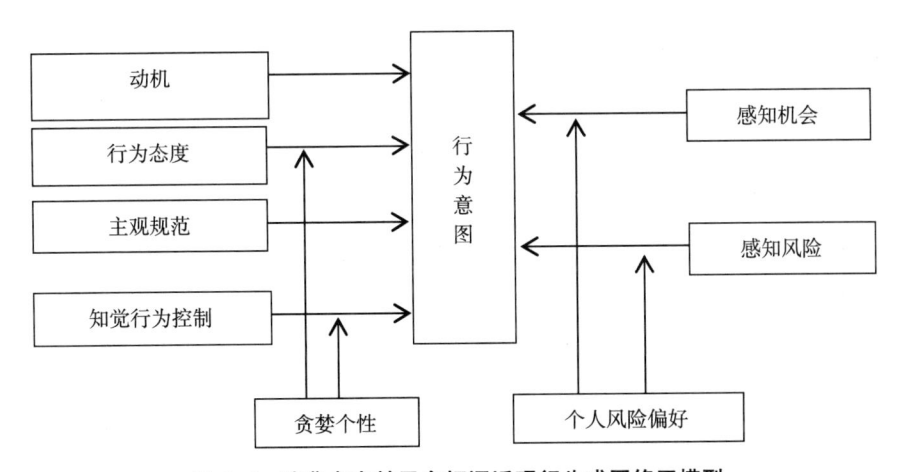

图 6-6 消费者在某平台好评返现行为成因修正模型

八　职业差评行为意图的成因分析和模型修正[①]

（一）相关分析

从表 6-32 可知，态度（消极）与动机、行为意图之间的相关关系系数值呈现出显著性，具体来看，态度（消极）和动机之间的相关系数值为-0.222，并且呈现出 0.01 水平的显著性，因而说明态度（消极）和动机之间有着显著的负相关关系。态度（消极）和行为意图之间的相关系数值为-0.315，并且呈现出 0.01 水平的显著性，因而说明态度（消极）和行为意图之间有着显著的负相关关系。主观规范与行为意图之间呈现出显著性，相关系数值是 0.131，大于 0，意味着主观规范与行为意图之间有着正相关关系。知觉行为控制与行为意图之间并不会呈现出显著性，相关系数值接近于 0，说明知觉行为控制与行为意图之间并没有相关关系。动机与行为意图之间的相关关系系数值呈现出显著性，动机和行为意图之间的相关系数值为 0.448，并且呈现出 0.01 水平的显著性，因而说明动机和行为意图之间有着显著的正相关关系。感知机会与知觉行为控制之间呈现出显著性，相关系数值分别是 0.516，大于 0，意味着感知机会知觉行为控制之间有着正相关关系。感知机会与行为意图之间并不会呈现出显著性，相关系数值接近于 0，说明感知机会与行为意图之间并没有相关关系。感知风险与知觉行为控制、行为意图之间全部呈现出显著性，相关系数值分别是 0.357、0.153，并且相关系数值均大于 0，意味着感知风险与知觉行为控制、行为意图之间有着正相关关系。

（二）回归分析

从表 6-33 中的数据可知，具体结果如下：

（1）模型拟合优度：6 个模型回归结果 F 值分别为 38.511、98.027、65.551、88.100、0.000、7.238，并且模型 1 到模型 6 的显著性 P 值均小于 0.05，达到显著效果，说明回归有效，但模型 5 中 F 值为 0.000，说明模型 5 回归无效。模型 2、模型 3、模型 6 中 VIF 值全部均小于 5，意味着不存在共线性问题，模型较好。

（2）回归系数：回归结果显示，态度（消极）、主观规范、知觉行为

[①]　本小节出现的表 6-32 到表 6-37，详见附录。

控制、动机、感知机会、感知风险进入回归方程，模型1到模型6中态度（消极）、主观规范、知觉行为控制、动机、感知机会、感知风险的回归系数均达到了显著水平，回归效果较好。

（三）中介分析

1. 态度（消极）的中介作用

对态度（消极）的中介作用进行检验，检验结果如下所示，其中模型1以态度（消极）为因变量，模型2、模型3、模型4以行为意图为因变量。

从表6-34分析可知，在模型1中，动机的回归系数值为-0.189，P值为0.000，小于0.001，意味着动机对态度（消极）产生显著的负向影响。在模型2中，态度（消极）的回归系数值为-0.117，P值为0.000，小于0.001，意味着态度（消极）对行为意图产生显著的负向影响。在模型3中，动机的回归系数值为0.142，P值为0.000，小于0.001，意味着动机对行为意图产生显著的正向影响。在模型4中，动机的回归系数值为0.126，P值为0.000，小于0.001，意味着动机对行为意图产生显著的正向影响；态度（消极）的回归系数值为-0.084，P值为0.010，意味着态度（消极）对行为意图产生显著的负向影响。针对职业差评这一消费者舞弊行为，态度（消极）并不会在动机和行为意图之间起到中介作用，动机可以直接看作行为意图的自变量。

2. 知觉行为控制的中介作用

对知觉行为控制的中介作用进行检验，检验结果如下所示，其中模型$A1$和$B1$以知觉行为控制为因变量，其他模型以行为意图为因变量。

由表6-35可知，在模型$A1$中，感知机会的回归系数为0.405，P值为0.000，小于0.001，意味着感知机会对知觉行为控制有显著的正向影响。在模型$A2$中，知觉行为控制的回归系数值为-0.043，P值为0.05，不小于0.05，意味着知觉行为控制对行为意图产生不显著的负向影响。在模型$A3$中，感知机会的回归系数值为0，P值为0.985，大于0.05，意味着感知机会对行为意图不产生影响。在模型$A4$中，感知机会的回归系数值为0.023，P值为0.246，大于0.05，意味着感知机会对行为意图不产生显著影响；知觉行为控制的回归系数值为-0.059，P值为0.023，小于0.05，意味着知觉行为控制对行为意图产生显著的负向影响。综上所述,在职业差评这一消费者舞弊行为下,知觉行为控制并不会在感知机会和行为意图之间起到中介作用。

在模型 B1 中,感知风险的回归系数值为 0.296, P 值为 0.000, 小于 0.001, 意味着感知风险对知觉行为控制产生显著的正向影响。在模型 B2 中,知觉行为控制的回归系数值为 -0.043, P 值为 0.05, 不小于 0.05, 意味着知觉行为控制对行为意图产生不显著的负向影响。在模型 B3 中, 感知风险的回归系数值为 0.052, P 值为 0.000, 小于 0.001, 意味着感知风险对行为意图产生显著的正向影响。在模型 B4 中,感知风险的回归系数值为 0.075, P 值为 0.001, 小于 0.01, 意味着感知风险对行为意图产生显著的正向影响; 知觉行为控制的回归系数值为 -0.075, P 值为 0.001, 小于 0.01, 意味着知觉行为控制对行为意图产生显著的负向影响。综上所述,针对职业差评这一消费者舞弊行为,知觉行为控制在感知风险和行为意图之间并没有起到中介作用。

(四) 调节分析

1. 个人风险偏好的调节作用

将个人风险偏好作为调节变量进入回归方程,分为模型 A3 和模型 B3, 具体分析结果如下:

由表 6-36 可知,模型 A3 中,感知机会的回归系数为 0.605, P 值为 0.000, 小于 0.01, 意味着感知机会对知觉行为控制产生显著的正向影响。个人风险偏好的回归系数值为 0.304, P 值为 0.002, 小于 0.01, 意味着个人风险偏好对知觉行为控制产生显著的正向影响。感知机会×偏好的回归系数值为 -0.058, P 值为 0.006, 小于 0.01, 意味着感知机会×偏好对知觉行为控制产生显著的负向影响。针对职业差评这一消费者舞弊行为,个人风险偏好在感知机会和知觉行为控制的关系中有负向的调节作用。

在模型 B3 中,感知风险的回归系数值为 0.499, P 值为 0.000, 小于 0.001, 意味着感知风险对知觉行为控制有显著的正向影响; 个人风险偏好的回归系数值为 0.292, P 值为 0.005, 小于 0.01, 意味着个人风险偏好对知觉行为控制产生显著的正向影响; 感知风险×偏好的回归系数值为 -0.058, P 值为 0.012, 小于 0.01, 说明感知风险×偏好对知觉行为控制有显著的负向影响。综上所述,在职业差评这一消费者舞弊行为中，个人风险偏好在感知风险和知觉行为控制之间的关系中有负向的调节作用。

2. 个人贪婪个性的调节作用

从表 6-37 可知，将态度（消极）、主观规范、知觉行为控制作为自变量，而将行为意图作为因变量进行线性回归分析，对模型 A、模型 B、模型 C 进行 F 检验时发现模型并没有通过 F 检验（$F=3.862$，$P>0.05$），即贪婪个性对态度（消极）、主观规范、知觉行为控制和行为意图之间均没有调节作用。

（五）结果讨论和模型修正

1. 结果讨论

通过对职业差评行为意图的实证分析，本节对提出的各项假设进行了有效验证，检验具体结果如表 6-38 所示。态度（消极）、知觉行为控制在动机对行为意图和感知风险、感知机会对行为意图的影响过程中的中介效应结果见表 6-39。个人风险偏好、贪婪个性在感知风险、感知机会对知觉行为控制和态度（消极）、主观规范、知觉行为控制对行为意图的影响过程中的调节效应结果见表 6-40。

表 6-38　　职业差评行为意图下研究假设验证结果汇总

序号	研究假设	结论
H1	消费者对职业差评的消极态度与职业差评的行为意图负相关	成立
H1a	消费者对职业差评的情感性态度（消极）与职业差评的行为意图负相关	成立
H1b	消费者对职业差评的工具性态度（消极）与职业差评的行为意图负相关	成立
H2	职业差评的主观规范与职业差评的行为意图正相关	成立
H2a	职业差评的指令性规范与职业差评的行为意图正相关	成立
H2b	职业差评的示范性规范与职业差评的行为意图正相关	成立
H3	消费者对职业差评的知觉行为控制与职业差评的行为意图正相关	不成立
H4	消费者进行职业差评的动机与职业差评的行为态度正相关	成立
H6	消费者进行职业差评的动机与职业差评的行为意图正相关	成立
H7	消费者对职业差评的感知机会与职业差评的行为意图正相关	成立
H8	消费者对职业差评的感知机会与职业差评的知觉行为控制正相关	不成立

续表

序号	研究假设	结论
H10	消费者对职业差评的感知风险与职业差评的行为意图负相关	成立
H11	消费者对职业差评的感知风险与职业差评的知觉行为控制负相关	成立

表6-39　　职业差评行为意图下态度、控制的中介效应汇总

中介变量	序号	影响关系	中介效应
态度	H5	在消费者职业差评的动机与行为意图的关系中起中介作用	无中介效应
控制	H9	在消费者对职业差评的感知机会与行为意图的关系中起中介作用	无中介效应
控制	H12	在消费者对职业差评的感知风险与行为意图的关系中起中介作用	无中介效应

表6-40　　职业差评行为意图下个人风险偏好、
贪婪个性的调节效应汇总

调节变量	序号	影响关系	调节效应
个人风险偏好	H13	会负向调节职业差评的感知机会对职业差评的知觉行为控制的影响	负向调节效应
个人风险偏好	H14	会负向调节职业差评的感知风险对职业差评的知觉行为控制的影响	负向调节效应
贪婪个性	H15	会负向调节职业差评的态度（消极）对职业差评的行为意图的影响	无调节效应
贪婪个性	H16	会正向调节职业差评的知觉行为控制对职业差评的行为意图的影响	无调节效应
贪婪个性	H17	会正向调节职业差评的主观规范对职业差评的行为意图的影响	无调节效应

2. 模型修正

根据实证分析以及结论讨论，将最初根据文献梳理出的理论模型进行修正。针对职业差评这一舞弊行为，仅有态度（消极）、动机、主观规范和感知风险对行为意图有显著影响；态度（消极）在动机对职业差评行为意图的影响过程中没有中介作用；知觉行为控制在感知风险和感知机会对行为意图的影响过程中没有中介作用；个人风险偏好在感知机会对知觉行为控制的影响过程中有负向调节作用；个人风险偏好在感知风险对知觉行为控制的影响过程中有负向调节作用；贪婪个性在职业差评行为态度

(消极)、主观规范、知觉行为控制对行为意图的影响过程中都没有调节作用。根据上述分析，消费者在某平台职业差评行为成因修正模型如图6-7所示。

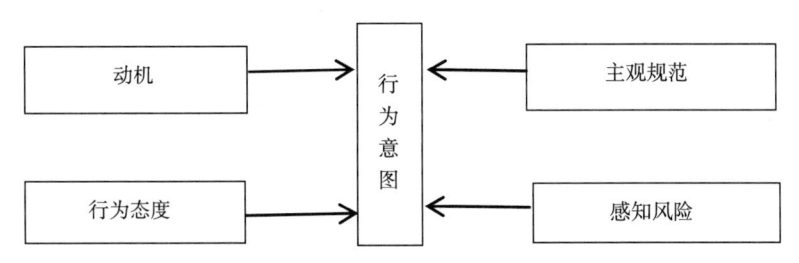

图 6-7　消费者在某平台职业差评行为成因修正模型

第三节　需求方用户商业舞弊行为的实证结果讨论

本章前文以计划行为理论、自我决定理论和舞弊风险因子为理论基础，分析得出平台经济视域下需求方用户商业舞弊行为成因理论模型框架。其中，态度是动机对行为意图产生影响的中介变量，知觉行为控制是感知风险和感知机会对行为意图影响的中介变量，而个人风险偏好在感知机会与感知风险影响知觉行为控制的过程中起调节作用，贪婪个性在态度、主观规范和知觉行为控制影响行为意图的过程中起调节作用。随后，根据以上理论模型提出相应的假设；然后，基于某购物平台四种商业舞弊行为设计问卷、收集相应的数据并对数据进行分析；最后，根据实证研究结果，对前文提出的理论模型进行修正。最终，本书发现该购物平台上的四种消费者商业舞弊行为的修正模型各不相同但也有一些共通之处，基于此，从以上四种修正模型中总结得出以下三个结论：(1) 商业舞弊行为意图强弱与商业舞弊机会大小有着密切关系；(2) 商业舞弊行为意图的形成主要由利益驱动；(3) 社会网络的传播在商业舞弊行为扩散中起重要作用。

一　商业舞弊行为本质——机会主义行为

结合上述实证分析，消费者舞弊行为的本质可以概括为机会主义行为。机会主义也称投机主义（Opportunism），指个人或组织为了达到自己的目的可以使用一切方法，突出的表现是不按规则办事，以结果来衡量一切。在对四种较为常见的消费者舞弊行为的实证分析中可以发现，舞弊机会和舞弊风险均对舞弊行为意图呈现出显著的影响。首先，当消费者感知到的舞弊机会大时，消费者舞弊的信心增加，倾向于认为有足够大的可能性能实现预期的结果，从而舞弊行为意图更为显著。其次，舞弊风险小时，消费者倾向于认为舞弊被发现的可能性较小，或即使舞弊行为被发现后消费者受到的惩罚明显小于在舞弊中获得的利益，就最终结果而言，消费者还是能从舞弊中获得收益，所以，在上述情况下，消费者的舞弊行为意图仍会明显增强。最后，非群体、非职业化舞弊行为比群体、职业化舞弊行为所体现的机会主义更明显。相对于刷单、知假买假和好评返现，职业差评更多表现为一种群体职业化舞弊行为。依据实证结果可知，对于这种群体职业化舞弊行为来说，个人风险偏好及贪婪个性的调节作用均不明显，即当消费者将给商家差评从而获利这种舞弊行为作为一种职业时，个人风险偏好和贪婪个性对其选择是否舞弊的影响不大，此外，知觉行为控制对于这类群体职业化舞弊行为意图的影响也不显著，说明在职业化的群体中，消费者个人舞弊行为意图并不仅仅取决于自己，而是受身边从事同一舞弊行为的同事的影响较多。而在非职业化的消费者个人舞弊行为（平台刷单、知假买假和好评返现）中，消费者的贪婪个性对舞弊行为意图的影响得到加强，知觉行为控制对舞弊行为意图也有显著的影响，说明在个人舞弊情况下，消费者的舞弊行为更多的是自主决定。平台经济视域下，第三方平台的弱监管、弱识别、弱惩罚等治理漏洞使得消费者对商业舞弊的感知风险降低，对商业舞弊的感知机会增加，从而增强消费者的机会主义行为倾向，滋生舞弊行为。

二　商业舞弊行为形成——利益驱动作用

结合上述实证分析，可以发现利益驱动在商业舞弊行为的形成过程中既有直接作用又有间接作用。一方面，直接作用下，商业舞弊的行为态度和动机对平台刷单、知假买假、好评返现和职业差评等四种舞弊行为有着显著的影响。消费者如果认为这四种商业舞弊行为对自身产生有利影响，对其态度就表现为越支持，消费者就越有可能在某平台上舞弊，即消费者商业舞弊的行为意图就越强。如果消费者将这四种商业舞弊能给自身带来利益作为舞弊理由,那么,消费者商业舞弊的动机就越大,就越有可能在某平台上舞弊,即消费者商业舞弊的行为意图就越强。另一方面,间接作用下,消费者的贪婪个性调节态度和动机对商业舞弊行为意图的影响。贪婪个性越强的消费者认为拥有很多钱特别重要,并且也会因为拥有昂贵的奢侈品而感到非常开心。实证分析发现,当贪婪个性作为调节变量进入回归方程后,贪婪个性在态度(消极)影响行为意图的过程中主要起负向调节作用。即消费者的贪婪个性越显著,态度(消极)对商业舞弊行为意图的影响就越不明显,换言之,消费者越贪婪的时候,虽然其对舞弊持反感态度,其舞弊意图也可能会较强。由此可见,平台经济视域下需求方用户商业舞弊行为意图形成是在物质贪婪即利益的驱动过程中产生的,消费者对于利益的追求使其更容易产生舞弊行为意图。利益驱动的作用是商业舞弊行为意图产生的催化剂,是消费者商业舞弊行为意图形成的重要因素。

三 商业舞弊行为扩散——社会网络传播

结合上述实证分析,可以发现商业舞弊行为在群体中的扩散主要取决于社会网络的传播。在社会网络中,人们更倾向于接受身边的朋友、家人等跟自己有所关联的人发布的信息,他们所提出的意见或所表现的行为意图对消费者自身的行为意图影响更为显著。根据社会网络理论及实证分析,可观察到主观规范对刷单、知假买假、好评返现和职业差评者四种不同类型的消费者舞弊行为影响是较为明显的。在实证分析中,本书将主观规范分为示范性规范和指令性规范,当消费者身边的朋友、家人等有进行过任意一种舞弊行为并向消费者个人表现出此类行为意图时(即示范性规范),出于对彼此的信任,消费者容易相信对方分享的信息,这就导致消费者对舞弊行为意图的接受能力增强,自身舞弊行为意图越显著;若其朋友、家人等对消费者表现出来的舞弊行为意图不仅不加以劝阻,反而持无所谓甚至是赞同态度时(指令性规范),消费者的舞弊行为意图会进一步增强。此外,消费者自身的这种舞弊行为意图也会通过这种社会网络关系影响到周围其他人的行为意图,从而使得舞弊行为在社会网络中得以扩散,更加不利于舞弊行为的规范化治理。

本章小结

本章通过对计划行为理论理论、自我决定理论、舞弊风险因子理论的梳理，明晰了相关理论在分析需求方用户发生舞弊行为的部分动机，并据此提出了平台需求方用户视角下商业舞弊行为的成因理论模型。在此基础上，本章以影响较大的某在线购物平台为例，根据构建的成因理论模型，提出相对合理的假设，针对较为常见的网络刷单、知假买假、好评返现和职业差评这四种消费者舞弊行为设计了相应的调查问卷。随后，在利用 SPSS 26.0 对问卷数据进行实证研究的过程中，本章明确了需求方用户在互联网平台上舞弊的原因，并对前文提出的成因理论模型进行修改，得出以下影响消费者商业舞弊行为意图的因素：舞弊动机、舞弊态度、主观规范、感知风险和感知机会、个人风险偏好以及贪婪个性等。综上所述，本章在现有平台经济和商业舞弊的理论研究基础上，进一步深入探索了"平台经济视域下需求方用户为什么舞弊"的问题，完善了现有理论体系，同时，也为本书下文中研究"如何对平台经济视域下商业舞弊进行治理"奠定基础。

第七章　平台经济视域下商业舞弊行为的治理框架

人类的每一次腾飞都伴随着科技的创新，互联网技术突破了原有价值链和产业链的运营规则，实现了价值链和产业链的分裂与重组，推动了各产业边界的延展。中国的互联网产业相比欧美等国家起步较晚，但发展的速度却超过了任何一个国家。2015年国家发改委牵头，工信部参与制定"互联网+"行动计划，通过互联网实现相同领域内的融合与不同领域间的联合，如电子商务与在线物流的结合、电子商务与在线支付平台的融合、电子银行与在线理财平台的交互等。随着移动网络的覆盖和网络支付体系的成熟，互联网平台交易深入大众生活的方方面面。遗憾的是在让大众普遍受益的同时，互联网交易平台上出现的商业舞弊现象蔓草难除，由此产生的诚信问题影响了社会的方方面面。根据国家工商总局数据，2017年网络购物类投诉68.57万件，同比增长184.4%，投诉量增幅较大。从消费者反映的问题来看，主要集中于广告含有虚假的内容、商品假冒伪劣、质量不合格、不履行国家规定的七日无理由退货和三包义务等。[①] 社会各界一致认同应全力治理商业舞弊，然而由于互联网平台经济视域下的商业舞弊行为具有隐蔽性、复杂性、圈层性的特征，以及整个制度和商业伦理等外部环境的因素影响，平台经济视域下商业舞弊治理困难重重。为提升治理有效性，在前面各章节对商业舞弊内涵、表象和特征深刻认知的基础上，本章以实践中平台商业生态系统发展各阶段作为划分平台经济视域下商业舞弊行为治理的依据，总结实践中平台经济视域下商业舞弊行为治理的轨迹和趋势。接着，从治理实践出发，联系前面章节挖掘商业舞弊

---

① 资料来源：工商总局：2017年网购投诉受理量增长184.4%，http://tech.sina.com.cn/i/2018-03-15/doc-ifyscsmv7829129.shtml。

的内在动因，结合公共治理理论和协同理论构建平台经济视域下商业舞弊治理框架，理顺治理要素间的逻辑结构。

第一节　平台商业生态系统的演化与商业舞弊行为治理

随着互联网技术的不断发展及相关基础设施的日益完善，我国互联网平台自 1994 年出现以来发展迅速，电子商务平台生态系统逐渐形成。电子商务平台生态系统中各成员是独立的经济实体，"利益最大化"是各主体的决策指导原则。各主体在追求各自利益的过程中，相互之间容易产生冲突，进而影响平台商业生态系统的"健康度"。正如 Lansiti 和 Levien（2004）所言，无论采取何种平台治理对策，其根本目的都在于提高平台生态系统的"健康度"。[①] 因此平台商业生态系统演化史在某种程度上也是商业舞弊行为的治理史。经过二十年的发展和完善，我国平台经济商业生态系统已初步形成，其自组织及催化循环的特征日益凸显，整个系统处于耗散结构。回顾我国平台经济商业生态系统的演化过程，不难看出生态系统演化过程和商业舞弊行为动态发展轨道相互交织融合。

一　我国平台商业生态系统的演化

美国著名经济学家 Moore 于 1993 年最早提出商业生态系统的概念，所谓商业生态系统，是指以组织和个体间相互作用所组成的经济联合体，其成员除核心企业外，还包括消费者、供应商、投资商、金融商、贸易合作伙伴、标准制定者、工会、政府及具有政府职能的单位，以及其他利益共同体单位，这些成员通过价值或利益共享和交换聚集在一起形成价值链，相互依赖共生以实现各自的目标。[②] Peltoniemi 和 Vuori（2004）在 Moore 提出概念的基础上引入组织生态学中"生态位"的概念丰富商业生态系统的内涵，他们指出："商业生态系统是由具有一定关联的组织组成的一个动态系统，这些组织可能是企业、高校、研究机构、社会公共服务

[①] Marco Lansiti, Roy Levien: Strategy as Ecology [J]. *Harvard Business*, 2004.
[②] Moore J., Predators and Prey: *A New Ecology of Competition* [J]. *Harvard Business*, 1993.

机构及其他各类与系统有关的组织。"① 商业生态系统中的各种参与者之间存在松散联结关系，这些参与者根据自身的作用占据一定的"生态位"，通过系统共同发展实现自身的生存和发展。商业生态系统理论打破了传统企业之间"单赢"的竞争观念，强调企业的经营大环境是一个联系紧密、互为依赖的共生系统（欧阳泉，2012），②"生态位"上的企业应主动融入商业生态系统整体能力发展中。

Moore（1996）从商业生态系统均衡演化的角度将商业生态系统的演化划分为四个阶段：开创阶段、扩展阶段、领导阶段、死亡或创新阶段。在开创阶段，有生命力的新商业生态系统诞生，创业企业着力开拓目标市场，根据客户需求不断完善企业的产品和服务，以求赢得客户、占领市场；在扩展阶段，创业企业着力打造价值链共建生态系统，通过建立合作框架吸引各方参与者，拓展商业生态系统的边界，丰富生态系统内部资源；在领导阶段，创业企业着力通过带领生态系统创新和发展成为领导者，在完善和丰富自身技术和产品的基础上协调系统中各成员间的利益，领导系统成员的发展；在死亡或创新阶段，创业企业在外界环境发生剧烈变动的情况下着力寻求生态系统的延续路径，通过价值链再造和系统内部变革增强系统的生命力，实现系统的日臻完善。③ Peltoniemi 和 Vuori（2004）从复杂系统的角度将商业生态系统的内部成长周期划分为四个阶段：自组织、兴起、协同演化和适应，四个阶段紧密相连。生态系统的形成是一个过程，参与者自愿参与其中且系统中不存在领导者，自组织实现生态系统的形成；兴起是商业生态系统各部分参与者之间相互作用的结果，它是一种总体效能的体现；协同演化是指生态系统中一个企业的演化会影响另一个企业的演化；生态系统通过不断的协同演化适应外部环境的变化及其对生态系统的限制，实现系统的持续发展。

在对商业生态系统特点和商业生态系统生命周期的认识基础上，本节重新定义了平台经济视域下商业生态系统的演化路径，将其划分为形成

---

① Mirva Peltoniemi, Elisa Vuori. Business Ecosystem as the New Approach to Complex Adaptive Business Environments [A]. Conference Proceedings of eBRF 2004 [C]. *Tampere Finland*, 2004.

② 欧阳泉：《商业生态系统视角下零售业发展战略构建》，《商业时代》2012 年第 13 期。

③ Moore J. The Death of Competition: Leadership and Strategy in the Age of Business Ecosystems [M]. *New York: Harper Gllins Publisher*, 1996: 195.

期、拓展期、融合发展期、进化适应期四个阶段（见图7-1）。

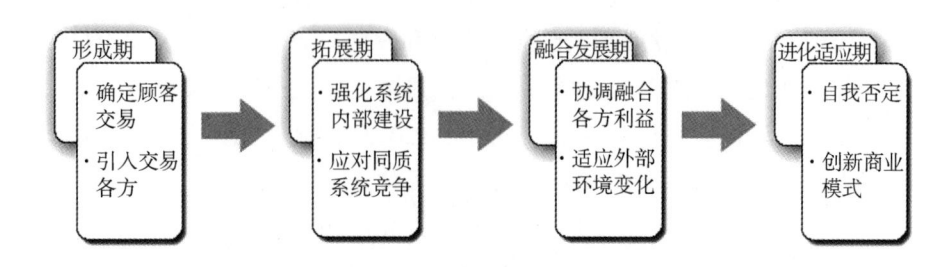

```
形成期                拓展期              融合发展期            进化适应期
·确定顾客      →    ·强化系统      →   ·协调融合       →   ·自我否定
  交易                 内部建设             各方利益            ·创新商业
·引入交易            ·应对同质           ·适应外部              模式
  各方                 系统竞争             环境变化
```

图7-1 我国平台商业生态系统演化路径

在形成期，核心企业逐渐显现，他们致力于确定目标顾客，通过创新和发展引入交易各参与方，商务生态系统逐步形成；在拓展期，生态系统中参与者的数量骤增，系统规模急剧扩大，核心同质的生态系统之间竞争日益激烈；在融合发展期，商业生态系统之间及商业生态系统内各种利益争夺的竞争和冲突此起彼伏，协调各方利益、提升商业生态系统"健康度"成为商业生态系统的关键；在进化适应期，由于政策等外部环境的变动，系统需要自我否定，进行模式创新或技术创新，进化成为新的电子商务平台生态系统。

我国平台经济历经多年的发展和演化，电子商务平台生态系统发展进入融合发展期，呈现产业集群特征，参与平台交易活动的个人与企业数量和类型日益增多，一个包含不同亚域的平台商业生态系统（见图7-2）已经形成。该生态系统由内而外包括核心层（平台提供者、平台需求方用户和平台供应方用户）、支撑层（物流公司、金融公司等）和政府，整个生态系统为了实现四流（商流、资金流、信息流和物流）有序运作。与传统市场相类似，网络市场上也会出现"柠檬问题"甚至市场失灵。平台经济作为一种新兴、复杂的商业生态，治理制度和技术支持都未定型，商业舞弊始终伴随着平台经济发展。平台商业生态系统的健康发展离不开政府对整个生态系统外部秩序的规制和对社会资源的有效调控，对各方治理的实践和理论探索是商业生态系统健康发展的重点。

二 演化中商业舞弊行为治理实践

互联网平台经济的发展过程中一直呈现出"实践先行"的特征，以

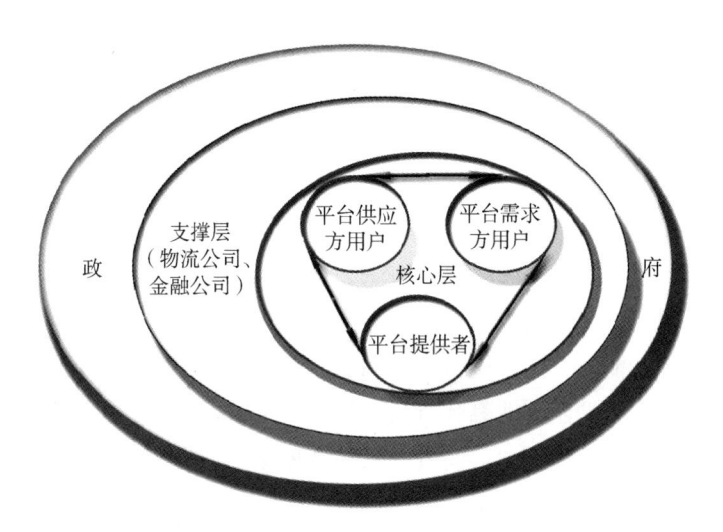

图 7-2　平台经济视域下商业生态系统

平台商业生态系统的发展阶段为划分维度，追溯和梳理商业舞弊治理发展的历史，预测潜在变化，可以为商业舞弊治理提供有意义的参考和指导。

（一）平台商业生态系统形成期：单边治理

在平台商业生态系统形成期，由于资产专用性等原因，平台提供者最核心的工作是获得用户数据。平台企业以满足特定客户需求为目标，利用已有资源和能力，构建基础用户的数据库，专注于提高服务质量和增加基础用户来构建竞争优势（蔡宁等，2015），[①] 通过运营模式创新和定价策略等方式吸引平台商业生态系统的其他参与者与协作者，从而提升网络效应的正面影响。在这一时期，平台提供者基于平台各个利益相关者的产权地位和资产专有性投资等因素的差异，通过监督、激励、专用资产、产权等正式机制来规范平台商业行为。平台作为新生事物，各种基础设施、交易条件及系统运行机制等都还不完善，政府因时制宜采取接纳包容的原则，在平台治理中呈现出"弱存在"的状态，尽量避免政府行政手段与市场手段之间的政策"挤出效应"，为身处形成期的平台商业生态系统发展创建了一个宽松的政策环境。

[①] 蔡宁、王节祥、杨大鹏：《产业融合背景下平台包络战略选择与竞争优势构建——基于浙报传媒的案例研究》，《中国工业经济》2015年第5期。

（二）平台商业生态系统拓展期：多边治理

经过形成期的发展，平台商业生态系统迅速步入扩展阶段，平台交易量日益增长，平台体量不断增大，参与系统的各方主体逐渐涌现。各商业生态系统中的平台提供者为降低交易成本和风险，致力于组建和完善生态系统规则体系和交易准则，通过横向和纵向治理来改变平台边界，提升所处商业生态系统的竞争力。这个时期，平台提供者在商业生态系统中的地位发生了明显的改变，由原来的中间商转而更多地行使如处理纠纷、实施奖惩等管理职能。在这一阶段，平台提供者创造性地采用了声誉、沟通、信任等治理方式抑制商业舞弊行为。然而，平台提供者作为治理主体，各种问题不断暴露，如刷单、假货交易等现象屡屡发生。面对来自平台提供者的各种治理策略，交易平台的商家为了自身的利益自发成立了联盟，如淘宝卖家组成的广州商盟（2004年7月成立）、上海商盟（2007年11月成立）和西北商盟（2006年8月成立）。自组织联盟的出现，不仅有利于提升平台规则的合理性，而且组织内形成的规则实际达到了约束组织成员、规范交易过程的效果。政府面对日益增多的网络事件，努力着手外部秩序和环境建设，在这阶段中政府的治理具有市场"倒逼"的特点。

（三）平台商业生态融合发展期：协同共治

伴随着扩展时期业务的高速增长，主体之间的利益冲突日益尖锐，价值分割日渐复杂，统筹系统各部分、完善生态系统的规则和标准成为商业生态系统健康发展的关键。面对交易平台不断涌现的各种商业舞弊行为，如假货和信用炒作，各交易平台提供者纷纷采取措施强化平台内部治理、完善交易规则、构建信用体系。在这一阶段，平台企业意识到自身市场自主治理的缺陷，主动寻求主体间的协同合作。以阿里巴巴为例，阿里巴巴集团在2017年2月向全社会公开呼吁完善法律法规，严格执法、加重刑罚、加大打击制假售假的执法力度。与此同时，政府也转向主动出击，开启政府与平台企业同步治理的模式。政府依靠制度和法律来规范市场行为，平台企业则通过契约和规则来约束市场交易行为。但是由于治理主体相互独立，管理内容交叉，摩擦不可避免，2015年阿里巴巴和工商总局的冲突就是典型事件。因此，如何明确各治理主体间的责任边界，协调主体间的角色，是目前平台治理模式演化中必须解决的问题。

纵观商业舞弊治理历程，平台商业舞弊治理先后从"单边治理""多边治理"进阶到"多主体协同共治",强调平台相关主体之间的协同联动、通力合作,发挥各主体在治理上的最佳优势,形成协同合作的商业舞弊治理网络的治理脉络在实践层面已经清晰明朗。为提升多主体协同共治框架的效度,本书在下一节将基于本书前文的实证分析以及相关的理论演绎对"谁来治理"和"如何治理"等问题进行理论层面的探索。

第二节 平台经济视域下商业舞弊行为治理的模型构建

传统的舞弊治理视角常以内部为主,着重强调从加强内部控制、内部审计(郝玉贵,2012)、改善内部治理结构(刘林子和袁凤林,2015)等方面构建反舞弊机制。[①][②] 在平台商业生态系统语境下,商业舞弊行为经由平台集中、放大与快速传播,产生的影响将辐射社会经济方方面面,这也意味着商业舞弊行为的治理难度加大。从问题本质上看,平台经济视域下的商业舞弊问题不仅是市场范畴的经济问题,更是公共范畴的社会问题,因此需要深入分析商业舞弊的内在动因,明确商业舞弊治理的方向,构建治理模型,指导治理实践,革新治理观念。

一 平台经济视域下商业舞弊行为的综合成因分析

本书的第四章、第五章和第六章分别站在平台提供者视角、供应方用户视角和需求方用户视角对平台经济视域下商业舞弊的诱发因素、影响因素和扩散因素展开分析,共同论证了高利益驱动是平台商业舞弊的内在成因。利益驱动是所有商业舞弊之源,著名经济学家 Becker 称"一些人犯罪不在于他们的基本动机与别人有什么不同,而在于他们的利益同成本之间存在差异"[③]。前面章节的分析显示了舞弊发现概率、

---

① 郝玉贵:《关联方交易舞弊风险内部控制与审计——基于紫鑫药业案例的研究》,《审计与经济研究》2012 年第 4 期。

② 刘林子、袁凤林:《内部治理结构下上市公司财务舞弊治理对策》,《北方经贸》2015 年第 5 期。

③ Gary S. Becker. Crime and Punishment: An Economic Approach [J]. *Journal of Political Economy*, 1968 (02).

舞弊惩罚力度和舞弊成本三者是影响经济利益的主要因素。平台经济视域下商业舞弊行为屡禁不止，并呈蔓延之势，根本原因在于商业舞弊所带来的高利益。平台经济视域下商业舞弊收益居高不下与现实中舞弊"弱发现"、舞弊"弱惩罚"、舞弊治理"弱协同"及舞弊主体"弱自治"密切相关。

（一）弱发现

前面章节对商业舞弊的成因的实证分析显示商业舞弊发现概率是舞弊行为发生与否的重要相关因素，对商业舞弊行为的相关性分析也说明舞弊发现概率与舞弊行为的发生呈强负相关性，如廖秀健和张晓妮（2008）分析了商业欺诈的博弈模型，对这种机会主义行为归结为发现制度方面的原因。[①] 基于此，本章提出弱发现是商业舞弊基本动因之一。造成"弱发现"主要原因如下：第一，平台各方信息不对称特性。信息不对称增强了商业舞弊行为的隐蔽性，使其难以发现。苏盾（2010）认为在确立某种经济关系之后，通过隐蔽行动而转嫁风险或直接侵占委托人的利益这种"机会主义"行为根源于信息不对称。[②] 第二，国家法律制度不健全。孙金霞（2007）指出立法方面的落后加之社会没有建立科学有效的管理机制是商业欺诈的原因之一。[③] 法律制度不健全使商业交易环节出现商业舞弊行为通过与制度中漏洞自动结合，找到其合理存在的位置，从而使自身难以被发现。第三，平台企业现行规则制度不够完善。对于具有外部性的交易，平台企业通常缺乏监管积极性，平台运营中存在众多管理漏洞和技术短板，不利于发现商业舞弊行为。

（二）弱惩罚

商业舞弊的成因的实证分析结果发现对舞弊行为的惩罚力度是舞弊与否的重要相关因素。已有的相关研究也显示惩罚强弱直接决定舞弊行为选择，如 Becker（1968）的犯罪经济学理论指出在存在大量分散化经济决策主体的经济中，政府及其惩罚机制选择决定了这些主体如何在合法与非

[①] 廖秀健、张晓妮：《制度经济学视野下商业欺诈的成因及其遏制》，《商场现代化》2008年第31期。

[②] 苏盾：《商业欺诈成因的经济学剖析及其治理》，《商业研究》2010年第2期。

[③] 孙金霞：《从诚信建设的角度看遏制商业欺诈》，《商业时代》2007年第29期。

法行为间作出抉择。① 周晓唯和惠李（2012）从博弈论的角度认为商业欺诈根源离不开背后的巨额利益，理性人商业欺诈的净收益大于不欺诈的净收益。② 吕鸿江等（2018）指出惩罚是一种渗透在社会组织生活中的微观权力，它是对越轨或失范行为的反应。③ 基于此，本章提出弱惩罚是商业舞弊又一基本动因。造成"弱惩罚"的主要原因在于现行平台商业舞弊的规定过于简单且惩罚力度不足。我国关于平台经济视域下商业舞弊的法律认定和惩罚措施的认定仍不完善，立法上的模糊性必然导致法律适用的无效性，从而无法加强惩罚性措施的力度，惩罚机制的功能价值并没有得到最大限度的运用。

（三）弱协同

通过博弈已经证明对舞弊行为的监管成本与商业舞弊直接相关，而导致平台商业舞弊监管成本居高不下的重要原因之一是监管主体间的弱协同。协同是指众多利益相关主体面对共同问题，基于一定的共识、信任与合作，采取集体行动，致力于实现既定目标的行为与过程。造成"弱协同"的主要原因如下：第一，平台商业生态系统的"碎片化"。"碎片化"包括治理主体间合作"碎片化"、治理流程"碎片化"、相关治理政策"碎片化"。第二，治理惯性。从交易市场角度，政府和平台处于博弈中的对立方，受治理惯性的影响，商业平台中两套治理模式（政府治理和平台治理）没有有效地协同起来，政府和平台相争相容、利益共赢的局面尚未形成，"政府监管，企业回避"以及"政府被企业俘获"的监管悖论不断。弱协同带来的协同体系不健全给商业舞弊行为蔓延提供了土壤和空间。

（四）弱自治

通过对商业舞弊成因的实证分析，显示个人风险偏好及贪婪与商业舞弊行为密切相关，即自治与商业舞弊行为发生相关，而影响平台商业生态系统中各主体自治的主要因素之一是所处的商业文化。王中原（2003）

---

① Gary S. Becker. Crime and Punishment: An Economic Approach [J]. *Journal of Political Economy*, 1968（02）.
② 周晓唯、惠李：《商业欺诈及治理的经济学分析》，《商业研究》2012年第5期。
③ 吕鸿江、吴亮、周应堂：《信任与惩罚机制匹配的知识网络交流效率研究》，《科研管理》2018年第8期。

从伦理学的角度探析了商业欺诈的因素，总结出商业欺诈有其文化心理根源、社会经济根源、社会制度根源。[1] 文化具有一种潜移默化的作用，在特定条件下文化会影响商业舞弊的发生频率，有时会纵容、强化商业舞弊行为的动机及经济后果。葛家澍和裘宗舜（2003）指出，财务报告舞弊的实质是道德和文化问题。[2] 造成"弱自治"的主要原因是随着互联网时代的全面到来，原有的商业文化和道德规范逐渐失去了对社会成员的约束力和积极的价值引导作用，新的商业文化和道德规范还未成熟，社会成员处在规范真空的状态，治理自控力弱，平台商业生态系统中各成员商业舞弊的概率大大提高。

二 平台经济视域下商业舞弊行为的具体治理方向

商业舞弊行为治理是一个复杂的系统工程，涉及制度、法规、文化、方法模式等诸多要素。因此，舞弊治理不是简单的方法和手段叠加，而更多的是一种资源要素的有机融合。从原因出发，依据针对性原则，确立"四强"治理方向，实现治理要素之间优化配置。

（一）强发现

周晓唯和李惠（2012）通过博弈分析指出商业欺诈行为被发现的概率大小是商业欺诈活动的约束条件。[3] 提高商业舞弊行为的发现概率，健全发现制度，可以有效降低商业舞弊的发生。"强发现"包括两个方面内容：第一，强化商业舞弊发现制度。加强制度建设，完善关于平台经济视域下商业舞弊立法，提高商业舞弊的受理率，在全社会形成人人参与监督和治理的局面，一旦有商业舞弊行为发生，无论相对行为人是否受到损失，都应激励其揭发商业舞弊行为，提升商业舞弊的起诉率。第二，加强商业舞弊技术治理。互联网信息技术使得任何网络交易行为都"有迹可循"，这有效提高了舞弊治理的针对性。商业舞弊行为治理的时间应由原来聚焦于评价形成"中"的"一段式"发现，延展为"前有甄别—中有评价—后有反馈"的动态"三段式"强发现体系。

---

[1] 王中原：《商业欺诈的成因危害分析及伦理对策探讨》，硕士学位论文，中南大学，2003年。

[2] 葛家澍、裘宗舜：《会计信息丛书——会计热点问题》，中国财政经济出版社2003年版。

[3] 周晓唯、惠李：《商业欺诈及治理的经济学分析》，《商业研究》2012年第5期。

(二) 强惩罚

Becker（1968）指出从事犯罪者被惩罚的概率和惩罚的严厉程度之乘积构成了他的预期成本，进而影响其是否从事犯罪的决策。[1] Holmstrom（1982）提出惩罚机制是防止机会主义行为泛滥的有效途径。[2] 大量实证研究的结论几乎一致认为，惩罚概率和惩罚严厉度的提高具有非常显著的威慑效应存在。"强惩罚"主要包括两方面内容：第一，提高惩罚的确定性。完善有关平台经济视域下商业舞弊法律法规，强化执法部门建设，将惩罚作为一种强制性的力量，提高法律监管的威慑力。第二，强化惩罚的力度。舞弊是对违规成本与违规收益的权衡，常常会理性地计算各种成本收益，只有能够带来净期望收益的舞弊行为才会被实施。因此，加大商业舞弊的道德成本和经济成本，提高商业舞弊的边际成本是影响商业舞弊行为的重要因素。

(三) 强协同

Mueller（2015）指出网络组织（Network Organization）中，各节点主体的行为、资源、得失相互影响，而且各节点主体的利益来源于网络组织中所有节点主体的资源整合。[3] 郑巧和肖文涛（2008）提出协同治理能够产生各主体自身所没有的新作用，实现网络空间治理效果的增值，使得网络空间维持在各主体高度合作、有序的共同治理中，最终达到最大限度地维护和提高网络空间公共利益和各主体利益的共赢目的。[4] 因此，"强协同"是有效解决政府和市场失灵，降低商业舞弊治理成本的有效手段。"强协同"包括两方面的内容：一是在监管分工中要进行充分的成本效益分析，平衡成本和效果，提升协同效益；二是在平台治理过程中，应全力推进政府、平台和社会三方主体之间的有效协调与互动，防止治理真空或治理过度。

---

[1] Gary S. Becker. Crime and Punishment: An Economic Approach [J]. *Journal of Political Economy*, 1968（02）.

[2] Holmstrom B. Moral Hazard in Teams [J]. *The Bell Journal of Economics*, 1982.

[3] ［美］弥尔顿·L·穆勒（Milton L. Mueller）著：《网络与国家：互联网治理的全球政治学》，周程、鲁锐、夏雪、郑凯伦译，上海交通大学出版社2015年版。

[4] 郑巧、肖文涛：《协同治理：服务型政府的治道逻辑》，《中国行政管理》2008年第7期。

（四）强自律

余晖（2008）在《管制与自律》中讲述市场微观主体的自律行为亦为经济社会治理结构的重要组成部分，在很大程度上与政府管制存在着合作、补充、竞争和替代的关系。[①] 电子商务商业生态系统是一个开放的系统，系统成员之间呈非线性关系，其典型的特点就是自律。张怡（2006）指出自律是指行为主体在道德意识支配下，自觉地规范和约束自己的行为，使之符合社会经济秩序的规则。防范商业舞弊方面，强自律是杜绝商业舞弊行为出现的根本解决手段。"强自律"包括两个方面：第一，强化行业自律。[②] 林静时（2011）在《互联网治理中行业自律机制研究》表明行业自律机制逐渐被提倡，行业自律机制促进了行业内的利益相关群体自觉遵守法律、法规，公平、有序竞争。建立最低安全和质量标准，对营造一个健康有序、规范和谐的网络环境起到巨大的推动作用。[③] 第二，商业生态系统各成员自律。梁玉红（2009）指出市场经济条件下的自律，实际上是微观主体对经济规范、公共利益、公共目标的认同，并把个体利益、个体目标与公共利益、公共目标结合起来考虑，形成一种内在的道德自觉行为。[④] 自律与来自政府和平台企业的管制和约束不同，是电子商务生态系统成员通过商业文化对个体进行规范和约束，对文化的认同是成员自律形成的基础。

三　平台经济视域下商业舞弊行为治理的理论基础

商业舞弊治理在实践中尝试、探索发展的同时，也需要积极探讨商业舞弊治理的理论根基，形成治理理论模型，从而把握商业舞弊治理的发展方向，并以此指导商业舞弊治理实践。

（一）公共治理理论与舞弊行为治理

1. 公共治理理论

"公共治理理论"本质上是一种分权理论，它主张社会问题的解决应

[①] 余晖：《管制与自律》，浙江大学出版社 2008 年版。
[②] 张怡：《私营企业行为的道德责任研究》，硕士学位论文，华中师范大学，2006 年。
[③] 林静时：《互联网治理中行业自律机制研究》，硕士学位论文，北京邮电大学，2011 年。
[④] 梁玉红：《商业贿赂的经济伦理探源及其治理机制》，《江西社会科学》2009 年第 12 期。

当由政府、市场、社区等各方主体共同参与，倡导减少行政干预，提倡权利的分割与下放及资源的共享，强调充分发挥政府和市场共同管理的理念来解决社会公共问题。该理论强调治理主体之间以相互包容为原则，通过多方主体协同的方式建立相辅相成的网络化互动关系，从而实现高效治理的社会目标。公共治理理论无疑是一种解决社会经济问题独特的途径。

2. 理论的吻合性

公共治理理论与平台经济视域下商业舞弊行为治理具有高度的吻合性，具体原因如下：从治理对象上看，互联网交易平台治理兼具经济属性和社会属性，应纳入社会治理范畴。平台经济视领下商业舞弊行为中存在众多构成方，例如商业舞弊行为中的舞弊者、受害者、第三方政府监管部门以及一些行业协会等。商业舞弊会带来负外部性，即破坏经济秩序，损坏利益相关者的合法权益，进而产生"劣币驱逐良币"的效应。从治理主体上看，公共治理所形成的多主体合作治理网络是实现平台商业舞弊治理目标的重要保证。纵观平台经济视域下商业舞弊行为治理的发展过程，其治理不再局限于单一的政府机构或平台企业，不存在一股绝对性的支配力量。大量政策和规则的制定和执行，需政府、平台企业、行业组织、其他相关社会组织和社会公众有效协调完成，而这一过程恰恰就是公共治理理论所强调的通过激发利益相关人尤其是具有"利他精神"的治理热情，合理设计正面和负面激励，形成一套多主体、有层次的自发循环治理框架。从治理路径上看，公共治理所提倡的共治方式与交易平台各治理手段相结合，可兼顾商业舞弊治理的效率和效果。公共治理提供了一种系统各方协作共治的社会公共事务治理新范式，在治理方法上强调协同治理，以确保实现政府公共性、集中性的同时，又充分利用市场的回应性强、效率高和社会组织的公益性、成本低的特点，从而综合多个主体、多种手段的优势。依据网络行为四要素（法律、准则、市场和结构）理论，网络互联网交易平台治理需要价格、技术、法律和文化等手段的共治，这与公共治理理论不谋而合，多手段共同治理可以大大提高商业舞弊治理的效率和效果。

(二) 协同治理理论与舞弊行为治理

1. 协同治理理论

协同治理理论源自协同学思想，以一般系统论（Systems Theory）、信息论（Information Theory）、控制论（Cybernetics）为理论基础发展而来。德国学者 Haken 于 20 世纪 70 年代提出激光理论，他发现大量子系统在一定条件下通过非线性相互作用可以产生相干效应和协同现象，形成一种从混沌无序到有序状态的宏观系统结构。Haken 对协同问题进行了系统研究并提出"协同学"（Synergetic）理论，用以反映复杂系统与子系统间的协调合作关系。① 协同治理理论中的"协同"是指远离平衡的开放系统中具有差异性的成员之间相互协调、补充，自组织地产生出系统的有序时空结构和功能，或从一种有序状态走向新的更高有序状态的行为。协同治理理论最显著的特点是打破学科壁垒，具有跨界的解释能力，这为解决复杂社会问题提供了指导。

2. 理论的吻合性

协同治理理论与平台经济视域下商业舞弊行为治理具有高度的吻合性，具体原因如下：第一，商业舞弊治理主体多元性决定了协同的重要性。主体多元意味着治理模式由垂直型向扁平化的转变，要求平行合作的治理模型；主体多元意味着治理是多个主体基于共同目标实现不同主体利益的过程，这个过程离不开主体间沟通协调、合作共赢、利益分享。多元主体协同治理强调的是一种共治理念，蕴含了主体多元、沟通协调、合作共赢、利益分享等多个要义，单靠某个平台企业或者政府部门、社会组织无法有效达到治理效果。商业舞弊主体多元决定了治理理念必须革新，应由"企业单边治理"进阶到"多元协同治理"。第二，平台自组织特性决定了协同的必要性。平台自组织特性是指平台开放性、主体间差异性、主体间博弈性、随机性、信息非线性传播性等特征，平台自组织性决定了平台治理需要各主体的协同合作。自组织系统一般是由系统内部自身组织起来，通过系统各方共建各种形式的信息反馈来控制和强化系统内的组织行为，实现系统内的相对稳定。由此可知，平台商业舞弊行为治理更多的依靠平台各主体的合作、协商和认同。

（三）两大理论在舞弊治理中的应用

在公共治理理论和协同治理理论指导下，平台经济视域下商业舞弊治理需要以平台为核心，有效协同平台提供者、政府、社会主体（行业协

---

① [美] 哈肯（Haken H.）：《高等协同学》，科学出版社 1989 年版。

会、媒体、大众等）在内的多元主体，进一步深化"政府法治、企业自治、社会共治"的治理架构，构建包括"制度治理、组织治理、技术治理、文化治理"有机结合的协同治理框架（见图7-3），着力破解"谁来治理""如何治理"等难题。

多主体协同共治的商业舞弊治理模式主要包括两个维度：一是多主体协同治理。政府、平台提供者及商业生态系统中各社会主体围绕平台交易，互动协调，构成一个多主体、多圈层的内外交织的治理主体网络。二是多主体协同共治治理手段创新。平台健康度的提升离不开制度、组织、技术和文化等各种治理手段的不断创新。政府、平台提供者及社会主体三方的监管效力按照约束力的大小，从外到内分为平台外部秩序、内部规则和商业生态系统内生秩序三个层次，用以保障平台经济的良性循环和持续发展。商业舞弊治理过程离不开良好的市场经济秩序支撑，市场经济秩序的建立需要从三方面着手：第一，政府、平台提供者和社会主体三方协同治理，紧密合作；第二，商业生态系统三方主体要协调平衡发展，避免三方实力差距过于悬殊，避免强势方操控政策和制度的制定和执行，影响弱小方的利益；第三，提升治理效率，在综合考虑成本和效益的基础上，各种力量相互制约，相互影响和补充。

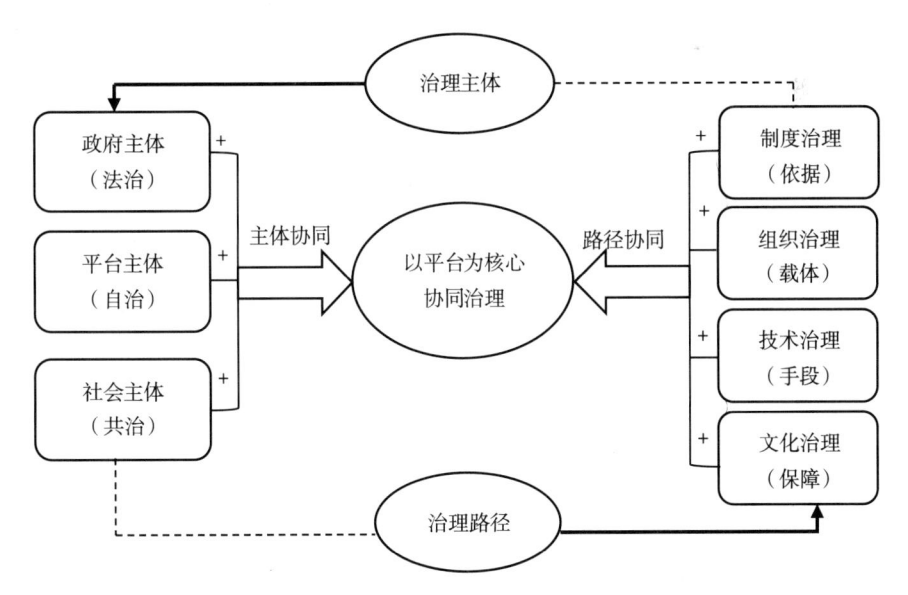

图7-3 公共治理理论和协同治理理论在平台经济视域下商业舞弊行为的治理应用

四　平台经济视域下商业舞弊行为的协同共治框架

通过前面章节对平台经济视域下商业舞弊行为的内涵与类型、舞弊动因和理论基础的梳理，本节构建一个系统的、用以揭示平台经济视域下商业舞弊行为"前因后果"与治理内在机制的概念框架，用以指导商业舞弊行为治理实践。据此，本书构建了平台经济视域下商业舞弊行为多中心协同治理理论框架（见图7-4）。

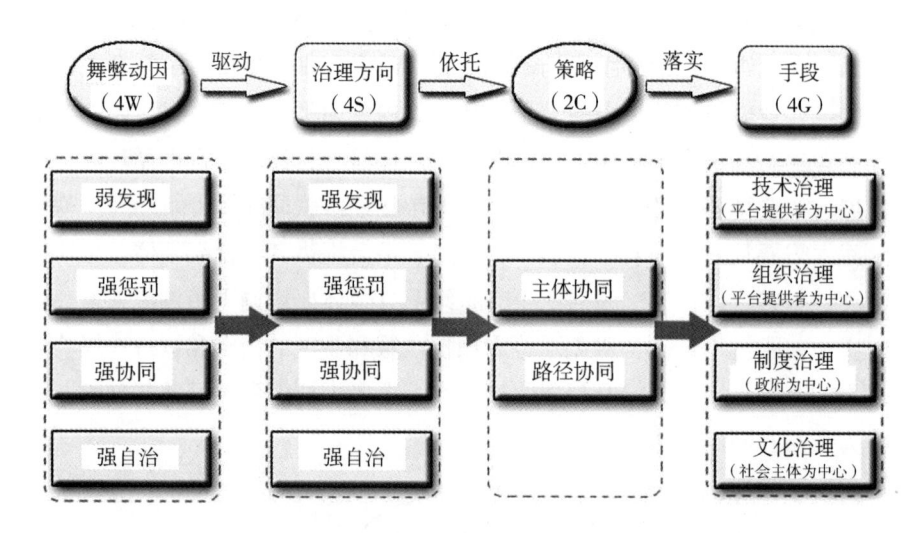

图7-4　平台经济视域下商业舞弊行为多中心协同治理理论框架

"四弱（4W）"是商业舞弊行为发生的内在动因，要治理商业舞弊行为必须针对原因而展开。商业舞弊治理的方向是"四强"，而"四强（4S）"实现离不开各主体和路径的治理创新，"主体协同"和"路径协同"构成了平台经济视域下商业舞弊行为的协同治理框架。从主体协同和路径协同角度看，重点要做好三方面的商业舞弊治理工作：一是明确治理主体。随着互联网平台运营逐渐步入成熟期，平台用户不断增多，平台间竞争不断加大，舞弊情况更加复杂，一切可以协同的监督力量都应纳入舞弊治理主体范畴，形成"平台——政府——社会"多元主体治理范式。二是明确治理责任。由于各自管理范畴的差异，各主体首先应做到各司其职，在能力范围最大化自身的治理效益。三是明确协同方式。各主体在治理过程中均面临能力局限，例如平台提供者依据契约约束开展治理，其治理对象仅限于店铺，对店铺营业者没有司法处罚权力；而政府部门面对跨地域性的交易行为，同样面临"谁来监管"的难题；买方面对商家的舞弊行为常遇"举证难"的现实困境，导致投诉不了了之。因此，各主体必须坚持法制框架下的协同合作，将制度治理、组织治理、技术治理、文化治理有机结合，构建圈层式的协同共治治理网络。

第三节 平台经济视域下商业舞弊行为治理的策略分析

平台经济视域下商业舞弊行为治理难度和复杂度较大，通过主体协同和路径协同，明确政府、平台企业和社会主体多元主体协同参与舞弊行为治理的权责，推动商业舞弊行为治理由碎片化分散治理转向精准化综合治理，由低效无序治理转向系统高效治理。

一 平台经济视域下商业舞弊行为的治理策略

（一）各主体分工，协同合作

平台商业生态系统是一个复杂的网络结构系统，具有无标度特性（Scale-free Property），范如国（2014）指出无标度特性是指网络中的节点（主体）中少数节点拥有大量的连接，而大量节点仅有少量连接的幂律分布现象。这些具有不同连接数量的节点在网络系统中的分工、地位和作用各不同，这些不同是主体间协同的前提。在网络结构系统中，各个节点（主体）间有择优连接机制，即影响力大的节点在网络中的作用会变得越来越强，择优连接的特征使得网络间的主体具有不平等性和竞争性的特点。[1] 在平台经济视域下商业舞弊治理过程中，政府、平台企业和社会主体（行业协会、媒体等）三大主体在网络系统中聚集度大，重要性远远大于其他位置的节点。因此，在商业舞弊治理时应在这三个主体间建立"各主体分工，多主体协同"的治理策略，使得三个主体的治理作用之间产生耦合，成倍提升治理效果。

---

[1] 范如国：《复杂网络结构范型下的社会治理协同创新》，《中国社会科学》2014 年第 4 期。

1. 政府监管方主导的制度治理

治理商业舞弊的基本途径是平台商业生态系统中聚集度最高、影响力最大的政府主体充分发挥治理作用，把握商业舞弊治理的方向、路径和目标。互联网平台时代崇尚多元化，其核心之一就是营造多元化的商业生态系统。政府监管互联网平台需要转变思维，从全能政府的管理模式转变为有限政府的管理模式，构建监管的生态圈，以兼顾平台利益、用户利益与公共利益为目标，协同政府各个部门的监管优势、积极引入平台企业力量，形成平衡内部治理系统和外部监管制度的多主体协同治理模式，政府在这个模式中居于主导全面统筹协调地位。政府通过制度治理，为社会多方利益团体重新分配公共责任，建立多方信任合作的治理新秩序，重建我国的信任体系，改善商业舞弊治理的总体环境。信任是互联网交易关系的核心，经典的信任机制有三个：基于个性特征的信任（Characteristic-based Trust）、基于制度的信任（Institution-based Trust）和基于信誉的信任（Reputation-based Trust）。而在充满着陌生个体和群体的平台经济环境下，制度是信任建立的根本，制度信任是互联网交易中最重要的信任机制，它将政府、社会组织、企业之间原有的依附和服从关系转变为信任关系，拓宽了制度资源，降低了社会风险。因此，政府需要从法律约束、管理体制、监督机制、反馈机制和合作规范等方面保证交易双方在互联网交易平台上可以安全地进行交易，通过不断的制度创新和完善，规范并约束交易平台和交易双方的行为，确保商业生态系统的健康发展。

2. 平台提供者引领的市场治理

Jean Tirole（2018）在《公共利益经济学》中指出，平台除了具有一般企业的属性外，还要扮演市场"守望者"和"规制者"的角色。[①] 任何类型的平台提供者在生态系统中都具有竞争主体和市场秩序管理者两个截然不同的角色。平台提供者之所以是市场治理的中心主要原因在于：平台提供者在用户进入市场、用户之间交易权利分配方面具有绝对的决定权，本着权责对等原则，平台提供者应对平台的负外部性承担对应的责任。治理本身是一种基于信息占有与利用的博弈。平台提供者作为平台拥有者是互联网商业生态系统的核心，在治理过程中具有其他生态系统成员

---

① 高旸：《让·梯若尔的"公共利益经济学"》，《中国经济报告》2018年第6期。

所没有的数据核心优势，在整个生态系统治理中具有异质性和不可取代性。另外，平台提供者对平台商户的管理权力是平台长期稳定发展的基础。平台提供者治理商业舞弊主要从三方面着手：第一，注重各主体之间关系协调、利益协调、信息协调和运作协调。第二，主导平台交易市场规则，管理平台用户的各种行为，保障平台市场契约的有效执行和各种争议的解决。第三，将大数据、区块链等各种技术融入平台商业舞弊治理中，使平台舞弊治理手段不断创新。

3. 社会多主体驱动的文化治理

商业舞弊治理过程离不开社会主体的广泛参与，尤其是身处商业生态系统核心层的用户的广泛参与、行业协会的自治以及媒体行之有效的社会监督。社会主体参与商业舞弊离不开"文化治理"，郝淑芹和杨玉强（2018）指出"文化治理"是一种集理念、制度、机制和技术于一体的治理形式与治理领域，它既涉及文化功能的重新发掘，又涉及文化组织方式的革新，还涉及个体文化能动性的彰显。[①] "文化治理"从本质上是将治理约束力转向治理自控力，从主要的法制因素转向经济、社会、文化、政治、生态多重要素共存的动力系统。开展"文化治理"应从两方面着手：第一，关注文化的基因传承属性，社会主体通过文化理解和文化认同等自我治理技术，建立健全全社会认同的价值观；第二，运用文化的基因复制属性，在全社会树立行为标杆，从而解决商业舞弊的源头性、基础性和关键性问题，实现从源头上杜绝商业舞弊。

（二）多路径协同，四管齐下

市场、组织、制度和技术环境的多元性和复杂性决定了平台商业舞弊治理的不确定性和艰巨性。构建"多路径协同"治理策略是缓和平台商业舞弊治理矛盾、降低商业舞弊治理风险、提升平台商业舞弊治理效率、实现平台商业舞弊治理目标的基石。

1. 以制度治理为依据，搭建有约束力的制度体系

综合考量平台视域下商业舞弊行为问题的性质、程度和治理主体的能力阈、责任阈，构建包含宏观、中观和微观三个层级的治理制度体系，主动完善内不同层级之间制度的有效衔接和协同，至上而下形成激励和制约

[①] 郝淑芹、杨玉强：《近年来国家文化治理研究述论》，《理论导刊》2018 年第 2 期。

平台上所有成员规范守法的制度网络。第一层级，法律与法规。政府主管部门要从顶层设计角度加强平台交易行为的立法和执法，对商业舞弊行为进行清晰的界定和明确的分类，如以电商平台为例的不合理交易行为、以搜索平台为例的不正当竞价行为等。参照"负面清单"的管理方式，明确列出各类平台经济运营时不可违反的行为，对其相关标准进行具体阐述，形成规则与条例，规范平台企业、平台用户、平台商家以及消费者的行为。同时，对于一些特殊的平台（如 P2P 网贷平台），还要从信息披露和信息安全的角度加以规制，从而约束其经营行为。通过完善相关的法律法规，切实使商业舞弊行为治理"有法可依"，改变"维权成本高、违法成本低"的现状。第二层级，规则与条例。平台运营企业要加快制定适合本平台交易行为的规则制度，明确各合作方的"进入—退出"机制、责任追溯机制和奖励惩罚机制，通过实名制等方式加强源头管控。同时，要针对商业舞弊行为设立"常态问题处理机制"和"突发事件处理机制"，加强防范与监管力度。第三层级，自律与他律。自律是指社会成员按一定的道德标准和规章制度自觉约束自己，使自己的言行符合社会规范。他律是指除本体外的行为个人或群体对本体的直接约束和控制。通过自律和他律可以加强人们知法、遵法、守法的潜在意识及行为规范（罗东敏，2011）。[①] 平台上的卖方与买方要遵守法律法规、尊重平台运营企业的规则规范，加强自身的责任意识，自觉抵制商业舞弊行为。

2. 以组织治理为载体，形成有控制力的组织体系

政府、平台、监管机构、媒体、大众等治理主体要有机结合，形成协同治理的战略合作伙伴关系，进而搭建出全方位的治理网络。一方面，要厘清各个主体的治理重点和边界，根据商业舞弊行为问题的属性和程度进行"分类治理"。平台提供者作为平台中心，掌握着最全面的交易信息，因此要做好商业舞弊行为的甄别和分类工作，清晰把握哪些问题属于"自治范畴"，哪些问题应该交由社会组织统筹，哪些问题应该诉诸司法机关和执行机关。另一方面，各主体又要在治理责任基础上加强协同和互动。以阿里巴巴集团为例，阿里巴巴集团在商业舞弊协同治理的组织创新

---

① 罗东敏：《市场经济下商业伦理的建立——自律和他律有效性辨析》，《商场现代化》2011 年第 15 期。

方面做了有益探索,搭建了"对内、对平台、对外"的三层协同组织:一是建立廉正合规部,重点治理员工的舞弊行为;二是建立平台治理部,重点加强合作商家商业舞弊行为的监管;三是协同多个单位成立了"中国企业反舞弊联盟""中国电商诚信共同体""电子商务反假联合会",通过平台企业之间的互相监督、互相取经,以有效降低企业舞弊的风险。

3. 以技术治理为手段,形成有监督力的技术体系

预防商业舞弊的最佳途径就是运用信息技术构筑一道综合屏障。信息技术使得任何网络交易行为都"有迹可循",这有效提高了商业舞弊行为治理的针对性。因此,要充分加强大数据、云计算、虚拟现实等技术在商业舞弊行为治理中的应用,思考如何应用信息化手段做好互联网平台企业的实时监督工作。首先,要充分应用大数据识别虚假产品信息和虚假交易行为,使互联网平台更为公开透明。其次,要建立平台、商家、消费者的诚信数据库,向社会适时公布不法商家名单和不良交易记录,营造良好社会风气。此外,利用信息技术创新监管渠道,推动平台企业发布平台社会责任报告。同时,要注意不同主体之间的技术协同和共享,构建强有力的技术监督体系。以购物平台的网络信誉炒作行为治理为例,通过社会大众的投诉举报、平台企业的技术甄别、工商部门的网络专项执法行动,形成线上线下一体化的"炒信"打击网络。

4. 以文化治理为保障,形成有自制力的文化体系

自制力是指在没有外部监督情况下,个体主动调节行为,使社会期望与自我价值相匹配的能力。自制力依赖于自然状态下人类的道德感情而存在,形成过程离不开对应文化体系的建设。文化体系作为治理重要的序参量,在治理过程中居于重要地位。文化治理主要从三方面着手:第一,构建新商业伦理价值体系。我国的商业生态日益完善、商业经济日趋发达,然而与当前商业生态相适应的商业伦理价值体系并没有形成,这严重制约商业经济完善和发展。商业伦理价值体系缺失往往会使得社会成员行为缺乏自我约束。文化治理的首要任务就是在继承和发展传统商业伦理文化的基础上,形成适应新环境的新商业伦理价值体系。第二,要提升文化的教育社会功能。文化在经济发展中社会成员具有凝聚和制约等作用,互联网的出现和广泛应用,我国已经从"熟人社会"转向"半熟人社会"和"陌生人社会",为了避免出现风险社会,应通过文化治理大力发挥文化

的教育功能。第三，创新和完善文化体系。文化治理应着眼于当前的商业环境，努力挖掘文化的潜力，不断丰富完善商业文化体系。

二 平台经济视域下商业舞弊行为的治理措施

商业舞弊行为会在政府、平台和社会主体的治理措施之间发生变化。权衡舞弊收益、舞弊成本和惩罚成本是舞弊与否的重要依据。通过前面章节的博弈分析可知：当政府和平台加强监管，加大惩罚力度时，各方的商业舞弊概率会降低；相反各方则会提升选择舞弊来追求利益最大化的可能性。平台提供者具有个体性和公共性双重属性，其逐利特征和高监管成本可能会导致平台的寻租行为。因此，政府、平台和社会主体各方协同完善治理措施，形成商业舞弊生态治理体系是商业舞弊行为治理的根本。

（一）政府监管方主导，完善平台商业生态系统外部环境

制度是社会的博弈规则，定义和限制了个人的决策集合。政府完善制度治理是商业舞弊治理之本。通过完善制度，可大幅度提升舞弊发现概率，并有效地改变平台监管策略的选择，具体措施如下：

1. 完善法律，强化行为规制

有关平台企业的法律法规还不完善，平台运营的具体行为规范仍有空缺，这些都是平台商业生态系统不争的外部环境事实。因此，政府应从以下两方面着手改善现状：第一，在国家政策制度层面，要加强完善信用、税收、经营准入等有关的立法、制度建设，构建公平、诚信、健康的制度网络。第二，正确处理商务生态系统各方利益，对平台商业舞弊各项行为进行清晰的界定和明确的分类，清晰界定哪些问题应诉诸司法机关和执行机关，哪些问题应交由平台提供者"自治"，哪些问题应交由社会组织统筹。

2. 部门联动，搭建信用体系

政府相关部门有效的行政监督是交易平台治理的重要手段，然而现行交易平台监管的法律法规分属不同法律部门，加强各部门联合行动是提升商业舞弊治理效率的重要保障。主要应从以下两方面着手：第一，各部门共享信息，共建信用体系。信用是市场经济的基石，是支撑平台经济健康、有序发展的关键因素。我国信用体系建设已经进入全面建设期，各部

门应共享已有数据，共同完善社会信用体系顶层设计。第二，各部门通力合作，共建处罚联动机制。政府各部门重点监管平台提供者对商家的资格审核、商家相关信息披露、商品质量检查等监管职责的履行方式和力度，避免平台与商家之间寻租行为的发生，通过多部门联动实现事前、事后，线上、线下全方位监管，形成全社会的联合奖惩大格局。

3. 政府授权，助力平台自治

纵观世界大多数国家的电子商务监管经验，重视市场在资源配置中的决定性作用，发挥企业自治、行业自律的功能是平台治理的关键。在互联网平台治理过程中，政府面对的是海量经营者，如对所有的产品和服务都进行事前的监管审查，其结果只会是监管体制崩溃。平台提供者是价值的整合者、多边用户的联结者、交易的促成者，同时，它更是整个交易圈里的主导者（陈威如和余卓轩，2013）。① 因此，借助平台提供者开展商业舞弊治理是舞弊治理生态系统中必不可少的部分。政府可通过适度放权，授予平台提供者治理的权力，利用平台提供者优势约束平台经营者，打造良性的经营环境。

（二）平台提供者引领，制定平台商业生态系统规则秩序

平台提供者在互联网平台交易中，不仅在技术和信息处理方面具有专业优势，而且在网络结构中有其他各方无法比拟的节点优势，这些优势使得平台提供者在商业舞弊行为治理过程中具有独有优势。

1. 强化技术运用，构建网格分层治理

随着信息技术的不断发展，平台企业掌握和处理信息的技术也有长足进步。优化治理手段，强化技术运用，降低商业舞弊治理成本，提高商业舞弊查处概率，提升商业舞弊治理效率，实现"以技术治理技术"是平台商业舞弊治理的关键。实现"以技术治理技术"平台提供者应从两方面着手：第一，强化技术运用。针对商业舞弊行为治理中存在的技术障碍，完善技术治理支撑体系，促进人工智能、区块链技术在舞弊治理中的应用，形成商业舞弊行为治理技术保障体系，实现互联网领域技术信任。谢康等（2018）指出，所谓技术信任是通过信息技术或信息系统的可追溯性和信息共享两大特征构成的信任倾向，分别影响电商的制度信任和人

---

① 陈威如、余卓轩：《平台战略：正在席卷全球的商业模式革命》，中信出版社2013年版。

际信任，进而影响个体信任意向的一种信任。① 平台提供者技术运用的实践为网格化治理了技术自信，技术信任可以调动生态系统中的所有成员成为网格化治理中的成员。第二，构建网格化治理。王明国（2015）指出，网格化治理是指治理组织的网络形式，包括松散的附属组织和个体，依靠规律性互动追求合作性目标。② 网格化治理可以有效整合各种管理资源，形成监控、反馈和执行的有效回路，从而避免商业舞弊治理中出现死角和盲点。

2. 细化治理准则，完善系统规则体系

平台治理准则是指平台提供者为降低交易成本，应对负的外部性问题，在符合政府规定公共秩序的前提下，根据用户的建议及平台自身的发展需要制定规则，用以规范平台交易行为。平台治理规则的完善可以从以下四方面入手。首先，积极推动交易产品和服务质量标准的制定，以技术为依托解决信息不对称难题；其次，完善第三方监管机制，通过第三方机构协助平台建立平台秩序，维护平台品质，全面监管平台运营，以第三方力量约束平台行为；再次，构建平台类行业的自律机制，平台经营者自觉主动对平台内商家进行科学规范的管理，通过培训教育商家、定期进行平台内商家信用评比等方式规范平台内商家行为；最后，调动消费者参与监管，借助消费者的力量，对平台以及平台内的商家进行监督管理。

3. 对接内外规则，优化多重管制框架

平台企业像是一个维护"公共利益"的监管者，与政府监管相比而言，平台自身机制相较于公共管制能够更为迅速和有效地降低负外部性。平台提供者在商业舞弊治理中具有重要的承接作用，应从以下两个方面实现平台外部治理和平台内部治理的有效统一。第一，接受外部制约。以政府治理为主体的外部治理是平台经济正常运转的基础，平台提供者应主动和积极贯彻政府治理的原则，在外部政策的指引下，规定交易参与者应该做什么、不该做什么，实现内外治理无缝整合。第二，强化自组织治理。平台提供者治理过程中离不开平台各参与通过联盟形式形成的对自身行为

---

① 谢康、谢永勤、肖静华：《消费者对共享经济平台的技术信任：前因与调节》，《信息系统学报》2018 年第 1 期。

② 王明国：《全球互联网治理的模式变迁、制度逻辑与重构路径》，《世界经济与政治》2015 年第 3 期。

的自我管理。这就意味着平台提供者在自身管理范畴外，要加强各主体之间的互动和协调，在政府监管的基础上，积极引导参与方形成自律组织，在商业生态系统内形成纵横交错、互补互助的多重管制框架。

（三）社会多主体驱动，共建平台商业生态系统治理文化

在防范商业舞弊方面，自律才是从根本上杜绝商业舞弊行为出现的治理手段，而这种自律是基于文化角度的认同。因此除了法制强化和市场经济"无形之手"调控，也要强调法理和伦理层次的文化软实力的力量。

1. 力求文化认同，深化"文化自觉"

社会主体间的文化认同是主流意识形成的关键。社会主体应从两方面出发，强化文化认同：第一，培养反舞弊意识，提高个体修养。社会群体成员应积极参与各种反舞弊文化活动，塑造内含反舞弊的价值观，在全社会构建诚信、忠诚、责任担当等社会文化。第二，尊重和维护社会群体其它成员的民主地位和平等权利，营造公正、民主、互助的和谐环境，提升全社会道德修养，使其具有正确的高尚价值观，由此产生巨大的凝聚力和向心力，使商业舞弊行为失去滋生和存在的土壤。

2. 净化文化内容，实现"文化自为"

通过文化认同确立各类文化后，社会各群体在社会文化的指引下，结合商业舞弊现状自觉开展各项反商业舞弊活动。不同社会群体其行为各有侧重，具体如下：第一，行业协会应在全行业开展反舞弊相关培训，其中包括对企业高管的定期培训，在全行业中形成自治和自律机制；第二，消费者与媒体应密切合作，对商业舞弊现象零容忍，对各种商业舞弊行为全面监督，在全社会形成社会舆论压力，迫使平台商业生态系统内各方严格遵守反舞弊价值观。

本章小结

基于互联网平台经济"实践先行"的特点，本章从互联网平台经济发展历史回顾出发，以商业生态系统理论为研究坐标，将平台商业生态系统的发展历程和商业舞弊治理轨道相结合，进行商业舞弊治理阶段的划分。我国商业舞弊治理前后已历经"单边治理""多边治理"和"多主体协同共治"三个阶段，多主体协同共治的局面已初步形成。其次，本章

在分析商业舞弊行为的基础上提出弱发现、弱惩罚、弱协同和弱自治（4W）是商业舞弊行为的内在动因，并基于此提出强发现、强惩罚、强协同和强自律（4S）的商业舞弊治理方向，从四弱到四强的提升离不开各方的共同努力。以公共治理理论和协同理论为指导，在分析两者与商业舞弊治理吻合性的基础上，本章构建了以"主体协同、路径协同"为治理策略（2C），以"制度治理、组织治理、技术治理、文化治理"为治理路径（4G）的多中心协同治理框架，创造性地提出"4W—4S—2C—4G"平台经济视域下商业舞弊治理的治理模型。以"4W—4S—2C—4G"为指导，从主体协同和路径协同的主旨出发，提出"多主体协同，各中心集聚"以及"多路径协同，四管齐下"的商业舞弊治理策略，用来阐述主体协同及路径协同的具体内容。其中，主体协同需要明确治理主体、治理责任、协同方式；路径协同包括：以制度治理为依据，组织治理为载体，技术治理为手段，文化治理为保障。最后在"双协同"策略的指导下，从政府、平台企业和社会主体角度出发，提出具体的治理措施。

第八章 政府视角下商业舞弊行为的协同治理策略

无论时代如何变迁，政府仍然担负着对社会活动的管理和调节责任。政府部门凭借其掌握的政治权力与公共资源，在公共事务治理中发挥着不可替代的作用。社会的治理效能在很大程度上取决于政府的社会治理职能是否得到有效发挥。因此，在平台经济视域下治理商业舞弊，政府部门是不可或缺的参与主体，有时甚至是最重要的治理主体。目前，在政府主导下，通过联合社会、企业等主体，借助制度、组织、文化、技术等手段进行协同治理，已经成为了政府治理平台商业舞弊的必由之路。本章从政府主导的视角出发，通过多案例研究方法，对协同治理框架进行验证，并归纳整理出政府主导下商业舞弊治理的协同机理，由此提出协同治理的具体对策。

第一节 研究方法说明

本章的研究议题是"从政府视角看如何对平台经济视域下商业舞弊行为进行协同治理"，尽管关于网络平台舞弊现象的协同治理机制已取得一定的研究成果，但是基于政府视角的多主体协同进行商业舞弊治理的研究还存在一定的空白。平台治理对策还需要从过程角度予以深入剖析，在充分论证的基础上提出治理对策。因此，本章采用基于复制逻辑的多案例研究方法，引入三个案例，通过汲取大量治理实践对第七章已有的治理框架进行检验，同时提出协同机理与对策。

一 案例选择

本书主要采用多案例研究方法，将三个案例进行对比分析，第一个为中央网络安全和信息化委员会办公室,第二个是江苏省工商局①,第三个是政府行动层面的案例,以"3·15"晚会与12301平台为例。案例的选择标准在于:(1)真实性。本书对选取的案例进行了实地访问与问卷调查,或者选择了已经跟踪多年、收集大量资料的案例,保证引用的信息资料可靠准确。(2)经典性。中央网信办作为平台经济下商业舞弊行为治理的领头羊,其治理的实践经验能为本书提供大量可借鉴信息。(3)新颖性。平台经济下的商业舞弊作为一种新型舞弊行为,选取的案例如12301平台,具有与时俱进的时代特色,帮助研究内容赋予了新内涵、新领域。(4)针对性。本书选取的案例,主要围绕网络平台展开分析研究,且对平台经济下商业舞弊的治理具有较为明显的成效,具有一定的借鉴意义。

二 资料来源

本书耗时两年时间对三个案例进行了长期跟踪,采集了大量的实地观察与访谈资料,为研究提供了丰富的材料。为了提升研究的信度和效度,本书采用一手资料和二手资料相结合的资料收集方法。资料收集主要分两个阶段进行:第一阶段主要采用开放式的、有轻度指导的访谈辅以直接的实地观察,据此获得一手资料;第二阶段主要采用焦点访谈,针对第一阶段重要的、遗漏的问题进行调研,同时配合实地考察补充。本书的一手资料来源于:(1)本书对三个案例的实地观察(包括旁听政府例会、独立观察与记录等手段),而且对这三个案例的跟踪观察已长达两年时间,并在持续跟进中。(2)与本书三个案例相关的部门与机构等进行深度访谈,访谈内容包括案例个体的发展历程、面临的困难、商业舞弊情况以及治理措施现状等问题。二手资料来源于:(1)调研过程中案例个体提供的文档资料,包括PPT、制度规定等;(2)在线访问案例个体的网站,将相关信息进行了整理;(3)在线收集案例涉及的相关政府信息,对搜集到的信息进行了深入研究,保留了关于平台舞弊和如何治理的相关内容;(4)在CNKI网站上以"舞弊治理"为主题检索了相关文献,提炼了有

---

① 说明:本文在进行调查研究时,工商部门尚未进行机构调整(现为"市场监督管理局"),由于涉及机构调整前的举措,因此本书中仍采用"工商局"等称谓。

关本书主题的相关内容。

第二节 中央政府层面的协同治理案例分析

在政府主导下的协同治理不仅要适应"互联网+"时代背景下平台商业舞弊的特点与现状，又要借助"互联网+"，将新技术、新理念运用到平台治理中，使互联网平台拥有更加有序的发展环境。本节以中央网络安全和信息化委员会办公室的平台商业舞弊治理实践为基础，探索政府主导视角下平台舞弊治理的"顶层设计"。通过对不同案例中的治理实践进行多主体、多路径分析，得出政府主导下的平台治理规律，找到多主体与多路径之间的协同方式，形成最后的政府主导下的平台舞弊治理的协同机制，为政府的平台商业舞弊治理工作提供借鉴。

一 中央网络安全和信息化委员会的治理实践

习近平总书记强调网络安全和信息化是事关国家安全和国家发展、事关广大人民群众工作生活的重大战略问题，要努力把我国建设成为网络强国，特此成立中央网络安全和信息化委员会办公室（以下简称中央网信办）。中央网信办于2018年3月正式设立，主要职责是集中统一领导，统筹协调各个领域的网络安全和信息化重大问题，制定实施国家网络安全和信息化发展战略、宏观规划和重大政策，不断增强安全保障能力。为有效打击平台舞弊行为、增强网民反舞弊意识，中央网信办牵头进行了一系列平台整治行动。下文将中央网信办的具体治理措施进行归纳整理，通过实践来验证第七章提出的平台经济视域下商业舞弊行为协同治理框架，并将验证结果分类整理在表8-1中。

（一）健全国家网络安全法律法规，依法打击和惩处平台舞弊行为

中央网信办自成立以来，一直致力于制定网络安全有关的法律法规，依法打击平台不法行为，提高平台交易透明度，规范平台经济活动。从2000年开始，我国相继出台了《电子签名法》《网络安全法》《网络安全保护法》《电子商务法》《互联网信息服务管理办法》等多项

法律来规范商业舞弊行为。另外，中央网信办为了适应电信业对外开放的需要，促进电信业的发展，制定了《外商投资电信企业管理规定》；为了保护计算机软件著作权人的权益，协调计算机软件在开发、传播和使用中发生的利益关系，鼓励计算机软件的开发与应用，制定了《计算机软件保护条例》；为保护著作权人、表演者、录音录像制作者的信息网络传播权，鼓励有益于社会主义精神文明、物质文明建设的作品的创作和传播，制定了《互联网上网服务营业场所管理条例》。此外，《互联网域名管理办法》《互联网新闻信息服务管理规定》《互联网信息内容管理行政执法程序规定》《外国机构在中国境内提供金融信息服务管理规定》等部门规章相继出台，明确了政府各部门和各社会企业部门单位的具体职责规范，从政策层面上已经形成一张法律保护网络。此外，政府还根据突出的舞弊问题，制定专项法规，力求建立长效机制。如 2019 年 5 月 5 日，App 专项治理工作组起草了《App 违法违规收集使用个人信息行为认定方法（征求意见稿）》（以下简称《认定方法》），并公开征求社会意见。《认定方法》将"未经同意向他人提供个人信息"等 7 种情形纳入规制范围，并从"在安装、使用等过程中均未通过弹窗、链接等方式提示用户阅读隐私政策"等 39 项细节处入手，明确 App 收集使用个人信息的违法违规行为。①

（二）强化政府管控职能，明确企业责任意识，有力打击舞弊行为

中央网信办通过成立专项小组和约谈企业等方式，强化政府对平台企业的管控力度，以此来整治平台商业舞弊现象。如针对互联网平台版权问题，2018 年中央网信办联合国家版权局、工业和信息化部、公安部联合开展打击网络侵权盗版"剑网 2018"专项行动，将短视频版权专项整治作为专项行动的重点任务，着力强化对短视频企业的版权监管。2018 年 9 月 14 日，针对重点短视频平台企业在专项整治中发现的问题，网信办与国家版权局在京约谈了抖音短视频、快手、西瓜视频、火山小视频、美拍、秒拍、微视、梨视频、小影、56 视频、火萤、快视频、哔哩哔哩、

---

① 资料来源：关于征求《App 违法违规收集使用个人信息行为认定方法（征求意见稿）》意见的通知，http://www.cac.gov.cn/2019-05/06/c_1124455735.htm。

土豆、好看视频15家重点短视频平台企业。①此外，针对网络预约出租汽车非法营运和私人小客车合乘（也称顺风车、拼车）中出现的恶性刑事案件，政府就进一步加强网络预约出租汽车和私人小客车合乘安全管理有关事项做出紧急应对，进行行业安全大检查、加强网约车和顺风车平台驾驶员背景核查、严格督促企业落实安全生产、健全完善投诉报警和快速反应机制。最后，针对App侵犯消费者隐私、侵犯版权、违法交易等行为成立专项整治组开展专项整治行动，维护网络安全、肃清App（移动应用）乱象。2018年12月以来，中央网信办会同有关部门，关停下架违法违规App 3万多个，拦截恶意网站链接234万余个，社交平台清理低俗不良信息2474万余条，封禁违规账号364万余个。形成了App入口、分发、传播等环节，全链条整治模式，全方位重拳出击，推进违法违规App乱象专项治理工作。②

（三）举办网络安全宣传活动，普及网络安全知识，营造良好氛围

中央网信办通过举办网络安全宣传周等活动，普及网络安全知识，营造良好的社会反舞弊氛围。如2018年，由中央网信办、中宣部、教育部、工信部等十部门共同举办以"网络安全为人民，网络安全靠人民"为主题的国家网络安全宣传周，主要包括网络安全博览会、网络安全技术高峰论坛、主题日等活动，融合了网络安全人才培养、技术创新、产业发展等多项内容。以博览会为例，会场设置了一流网络安全学院建设示范项目成果展区，对西安电子科技大学、东南大学等七所示范高校一年来的建设进展和阶段性成果进行集中展示；设置了优秀网络安全解决方案和网络安全创新产品展，展示网络安全领域新技术、新理念、新方案；设置了成都专题展区，展示成都市网络安全和信息化建设成果。博览会还配置了智能语音导览，设有现场答题闯关、知识大讲堂等系列环节，让广大观众在参观博览会过程中更好地了解网络安全知识、参与网络安全建设。此外，网络安全技术高峰论坛还邀请了国内知名院士专家、大型互联网和网络安全企

---

① 资料来源：国家版权局约谈15家短视频平台企业，http：//www.cac.gov.cn/2018-09/15/c_1123432727.htm。

② 资料来源：中央网信办：2018年12月以来关停清理违法移动应用三万余个，http：//www.xinhuanet.com/fortune/2019-04/13/c_1124361629.htm。

业的高管及来自世界各地的企业高管和专家,围绕关键信息基础设施保护、大数据安全、个人信息保护、网络安全标准、网络安全技术产业发展、网络安全人才培养等热点问题展开讨论。

(四)强化技术治理,提升平台舞弊监测力度,实施平台惩处公示

中央网信办利用大数据、云计算、人工智能等技术,以"技术治理技术"的方式加强对互联网平台舞弊行为的监测力度,同时,通过全面推行平台公示制度,借助互联网平台的社会舆论压力来监督和规范平台舞弊行为。中国互联网协会理事长认为,5G时代将迎来网络能力开放的安全挑战。相比于现有相对封闭的移动通信系统来说,5G网络如果在开放授权过程中出现信任问题,恶意第三方将通过获得的网络操控能力对网络发起攻击,规模将更大且更频繁。如5G应用在车联网,要求时延1毫秒,传统的认证和加密方式就不适用这种超高可靠低时延的通信场景。① 此外,2018年上半年国家计算机病毒应急处理中心通过互联网监测,发现了十款违法移动应用程序,其主要危害涉及隐私窃取、恶意传播和流氓行为三类。这些违法的移动应用程序,如《生存战争盒子》和《Dragon Robot》,这两款移动应用存在危险行为代码,可以直接窃取用户隐私信息;《荣耀夺宝》《完美女神修图》《再歪一点》《省心文件管理器》《新拼货》《生日提醒管家》这六款移动应用存在危险行为代码,捆绑恶意广告插件。② 针对上述情况,国家计算机病毒应急处理中心在门户网站上进行结果公示,避免广大消费者手机操作系统受到安全威胁。由此可以看出,互联网发展日新月异,未来只有抓住"技术"这关键性的一环,才能对平台舞弊行为做出及时的甄别和治理工作,同时还要建立及时的公示制度,提高平台企业的社会责任意识,以此达到治理舞弊行为、规范平台的目的。

---

① 资料来源:智能网呼唤"全链安防",http://www.cac.gov.cn/2018-09/06/c_1123387564.htm? tdsourcetag=s_pctim_aiomsg.

② 资料来源:国家计算机病毒中心监测发现十款违法移动应用,http://legal.gmw.cn/2018-09/12/content_31441498.htm.

表 8-1　　中央网信办对平台经济视域下商业舞弊
行为的协同治理的引证归纳

治理实践 （现实引证）	协同归纳	
	主体协同 （政府、平台、社会）	路径协同 （制度、组织、技术、文化）
从 2000 年开始，我国相继出台了《电子签名法》《网络安全法》《网络安全保护法》《电子商务法》《互联网信息服务管理办法》等多项法律，规范了互联网信息服务活动	政府+平台	制度+组织
为了保护计算机软件著作权人的权益，制定《计算机软件保护条例》；为保护著作权人、表演者、录音录像制作者的信息网络传播权制定《互联网上网服务营业场所管理条例》	政府+平台	制度+组织
《互联网域名管理办法》《互联网新闻信息服务管理规定》《互联网信息内容管理行政执法程序规定》等部门规章相继出台，明确了政府各部门和各社会企业部门单位的具体职责规范	政府+平台	制度+组织
将中央网络安全和信息化领导小组改为中央网络安全和信息化委员会，负责网络空间的重大工作的顶层设计、总体布局、统筹协调、整体推进、督促落实	政府+政府	组织+技术
2018 年 7 月，国家版权局、国家互联网信息办公室、工业和信息化部、公安部联合开展打击网络侵权盗版"剑网 2018"专项行动	政府+社会 政府+政府	制度+组织
针对重点短视频平台企业在专项整治中的自查自纠情况和存在的突出版权问题，国家版权局在京约谈了抖音短视频、快手等 15 家重点短视频平台企业	政府+平台	文化+制度
针对网络预约出租汽车非法营运，进行行业安全大检查、加强网约车和顺风车平台驾驶员背景核查、严格督促企业落实安全生产和维稳主体责任、健全完善投诉报警和快速反应机制等	政府+平台+社会	文化+技术
举办"网络安全宣传周"等活动，普及网络安全知识，营造良好的社会氛围	政府+社会	文化
举办网络安全博览会，配置了智能语音导览，设有知识大讲堂等系列环节，让广大观众在参观博览会过程中更好地了解网络安全、参与网络安全	政府+社会	文化+技术

续表

治理实践 （现实引证）	协同归纳	
	主体协同 （政府、平台、社会）	路径协同 （制度、组织、技术、文化）
教育部、工信部、公安部、人民银行、共青团中央、全国总工会分别组织开展校园日、电信日、法治日、金融日、青少年日、个人信息保护日等主题日活动	政府+社会	文化+组织
网信办利用新媒体、高科技等技术，以"技术治理技术"加强非法视频、恶性广告、捆绑销售、病毒平台信用舞弊行为的监测力度	政府+社会+企业	技术+制度

二 中央政府层面的协同治理机制和对策启示

通过以上对中央网信办在互联网平台商业舞弊行为治理的实践归纳可知，中央网信办在治理平台商业舞弊时存在政府、企业、社会等多主体间的协同和制度、文化、组织、技术等多路径的协同。在此基础上，本节将进一步对中央网信办在商业舞弊行为治理中的主体协同和路径协同机制做出归纳，从中提出相应的对策启示（见表8-2）。

（一）主体协同机制和对策启示

通过对中央网信办的平台商业舞弊治理实践进行分析，可以看到政府主导下的平台舞弊治理涉及政府、企业、社会等各组织多主体，本小节着重归纳得出主体间的协同机制，并在此基础上提出相应的对策启示。

1. 主体协同机制分析

政府的重要职能之一是对政策的制定、实施和反馈，因此，政府在破解平台商业舞弊治理困境时，首先通过政策调控来规范市场行为，其次在政策施行的过程中还要加强和社会各界的联系，强化监管体系，最后还要对政府行为（政策、规定）在行业中的效果进行收集和反馈，这三个环节层层递进，每个环节又需要不同社会主体来和政府配合打出"组合拳"。根据以上过程，结合表8-1的治理实践，可以将政府主导下的平台商业舞弊治理行为中的主体协同机制归纳为"责任细化—利益协调—价值认同"。政府各部门间的协同主要在责任细化过程中实现，政府内部各部门间需要对反舞弊用到的资源进行整合，明确各部门在舞弊行为治理中的角色和功能，制定合理的问责机制，在责任清晰、管理有序的前提下进行反舞弊治理。政府与平台企业间的协同主要在利益协调过程中实现，这里需要政府与平台企业进行配合，明确双方主体利益相关关系，在适当时候，企业需要放弃部分既得利益，政府也要尽力保障平台企业合法权益，双方达成一致，形成强有力的监管体制。政府与社会各主体间的协同主要在价值认同形成过程中实现，这需要政府与社会主体进行配合，形成社会反舞弊价值观，最终形成社会反舞弊认同。这里不仅需要政府主导普及网络安全知识，还需要社会大众提高反舞弊意识和治理能力，彻底杜绝参与商业舞弊行为。

2. 主体协同对策启示

按照"责任细化—利益协调—价值认同"的主体协同机制，政府内部各部门间通过明确责任、细化责任将不同责任主体聚集在一起，而后通过利益协调关系确定政府与企业间的反舞弊目标，在主体协商一致的基础上形成舞弊治理的主体协同机制，最终形成社会反舞弊的价值认同。基于此，再结合中央网信办的治理实践，本书总结出如下三条主体协同的对策启示（见表8-2）。

对策一：以联席会议制度为基础，加强中央与地方的协作，打造"全链安防"体系。从政府角度来看，为进一步规范网络市场秩序、加强网络市场监管、促进网络市场健康快速发展，需要加强各级政府之间的配合，形成中央与地方政府配合机制。与此同时，还要加强政府主体与其他社会主体之间的协同配合体系，针对平台舞弊行为形成一张监督管理体系网络。在联席会议制度框架下，不仅要进一步明确政府各部门的职责和分工，还要切实加强政府与社会各主体间的协同协作力度，齐抓共管、形成合力，创新网络市场监管机制，推动网监信息化建设，强化信用激励约束，加强基础建设，实现政府监管与社会共治的融合。此外，还需要在现有联席会议的基础上，不断充实参与方数量，增加各部门的参与深度，使部门间形成配合，打造"全链安防"体系。

对策二：深化政府约谈机制，提高政府与企业沟通效率，加强政府监管力度。政府约谈是政府和企业互相了解的过程，通过约谈结果公示，可以在平台内形成威慑力，规范平台行为。同时，政府约谈制度利于提高政府与问题企业的沟通效率，提高平台企业的社会责任意识，缓解平台上不良行为的负面影响。比如，2018年中央网信办与国家版权局约谈了抖音短视频、快手、哔哩哔哩等15家重点短视频平台企业，反复和该类企业强调加强内容版权管理，要坚持先授权后传播的著作权法基本原则，履行好法定的"通知—删除"义务，加强侵权处置，通过政府约谈机制深化了一系列整治措施，有效遏制了视频网站舞弊的不良风气。因此，治理平台商业舞弊行为需要建立及时有效的约谈机制，不断强化企业的危机意识，形成政府有力管控，规范平台市场秩序。

对策三：增加政府与社会各主体的沟通渠道，形成全方位社会监督机制。建立政府与社会的高效沟通反馈机制，有利于及时发现平台上的舞弊行为，提升平台商业舞弊行为的社会监督力度。目前，由中央网信办违法和不良信息举报中心主办、新华网承办的中国互联网联合辟谣平台正式上线。这是治理网络谣言、打造清朗网络空间的重大举措，旨在为广大群众提供辨识谣言、举报谣言的权威平台。联合辟谣平台是政府和大众沟通的新途径，能够搜集民间声音，有效打击平台不正当言论和不正当行为。但是，平台上的某些商业舞弊行为由于具有隐蔽性特点，很难被及时发现，因此，仅仅只有联合辟谣平台是不够的，政府需要在该平台的基础上，增设民情反馈机制，动员全社会积极反应平台问题，形成高效的社会监督机制。

表8-2　平台经济视域下商业舞弊行为协同治理的主体协同对策——基于中央网信办的治理实践

主体协同归纳	协同对策（现实引证）	对策归纳
政府+政府	从2000年开始，我国相继出台了《电子签名法》《网络安全法》《网络安全保护法》《电子商务法》《互联网信息服务管理办法》等多项法律法规，规范了互联网信息服务活动	对策一 对策三
政府+政府	针对重点短视频平台企业在专项整治中的自查自纠情况和存在的突出版权问题，国家版权局在京约谈了抖音短视频、快手等15家重点短视频平台企业	对策一 对策二
政府+社会	由中央网信办违法和不良信息举报中心主办、新华网承办的中国互联网联合辟谣平台正式上线	对策三
政府+社会	教育部、工信部、公安部、人民银行、共青团中央、全国总工会将别组织开展校园日、电信日、法治日、金融日、青少年日、个人信息保护日等主题日活动	对策三

续表

主体协同归纳	协同对策（现实引证）	对策归纳
政府+平台	2018年7月，国家版权局、国家互联网信息办公室、工业和信息化部、公安部联合开展打击网络侵权盗版"剑网2018"专项行动	对策二

（二）路径协同机理和对策启示

通过对中央网信办的平台商业舞弊治理实践进行分析，可以看到政府主导下的平台舞弊治理涉及组织、制度、文化、技术等多路径协同，本小节着重归纳得出多路径间的协同机制，并在此基础上提出相应的对策启示（见表8-3）。

1. 路径协同机制分析

政府在舞弊治理过程中不仅需要多主体配合，还需要多路径相互协同。根据中央网信办的平台商业舞弊行为治理实践，归纳出政府主导下的平台商业舞弊中的路径协同机制为"内外联通—信息共享—文化培育"。其中，内外联通是指在平台商业舞弊治理的过程中，政府要发挥主导作用。首先，政府内部通过"组织+技术"的方式，以组织为依托，以技术为支撑，形成内部高效连通机制；其次，利用新媒体和新技术全方位、多渠道实现政府与企业、社会的高效沟通。例如，政府制定反舞弊政策规范时，在组织上应根据执行政策的需要来调整政府内部组织结构，协助政策落地，此外，还要通过媒体、社会反馈机制等不同路径的协同，多方搜集民情民意，全渠道整合信息资源，最终形成较为完善的制度政策。信息共享是指在政府平台商业舞弊治理的过程中，政府内部各部门、各组织利用组织和技术路径来加强沟通交流，通过大数据技术，形成不同部门间的信息实时共享，制定更加合理的反舞弊政策。此外，要通过新媒体、新技术实现政府反舞弊信息的及时发布，从而调动群众参与反舞弊的积极性，实现政府反舞弊治理全民参与，加强政府与企业和社会的信息共享程度。文化培育是指政府通过文化与技术、制度与技术配合的方式，以高科技技术手段为依托，借助先进的文化传播方式，将政策内涵深入人心，从而形成社会一种高度的反舞弊共识，如利用大众媒体、自媒体等多种途径，大力宣传反舞弊思想，形成"多形式宣传政府活动，多途径反馈民情民意"的机制。

2. 路径协同对策启示

按照"内外联通—信息共享—文化培育"的路径协同机制，政府、社会、企业三方基于对反舞弊政策认同的基础上开展联合治理，通过组织、技术、文化等路径加强治理效果，最后形成社会反舞弊价值共识。基于此，本节提出关于平台商业舞弊治理中路径协同的三个对策。

对策一：以组织为基础，以技术为手段，实现内外连通。平台商业舞弊行为治理不是单个政府、单个企业或某个行业的责任，它需要政府内部形成高效的协同机制、政府与企业形成技术共享、政府与社会达成反舞弊文化共识，以协同协作为基础，推动政府、企业、用户联动，共同提升反舞弊能力。一方面，政府对内要加强部门间反舞弊协作，将不同部门建立起来的大数据信息进行汇总和综合分析，制定更加合理有效的反舞弊政策与规范。另一方面，政府对外需要利用新媒体、新技术，加强政府和外界各主体的联系，形成多方位、全渠道的反舞弊机制。以整治问题 App 为例，首先，政府需要完善相关行业规范，加重问题企业惩罚力度。其次，政府需要约谈相关企业，要求全面开展自查自纠，屏蔽恶意链接，清查接入服务，同时，完善应用程序上架审核流程，提升安全检测技术能力，及时清理违法违规移动应用程序，强化对群组中站外链接、二维码的审核力度。最后，要将查处的问题企业名单进行公示，提高网络企业经营的透明度，增强社会反舞弊意识，营造正能量充沛、风清气正的网络空间。

对策二：以技术为支撑，以新媒体为途径，实现信息共享。就政府信息共享来说，政府可以从强化政府内部信息共享和加强政府与外界信息共享这两个方面着手进行改革。一方面，政府内部以大数据平台为依据，多部门进行数据共享，建立高效的沟通机制，在信息共享的基础上制定合理政策。另一方面，政府可以利用官方媒体，如微博、微信公众号等，及时发布政府反舞弊公告、消息等，增设政府政策的宣传机制和宣传途径，加强政府和公民、企业之间的联系。例如，新闻客户端信息生态公示是企业接受社会监督的重要途径，也是一个良好的平台企业自我检测、自我改进的途径。通过类似的企业公示方式，将平台企业的在运营过程当中的问题和优势定期公示，不仅可以提高企业的责任意识，形成一种无形的"社会压力"，使企业在运作的过程当中尽量规避发生舞弊，还可以使社会大众可以通过公示平台了解企业信息，在信息透明的基础上选择信誉高的平台。

对策三：以组织为依托，以文化为保障，形成社会反舞弊风气。针对平台舞弊行为，政府不仅要通过制度、监管途径来规范市场，还需要加强社会教育，联合媒体举行多种社会活动，形成社会反舞弊风气。具体来说，在培育社会反舞弊风气的过程中，首先，需要中央政府与地方政府、地方政府内部各组织部门加强协同配合，通过不同部门牵头，充分调动社会各界力量，加强反舞弊政策的影响力。其次，需要各部门强化文化路径，加强宣传力度、拓宽宣传途径。以网信办为例，在中央网信办牵头，地方政府协调配合，培育社会反舞弊风气的过程中，可以通过联合举办普及网络知识的讲座以及培训班，加强网络安全教育、网络安全培训，同时还需要针对不同地区、不同年龄阶段制定不同的具体宣传措施。

表 8-3　平台经济视域下商业舞弊行为协同治理的路径协同对策——基于中央网信办的治理实践

路径协同归纳	协同对策（现实引证）	对策归纳
组织+制度	将中央网络安全和信息化领导小组改为中央网络安全和信息化委员会负责网络空间重大工作的顶层设计、总体布局、统筹协调、整体推进、督促落实	对策一
技术+组织	针对网络预约出租汽车非法营运进行行业安全大检查、加强网约车和顺风车平台驾驶员背景核查、严格督促企业落实安全生产和维稳主体责任、健全完善投诉报警和快速反应机制等	对策一 对策二
技术+文化	网信办利用新媒体、高科技等技术，"以技术治理"加强非法视频、恶性广告、捆绑销售、病毒等平台信用舞弊行为的监测力度	对策二
文化+制度+组织	举办"网络安全宣传周"等活动，普及网络安全知识，营造良好的社会氛围	对策三
组织+文化	教育部、工信部、公安部、人民银行、全国总工会分别组织开展校园日、电信日、法治日、金融日、青少年日、个人信息保护日等主题日活动	对策三

（三）主体与路径协同的网络图

政府治理舞弊需要不同主体之间协同，也需要不同路径间的协同，根据上文提到的"责任细化—利益协调—价值认同"的主体协同机制以及"内外联通—信息共享—文化培育"的路径协同机制，可以得出政府（中央网信办）主导下的平台舞弊行为治理协同机制图（见图 8-1）。

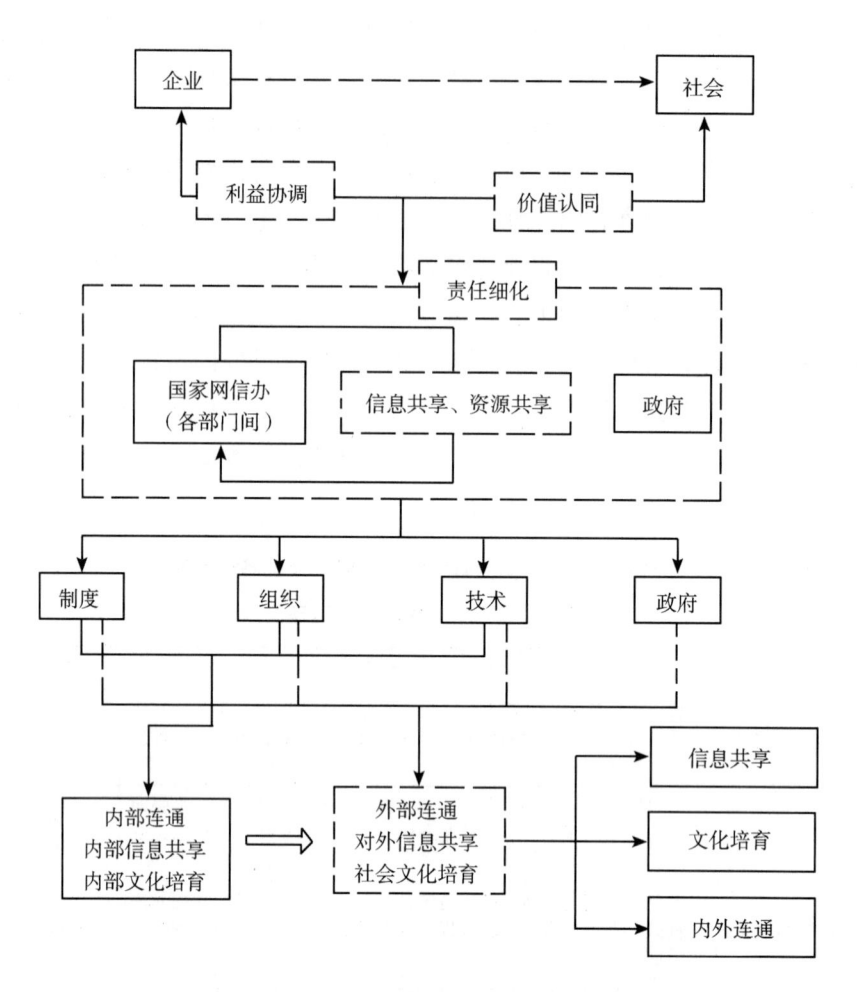

图 8-1 政府主导的对平台经济视域下商业舞弊行为治理的协同网络

第三节 地方政府层面的协同治理案例分析

政府主导下的平台商业舞弊的协同治理不仅要适应"互联网+"时代背景下平台商业舞弊的特点与现状，又要借助"互联网+"，将新技术、新理念运用到平台治理中，使互联网平台拥有更加有序的发展环境。本节以江苏省工商局的平台商业舞弊治理实践为基础，探索政府主导视角下平台舞弊治理的"顶层设计"。通过对不同案例中的治理实践进行多主体、多路径分析,得出政府主导下的平台治理规律,找到多主体与多路径之间的配合方式,形成政府主导下的平台舞弊治理协同机理,为政府的平台商业舞弊治理工作提供借鉴。

一 江苏省工商管理部门的协同治理具体实践

根据治理主体的类型,本节将江苏省工商局应对平台舞弊行为的治理方式分为两种:一是针对平台舞弊行为的政府内部部门布局调整和职责细分;二是政府与其他社会主体之间的协同治理措施。基于此,下文将江苏省工商局的具体治理措施进行归纳整理,通过实践来验证第七章提到的平台经济视域下商业舞弊治理框架,将验证结果分类整理在表8-4中。

(一)地方政府内部各部门间的协同治理实践

1. 细分政府内部各行政部门,明确部门职责,实现政府反舞弊组织配合。2015年,江苏省政府在《关于大力发展电子商务加快培育经济新动力的实施意见》中明确各职能部门的任务,形成完善的监管体系。[①] 具体来说,江苏省工商局立足"服务、监管、维权"三大职能,将部门细分为市场规范管理处、网络交易监督管理处、合同监督管理处、企业登记指导处、企业信用管理局、商标监督管理处、广告监督管理处、消费者权益保护分局、经济检查局九个分支,精心部署组织机构,明确各行政职能部门的职责,落实工作责任,加强对平台的有效监管。其中,在企业经营管理方面,江苏省政府成立合同监督管理处,负责网络商品交易及有关服务行为的监督管理工作,组织指导网络商品交易及有关服务行为的信用体系建设,减少平台交易过程中的虚假交易、信用舞弊等舞弊行为;在平台监管方面,江苏省政府成立市场规范管理处和企业信用管理局,前者主要负责拟订广告业发展规划、政策措施并组织实施,后者主要协同省信用办负责全省企业信用建设管理政策措施的拟订,承担牵头组织、协调推进市场主体信用信息的归集公示、互联共享、信用约束等工作。政府内各成员单位进一步发挥江苏省网络市场监管作用,加强部门监管执法联动,形成

[①] 资料来源:江苏省政府关于大力发展电子商务加快培育经济新动力的实施意见,http://www.gov.cn/zhengce/2016-02/23/content_5045186.htm。

监管合力；进一步创新网络市场监管机制，优化监管方式，提高监管效能；进一步强化信用约束，推动网络市场信用体系建设，切实营造公平有序的网络市场环境，促进全省网络经济高质量发展。

2. 多部门协同联动，建立电子商务行政执法协调机制，提高政府的市场监管能力。江苏省工商局加强互联网平台市场监管的过程大致为：首先，由省工商局牵头，省电子商务工作领导小组配合协调全省电子商务领域行政执法工作，完善部门间、区域间监管信息共享和执法衔接机制，营造宽松有序、公平合理的电子商务发展环境；其次，加强网络零售第三方平台交易规则的备案管理，依法对交易规则制定程序进行监督检查，强化事中和事后监管，维护网络零售市场秩序；最后，加快建设网络交易监测中心，逐步实现对网络经营主体在线监测、远程取证、在线存证，依法打击网络交易中的侵权假冒行为。针对以上监管过程，江苏省工商局首先出台《关于加强网络商品交易及有关服务行为监管 促进江苏省网络交易健康发展的实施意见》和《江苏省工商系统网络商品交易监管服务平台工作规范》，明确各业务部门及各级工商机关在平台监管中的责任，并规范工作流程，构建了以工商局为核心的监管协同机制。其次，江苏省工商局和省通管局于2015年签署了《关于加强网络交易监管工作协作备忘录》，两大行政部门携手对平台加强监管，并在监管中"互通有无"。[1] 同时，江苏工商局与税务部门合作，针对未纳税企业设置黑名单，对于违法违规的平台企业，采取惩罚措施，使其承受违法带来的巨大成本，形成诚实守信的经营风气。最后，江苏省在2017年通过建立商务、民政、国土资源、住房和城乡建设、质监等部门联席会议制度，加大对平台经营主体中示范社区的监管力度，协调推进江苏省平台经济进社区工作。目前，江苏省在全省各地配备专业化的平台监管干部，建立起了各级工商行政部门上下联动、齐抓共管的工作格局。一系列制度措施的实施，提升了江苏省线上线下一体化监管水平，适时组织工作督查，加强监管执法联动和信用约束协同，促进全省网络经济健康快速可持续发展。

(二) 地方政府与外界各主体的协同治理实践

1. 提高平台准入门槛，加强政府对平台的审查力度。江苏省工商局

---

[1] 资料来源：江苏工商与通管联手，联动监管网络交易，http://jsnews2.jschina.com.cn/system/2015/01/20/023417248.shtml。

以平台商业舞弊治理为目标，以提高平台准入门槛和审查力度为主要抓手，推进了一系列的改革措施。首先，江苏省工商局提高了平台供应方与需求方的准入标准和产品产权保护水平，切实保护平台用户的利益。如在外卖类平台中实行网络经营食品许可准入管理，加快建立网络经营食品第三方交易平台协作管理制度，依法加强对网络经营主体资质、经营行为和食品质量的监管，严厉打击通过互联网非法销售不符合食品安全标准食品的行为。其次，江苏省工商局牵头依法查处电子商务领域达成垄断协议和滥用市场支配地位的行为，通过经营者集中反垄断审查，防止排除、限制市场竞争的行为。最后，江苏省工商局加强电子商务领域知识产权保护，依法调处和解决各类法律纠纷，通过政府与市场各方以及消费者的联合行为来形成较为完整的执法协调机制，解决平台乱象。

2. 引入第三方监管主体，加强平台监管技术支撑，形成高效联合监管机制。平台监管任务艰巨，单一主体往往不能很好地发挥平台监管作用，因此，江苏省政府在做好平台监管本职工作的同时还积极发挥引导作用，加强与社会团体协作，引入第三方辅助监管。例如，江苏省工商局引入了江苏省电子商务协会来协助监管，这一机构是提供行业服务的行业性和非营利性社会团体，其充分发挥在政府和平台企业及个人间的纽带和桥梁作用，以更亲民的方式监督平台行业的发展，在推进江苏平台健康发展中发挥规范自律、协调服务、发展促进和技术支持的作用。此外，江苏省正式建成了网络交易监测中心和电子商务企业信用信息公示服务平台（一中心一平台），旨在通过技术手段提高反舞弊防范和治理能力。两大系统数据实现互联互通，功能关联互补，共同构成江苏网络市场监管的技术支撑体系。江苏省已基本建立横向覆盖到所有业务条线，纵向覆盖省、市、县区、工商所四级监管部门的网络监管体系。

3. 深化联席会议机制，打通消费者维权通道，实现政府与消费者的良性互动。在平台舞弊治理过程中，政府为了加强与社会大众的联系，增设了社会大众维权与反馈机制。江苏省工商局在平台商业舞弊治理过程中积极谋求与社会大众的联合，注重提升消费维权诉求处理效率。首先，结合现实，及时修订《流通领域商品质量抽查检验办法》《流通领域商品质量监督管理办法》《工商行政管理部门处理消费者投诉办法》等相关配套规章和规范性文件。其次，同消费者权益保护工作部级联席会议成员单位、最高人民法院等部门探索推进消费维权领域的人民调解、行业调解、法律援助、诉调对接、公益诉讼等工作，健全协作制度。最后，积极指导地方建立完善消费者权益保护部门联席会议制度，发挥消费者权益保护工作部级联席会议和地方部门联席会议制度作用，从而解决消费领域的突出问题。

4. 进行社会反舞弊培训，拓宽反舞弊宣传渠道，培育社会反舞弊风气。平台种类多样、功能各异，这就要求执法管理人员熟悉平台经济理论知识、网络技术知识、物流管理知识、工商行政管理知识以及平台相关法律法规等知识，只有这样才能有效监管平台。因此，培育具有反舞弊理念的人才，通过人才带动整个社会形成反舞弊风气尤为重要。江苏省积极培育网络市场监管干部队伍，将业务培训作为推动网络市场监管的有力抓手，不断提升基层网络监管业务水平和技术能力，在全省各地开展平台监管知识培训，通过邀请专家授课、举办座谈会等方式，对全省各级工商部门的监管人员进行平台业务培训。此外，江苏省还积极组织执法实践，将工商监管知识在平台企业中进行大规模宣传，并将理论应用到平台监管实践中。

表 8-4　　　江苏省工商局对平台经济视域下商业舞弊
行为的协同治理实践引证归纳

舞弊治理视角	治理实践（现实引证）	治理路径	
		主体协同（政府、平台、社会）	路径协同（制度、组织、技术、文化）
政府部门间	江苏省高度重视平台经济发展，多次出台指导性文件	政府+政府	制度
	平台等网络交易及有关服务行为纳入工商行政管理部门的监管职责	政府+政府	制度+组织
	2015年，江苏省政府将部门细分为市场规范管理处、网络交易监督管理处、合同监督管理处	政府+政府	组织
	由省电子商务工作领导小组办公室牵头，配合省商务厅、省工商局、省质监局、省公安厅、省旅游局等部门，协调全省电子商务领域行政执法工作，完善部门间、区域间监管信息共享和执法衔接机制	政府+社会	组织+文化
	市场规范管理处，组织指导市场专项治理工作，组织对全省经纪人进行监督管理，指导经纪人协会、市场管理协会和汽车交易管理协会工作	政府+市场 政府+行业	文化

续表

舞弊治理视角	治理实践（现实引证）	治理路径 主体协同（政府、平台、社会）	治理路径 路径协同（制度、组织、技术、文化）
政府部门间	广告监督管理处组织监测各类媒介广告发布情况，查处虚假广告等违法行为，指导广告审查机构和广告行业组织的工作	政府+平台+社会	文化（媒体）
政府部门间	企业信用管理局承担牵头组织、协调推进市场主体信用信息的归集公示、互联共享、信用约束等工作	政府+社会	文化
政府部门间	江苏省政府为了整顿网络营销环境，组织监测各类媒介广告发布情况，查处虚假广告等违法行为	政府+社会	文化+技术
政府与外界主体	江苏省工商局增强了平台供应方与需求方的准入标准和产品产权保护，提高平台保护能力，切实保护社会大众利益	政府+企业	制度
政府与外界主体	江苏省工商局牵头依法查处电子商务领域达成垄断协议和滥用市场支配地位的行为，通过经营者集中反垄断审查，防止排除、限制市场竞争的行为	政府+企业	制度
政府与外界主体	加快建设网络交易监测中心，依法打击网络交易中的侵权假冒等不正常行为	政府+平台+社会	技术+组织+文化
政府与外界主体	严厉打击通过互联网非法销售不符合食品安全标准食品的行为	政府+市场	制度+文化
政府与外界主体	通过经营者集中反垄断审查，防止排除、限制市场竞争的行为	政府+政府	制度+文化
政府与外界主体	加强电子商务领域知识产权保护，依法调处和解决法律纠纷	政府+市场	制度+技术+文化
政府与外界主体	重视平台及社会各界反舞弊风气的培育	政府+社会	文化
政府与外界主体	积极组织执法实践，将工商监管知识在平台企业中进行大规模宣传，并将理论应用到平台监管实践中	政府+平台+社会	文化
政府与外界主体	2015年11月18日，江苏省网络交易监测中心和电子商务企业信用信息公示服务平台（一中心一平台）正式开通	政府+平台+社会	制度+文化
政府与外界主体	江苏省工商局和省通管局联合行动对平台加强监管，并在监管中"互通有无"，特别是违法网站的处理	政府+平台	制度+文化
政府与外界主体	2016年，江苏省电子商务协会成立，是实行行业服务和自律管理的行业性和非营利性社会团体	政府+社会	组织+文化
政府与外界主体	在2017年江苏省平台行业中创建放心消费示范单位，行业协会积极发挥作用，加大扶持力度，充分调动社会各方力量参与创建	政府+平台	制度+文化
政府与外界主体	政府严厉打击虚假宣传、虚假违法广告行为，严格落实《反不正当竞争法》《广告法》《互联网广告管理暂行办法》等相关规定，进一步加强互联网广告监测	政府+平台	制度+文化

续表

舞弊治理视角	治理实践（现实引证）	治理路径 主体协同（政府、平台、社会）	治理路径 路径协同（制度、组织、技术、文化）
政府与外界主体	同消费者权益保护工作部级联席会议成员单位、最高人民法院等部门探索推进消费维权领域的人民调解、行业调解、法律援助、诉调对接、公益诉讼等工作，健全协作制度	政府+平台+社会	制度+组织+文化
	加大互联网领域各类不正当竞争行为、网络传销行为的查处和处罚力度；指导重合同守信用企业协会工作	政府+平台	文化

二 地方政府层面的协同治理机制和对策启示

以江苏省工商局为代表的地方政府在平台商业舞弊治理的过程中，不仅需要联合企业、群众、媒体等社会主体，还需要采用技术、组织、政策、文化等不同路径，通过主体与路径的相互协同配合开展平台商业舞弊治理工作，再次验证了第七章的舞弊协同治理框架。因此，本节对江苏省工商局在平台视域下商业舞弊行为协同治理的主体协同和路径协同机制做出归纳，并为平台治理工作提供相应的对策启示。

（一）主体协同机制和对策启示

通过对江苏省工商局的平台商业舞弊治理实践的分析，可以看出治理实践中均不同程度地涉及了政府、企业、社会等多主体间的协同。本小节在现有治理实践的基础上归纳得出主体协同机制，并在此基础上提出相应的对策启示（见表8-5）。

1. 主体协同机制分析

江苏省工商局在平台舞弊行为的治理过程中，首先明确了政府主体的职责，将政府内部不同部门进行有机的区分和细化，使每个部门都能有针对性地治理平台舞弊行为，在政府内部形成一个高效运作的机制，让政府主导的平台舞弊治理体系有了统一的"大脑"。同时，政府也重视府际协同以及政府和其他主体之间的协同，形成多主体联合治理机制。基于此，将政府治理平台舞弊的主体协同机制归纳为"制度整合—联合监管—文化互动"，政府从完善制度、实施监管、文化培育三个方面出发，强调各主体间协同，建立有效的政府治理机制。

制度整合主要表现为政府和政府之间、政府与互联网行业内各主体间的协同。一方面，政府在制定反舞弊政策或规定时，需要充分了解中央的战略方针，还需要地方政府之间的充分沟通，形成政府间的内部良性沟通循环机制，保证政府制定的政策规范不与中央或周边城市存在冲突。另一方面，政府在制定政策法规时还需要加强与互联网行业各主体的沟通，在充分了解行业现状的基础上制定行业规范。同时，各互联网企业也需要按照政府规定来制定公司章程与公司经营规范，达到政府与企业制度的协同一致。联合监管主要表现为政府和平台企业、政府与社会大众的协同。政府的监管包括行政监管、市场监管、法律监管等，每一项监管职能都需要行业以及社会大众的配合。为了建立强效互联网行业的监管体制，在政府的主导下，行业首先需要认识到舞弊的风险与代价，开展行业自查自纠工作。其次，为了加强政府对行业内部的监管力度，互联网企业之间形成行业内部以及行业与政府上下联动的信息反馈机制，形成横向与纵向联通的舞弊监管协同方式。文化互动主要表现为政府和社会的协同。在舞弊治理过程中，政府不能只依靠硬性管理措施和行政监督来规范市场，打击舞弊行为，还需要通过一定的措施办法来发动社会群众，形成政府与社会良性的文化交流通道，培育良好的反舞弊社会风气。具体来说，为了实现政府与社会的反舞弊文化互动，政府积极开展以反舞弊为主题的各类教育日、主题活动等，并且开通社会舞弊监管和反馈通道，让社会大众积极参与舞弊治理。社会大众认真学习社会反舞弊知识，积极参与互联网平台舞弊行为的监督与举报工作。基于此，得出政府主导下平台舞弊治理中的主体协同治理机制图（见图 8-2）。

2. 主体协同对策启示

根据"制度整合—联合监管—文化互动"的政府主导平台舞弊主体协同治理机制，可以得出，政府通过和社会、平台企业等多方主体合作，进行协同治理。整个机制以制度健全为出发点，以社会意识为落脚点，全面杜绝平台舞弊行为。依照这一治理思路，并结合江苏省工商局的治理实践，提出如下三点治理对策启示。

对策一：打通政府"内部循环、外部联通"机制，细化政府职能，实现制度整合。政府的内部循环是指，政府各部门之间从政策制定、政

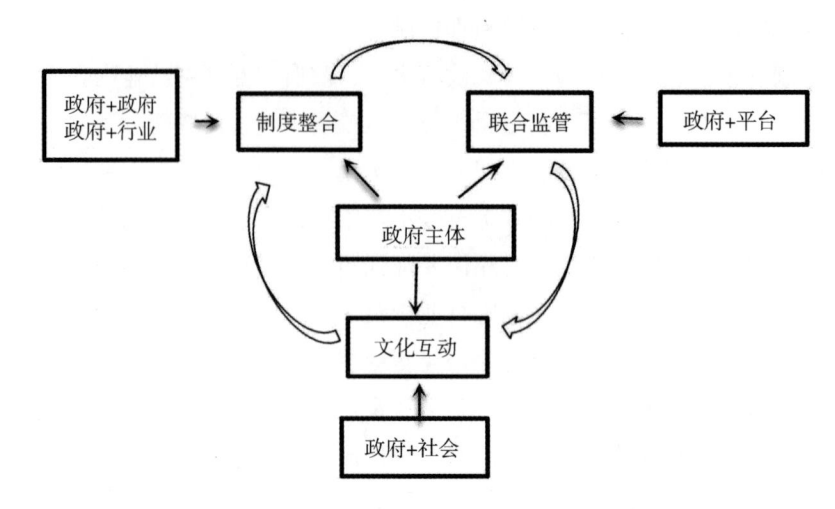

图 8-2 地方政府主导下主体协同的商业舞弊治理机制图

策执行、行业监督到市场反馈，最后进行政策修正的政府职能循环。在平台舞弊行为治理过程中，最基础也最重要的一步就是厘清反舞弊政策实施中涉及政府内部组织结构、部门分工、主要责任单位等，要在明晰政府部门和部门之间责任的基础上推行反舞弊政策。同时，政府还要发挥带头作用，积极和平台企业协同配合，加强行业之间的制度统一，为政府政策的实行提供保障，加强政府与媒体的配合，形成强有力的宣传机制，以此来切实发挥政府优势，从政府内部出发，形成内外有序的舞弊治理过程。

对策二：明确监管职责，形成"纵向与横向配合、区内与全域配合"的联合监管机制。政府在监管过程中需要与上下级政府形成配合，中央带动地方，逐级逐层实现平台监管，也需要地方政府之间形成联动，突破监管的地域限制，将监管范围从区域转向全域。不仅如此，政府还需要创新监管方式，增强对舞弊政策实施过程的监控和互联网行业的监管，推动横向与纵向配合，区内与全域配合的监管机制的形成。在监管机制创新方面，江苏省工商局牵头成立了网络交易监测中心和电子商务企业信用信息公示服务平台，"一中心一平台"实现数据互联互通、功能关联互补，数据信息能够及时共享、发布、反馈，从而强化了网络监管力度。

对策三：加强政府宣传力度，培育反舞弊社会风气，将治理约束力转向自控力。防范商业舞弊只靠硬性制度机制规范是远远不够的，社群自律才能从根本上杜绝商业舞弊行为。这一行为其本质是将治理约束力转向治理自控力，从主要的法制因素转向经济、社会、文化、政治、生态多重要素共存的治理形态。因此，政府有责任联合社会各界培养社会人群的反舞弊意识，营造社会反舞氛围。如建立高层管理基调、宣传贯彻职业道德守则以及将激励约束机制与道德行为挂钩等。作为平台企业也应该积极响应政府行动，定期进行反舞弊培训，确保内外部人员对平台反舞弊规定及内控措施的了解，同时，结合反舞弊目标导向下的文化内容，创造性地开展各类活动。

表8-5 平台经济视域下商业舞弊行为协同治理的主体协同对策——基于江苏省工商局的治理实践

主体协同归纳	协同对策（现实引证）	对策归纳
政府+政府	江苏省政府从电商企业注册源头介入严格监管，成立了企业登记指导处和商标监督管理处；在企业经营管理方面，江苏省政府成立合同监督管理处；针对互联网市场乱象，江苏省政府成立经济检查局和市场规范管理处，前者主要负责调研市场交易中的不正当竞争、限制竞争和流通，从平台交易环节有效减少平台企业投资风险，降低不正当竞争的可能性	对策一 对策二
政府+平台企业	2015年11月18日，江苏省网络交易监测中心和电子商务企业信用信息公示服务平台（一中心一平台）正式开通上线。2010年7月形成了全省统一、上下联动的网络交易监管平台。两大系统数据互联互通，功能关联互补，共同构成江苏网络市场监管的技术支撑体系	对策二
政府+社会各界	由省电子商务工作领导小组办公室牵头配合省商务厅、省工商局、省质监局、省公安厅、省旅游局等部门，协调全省电子商务领域行政执法工作，完善部门间、区域间监管信息共享和执法衔接机制，营造宽松有序、公平合理的电子商务发展环境	对策一 对策二
政府+行业	2016年，江苏省电子商务协会成立，充分发挥在政府和平台企业及个人间的纽带和桥梁作用，以更亲民的方式监督平台行业的发展，在推进江苏平台健康发展中发挥规范自律、协调服务、发展促进和技术支持的作用	对策二 对策三
政府+媒体+社会	江苏省积极培育网络市场监管干部队伍，将业务培训作为推动网络市场监管的有力抓手，不断提升基层网络监管业务水平和技术能力。在全省各地开展平台监管知识培训，通过邀请专家授课、进行业务培训、举办座谈会等方式，对全省各级工商部门的监管人员进行平台业务培训	对策三

（二）路径协同机制和对策启示

通过对上述江苏省工商局舞弊治理实践的分析，可以看出治理实践中均不同程度地涉及了组织、制度、文化、技术等多路径间的协同。这部分在现有治理实践的基础上归纳得出路径协同机制，并在此基础上提出相应的对策启示（见表8-6）。

1. 路径协同机制分析

根据江苏工商局治理实践可以看出，政府可以通过制度、组织、技术、文化四种路径来进行平台舞弊行为的治理工作，基于此，归纳出江苏省工商局治理平台商业舞弊行为路径协同机制为"上下联动—动态补充—优化治理"。上下联动是指政府在平台商业舞弊治理过程中既要在制度与组织等层面进行大调整、大布局，整体把握互联网平台的治理方针，也要通过"制度+技术、组织+技术""制度+文化、组织+文化"等方式，推动具体政策优化与落地。具体说来，针对平台商业舞弊的现象，政府需要制定行业规范，为行业健康发展提供制度保障，还需要根据新的制度及时调整组织结构，明确主要部门职责。在政策推行过程中还需要借助技术与文化载体，促进新政策与行业、群众快速接轨，切实落实每项规定，实现实时监测与反馈。动态补充是指政府与外界协同治理的过程中，政府在大多数时候都承担主导者的角色，因此，政府需要利用大数据、云计算等技术，明晰各类舞弊治理的困境与难点，根据舞弊治理的现实情况，对治理办法进行必要的补充与改进。如针对某些难以发现的问题，要在现有治理办法的基础上加强技术支撑，降低这类问题的发现难度；针对某些有社会大众参与的平台商业舞弊现象，需要在现有法律规制的基础上加强文化教育，形成制度与文化的双重治理。优化治理是指针对某一舞弊行为，政府要根据舞弊行为实际情况不断调整路径之间的配合方式，以达到更好的治理结果。平台上的舞弊行为具有复杂性、隐蔽性、圈层性的特点，因此，相比较于传统的商业舞弊行为，互联网平台上的舞弊行为在识别、监管、规制等环节都更有挑战性。同时，由于技术的进步或是现有政策、规范约束力的局限性，平台上的舞弊行为还存在发展演化的可能性。因此，政府需要及时接收行业反馈信息，更新舞弊治理路径间的协同方式，达到更好的治理效果。基于此，形成政府主导的舞弊行为治理路径协同机制，如图8-3所示。

第八章 政府视角下商业舞弊行为的协同治理策略　　231

```
                    ┌──────────┐
                    │  政府主导  │
                    └────┬─────┘
                         ↕
                    ┌──────────┐
                    │  上下联动  │
                    └────┬─────┘
            ┌────────┬───┴────┬────────┐
         ┌──┴─┐   ┌──┴─┐   ┌──┴─┐   ┌──┴─┐
         │制度│   │组织│   │技术│   │文化│
         └─┬──┘   └────┘   └────┘   └─┬──┘
           │                           │
        ┌──┴─┐    ┌──────┐    ┌──┴─┐
        │监测│    │舞弊行为│←──│监测│
        └─┬──┘    └───┬──┘    └────┘
           │           ↓
        ┌──┴─┐    ┌──────┐
        │动态补充│←─│优化治理│
        └────┘    └──────┘
```

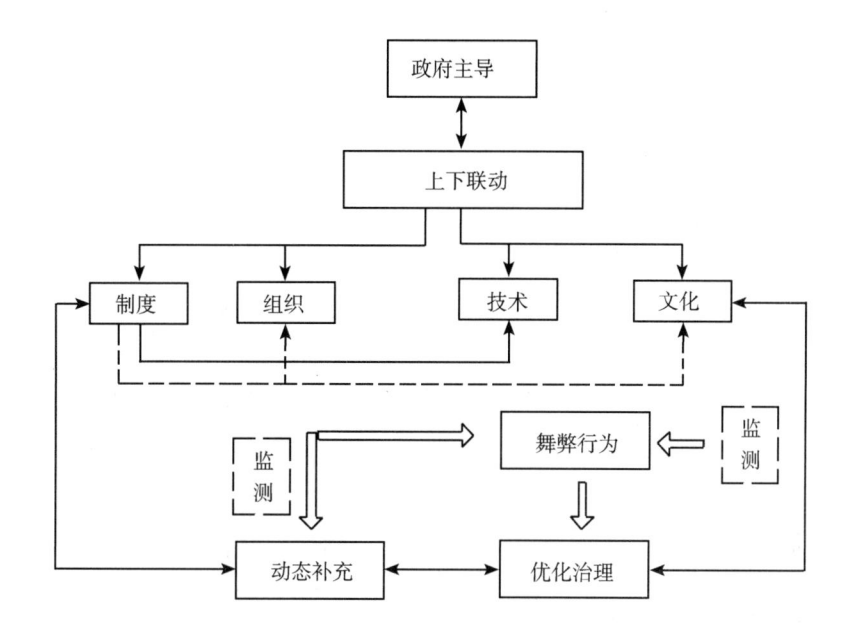

图 8-3　地方政府主导下路径协同的商业舞弊治理机制图

2. 路径协同对策启示

按照"上下联动—动态补充—优化治理"的路径协同机制，政府通过制度、组织、技术、文化四条路径的相互配合，形成高效的平台商业舞弊治理机制，基于该机制，本书提出关于路径协同治理的三条对策。

对策一：加强政府主导下的组织与制度管控，形成上下联动的行动机制。政府对平台市场规范有着举足轻重的作用，因此，政府不仅需要制定互联网行业规范，还需要与时俱进，不断更新工作技能，提高工作效率。互联网平台发展迅速，平台类型多种多样，平台上的舞弊行为也错综复杂。因此，在应对平台经济视域下的舞弊新行为时，政府需要及时做出应对措施，厘清政府职责，细化政府职能部门，多方共同制定行业规范，同时，还需要借助技术与文化的路径，实现政策有效落地。通过各级政府、各地政府的的联通，打造一张完善的制度网、组织网，保障互联网平台有序发展。

对策二：提高政府舞弊监测监管能力，实现舞弊治理方式的动态补充。政府需要站在宏观角度对互联网平台上的舞弊行为有一个整体把握，明确平台上不同舞弊行为产生的根源、每类舞弊行为发生利益涉及方以及治理每类舞弊行为的难点，根据舞弊治理的现实情况，对现有治理办法进行必要的补充与改进。如针对某些难以被发现的问题，要积极调动企业的监管积极性，提高企业与政府制度一致性，在现有治理办法的基础上加强技术支撑，使这类舞弊行为更易被发现。针对某些参与主体众多的舞弊行为，如平台刷单、虚假交易，要厘清参与方特征，采取分类治理的办法，针对舞弊商家采取加强制度约束、针对消费者加强文化引导。

对策三：聚焦具体舞弊行为治理方式的更新，实现舞弊治理优化。平台视域下商业舞弊行与传统舞弊行为相比更加难以被发现，因此，需要政府牵头，积极接入技术公司等第三方机构，通过第三方机构，加强对政府平台舞弊行为的鉴别与追踪能力。同时，政府要根据舞弊行为的发展阶段与危害程度选择不同的路径配合方式，来进行舞弊行为治理。如政府利用互联网逐步实现对网络经营主体在线监测、远程取证、在线存证等行为，引入第三方监管机制，识别舞弊行为，根据舞弊行为的危害程度与舞弊行为特征，不断更新优化路径配合方式，实现舞弊治理长期追踪。政府主导下路径协同的具体舞弊行为治理措施及对策归纳见表 8-6。

表 8-6　平台经济视域下商业舞弊行为协同治理的路径协同对策——基于江苏省工商局的治理实践

路径协同归纳	协同对策（现实引证）	对策归纳
制度+组织	江苏省政府在企业经营管理方面成立合同监督管理处；针对互联网市场乱象，江苏省政府成立经济检查局和市场规范管理处，前者主要负责调研市场交易中的不正当竞争、限制竞争和流通	对策一
制度+组织	江苏省工商局和省通管局联合行动，签署了《关于加强网络交易监管工作协作备忘录》，两大行政部门将对平台加强监管，并在监管中"互通有无"，特别是违法网站的处理，将迅速注销备案并停止互联网介入	对策一 对策二
制度+组织+技术	江苏省"一中心一平台"正式开通上线，可任意收集核对市场主体开办网站信息；通过系统开展搜索，固定电子数据证据；发放网站电子标识，指导第三方平台发放网店电子标识	对策二
制度+技术+文化	江苏省政府成立企业信用管理局，主要协同省信用办负责全省企业信用建设管理政策措施的拟订；承担牵头组织、协调推进市场主体信用信息的归集公示、互联共享、信用约束等工作	对策三
制度+文化	江苏省在全省各地开展平台监管知识培训，通过邀请专家授课、进行业务培训、举办座谈会等方式，将业务培训作为推动网络市场监管的有力抓手，积极培育网络市场监管干部队伍	对策一 对策三

第四节　政府行动层面的协同治理案例分析

随着经济的快速发展和物质生活水平的提高，人民的精神文化需求日益增长，迫切要求提供更多更高品质的产品和服务。然而，与人民美好生活需求不相对称的是产品服务质量仍然欠缺，各主体（如平台企业、社会组织等主体）舞弊等不正当现象层出不穷。中央电视台"3·15"晚会（以下简称"3·15"晚会）与12301国家智慧旅游公共服务平台（以下简称12301平台）是由政府发起的、为保护消费者权益而建立的平台，随着时代的发展，"3·15"晚会和12301平台在平台经济视域下商业舞弊行为的治理实践中起到了非常显著的作用，尤其起到了揭露损害相关主体利益的平台舞弊行为、曝光违反市场诚信原则的平台舞弊相关主体、促进平台经济平稳运行的功能。两者通过联结多方主体形成合力，为治理平台商业舞弊行为相互监督制衡，实现了协同治理。本节对政府行动层面的舞弊治理实践进行归纳，再次验证了平台经济视域下商业舞弊行为的协同治理框架，得出了主体协同和路径协同机制，并提出相应的对策启示。

一　"3·15"晚会中政府的协同治理具体实践

由于我国关于互联网平台的制度相对较为缺乏、监管相对缺位，这使得平台发展弊端日益暴露，舞弊现象逐渐增多。尤其在"互联网+"时代下，平台经济视域下商业舞弊行为涉及主体多、辐射领域广，成为了政府重点监督对象。"3·15"晚会是由中央电视台联合相关政府部门为维护消费者权益共同主办并现场直播的一台大型公益晚会，自1991年开播以来，准时于国际消费者权益日（3月15日）晚上8点在CCTV-1频道直播，每年锁定一个主题，从未间断。从近几年晚会曝光的案件看，侵害消费者的舞弊行为也进入了"互联网时代"，越来越多的不法商人运用互联网等信息技术不断"升级"欺诈手段，而其危害所及已经从消费者的经济利益扩展到国民健康。因此，"3·15"晚会在互联网时代下与时俱进，紧跟消费热点，追踪消费生活中不为人知的"潜规则"，曝光平台中侵害消费者权益的商业舞弊行为，同时政府部门利用"3·15"晚会对平台经济视域下舞弊现象的揭露、消费者利益的维护形成了强大传播力和影响力，为社会各企业树立一个以消费者为出发点的经营理念，也给那些预谋舞弊的相关主体敲响警钟。由此"3·15"晚会成为了唤醒消费者的权益意识、防范和治理平台经济视域下商业舞弊行为、规范平台经济商业市场秩序、传播国家法规政策的强大平台。本节通过对"3·15"晚会具体治理措施的归纳整理，对平台经济视域下商业舞弊行为协同治理框架进行验证，详见表8-7。

（一）准备阶段：紧密化组织关系，深度揭露舞弊行为内幕

通过每年"3·15"晚会的播出，社会大众对平台上出现的商业舞弊行为已经具备了一定的防范意识。当涉及自己的相关利益时，消费者往往会投入更多的关注，而消费者的这些关注也给政府打击平台舞弊行为带来了助力。因此，政府将"3·15"晚会作为信息互通互享的平台，通过鼓励消费者、社会组织监督举报等多渠道收集平台经济视域下商业舞弊行为的证据资料，动员各媒体平台企业对舞弊事件的相关主体进行专访以及对该行为做出深度评判，最后将其调查结果上报政府有关部门，为晚会做好准备。一方面，政府鼓励媒体企业在"3·15"晚会前期阶段与社会人士紧密联系，共同向政府部门举报损害社会利益的平台经济视域下商业舞弊行为。政府通过联动全国各个省、市、自治区，利用媒体平台共同展开话题，征集社会知情人、内幕人，并与地方平面媒体对当地的消费调查相结合，在晚会前制作专版、专栏报道，切实体现了政府、地方媒体平台与社会组织的深度融合，为主题活动获得前期持续发酵奠定了强大的基础。另一方面，政府启动全国大调查，针对假冒伪劣产品问题及不讲诚信的企业生产经营等行为，面向全社会组织发出行业调查问卷，在掌握最新动向的同时，将调查结果及时反馈给行业主管部门以及政府相关部门进行通报。

（二）直播阶段：多样化节目形式，立体呈现舞弊行为现象

"3·15"晚会电视现场直播报道是一种针对舞弊案件进行的常规报道，是一个由多种要素、多个部分共同组成的综合报道系统。从主要构成上看，晚会迎合当下热点，以舞弊案例的专题报道为核心，穿插热线电话发布舞弊案件、现场权威发布舞弊措施等环节，环环相扣。除"3·15"晚会的内容之外，节目形式也在极力彰显新元素。例如在晚会期间，利用新媒体平台和多样的互动形式，引入在线观众评论留言、手机投屏等技术，在直播过程中数以万计关于舞弊案件的精彩评论通过手机端的互动投

票、留言评论实时汇聚到演播室内部,增强了与观众互动性的同时,也反映了大众的舆论导向,加深群众舞弊治理的参与力度。与此同时,晚会还增加辅助性表现手段,比如大屏幕连接场外观众参与、颁发"3·15贡献奖"、对揭幕人士实行保护措施等。另外,每一届晚会都会请来国家各部委、司法、工商、技术监督局等有关权威部门进行现场办公,由此形成了群众与政府的"联盟",政府部门人员不但以线上解答疑问方式与网友互动,而且将晚会期间实地调查舞弊案件作为现场连线,线上线下互动成为了收视亮点。

(三)传播阶段:全媒体融合宣传,强烈引发舞弊行为关注

"3·15"晚会在传播上集结了PC互联网、移动互联网、电视、平面、户外等众多传播平台,整合了互联网站、移动客户端、微信、微博、论坛、手机报、报纸、电视、户外大屏等数量可观的终端资源,形成了强势矩阵传播态势,使更多受众获得舞弊信息。政府利用全媒体(即广播、电视、报纸、网页等不同媒介形态,电视、电脑、手机等不同终端)对晚会后期的全方面宣传,致力于将"3·15"央视主题活动打造成为热点话题,使得晚会曝光的舞弊行为成为社会关注的焦点。例如,2016年"车易拍事件"在晚会播出,爆光了车易拍隐藏差价、蒙骗消费者的舞弊行为。[①] 晚会一方面利用传统媒体、主流门户网站、新媒体等不同形态的传播工具组合,对"车易拍事件"的曝光、处理等做全媒体无缝隙传播。另一方面,通过刊发评论员文章或者专题文章对"车易拍事件"进行深度解读,通过主流网站的影响力带动其他网站不断转载,助推报道升级,提高点击率,引导了社会舆论、扩大了舞弊案件治理影响力。

(四)反馈阶段:多主体动员介入,高效实施舞弊行为调查

晚会播出后,政府相关部门第一时间介入调查,社会组织(如消费者权益保障委员会)也随之参与调查,各媒体平台联合跟踪报道。"3·15"晚会从1992年开始出现政府部门的参与到现在16个政府机关单位参与,"3·15"晚会已经成为国家级部门参与最多的电视晚会之

---

① 资料来源:央视3·15曝光:车易拍欺骗买卖双方赚差价,http://auto.ifeng.com/pinglun/20160315/1054219.shtml。

一。"3·15"晚会播出后,政府立即行动展开立案调查,并在短时间内处理案件,有效保障了消费者合法权益。各媒体企业追踪事件的最新动向,将特定新闻事件演变过程中的新动态分段分次地传递给观众,连续地做深入、详尽的专题报道。例如,"饿了么"的黑作坊事件曝光后,北京市食品药品监管局立即约谈"饿了么"北京区、百度外卖、到家美食会、美团等10家网络餐饮运营商,要求运营商开展自查,并于3周内提供自查报告。中国消费者协会也约谈了"饿了么"电商外卖平台。各媒体如新京报刊发布《黑作坊办假证挤进百度美团外卖推荐》等调查报道,一方面持续曝光黑作坊办假证成为百度美团外卖推荐、部分上线"饿了么"平台等舞弊事件,另一方面监督事件处理进度,公布阶段性成果。最后"饿了么"推出千人客服、三重审核、政企联动、直播后厨、全员培训等七项严厉举措,并成立专门的食品安全部门严审资质,食品安全保障取得显著成效。

表8-7　　"3·15"晚会中政府对平台经济视域下商业舞弊
行为协同治理的引证归纳

舞弊治理阶段	治理实践（现实引证）	治理实践归纳	
		主体协同（政府、企业、社会）	路径协同（技术、制度、组织、文化）
准备阶段	晚会联动全国多个省、市、自治区,征集知情人、内幕人,并与地方平面媒体对舞弊事件进行调查	政府+社会+企业	组织+制度
	央视"3·15"主题活动组委会利用行业调查问卷,掌握舞弊最新动向的同时,将调查结果及时向行业主管部门进行通报	政府+政府+社会	制度+组织
	请中央级财经类媒体及地方都市类媒体,对"3·15"晚会剧组、总导演进行专访,并从晚会立意和影响上,在各大网站做出深度评论	政府+企业	文化+技术
直播阶段	"3·15"晚会设立了"3·15贡献奖",在晚会现场发给对上年度在维权行动中最有贡献的人	政府+社会	文化+组织
	每年的晚会当场,直接把为百姓专门设立的010-12315投诉电话架设到直播现场,变直播现场为消费者投诉和权威专家答疑的听证会	政府+企业+社会	文化+技术+组织+制度
	晚会平均每年都有3—9次权威发布,频率与现场热线发布基本持平。权威发布看到的是政府部门整顿治理的足迹,消费者可以看到政府相关部门为维权行动做出了哪些努力、取得了怎样的成效,同时可以学习到最新的法律政策	政府+政府+社会	文化+制度+组织

续表

舞弊治理阶段	治理实践（现实引证）	治理实践归纳	
		主体协同（政府、企业、社会）	路径协同（技术、制度、组织、文化）
传播阶段	"3·15"充分整合电视、网络、新媒体、平面媒体、广告等传播优势，对舞弊事件进行宣传推广	政府+企业+社会	文化+组织
	2013年重庆"3·15"网络晚会播出两周后，晚会受众总数达到389.6万人，其受众主要为电脑用户；到2017年，晚会播出两周后，在整个"3·15"宣传期间，累计772.6万网友关注并参与晚会，创下历届网络晚会新高	政府+社会+企业	文化+组织+技术
反馈阶段	公安部门和市场监管部门第一时间赶到现场，依法开展核查，并根据核查结果同相关部门做出处理	政府+政府	制度+组织
	政府相关部门结合晚会中曝光的舞弊事件，现场发布相关权威信息，并对这些企业做出相应的惩罚以及整改意见	政府+企业	制度+组织
	政府部门、消费者协会、各媒体平台跟踪舞弊事件处理进度，并及时向社会大众公布结果	政府+企业+社会	制度+组织+技术

二 12301平台政府的协同治理具体实践

随着互联网技术的飞速发展，"旅游+互联网"的大趋势推动旅游产业的变革和发展，国家旅游局①将技术外包给第三方机构，2015年9月，12301国家智慧旅游公共服务平台正式运营，目前已实现全国31省、区、市旅游咨询、投诉咨询、投诉受理的集中处理。12301平台是各级旅游质监执法人员受理及处理旅游投诉的统一平台，实现了属地直办、全程监控、多渠道入口统一的闭环投诉受理和处理。② 当旅游平台企业发生舞弊行为时，受害者能够在第一时间内将投诉信息转发到涉旅企业和旅游质监执法机构，被投诉的涉旅企业可及时处理问题，同时各级质监执法机构可以实时监控舞弊案件的处理进度，对舞弊案件进行调查监督，对不良企业、商家，甚至不明游客进行处罚、曝光和整顿。本节通过对12301平台

---

① 说明：本次研究在国家机构改革前，因此本文中仍沿用"国家旅游局"称谓，以保持论述的准确性。

② 资料来源：12301全国旅游投诉举报平台正式上线，http://www.gov.cn/xinwen/2016-09/27/content_5112589.htm。

的具体治理措施进行归纳整理，对平台经济视域下商业舞弊行为协同治理框架进行验证，详见表8-8。

（一）舞弊信息导入阶段：积极引入相关主体，开拓舞弊信息的导入渠道

政府通过12301平台建立起和旅游企业、游客之间连接的渠道，实现平台经济视域下商业舞弊信息快速的导入，开拓多主体投诉渠道是实现12301平台舞弊信息集约化导入的重要手段。一方面，政府通过与互联网平台企业合作拓宽信息导入渠道，例如，与腾讯公司合作将12301平台开通了微信企业号、公众号，与蚂蚁金融服务集团合作在支付宝平台开通了城市服务功能等，实现了"一键投诉"。另一方面，与其他主体合作打造实时旅游问答社区，初步收集旅游过程中的平台经济视域下商业舞弊信息。政府与互联网企业合作引入人工智能技术，进行人工智能咨询与问答。同时政府通过招募社会人士形成"大众服务大众"的交互问答模式，来处理10%—20%计算或者机器无法受理的舞弊事件。[①] 因此，游客通过拨打12301语音电话、关注12301微信公众号、微信城市服务、支付宝城市服务、国家旅游局官网，均可在全球范围内获得7×24小时旅游咨询与投诉服务。同时12301国家旅游服务热线还与国内部分省市的12315、12345和12308中国公民领事保护热线实现信息共享，最大程度地保护旅游消费者的权益。

（二）舞弊信息接收阶段：主体之间互联互通，实现信息实时流动和交换

12301平台进一步简化了线下投诉和线上投诉的投诉程序，缩短投诉处理的时限，提高旅游投诉的操作性，方便旅游纠纷的解决。国家旅游局通过12301平台建立了集网站、电话、移动设备等为一体的公共信息权威发布平台，实现了国家旅游局与地方旅委、相关政府部门等1200多家旅游监管部门及8万多家旅游企业的实时互联互通。在平台上做到舞弊案件备案、审批一键受理、信息共享、全程可视，使投诉举报形成"及时受理—快速处理—限时反馈—准时跟踪"的闭环，实现

[①] 资料来源：12301公共服务平台技术演进及问题探讨，http://cloud.idcquan.com/yzx/82253.shtml。

"群众少跑腿，信息多跑路"。例如，近年来线上旅游产品的舞弊事件逐渐增多，在通过微信公众号、城市服务等平台接到游客对舞弊事件的投诉后，政府统一通过12301平台后端（12301旅游投诉平台）将投诉工单第一时间传递到全国1200余家旅游质监部门进行处理，随后相关部门通过平台可查询涉嫌舞弊主体的（旅游平台企业、景区、导游等）相关信息，并将投诉情况传达到涉嫌舞弊的主体，要求其提供相关证明与资料，做到了信息快速交换、实时流通的效果，大大减少了舞弊信息接收时间，提高了处理效率。

（三）舞弊信息处理阶段：政府各部门落实职责，提高舞弊事件治理效率

政府利用12301平台将平台经济视域下的商业舞弊案件同时发送至国家、省、地市、区县等四级旅游质监执法机构后，旅游主管部门牵头，相关行政主管部门积极配合对舞弊案件进行高效治理。例如，2018年国家旅游局聚焦"不合理低价游""非法一日游"等行业顽疾对在线旅游产品的舞弊案件进行大规模整治工作。[1] 为积极推动综合监管机制建设，各地设立旅游警察机构437家、工商旅游分局344家、旅游巡回法庭554家，分别明确了三者监督（警察机构）、审核（工商分局）和执法（巡回法庭）的职能，形成合力做好对在线旅游产品价格实施常态化监测、对问题较多的在线旅游企业及时约谈、对不合格线路产品督促下架、对主要在线旅游企业及平台产品审核和安全防范工作提出整改要求等工作。

表8-8　　12301平台中政府对平台经济视域下商业舞弊
行为协同治理的引证归纳

舞弊治理阶段	治理实践（现实引证）	治理实践归纳	
		主体协同（政府、企业、社会）	路径协同（技术、制度、组织、文化）
舞弊信息导入阶段	2015年10月，12301平台注册微信企业号，实现旅游监管部门和被监管旅游企业的互联互通，同时开通了12301微信公众号、微信城市服务	政府+企业	制度+技术

[1] 资料来源：国家旅游局公布旅游专项整治十大典型案例，https://www.sohu.com/a/256906373_99951723。

续表

舞弊治理阶段	治理实践（现实引证）	主体协同（政府、企业、社会）	路径协同（技术、制度、组织、文化）
舞弊信息导入阶段	国家旅游局整合了电话、网络、信函、微信等8种投诉方式，将投诉信息统一导入12301全国旅游投诉平台	政府+企业	技术+制度
	招募旅游达人、志愿者为游客做解答、咨询服务等	政府+社会	组织+技术+文化
	12301平台实现了包括各级旅游主管部门的官方微信、微博、景区、酒店等各类旅游服务企业的App、微信、微博和全覆盖WiFi等，都能够及时为游客提供景区导览、客流量、旅游交通、气象、治安、旅游风险以及旅游咨询、投诉、救援等全方位的旅游信息服务	政府+企业+社会	技术+组织
舞弊信息接收阶段	12301平台提供客观数据、建立通畅的沟通渠道，完成数据服务和连接服务，服务于政府、旅游企业和各大媒体	政府+企业+社会	技术+组织
	核心的数据智能可视化，投诉举报数据不是通过互联网能得到的，是通过行业内和第一手和企业之间的互通来获得的，把投诉数据大屏都做成SaaS方式，各地主管部门如果需要信息不再需要开发，用一个账号和密码，就能得到这一地区的数据展示	政府+政府	制度+技术
	12301平台旅游纠纷的调解不受时间、地域限制，即使旅游结束，当事人仍然可以通过手机、电脑，在网上充分表达自己的意见，进一步解决纠纷	政府+社会	技术+组织
	通过12301，一线旅游企业和直接监管、联络的旅游机构建起快捷、有效的安全信息渠道	政府+企业	技术+制度
舞弊信息处理阶段	各级旅游质监执法机构通过12301平台，可在第一时间实时查询、督办，处理属地的旅游投诉案件，初步实现了旅游投诉处理的实时化	政府+政府	制度+技术
	关于舞弊事件的问题及意见建议，各级旅游主管部门要及时填写《12301诉转案系统意见建议反馈表》，由省级旅游主管部门汇总，并向国家旅游局质监所统一反馈	政府+政府	制度+文化
	为积极推动综合监管机制建设，各地设立旅游警察机构437家、工商旅游分局344家、旅游巡回法庭554家，分别明确了三者监督（警察机构）、审核（工商分局）和执法（巡回法庭）的职能	政府+政府	制度+文化
	游客通过12301投诉和反映的问题，在旅游主管部门值班人员的协调下，都能够得到及时解决，做到问题解决不过夜。旅游部门积极协调地方政府、公安、交通、景区、运输企业等多个部门和机构，调动各类资源和力量来共同参与问题的解决，为游客排忧解难	政府+企业+社会	制度+组织+技术

三 政府行动层面的协同治理机制与对策启示

通过以上"3·15"晚会和12301平台中政府对平台经济视域下商业舞弊行为协同治理的引证归纳可知,两者皆在治理平台经济视域下商业舞弊行为时存在政府、企业、社会等多主体的协同和制度、文化、组织、技术治理等多路径的协同,验证了第七章提出的平台经济视域下商业舞弊行为的治理框架。在此基础上,本节将进一步对"3·15"晚会和12301平台中政府对平台经济视域下商业舞弊行为治理的主体协同和路径协同机制进行归纳,并从中提出对策启示。

(一)主体协同机制和对策启示

通过对"3·15"晚会和12301平台中政府对平台经济视域下商业舞弊行为的治理实践进行分析,可以看到政府主导下的平台经济视域下商业舞弊行为治理涉及政府、企业、社会各组织多主体,本小节着重归纳得出主体间的协同机制,并在此机制上提出相应的对策启示,为平台经济视域下商业舞弊行为的主体协同治理提供建设性的建议。

1. 主体协同机制分析

政府通过"3·15"晚会和12301平台这两个公共平台,与其他主体共同治理平台经济视域下商业舞弊行为,实现了权威性、公信力与诚信力的有机结合。根据对"3·15"晚会和12301平台的主体协同现实引证,本书提出了"共识凝聚—权力开放—责任细化"的主体协同机制。共识凝聚是政府统一各主体意识,储备协同治理力量的必要手段。政府需要引导各主体对舞弊事件达成统一的治理意识以及正确的价值观念。一方面,政府与平台企业和社会组织共同合作,统一战线、达成共识,引导媒体企业宣传核心价值观、社会组织发挥社会责任感,面向社会大众科学地传达舞弊事件的危害性,把握舆论的方向盘,将大众意识引导到正确的价值观上。另一方面,政府内部通过加强引导各部门之间坚守及时、高效、公正的治理原则,坚持制度治理的手段,保持对舞弊事件"零容忍"的态度。权力开放是政府突破主体合作壁垒,实现全方面协同的基础。一方面,政府借助自身权威性和公信力,主动与统一战线的企业和社会组织合作组建立公共平台,推动了社会大众、企业互相监督,积极举报平台经济视域下商业舞弊行为。另一方面,政府部门既通过公共平台促使政府内部各级部门监管、审核、执法一体化，加快了部门之间处理舞弊案件的效率，又通过平台的权力公开透明化接受社会群众的监督、维护和实现民众的知情权、参与权和监督权，政府与群众的互动有利于增强政府的干部公仆意识，树立正确的权力观、政绩观。责任细化是政府明确主体责任，调动各主体力量的重要手段。通过责任细化，可以做到政府引领、社会监督、企业自律的协同模式，做到职能的相互补充。一方面，政府自身做好责任担当，明确政府各部门的职能，做好完善法律法规等治理工作，要求各部门有序高效地按照法律法规对舞弊事件进行立案调查和后续处罚。另一方面，政府明确了其他主体在治理舞弊事件中的责任与义务，即社会组织应对社会舞弊事件的监督和上报，平台企业应互相监督，同时自身要提升企业全员诚信意识来遵循市场规律。

2. 主体协同对策启示

基于上述提出的"共识凝聚—权力开放—责任细化"的政府行动层面的主体协同治理机制，政府通过和社会组织、企业等多方主体合作进行了协同治理。首先，整个机制以共识凝聚为治理的出发点，政府通过统一各主体的治理意识，储备了治理力量；其次，以权力开放作为突破主体协同壁垒的重要途径；最后，以责任细化进一步明确各主体职能，推动了治理舞弊的责任落实。按照这一主体协同机制，并结合"3·15"晚会和12301平台的治理实践（见表8-9），提出以下三点治理对策启示。

对策一：引导建立正确的共识，构成稳定的主体协同治理网络结构。面对平台经济视域下的商业舞弊行为时，由于各主体的价值观念和所处立场存在不同，需要政府引导形成统一的舞弊治理共识，避免在多主体治理过程中出现缺乏协调性、相互之间存在矛盾与冲突等。政府应利用自身权威性促使政府内部、企业和社会组织等治理主体围绕着某一舞弊事件，通过引导、协商、谈判和妥协等达成舞弊治理共识，有效促进多主体积极进行信息互通和功能耦合，从而形成一个以达成协同治理舞弊为目标，实现资源共享、信息互通、彼此依赖、相互协作主体治理网络结构。

对策二：深化简政放权，营造较为开放自由的治理环境。多主体治理平台经济视域下商业舞弊行为的智慧和力量需要在较为自由开放的公共空间进行整合与凝聚。一方面，政府要积极营造相对宽松的政策环境，充分迸发其他主体的积极性和创造性，拓宽与社会组织、企业之间的沟通渠道，加快、加深平台经济视域下商业舞弊行为的揭露速度、曝光程度。另一方面，政府与新媒体结合，加强政府内部的公开透明，让政府的信息和声音通过新媒体送达，实现舞弊信息公开、治理过程公示等政务工作公开，全面接受其他主体的舆论和监督。

对策三：明确主体的权力和责任，切实有效地推动舞弊治理工作。平台经济视域下商业舞弊行为的治理是政府、社会和企业的共同责任。一方面，政府内部要合理分配中央与地方政府在平台经济下商业舞弊行为治理中的责任，细化量化工作任务，确保事事有人抓、件件有着落。另一方面，要明确政府之外的其他主体在舞弊治理中的责任，政府通过制定相关规定细化责任主体清单、明确责任要求、强化责任追究，促进企业自觉规范经营行为、加强社会组织监督舞弊工作等。

表8-9　平台经济视域下商业舞弊行为协同治理的主体协同对策——基于政府行动层面的治理实践

主体协同归纳		主体协同对策（现实引证）		对策归纳
"3·15"晚会	12301平台	"3·15"晚会	12301平台	
政府+社会	政府+企业+社会	每年的晚会都有与之契合的主题，尤其是对"诚信"的多次强调，体现出晚会所要传递的价值取向	政府为降低舞弊事件发生概率，促进法律进机关、进乡村、进社区、进学校、进企业、进单位等载体，组织旅游行政执法人员、律师、专家学者经常性开展舞弊案例释法活动	对策一
政府+企业	政府+企业	晚会后开启全天直播窗口，《经济信息联播》《第一时间》《交易时间》等栏目挂牌播出，对晚会涉及的重要案例以及"3·15"相关内容进行后续报道	12301网站设置曝光台，定期发布舞弊案件信息，点名涉嫌舞弊主体，以及公示相关处罚措施，向大众传递舞弊事件的危害性	对策一
政府+社会+企业	政府+政府	政府联合新浪、腾讯、搜狐、央视网等媒体，在网上建立虚拟"长城"，密切监督舞弊事件处理过程	12301平台按全国分区进行投诉接待工作，与其他地区的政府合作，将信息、来访资料等进行数据互通	对策二

续表

主体协同归纳		主体协同对策（现实引证）		对策归纳
"3·15"晚会	12301平台	"3·15"晚会	12301平台	
政府+企业	政府+企业+社会	政府通过晚会联动全国多个省、市、自治区，征集知情人、内幕人，并与地方平面媒体对舞弊事件进行调查	国家旅游局质监所综合考虑其他主体意见建议，结合《旅游行政处罚办法》和旅游投诉处理现状，对"12301"诉转案操作流程进行了反复研究，实现了在系统上对涉嫌违法违规的投诉案件直接进行诉转案操作	对策二
政府+社会	政府+政府	消费者是问题事件的最初接触者，举报并协助政府有关部门展开处置和打击工作，关注事件进展和结果，对反馈的结果做出反应	上级旅游主管部门建立对下级旅游主管部门普法责任制和落实情况的督促指导，确保普法工作取得实效	对策三
政府+政府	政府+政府	晚会工作人员把每一个诉求电话分区域转接到当地政府执法部门，由当地执法部门调查解决具体问题，并且当地执法部门有责任各自分析当地公众诉求的集中领域，并做好下阶段执法工作	为积极推动综合监管机制建设，各地设立旅游警察机构437家、工商旅游分局344家、旅游巡回法庭554家，分别明确了三者监督（警察机构）、审核（工商分局）和执法（巡回法庭）的职能	对策三

（二）路径协同机制和对策启示

通过对"3·15"晚会和12301平台中政府对平台经济视域下商业舞弊治理实践的分析，可得知政府主导下的舞弊治理涉及组织、技术、文化、制度等多路径协同，本小节着重归纳出了路径协同机制，并在此协同机制上提出相应的对策启示（见表8-10），可以为平台经济视域下商业舞弊行为的路径协同治理提供建设性的建议。

1. 路径协同机制分析

根据"3·15"晚会和12301平台中政府对平台经济视域下商业舞弊行为的治理实践，可以得出政府通过制度、组织、技术、文化四种路径进行舞弊行为的治理。基于治理实践，本小节将政府行动层面对平台经济视域下商业舞弊行为治理中的路径协同机制归纳为"信息互通—举措创新—管理规范"。信息互通可以帮助各路径互联互通。具体来说，通过构建公共平台突破"信息孤岛",可以推动数据的共享开放,实现平台上信息一体化。平台中信息互通的实时化和公开化可以让政府及时发现不同治理举措的不足和空白,以便快速实现舞弊治理中不同路径的相互补充,最终使得不同治理路径彼此之间可以保持方向、进度、结果的统一和协同。举措创新可以帮助强化路径协同程度。社会的快速变化导致舞弊涉及领域的扩大、舞弊类型的多样化,各路径下具体的举措需要不断创新才能实现有效治理。根据舞弊事件涉及的领域、舞弊问题的特征配合形成合适的举措组合方式、衍生出不同的表现形式,才能达到创新举措内容、创新举措形式等效果。因此,通过创新举措内容和形式可以加快制度、组织、文化、技术路径间的协同整合,在舞弊治理中深化不同路径的协同程度、加快协同进度。管理规范可以通过规范体制管理体系来解决路径协同过程中产生的冲突。在舞弊治理过程的每个环节中,各路径协同不可避免出现以某路径为主、某路径为辅的主次问题,以及路径治理的先后问题等,导致资源分配出现矛盾。规范化的管理体制可以明确不同领域中各路径所要承担的治理内容,以及所能支配的资源,使各路径按照既定要求和标准自动协同在一起,实现各路径之间有序、稳定的协同。

2. 路径协同对策启示

基于上述提出的"信息互通—举措创新—管理规范"这一政府行动层面的路径协同治理机制,政府通过信息互通实现路径协同,举措创新强化路径协同,以及管理规范稳定路径协同的机制思路,实现了制度、文化、技术、组织治理的路径协同。基于此,本节结合"3·15"晚会和12301平台中路径协同的治理实践(见表8-10),归纳出以下三点对策启示。

对策一:搭建公共平台实现信息互通互联,快速高效处理舞弊事件。政府利用大数据和人工智能等技术搭建公共平台,既可以拓宽舞弊信息的收集渠道,又建立了信息在平台互通互联的高效机制。在平台前端,舞弊信息导入需要利用奖励等手段引导社会组织监督社会舞弊现象,并及时上报到公共平台;在平台端,政府需要加快技术研发,通过大数据的收集和分析,实时监督涉嫌舞弊动向主体,并利用网站公示、媒体宣传等文化治理手段,将舞弊信息传达给大众,传导正确的价值观;在平台终端,政府应利用法律文件下发等治理手段加快部门之间舞弊信息的沟通,实现舞弊治理事事有反馈，件件有落实。

对策二：立足新形势创新治理举措，优化治理工作质量和效率。平台经济视域下商业舞弊行为涉及领域广，政府应树立创新意识、调整治理举措以实现治理效用最大化。一方面，政府应结合新情况增强创新治理意识，提升智能化的创新能力。在网络化和平台化治理基础上，深入运用大数据、云计算、物联网等信息技术，在涉及多领域、多主体的舞弊事件中精准分析舞弊情况，精准监督涉嫌舞弊主体，精准反馈舞弊情况，从而实现精准化的舞弊创新治理。另一方面，政府调动社会各力量出谋划策，充分吸收各方想法建议，形成新组织或新合作模式，在治理过程的各环节中发挥针对性的作用，做到治理思路创新、治理目标任务创新、治理措施创新等。

对策三：建立规范化管理体系，实现治理工作稳定有序地进行。由于各项治理举措实施出发点、可分配资源等有所不同，协同治理过程中难免会出现混乱无序的状态，因此，有必要建立一套行之有效的规范化管理体系。战略层面，政府应从内部抓起，做好部门规范管理、责任落实等工作，发挥带头引领的重要作用。基础层面，政府应通过统一治理工作标准，明确规定各路径在不同的领域应该起到主导还是配合的作用以及各路径的执行力度，用于指导治理工作有序开展，从而提高治理效率。保障层面，首先，为了确保工作标准的有效推行，政府要强化路径之间的责任制约机制、追责机制、激励机制等机制保障，杜绝出现在协同中推却责任、束手旁观的情况出现；其次，政府需要强化核心价值观的认同，政府内部应通过培训宣传等手段，统一路径治理目的、方向等，形成反舞弊的文化保障。

表 8-10　平台经济视域下商业舞弊行为协同治理的路径协同对策——基于政府行动层面的治理实践

路径协同归纳		路径协同对策（现实引证）		对策归纳
"3·15"晚会	12301 平台	"3·15"晚会	12301 平台	
文化+组织	技术+文化	以中央电视台国内传媒界顶端作为支撑平台，充分利用其辐射面广、影响力大和信任度高的特征，加之媒体的放大效应，使焦点事件得到最大程度的还原	12301 国家智慧旅游公共服务平台有着基于互联网开放的生态特性，将信息资讯、市场监管、流量预警、宣传推广和大数据集成五大功能集于一身，定位于五大功能实现	对策一

续表

路径协同归纳		路径协同对策（现实引证）		对策归纳
"3·15"晚会	12301平台	"3·15"晚会	12301平台	
文化+组织	技术+组织+文化	"3·15"晚会提供了解决困扰消费者维权的一种渠道，增设了现场论谈、典型案例等节目版块，利用独白、访谈、辩论等多种谈话形式	通过建立国家旅游信息标准体系，形成12301.cn网站、全媒体交互中心、移动设备等多渠道的公共信息权威发布平台，实现数据交换机制	对策一
文化+制度	制度+组织	1994年，《消费者权益保护法》首次颁布，这届的央视"3·15"晚会配合消法的普及，开设了"3·15论坛"板块	三亚市政府创建全国首个"景区移动法庭"，或者被称为"三条法庭"，即一条横幅、一条长桌、一条长凳，景区哪里有树荫就移到哪里办案	对策二
文化+制度	技术+制度	国家施行《中华人民共和国消费者权益保护法》，为配合这一法规，1995年的晚会采取了全新的形式——知识竞赛与文艺节目及案例报道相互穿插	2017年11月，聚投诉平台与国家旅游局12301服务平台对接合作处理投诉，助力消费者旅游类投诉维权	对策二
		2013年，重庆华龙网联手重庆市工商行政管理局、重庆市消费者权益保护委员会，创造性地提出了"3·15网络晚会"概念	旅游App层出不穷，约七成消费者通过在线旅游App进行预订，12301从网站到App上线，适应了新情形，方便了消费者投诉	对策二
制度+组织	技术+制度	"3·15"晚会刚刚播出，北京食药监局已经行动，查处了通州"饿了么"五店合一食品加工点，并紧急成立专项组，核查全国范围的餐厅资质	"12301"旅游服务热线是经国家信息产业部核准的、覆盖全国、统一电话呼号、统一数据标准、统一技术标准、统一服务规范、统一管理、分级实施的信息服务平台	对策三
制度+组织	技术+制度	"3·15"晚会工作人员把每一个诉求电话分区域地转接到当地政府执法部门，由当地执法部门调查解决具体问题，并且当地执法部门有责任各自分析当地公众诉求的集中领域，并做好下一阶段执法工作	12301诉转案系统，建立以投诉问题为导向，倒逼平台企业强化守法经营的机制，对于涉嫌违法违规的案件，违法企业不仅要向游客做出民事赔偿，更要接受质监所的行政处罚，进一步提升了其违法成本，发挥了强大的震慑作用	对策三

(三) 主体与路径协同的网络图

根据上述政府行动层面对商业舞弊行为治理实践的分析整理，可以得出平台经济视域下政府行动层面对商业舞弊行为的协同治理中的主体协同机理以及路径协同机制。基于此，绘制出如下基于政府行动层面的平台经济视域下商业舞弊行为协同治理的网络图（见图 8-4）。

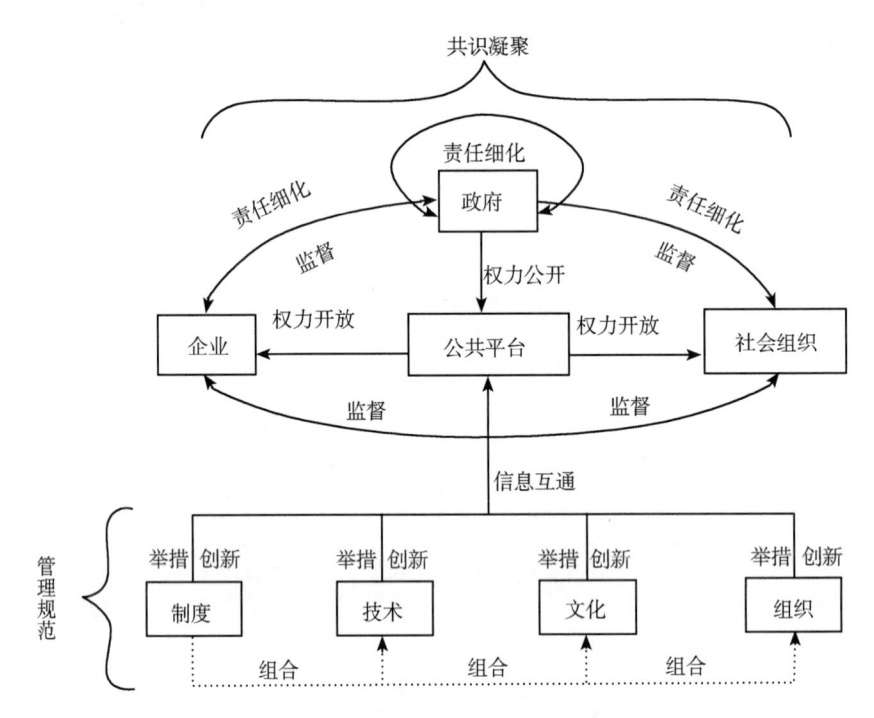

图 8-4 平台经济视域下商业舞弊行为协同治理网络图——基于政府行动层面

第五节 多案例对比分析

通过三个案例的对比分析得知，对于平台经济视域下的商业舞弊治理，无论是政府还是其他主体都面临着共同的难题，即要找到创新性的、变革性的治理模式来维持平台经济的可持续发展。由于自身在资源与能力方面的限制，政府无法独立实现对平台商业舞弊的治理，所以需要政府部门连接社会各主体，协同制度、组织、文化、技术各路径，实现政府主导的平台商业舞弊协同治理。除了协同治理现实引证的直观呈现对比之外，案例研究更深层次的价值在于通过多个案例的比较研究来归纳协同治理运作的普遍规律、特点以及协同机制。因此，本节主要对平台经济视域下商业舞弊行为的治理框架进行检验，对平台经济视域下商业舞弊行为的协同治理机制进行归纳。

一　协同治理实践的复制检验

通过对中央网信办、江苏省工商局以及政府行动层面的治理实践进行分析，本书发现，虽然案例主体面对的平台经济视域下商业舞弊行为的表现形式以及治理实践各不相同，但是这三个案例在对平台经济视域下商业舞弊治理框架上呈现相似性，即三个案例在治理平台经济视域下商业舞弊行为过程中，均采用主体协同和路径协同的治理框架，由此可见，平台经济视域下商业舞弊行为的协同治理框架具有可复制性。

一方面，三个案例在平台商业舞弊治理上都存在政府、社会、企业等主体之间不同程度的协同。通过三个案例的分析比较可以得出，政府主导的平台商业舞弊治理主体协同由垂直治理和横向治理两个维度构成。其中，垂直治理通常发生在组织内部，由政府内部上下级之间和同级政府不同职能部门之间的协同合作两类构成。比如，江苏省工商局精心部署组织机构，明确各行政职能部门的职责，落实工作责任，达成了协同意向，建立了协同机制加强对平台的有效监管；江苏省工商局将部门细分为市场规范管理处、网络交易监督管理处、企业信用管理局等九个分支，精心部署组织机构，落实工作责任，加强对平台的有效监管。横向治理是指跨越政府组织边界，政府与社会组织、企业和个人的协同治理方式。政府跨越组织边界积极与互联网行业合作，提升政府对互联网平台的整体把控力度；与平台企业合作，有利于提升企业治理效果和政府治理强度；与社会团体、个人合作，有利于反舞弊政策的深化，提升平台反舞弊治理的广度。比如网信办约谈企业，通过加强政府与第三方新媒体、科技企业等主体的协同，加强对舞弊行为的鉴别能力，能够有针对性地治理舞弊行为；政府在"3·15"晚会中鼓励社会组织参与舞弊行为监督、全媒体平台介入揭发舞弊行为，大大提升了舞弊行为被发现的可能性。

另一方面，三个案例在平台商业舞弊治理中都体现了政府借助制度、组织、技术、文化等不同路径,通过路径间的配合达成较好的舞弊治理效果。对于中央网信办来说,它利用技术手段,通过国家计算机病毒应急处理中心强化网络监测能力,将问题企业进行公示,通过文化途径,增强政府与公众交流,在群众心中树立牢固的反舞弊观念;对于江苏省工商局来说,江苏省正式建成了网络交易监测中心和电子商务企业信用信息公示服务平台(一中心一平台),旨在通过技术手段提高反舞弊防范和治理能力,同时将反舞弊成功案例进行总结,将这些案例运用在组织内部与群众中开办反舞弊讲座;对于政府行动层面的案例来说,"3·15"晚会本身既是一个大型打假成果展示平台,也是公众反舞弊思想教育平台和公众反舞弊技能学习平台,"3·15"晚会就是政府利用组织、文化等途径对舞弊行为的治理手段;类似地,12301平台则是政府利用互联网技术增开群众投诉服务通道,能够在群众与政府之间建立直接的联系,便于舞弊行为的及时发现与反馈。

二 协同治理机制的归纳总结

在对三个政府主导下的平台商业舞弊治理实践案例分析的基础上,本书得出了三组主体协同与路径协同机制。其中,中央网信办在平台经济视域下的商业舞弊治理中的主体协同机制为"责任细化—利益协调—价值认同",路径协同机制为"内外联通—信息共享—文化培育";江苏省工商局在平台经济视域下的商业舞弊治理中的主体协同机制为"制度整合—联合监管—文化互动",路径协同机制为"上下联动—动态补充—优化治理";政府行动层面("3·15"晚会与12301平台)对平台经济视域下的商业舞弊治理的主体协同机制为"共识凝聚—权力开放—责任细化",路径协同机制为"信息互通—举措创新—管理规范"。

通过机制间的对比分析,本书将机制中重合的部分进行归纳凝练,可以得出政府主导下的平台商业舞弊治理的协同机制。政府是资源整合的主体,也是协调社会利益的中心,更是打破信息互通壁垒、实现主体价值共创的助推器。在平台经济这一较新领域下,互联网平台治理还并不完善,政府作为商业舞弊行为的领导主体,拥有整合的权力,也必须履行整合社会资源的义务来维护平台经济的可持续发展,由此,总结出政府主导的平台经济视域下商业舞弊治理的主体与路径协同机制为:资源整合—利益整合—信息整合—动态优化（见表8-11）。

第一，资源整合是舞弊治理协同机制构建的切入点。资源整合是指政府发挥在社会管理资源整合协同中的主导作用，充分借助政府行政权力在整合社区资源上特有的优势，通过组织的协调，把社会中不同来源、不同层次、不同结构、不同内容的资源进行识别与选择、吸收与配置、激活与有机融合，使现有的和潜在的资源相互配合与协调，以达到整体最优。根据本章三个案例的分析，中央网信办通过"责任细化"来明确政府各部门职责，整合部门内部人力、财力等资源。江苏省工商局通过"制度整合"，将政府出台的政策规范与行业规则相互统一，通过政策资源的整合，为行业规范提供政策保障，增加了政府政策的落地性。在政府行动层面中，政府通过"权力开放"，将政府权力向外延伸，积极寻求与外界各主体协同，将社会各类资源进行整合，统一协调，开展治理活动。三个治理案例均体现了政府明确各部门责任，发挥组织、引导和舆论导向作用，积极放开权力，引导社区及各社会组织、企事业单位发挥在资源整合协同中的桥梁作用。

第二，利益整合是多方主体主动治理的中心点。利益整合是指政府代表国家成为占有、支配社会资源的唯一主体，政府发挥职能来协调各方利益主体是形成治理合力的关键。比如，中央网信办通过"利益协调"积极联合企业、个人，强调舞弊行为对企业和社会个体的危害，从而形成反舞弊协同机制。江苏省工商局的"上下联动"与"联合监管"也体现了社会各主体间的利益协调，政府通过制度、组织、文化、技术等不同路径，搭建和外部企业、个人的合作机制：在政府与社会各界的上下联动过程中，需要各主体进行沟通，确定利益分配原则；在通过联合舞弊监管来强化市场监管机制时，企业、个人参与社会监管难免会增加企业经营成本，这就需要不同企业和个人衡量成本收益，最终达成协同。政府行动制度层面的治理中，一方面，需要政府主导，引导各主体树立正确的价值观，统一治理意识和立场，调动主体参与反舞弊的积极性，从而达到"共识凝聚"的目的；另一方面，政府行动层面的"管理规范"要求明确技术、文化、制度、组织治理路径在不同领域的主次、先后等问题，整合各路径利益，合理分配各路径可支配资源。因此，本章三个案例都表明：政府通过立法、行政等手段，整合社会各主体的利益，激励或授权利益相关者参与舞弊协同治理，引导其他主体主动式参与协同治理，以确保组织结构能够吸引不同的利益相关者加入并保持协同治理持续有效运行。

第三，信息整合是政府实现舞弊信息共享的着力点。在互联网背景下，主体和路径多样化导致平台经济舞弊治理要素日趋增多，管理主体难度也不断增大，单靠政府管理的传统手段已经难以实现科学有效的社会管理。在信息化的时代背景下，信息集成和个性化管理有助于各个主体逻辑化、有序合理地进行舞弊治理行动。中央网信办通过"信息共享"将中央网信办汇总的平台舞弊案例、治理经验与其他政府部门进行信息共享，其他部门也将与平台治理有关的技术、案例、方法进行反馈，形成政府内部高效的信息流通机制，提高政府内部对舞弊行为的治理意识和治理能力。江苏省工商局通过与社会各主体建立信息共享机制，及时发现舞弊行为的动态，并及时调整舞弊治理手段，形成舞弊治理的"动态补充"。政府行动层面的"信息互通"强调政府在具体舞弊治理的过程中通过公共平台信息的共享开放，及时发现各路径具体举措的不足，以便快速实现路径补充，达到方向、进度、结果的统一和协同。因此，本章三个案例都表明，政府充分利用信息的流通与共享，通过组织主体形成信息集成平台来综合利用现有信息资源，及时监测舞弊行为动态变化，提高舞弊治理工作效率。

第四，动态优化是政府促进路径协同的支撑点。动态优化是指政府与外界协同治理的过程中，利用大数据、云计算等技术，明晰各类舞弊行为的特征和治理困境与难点，有针对性地进行平台商业舞弊治理。针对某些难以发现的问题，要在现有治理办法的基础上加强技术支撑，强化这类问题的甄别力度；针对某些有社会大众参与的平台舞弊现象，需要在现有法律规制的基础上加强文化教育，形成制度与文化的双重治理。如中央网信办通过"文化培育"的方法，针对社会影响较为广泛和公众参与性强的舞弊行为，在原有制度约束的基础上开展社会教育，提高治理水平。江苏省工商局在治理过程中形成不同路径的"动态补充"，对舞弊行为进行长期跟踪，实时反馈，根据舞弊行为的变化，充分调动"制度、组织、文化、技术"等路径，形成舞弊行为的动态治理过程。在政府行动层面，政府通过"举措创新"针对平台经济视域下舞弊行为多领域、多主体等问题，创新举措内容和形式，利用不同路径间的配合及时作出舞弊治理举措的动态调整。

表 8-11　　　　　　　　　三个案例组内比较

治理机理	中央政府层面 中央网信办	地方政府层面 江苏省工商局	政府行动层面	
			12301 平台	"3·15" 晚会
机制一：资源整合	将中央网络安全和信息化领导小组改为中央网络安全和信息化委员会，负责网络空间的重大工作的顶层设计、总体布局、统筹协调、整体推进、督促落实	由省电子商务工作领导小组办公室牵头，协调全省电子商务领域行政执法工作，完善部门间、区域间监管信息共享和执法衔接机制	通过建立国家旅游信息标准体系，形成 12301.cn 网站、12301 全媒体交互中心、移动设备等多渠道的公共信息权威发布平台，实现数据交换	政府联合新浪、腾讯、搜狐、央视网等媒体，在网上建立虚拟"长城"，密切监督"3·15"晚会爆出的舞弊事件处理过程
	《互联网域名管理办法》等部门规章相继出台，明确了政府各部门和各社会企业部门单位的具体职责规范	完善各级消保委组织体系，工商和市场监管部门消保机构要在"三消"工作共建消费维权协调共治新格局	12301 平台按全国分区进行投诉接待工作，与其他地区的政府合作，将信息、来访资料等进行数据互通	15 个政府部门、权威机构与消费者互动，让百姓投诉有渠道，维权受鼓舞
机制二：利益整合	为了保护计算机软件著作权人的权益，制定《计算机软件保护条例》；为保护著作权人、表演者、录音录像制作者的信息网络传播权制定《互联网上网服务营业场所管理条例》	企业信用管理局承担牵头组织、协调推进市场主体信用信息的归集公示、互联共享、信用约束等工作	政府为降低舞弊事件发生概率，促进法律进机关、进乡村、进社区、进学校、进企业、进单位等载体，组织旅游行政执法人员、律师、专家学者经常性开展舞弊案例释法活动	每年的晚会都有与之契合的主题，尤其是对"诚信"的多次强调，体现出晚会所要传递的价值取向
	2018 年 7 月，国家版权局、国家互联网信息办公室、工业和信息化部、公安部联合开展打击网络侵权盗版"剑网"2018 专项行动	通过经营者集中反垄断审查，防止排除、限制市场竞争的行为。电子商务领域知识产权保护，依法调处和解决各类法律纠纷	12301 网站设置曝光台，定期发布舞弊案件信息，点名涉嫌舞弊主体，以及公示相关处罚措施，向大众传递舞弊事件的危害性	晚会后开启全天直播窗口，《经济信息联播》《第一时间》《交易时间》等栏目挂牌播出，对晚会涉及的重要案例以及"3·15"相关内容进行后续报道

续表

治理机理	中央政府层面 中央网信办	地方政府层面 江苏省工商局	政府行动层面	
			12301平台	"3·15"晚会
机制三：信息整合	针对短视频平台企业在专项整治中的自查自纠情况和存在的突出版权问题，国家版权局在京约谈抖音短视频、快手等15家重点短视频平台企业	江苏省工商局和省通管局联合行动对平台加强监管，并在监管中"互通有无"，特别是违法网站的处理	12301平台建立起政府和旅游企业（景区）、游客之间连接的网络，实现快速的信息互换和需求传达	政府通过晚会联动全国多个省、市、自治区，征集知情人、内幕人提供的信息，并与地方平面媒体对舞弊事件进行调查
	网信办利用新媒体、高科技等技术，"以技术治理技术"，加强非法视频、恶性广告、捆绑销售、病毒平台信用舞弊行为的监测力度	建设网络交易监测中心，依法打击网络交易中的侵权假冒行为	"12301"旅游服务热线是经国家信息产业部核准的、覆盖全国、统一电话呼号、统一数据标准、统一技术标准、统一服务规范、统一管理、分级实施的政府公益信息服务平台	政府启动全国大调查，针对假冒伪劣产品问题及不讲诚信的企业生产经营等行为，面向全社会组织发出行业调查问卷，在掌握最新动向的同时，将调查结果及时反馈给行业主管部门以及政府相关部门进行通报
机制四：动态优化	举办网络安全博览会，配置了智能语音导览，设有现场答题闯关、知识大讲堂等系列环节，让广大观众在参观博览会过程中更好地了解网络安全、参与网络安全	积极组织执法实践，将工商监管知识在平台企业中进行大规模宣传，并将理论应用到平台监管实践中	12301诉转案系统，建立以投诉问题为导向，倒逼平台企业强化守法经营的机制，对于涉嫌违法违规的案件，违法企业不仅要向游客做出民事赔偿，更要接受质监所的行政处罚，进一步提升了其违法成本，发挥了强大的震慑作用	晚会播出期间，"3·15"充分整合电视、网络、新媒体、平面媒体、广告等所有媒体的传播优势，对舞弊事件进行直播推广，而公安部门和市场监管部门第一时间赶到现场，依法开展核查，并根据核查结果同相关部门作出处理
		在2017年江苏省平台行业中创建放心消费示范单位，行业协会积极发挥作用，加大扶持力度，充分调动社会各方力量参与创建	12301平台直接将投诉案件同时发送至国家、省、地市、区县等四级旅游质监执法机构处理	与15个政府部门、权威机构及消费者互动，让百姓投诉有渠道，维权受鼓励

本章小结

本章从政府主导的平台经济视域下商业舞弊协同治理视角出发,选取典型案例来分析和阐述政府主导的平台经济视域下商业舞弊的协同治理实践经验,就案例背景、治理实践及治理优缺点等方面对案例进行深度剖析。具体来说,本章选取了中央网络安全和信息化委员会办公室、江苏省工商局以及"3·15"晚会和12301平台两个政府具体行动层面的案例,分别从政府主体层面和政府行动层面出发,对政府治理平台商业舞弊中具体的"主体如何协同"和"路径如何协同"这两个问题进行了协同机理层面的深入探索,验证第七章提出的平台商业舞弊治理框架。此外,本章还针对每一个案例绘制了主体协同和路径协同脉络图,然后寻找共通点,提出和验证了"资源整合—利益整合—信息整合—动态优化"这一协同机制,具化和丰富了前文提出的协同治理思路。同时,本章还依据每一个案例分析提出了详细的主体协同和路径协同的治理对策启示,以供实践参考。

第九章　平台视角下商业舞弊行为的协同治理策略

平台经济视域下，商业舞弊行为经由平台集中、放大、快速传播，产生的影响辐射社会经济的方方面面，这也意味着商业舞弊的治理难度加大。从问题本质上看，平台经济视域下的商业舞弊问题不仅是市场范畴的经济问题，更是公共范畴的社会问题，单靠某个平台企业、政府部门或者社会组织无法达到有效治理效果。因此，商业舞弊治理的理念必须革新，应由"个体语境下的企业内部治理"进阶到"平台语境下的社会协同治理"，加强平台相关主体之间的协同联动、通力合作，发挥各主体在治理上的最佳优势，从而形成协同合作的治理网络。承接第八章中基于政府视角的平台经济视域下商业舞弊行为的协同治理实践分析，本章基于平台提供者视角对第七章的治理框架再次进行实证和进一步深化，主要通过分析腾讯、阿里巴巴、携程和爱彼迎四个平台企业对平台语境下商业舞弊的治理案例，探讨平台提供者（即平台企业）作为平台经济的兴起者、主导者，如何发挥其独特的主导优势，从制度治理、组织治理、技术治理、文化治理四大路径来实施协同治理对策。

第一节　协同治理概述

以公共选择理论为基础，市场治理派基于"理性经济人"假设认为，市场是一只无形的手，具有自我调节能力，公共事物的治理会通过市场自动达到帕累托最优（李平原和刘海潮，2014）。[①] 此外，随着平台经济的

[①] 李平原、刘海潮：《探析奥斯特罗姆的多中心治理理论——从政府、市场、社会多元共治的视角》，《甘肃理论学刊》2014年第3期。

发展和商业舞弊行为对平台经济市场的破坏,平台提供者在平台经济中的重要地位和自身的企业社会责任决定了它在平台经济下商业舞弊行为协同治理的另一大主导者的身份。网络交易平台并非纯粹的企业,平台型网络交易应该受到平台规则与法律规定的双重约束,形成"平台—政府"双元管理范式(汪旭晖和张其林,2015)。[①] 纵观文献,对平台提供者的治理研究分为平台主导的自我治理研究和政府主导的平台治理研究两个方面,鉴于相关研究尚未成熟,本节主要基于平台提供者在舞弊治理中发挥主导作用的必要性以及如何治理的相关研究,对平台提供者视角下商业舞弊行为的协同治理进行了概述。

一 平台提供者的主体责任

(一) 平台提供者的主导身份

平台提供者作为平台买卖双方联系的重要载体,为平台经济的发展发挥了不可替代的作用。Moore(1999)根据成员关系的紧密性和重要性,提出平台商业生态系统可分为核心生态系统、竞争系统、支持系统、社会以及自然环境系统四个子系统,其中,核心生态系统主要包括平台企业、服务提供商、产品提供商、物流、顾客。[②] 孙耀吾等(2016)认为平台是快速配置资源的架构,并为供需双方提供互动机会,降低信息不对称性和受众搜索有用信息所需的成本,促进价值的合作创造、交换与实现。[③] 而平台提供者恰恰主导构建、治理和引领平台发展,通过提供一系列基本产品、服务或技术,建立起开放性、标准化、多接口、可扩展和向后兼容的平台架构。它以产业基本技术为支撑,控制平台底层技术;通过平台定位、运行机制的设计,协调、监督平台运行;通过核心组件创新,促进互补企业的资源整合,引领平台发展和变革。值得注意的是,以往创新网络中的核心企业或创新整合者定义创新的基本架构,邀请网络成员来设计和

---

① 汪旭晖、张其林:《平台型网络市场"平台—政府"双元管理范式研究——基于阿里巴巴集团的案例分析》,《中国工业经济》2015年第3期。

② [美]詹姆斯·弗·穆尔:《竞争的衰亡——商业生态系统时代的领导与战略》,北京出版社1999年版。

③ 孙耀吾、翟翌、陈立勇:《平台企业主导能力及其演化:理论构架与研究逻辑》,《创新与创业管理》2016年第1期。

开发不同的组件以共同促进创新,而平台企业则是定义并提供创新的基本架构,吸引其他企业在此基础上进行互补式创新,拓展平台基本架构或范围(Nambisan 和 Sawhney,2011)。① 随着平台经济和平台企业的发展以及多样化舞弊行为的产生和爆发,需要平台提供者来利用和发挥其在平台商业生态系统中的重要地位,规范平台上的商家和消费者,营造绿色、公平的平台经济市场环境。

(二) 平台提供者的主导责任

纪春礼和杨萍(2016)基于国家工商总局颁布的 2014 年下半年的网络商品交易定向监测结果,运用事件研究法分析电子商务企业社会责任对企业价值的影响,揭示了我国电子商务企业社会责任与企业价值之间的关系。实证结果表明,电子商务企业社会责任的缺失会给企业带来负面影响。② 陈宏民(2017)的分析认为用户对平台服务的选择大多是市场行为,但平台运营商(即平台提供者)应该对这一过程产生的负外部性问题承担相应责任以兼顾社会总体利益。③ 晁罡等(2017)更是将双边市场理论引入企业社会责任理论框架,首次提出平台企业社会责任行为模式的特殊性,并分析了平台企业在各发展阶段对双边用户的社会责任行为模式。④ 综上可知,对于平台提供者来说,平台语境下的企业社会责任的逻辑起点已经演化为其对社会的影响以及其他主体在平台上的履责耦合效应的综合。因此,平台企业不仅要履行自身的社会责任,而且要管理双边用户的社会责任,即平台提供者既要注重自身,防止组织内部舞弊行为的产生,还要监管商家和消费者的舞弊行为并严格治理。一方面,平台企业要充分发挥平台资源配置(陆伟刚,2013)、平台定价(Rochet 和 Tirole,2003)和平台规则(段文奇和冯笑笑,2014)对舞

---

① Nambisan S, Sawhney M. Orchestration Processes in Network – Centric Innovation: Evidence From the Field [J]. *The Academy of Management Perspectives*, 2011, 25 (03): 40-57.

② 纪春礼、杨萍:《电商平台企业的社会责任与企业价值相关性研究——基于阿里巴巴、京东和聚美优品的实证分析》,《经济与管理》2016 年第 4 期。

③ 陈宏民:《平台企业的社会责任》,《企业家信息》2017 年第 7 期。

④ 晁罡、林冬萍、王磊、申传泉:《平台企业的社会责任行为模式——基于双边市场的案例研究》,《管理案例研究与评论》2017 年第 1 期。

弊行为的治理作用,①②③ 同时要加强对实施舞弊行为的平台用户的侵权行为制约、平台服务制约和信用评级制约（荆林波，2009）。④ 另一方面，平台提供者要加强自治，通过组织治理、文化治理等，提高组织成员反舞弊意识，加大舞弊治理力度。

二 平台提供者的治理概述

（一）平台提供者的治理对象

平台经济中，平台提供者（即平台企业）的业务是撮合交易，而平台参与者的业务是交易。平台企业的治理对象不仅是平台企业的内部员工，还包括平台的使用者——需求方用户和供给方用户，对于两者的治理需要区别开来（李凌，2015）。⑤ 一方面，平台企业应该加强组织内部自治，严格要求本企业员工遵守公司制度章程和对客操作流程，营造相对干净、公平的平台交易环境。另一方面，平台企业所提供的平台是针对平台双边用户而搭建的，与平台企业具有直接联系的也就是平台上的需求方和供应方用户，在平台企业主导的商业舞弊自治过程中，其主要对象也就是这两类平台用户。具体来说，平台自治应主要集中在平台资源配置、平台定价、平台规则和监管等方面（汪旭辉和张其林，2015）。⑥ 此外，在网络渠道中，平台上的交易结构是典型的网络平台企业与需求者、网络平台企业与供给者、消费者与供给者的三边交易结构，三边交易结构的特点决定了网络平台企业对供给端的治理关系受到需求端的影响，所以，网络平台企业对供给端的治理机制一方面是网络平台企业的直接治理策略，另一方面则是针对需求端的间接影响的治理策略。

---

① 陆伟刚：《用户异质、网络非中立与公共政策：基于双边市场视角的研究》，《中国工业经济》2013年第2期。
② Rochet C J, Tirole J. Platform Competition in Two-sided Markets [J]. *Journal of the European Economic Association*, 2003, 1 (04): 990-1029.
③ 段文奇、冯笑笑：《专业市场平台化发展战略的设计方法研究——以永康中国科技五金城为例》，《商业经济与管理》2014年第11期。
④ 荆林波：《阿里巴巴的网商帝国》，经济管理出版社2009年版。
⑤ 李凌：《平台经济发展与政府管制模式变革》，《经济学家》2015年第7期。
⑥ 汪旭晖、张其林：《平台型网络市场"平台—政府"双元管理范式研究——基于阿里巴巴集团的案例分析》，《中国工业经济》2015年第3期。

（二）平台提供者的治理能力

平台经济视域下，平台提供者（即平台企业）对商业舞弊行为的治理能力主要来源于其作为管理者的角色定位和科学技术优势。首先，平台企业作为平台提供者拥有相应的平台权力，从而具有对商业舞弊行为的治理能力。陈青鹤等（2016）就从平台权力入手，认为平台提供者拥有对平台各要素的掌控力，可以对平台用户实施垄断权、数据控制权、管制权，平台提供者可以通过定价、授信等方式为满足自身盈利需求对核心利益主体进行管理和控制。① 徐晋和张祥建（2006）在探讨定价问题的基础上提出平台作为价格管制者、竞争策划者和许可授权者，可以通过价格管制、竞争机制以及交易参与者筛选机制影响价格和交易质量。② 其次，科学技术优势赋予了平台企业对商业舞弊行为的事前、事中和事后不同阶段治理的能力。已有学者从保障平台信息安全入手，认为要提供实时的入侵检测及采取相应的防护手段，如建立科学数据网络防病毒体系和平台网络安全监控中心、利用防火墙和 VLAN（虚拟局域网）对不同区域、不同网络、网络资源间的访问进行限制，以及对接入的用户限制可以访问哪些科学数据资源等（李雪莹等，2003；吴明虎和赵东升，2004；邓仲华，2017）。③④⑤ 此外，孙耀吾等（2016）还对平台企业具有的独特治理能力进行了分析，认为平台企业可以通过生成资源的互补性、知识流动的有效性、专有性机制和利益分配标准等四大要素来获得更强的治理能力，其中，互补性高的资源整合可产生更高的耦合度；知识流动的有效性使知识突破组织边界，通过交互作用激发平台活性创造价值；专有性机制会减少未经授权的模仿，增强专属性，保护创新主体的利益；合理的利益分配标

---

① 陈青鹤等：《平台组织的权力生成与权力结构分析》，《中国社会科学院研究生院学报》2016 年第 2 期。

② 徐晋、张祥建：《平台经济学初探》，《中国工业经济》2006 年第 5 期。

③ 李雪莹、毕学尧等：《对入侵检测警报关联分析的研究与实践》，《计算机工程与应用》2003 年第 19 期。

④ 吴明虎、赵东升：《基于 802.1x 的宽带网络用户认证与计费管理》，《军事医学科学院院刊》2004 年第 1 期。

⑤ 邓仲华：《"互联网+"环境下我国科学数据共享平台发展研究》，《情报理论与实践》2017 年第 2 期。

准将激发成员积极性，创造平台公平环境，推动平台发展。[①]

(三) 平台提供者的治理策略

与传统经济市场相比，平台经济下的舞弊行为更加多样化、复杂化，平台提供者主导的舞弊治理应该是以制度治理为依据、组织治理为载体、技术治理为手段、文化治理为保障的四大路径协同治理，对内和对外、预防和治理齐头并进。

1. 制度治理是依据，共建有约束力的制度体系

制度治理分三个层级，从高到低依次为法律法规、规则条例、自律他律。从平台企业自身出发，可以在第二层级上，即平台规则与条例方面发挥其优势作用。平台提供者要制定适合本平台交易行为的规则制度，明确各合作方的"进入—退出"机制、责任追溯机制和奖励惩罚机制，通过实名制等方式加强源头管控。同时，平台还要针对商业舞弊行为设立常态问题处理机制和突发事件处理机制，加强防范与监管力度。例如，阿里巴巴、苏宁易购、京东等作为国内领先的综合网购平台均有其各自较为完整的针对商家和消费者注册进驻、销售经营、信用评价体系等诸多方面的平台管理规则条例和制度。另外，汪旭晖和张其林（2017）提出平台型电商模式的本质在于平台企业和平台卖家共创价值，向平台买家提供完整的购物体验。其研究发现平台型电商声誉对平台企业的约束效力较强，可以作为制度的补充机制，使得平台企业不仅约束自身行为，还会规制卖家行为，有助于维护良好的交易秩序。[②] 为此，平台企业应该综合运用市场化方案、产业化方案、行政化方案规制平台卖家，除了持续完善平台程序、平台规则、声誉租金、监管策略，还要充分发挥经济性激励与社会性激励的双重作用，从而更好地维护平台型电商声誉。此外，要以第二层级的规则制度带动第三层级的自律与他律的扩散和普及，引领平台上的卖方与买方遵守法律法规、尊重平台运营企业的规则规范，加强自身的责任意识，自觉抵制商业舞弊行为。

[①] 孙耀吾、翟翌、陈立勇：《平台企业主导能力及其演化：理论构架与研究逻辑》，《创新与创业管理》2016年第1期。

[②] 汪旭晖、张其林：《平台型电商声誉的构建：平台企业和平台卖家价值共创视角》，《中国工业经济》2017年第11期。

2. 组织治理是载体，形成有控制力的组织体系

政府、平台、监管机构、媒体、大众等治理主体既要有机结合，形成协同治理的战略合作伙伴关系，进而搭建出全方位的治理网络，还要在合作的全局下明确分工，厘清各个主体的治理重点和边界，针对商业舞弊行为问题的不同属性和程度进行分类治理。平台提供者作为平台中心，掌握着最全面的交易信息，因此要做好商业舞弊行为的甄别和分类工作，清晰把握哪些问题属于自治范畴。平台自治的关键还要从组织自身出发，随着平台企业规模的发展，平台企业亟须科学合理地完善组织结构，除传统反腐部门外，增设专门治理平台经济下新型商业舞弊行为的部门，形成具有强大控制力的组织体系。例如，阿里巴巴集团在商业舞弊协同治理的组织创新方面做了有益探索，搭建了"对内、对平台、对外"的三层协同组织：一是建立廉正合规部，重点治理员工的舞弊行为；二是建立平台治理部，重点加强合作商家商业舞弊行为的监管；三是协同多家单位成立了"中国企业反舞弊联盟""中国电商诚信共同体""电子商务反假联合会"，通过平台企业之间的互相监督、互相取经，以有效降低企业舞弊的风险。又例如，百度不断加大内部反腐整治力度，对内不仅设置了安全事业部，从信息安全到内容肃清，加大对网络安全新生态的关注，还设置有"百度公司职业道德委员会"专门负责查处内部贪腐行为，并且该团队直接向百度董事长兼 CEO 李彦宏汇报；对外成立了"蓝天365"诚信联盟，联合众多中小网站共同构建绿色互联网生态圈。

3. 技术治理是手段，支撑有监督力的技术体系

智能化、数字化和信息化技术的不断发展和广泛应用促进了高端制造与现代服务的深度融合，改变了整个经济的技术基础和组织运营形态。随着融合的深化和创新的推进，电子商务平台与企业可以利用大数据可以进行精准营销、用户分析、全方位管理业务流程、互联网金融、信用评价等（徐红宇，2017），[1] 同样地，也可以利用技术治理预防和治理各种舞弊行为，因此，技术治理是平台经济视域下，平台企业治理商业舞弊行为的重

---

[1] 徐红宇：《大数据技术在电子商务平台与企业的应用》，《电脑知识与技术》2017 年第 33 期。

要手段，使得任何网络交易行为都"有迹可循"，这有效提高了商业舞弊行为治理的针对性。因此，要充分加强大数据、云计算、虚拟现实等技术在商业舞弊行为治理中的应用，思考如何应用信息化手段做好互联网平台企业的实时监督工作。首先，要充分应用大数据识别虚假产品信息和虚假交易行为，使互联网平台更为公开透明。其次，要建立平台、商家、消费者的诚信数据库，向社会适时公布不法商家名单和不良交易记录，营造良好社会风气。最后，利用信息技术创新监管渠道，推动平台企业发布平台社会责任报告。此外，要注意不同主体之间的技术协同和共享，以购物平台的网络信誉炒作行为治理为例，通过社会大众的投诉举报、平台企业的技术甄别、工商部门的网络专项执法行动，形成线上线下一体化的"炒信"打击网络。例如，阿里巴巴、京东等领先电商平台利用大数据等技术查找和定位异常刷单、制假售假、发布虚假信息等商业舞弊行为以及实施这些商业舞弊行为的消费者和商家。

4. 文化治理是保障，形成有自制力的文化体系

预防舞弊行为的产生在一定程度上比舞弊治理更重要，在防范商业舞弊方面，自律才是从根本上杜绝商业舞弊行为出现的解决手段，而这种自律又是基于文化角度的认同。"文化治理"在本质上是将治理约束力转向治理自控力，从主要的法制因素转向经济、社会、文化、政治、生态多重要素共存的动力形态。通过"文化治理"可以实现全员参与、全员影响、全面认同的格局，最大程度上从源头上杜绝商业舞弊。因此，要以反商业舞弊作为目标导向，在平台主体中营造与之有关的各类文化，如诚信、忠诚、责任担当等，培养反舞弊意识，营造反舞弊控制环境，包括建立高层管理基调、宣贯职业道德守则，以及将激励约束机制与道德行为挂钩等。首先，平台企业高管和领导层更应该加强企业社会责任感，提高对内、对外的诚信意识。其次，平台企业应该加强诚信、责任意识在企业文化中的渗透和传播，定期进行反舞弊培训，包括内部员工工作培训以及买卖方的反舞弊相关培训等，同时，结合反舞弊目标导向下的文化内容，开展各类组织建设活动，以确保内外部人员对平台反舞弊规定及内控措施的了解。例如，从"蓝天 365"诚信联盟的推进，到搭建"联盟·爱"公益平台，百度联盟用时间证明着自己强烈的社会责任感和公益之心，不仅将越来越多的中小网站聚拢在百度联

盟的旗下，还向联盟成员传达这是一个"简单·可依赖"的平台，是一个可以源源不断为优秀合作伙伴创造收益、促进伙伴成长、与伙伴携手共进的平台，更向所有成员灌输和传播了诚信、合作、责任的反舞弊意识，努力营造诚信商业生态环境。

第二节　研究方法说明

与单案例研究方法相比，基于复制逻辑的多案例研究方法的理论构建基础更为扎实、普适性更好、更能经得起推敲。此外，在本书中，互联网平台企业类型多样，单案例分析不利于系统和完整地论证第七章中提出的协同治理框架，而多案例研究恰好可以对此进行补足，所以本章选择采用多案例研究方法就平台提供者对平台经济视域下的商业舞弊行为的治理实践予以深度剖析和检验，通过反复验证增加案例研究的有效性。

在案例企业选择方面，本书主要遵循以下基本标准：（1）平台企业成立年限在10年及以上；（2）本书的重点是验证平台型企业的舞弊治理框架，隐含假设平台企业在经营中有过转型升级的过程，采取了相应的对策，并取得较为明显的成效；（3）案例企业来自于不同的服务行业，以便有效控制行业环境变化的影响，提高多案例研究结论的信度和效度；（4）为了达到多重验证和相互对比的目的，案例企业应该具有较大的数据可得性和行业代表性。根据以上标准，并征求专家和企业意见之后，最终选取了腾讯、阿里巴巴、携程和爱彼迎四家平台型企业，既有平台经济中的领先企业也有后起之秀，既有国内视角也有国际视角。

为了保证案例研究的信度和效度，本书使用多种途径收集数据，通过访谈、查阅官方网站、查阅新闻报道等多种方法形成证据三角形，交叉验证本书中的治理框架，避免了单一数据造成的偏差。访谈方面，本研究团队先后在2016年和2017年对阿里巴巴廉政部进行了深度访谈，在访谈中，采用了"一人主问、多人主记"的半结构访谈方式，在访谈结束后，本研究团队立刻进行访谈内容的再现，将相关资料归档至案例研究资料库。本书的其他主要数据则来源于相关企业官方网站及其他网站的二手数据,其主要渠道为:(1)四个案例对象的官方网页中的公开信息,包括公司宣传手册、公开资料信息、企业社会责任报告等;(2)在线搜索和访问门户网站、专著、学术文章中涉及案例对象的相关信息。

遵循多案例研究方法的复制逻辑,本章通过组内个案纵向研究、组内案例对比分析和组间案例对比分析,充分论证第七章提出的平台经济视域下商业舞弊行为的协同共治框架。在所有的多案例分析过程中,本书不断地重复案例数据的分析和对比,关注案例间的共性和特征。首先,通过第一组的组内个案纵向研究和组内案例对比分析,本章在协同共治框架的基础上对主体协同和路径协同的机制框架进行了归纳,然后,通过第二组的组内个案研究、组内案例对比分析以及组间案例对比分析对协同机制进行复制检验。

第三节 领先平台企业主导的协同治理案例分析

一 个案分析——深圳市腾讯计算机系统有限公司

深圳市腾讯计算机系统有限公司成立于1998年,是中国最大的互联网综合服务提供商之一,也是中国服务用户最多的互联网企业之一。腾讯公司的使命是"通过互联网服务提升人类生活品质",秉持"一切以用户价值为依归"的经营理念,腾讯的战略目标是"连接一切",长期致力于社交平台与数字内容两大核心业务:一方面通过微信、QQ、QQ空间等社交平台,实现人与人、服务及设备的智慧连接;另一方面为数以亿计的用户提供优质的新闻、视频、游戏、音乐、文学、动漫、影业等数字内容产品及相关服务。此外,腾讯还积极推动金融科技的发展,通过普及移动支付等技术能力,为智慧交通、智慧零售、智慧城市等领域提供有力支持。腾讯希望成为各行各业的数字化助手,助力数字中国建设。在工业、医疗、零售、教育等各个领域,腾讯为传统行业的数字化转型升级提供"数字接口"和"数字工具箱"。腾讯秉持数字工匠精神,希望用数字创新提升每个人的生活品质。随着"互联网+"战略实施和数字经济的发展,腾讯通过战略合作与开放平台,与合作伙伴共建数字生态共同体,推进云计算、大数据、人工智能等前沿科技与各行各业的融合发展及创新共赢。多年来,腾讯的开放生态带动社会创业就业人次达数千万,相关创业企业估值已达数千亿元。

(一) 腾讯公司的治理实践

依据对于腾讯公司有关平台经济视域下商业舞弊行为治理的新闻报道 (2014—2018 年) 和腾讯公司官方网站公开的《企业社会责任报告》,本书对腾讯公司的舞弊治理实践进行了宏观、中观、微观视角的整理,具体阐述如下:

1. 宏观系统视角下,以全局思维履行企业社会责任、连接治理伙伴

作为国内的互联网领先企业,腾讯始终坚信,在深耕责任、追逐可持续发展的道路上,独行快、众行远。对于平台经济视域下的商业舞弊行为,在宏观系统视角下,腾讯公司一直以全局思维履行企业社会责任:尊重法制,履行企业基本责任;引导行业、连接伙伴、关注社会问题等,履行高层次企业社会责任。腾讯公司在宏观层面的治理表现参见表 9-1,具体实践阐述如下:

(1) 在制度方面,积极响应国家政策和规定,依法改善互联网平台运营环境。自互联网平台经济快速发展以来,相关的法律法规和制度也在不断完善的进程中,对于国家有关部门更新的有关平台经济的政策和规定,腾讯公司及时响应和整改,维护平台经济视域下商业舞弊行为的法制治理。比如,2015 年 2 月 4 日,国家互联网信息办公室发布《互联网用户账号名称管理规定》(简称《规定》),对互联网企业、用户的服务和使用行为进行规范。《规定》明确提出,互联网信息服务提供者应当落实安全管理责任。① 对一些账号假冒党政机关、媒体或者冒用他人身份等现象,腾讯公司政府事务部总监陈伟斯陈述:"通过长时间对平台用户行为的跟踪发现,账号乱象的背后可能存在商业利益驱动,也有的是蓄意传播违法和不良信息。这类不良名称对腾讯来说是巨大伤害,会极大降低平台诚信水平,腾讯公司将针对不同平台,比照《规定》具体要求,强化管理要求和措施,同时引导网民辨识谣言,不要对一些违法和不良信息做二

---

① 资料来源:解读《互联网用户账号名称管理规定》,http://ft.people.com.cn/fangtanDetail.do?pid=5483.

次传播,在较短时间内使平台的整体诚信水平和社会效益有明显提升。"①又如,2018年2月2日,按照中央网信办等六部委联合整治炒作明星绯闻隐私和娱乐八卦工作要求,广东省网信办依法约谈腾讯公司,责令采取有效措施整治炒作明星绯闻隐私和娱乐八卦等问题,采取有效措施持续打击各种低俗炒作类内容和账号行为,积极传播社会主义核心价值观,营造清朗的网络空间。腾讯公司依据有关法律法规和用户协议对微信公众号"娱姬小妖吖"、企鹅号"星探妖妖""娱姬小妖"等22个账号予以永久关闭。②

(2) 在理念方面,组织峰会、联盟、论坛和发起倡议,引导行业、连接伙伴以促进互联网产业链的健康发展。腾讯公司不仅会主动参与互联网行业的倡议,还坚持主动对接政府、行业伙伴、产业链伙伴、公众、学校、国际合作伙伴等,组织峰会和论坛,引导行业的健康发展,综合文化路径和组织路径对平台经济视域下的商业舞弊行为进行治理。在倡议方面,2015年11月3日,腾讯和百度、阿里巴巴、陌陌、新浪/新浪微博、优酷六家互联网公司共同发出《关于"清朗网络空间,文明网络行为"的联合倡议》,呼吁互联网从业者秉承良知底线,坚持理性自律,践行社会主义核心价值观,自觉抵制网络庸俗、低俗、媚俗之风,努力为构建清朗网络空间做出贡献。③ 此外,2015年腾讯还发起了CSS首届互联网安全领袖峰会,腾讯、百度、阿里巴巴主管安全的副总裁就如何打通共享大数据、共建安全新生态议题达成了战略共识;而早在2013年,腾讯还联合警方、运营商等产业链合作伙伴共同发起成立了"天下无贼反信息诈骗联盟"。此外,2017年12月3日,腾讯董事会主席兼首席执行官马化腾参加了乌镇第四届世界互联网大会,并表示腾讯要成为一家以互联网为基础的科技与文化公司,这里面最关键的就是创新。过去,中国企业主要扮演新技术的跟随者,但今天需要成为新技术的驱动者和贡献者,与全球合

---

① 资料来源:百度、新浪、腾讯负责人谈如何治理账号乱象,http://www.cac.gov.cn/2015-02/05/c_1114270830.htm.

② 资料来源:广东网信办约谈腾讯,关停"娱姬小妖"等22个微信公众号,https://www.sohu.com/a/220587316_250147.

③ 资料来源:百度、腾讯等六家互联网公司联合发出"清网"倡议,https://www.admin5.com/article/20151103/630923.shtml.

作伙伴一起协同发展。马化腾相信"网络空间命运共同体"有赖于社会各方的共建与共治，腾讯希望能够承担起更多的责任，成为"中国力量"和"中国方案"的组成部分，为"网络空间命运共同体"的共建和共治，做出更大的贡献。①

（3）在行动方面，探索线上线下融合运作以及"腾讯模式"，推动更广泛的社会性问题的治理实践。诈骗、信息盗取、传销等网络黑产已经形成了成熟的产业链条，为了有效、长期打击网络黑产和治理舞弊行为，腾讯公司秉持全局视角和思维联合政府部门、产业链和学研主体等，集文化、制度、组织、技术等治理路径为一体，搭建反黑产的治理链条，腾讯在这一方面的品牌项目是"守护者计划"。"守护者计划"是腾讯在2016年成立的企业社会责任平台，依托大数据和技术优势，"守护者计划"联合公安机关、运营商、企业等社会各界，打击网络黑产等。2017年以来，"守护者计划"持续加强对网络黑产全链条的关注和研究力度，将互联网生态治理重心从反电信网络诈骗向打击网络黑产威胁源转移，通过不断提升技术防护水平预防网络黑产犯罪，协助各地公安机关侦破多起相关案件，为维护网络安全做出了实际贡献。2018年，针对新型网络犯罪升级迭代且呈现出的产业化、智能化、国际化等新特点，"守护者计划"也相应升级迭代出了三个"新"计划：采用新科技来对抗新犯罪，扩充新联盟解决新问题，共建新生态防范新风险，力图从根本上铲除网络黑产的滋生土壤。②

2. 中观企业视角下，以协同理念制定公司战略、构筑链条治理体系

从鞭策自身履行企业社会责任到搭建社会责任平台的历史转变中，腾讯也慢慢学会在经营的全流程管理中，保证社会资本的增值，运用企业的核心能力，创新地解决社会问题，推动社会进步，并把维护公共利益作为自身应当履行的义务。为此，腾讯公司将互联网经济治理内化至公司的管理中，着重将治理与公司发展战略、公司品牌战略进行融合统一。腾讯公司在中观企业层面的治理表现参见表9-1，具体实践阐述如下：

---

① 资料来源：马化腾谈数字经济企业责任：创新、赋能、治理，http://finance.sina.com.cn/roll/2017-12-03/doc-ifyphkhm0070434.shtml。

② 材料说明："守护者计划"的发展历程是本书依据多处新闻资料来源整理而成。

（1）以协同发展的理念制定和布局公司的"连接一切"战略，承担更多的企业社会责任，融合主体协同和路径协同，对平台经济视域下的舞弊行为进行治理。具体来说，在腾讯成长的过程中，一直面临"做什么样的产品，做什么样的服务，有怎样的社会价值"的命题，腾讯公司基于用户的需求，选择了应该留下的产品和服务，希望它们成为用户与美好世界沟通的连接器，这也正是腾讯履行企业社会责任的出发点。所以，2013年以来，腾讯的整体战略发生了很大变化，回归到了"连接（Connection）"，这成为腾讯公司战略布局的重要思想。"连接战略"不仅仅是要把人连接起来，还要把服务和设备也连接起来。同时，在连接战略下，"互联网+"的概念对于腾讯来说是想把自己做成一个零部件，作为一个开放接口提供给很多垂直领域的合作伙伴，把账户关系链、社交广告能力、支付能力作为最原始的工具开放给合作伙伴，"连接一切"，这也意味着，腾讯的企业社会责任也将与数以亿计网民的沟通方式和生活习惯更加紧密相关，并可能由此带来深刻的影响和改变。同样地，现实中，在"连接一切"战略下，腾讯正日益成为一家信息时代的基础服务提供者，连接超过九亿用户，承载着越来越丰富的互联网服务，不仅在互联网发展进程中留下痕迹，更开始推动社会发展的滚滚车轮。[①]

（2）将互联网治理内化至公司组织、产品和服务，围绕"腾讯安全"品牌战略发展和布局。在2014年，腾讯公布了"腾讯安全"品牌战略，并在互联网的治理中围绕该战略发挥腾讯公司的技术优势，构筑全链条治理堡垒，其具体治理实践表现如下：组织方面，腾讯公司与上海市反电信网络诈骗中心联合建立"上海反电信网络诈骗联合实验室"；联合深圳市公安局刑事侦查局共同建成"守护者计划（深圳）联合实验室"；与国家工商总局反垄断与不正当竞争执法局联合成立"网络传销监测治理基地"等。安全产品和技术服务输出方面，腾讯公司目前已经建立了七大平台体系，包括灵鲲金融安全系统、网络安全态势感知系统、鹰眼反电话诈骗系统、神荼反网址诈骗系统、麒麟伪基站定位系统、神侦资金流查控系统、神羊情报分析平台等七大系统，为腾讯公司和政府、产业链伙伴等的协作

[①] 材料说明：腾讯公司的战略说明由本书依据多处新闻资料和《腾讯公司企业社会责任报告》整理而成。

治理项目和行动提供技术支持,把互联企业的技术和能力,与各个机构治理网络违法犯罪的经验以及工作机制结合起来。以金融反欺诈为例,灵鲲金融安全系统已经和北京市金融工作局、深圳市金融办签订合作协议,其他各省、市的合作都在接洽中,而腾讯金融安全大数据风控服务,则已经接入到了中国银行、招商银行、华夏银行、江苏银行、建设银行等银行体系,这些共同构成了一套完善的金融反欺诈体系。①

3. 微观业务视角下,以用户导向确定舞弊治理重点、出台治理措施

秉持着一颗"一切以用户价值为依归"的初心,以更丰富的维度、更生动的形式连接人、设备和服务,腾讯公司的主营产品和服务包括微信、QQ、腾讯云、腾讯网、网络捐款平台等,在每一个平台运营过程中,腾讯公司均围绕用户需求导向更新功能、规则和技术支持,不仅更好地服务双边市场用户,同时更为确定平台视域下的舞弊行为治理重点、出台针对性的治理措施。本书主要对腾讯公司在微信和 QQ 平台上的相关舞弊问题的治理实践进行了整理,腾讯公司在微观业务层面的治理表现参见表 9-1,具体实践阐述如下:

(1)针对微信中的过度营销,在立法不完善的前提下,腾讯公司一方面不断更新《微信运营平台运营规范》《微信朋友圈使用规范》等平台规则,另一方面则遵循疏导原则,在技术层面不断优化微商和公众号功能。具体来说,2014 年,微信更新《微信运营平台运营规范》,通过技术调整得以区分服务号和订阅号、限制服务号群发、大量封杀朋友圈营销,意在让参与的商户对用户体验保持高度敬畏,并将不可过度营销打造成不可逾越的底线。② 2015 年,微信平台在国际消费者权益日顺势发布了《微信朋友圈使用规范》(下称《规范》),并上线了微信安全中心官方微博与公众账号,这份《规范》涉及了内容规范、行为规范、数据使用规范、支付规范以及相关的处罚机制等内容,其发布目的之一便是打击过度营销。《规范》对于违规内容,微信将采取阶梯式处罚,即违规内容一经发现即删除内容,并屏蔽微信朋友圈;对主体侵权和内容侵权,

---

① 资料来源:三个"新"打击黑产腾讯守护者计划再升级,https://www.sohu.com/a/216611943_114838.

② 资料来源:《微信公众平台运营规范》发布,http://www.xazcit.com/474.html.

首次出现删除，多次出现或情节严重的将对违规账号予以一定期限封号处理。① 其后，对于微商的野蛮疯长，腾讯公司也及时关注了新问题，出台新规定以监督微商圈的商品、对微商运营者进行登记、开通微商公众号等，让微商更加健康地发展下去。② 近年来，为了更好地对微商进行监管，腾讯公司也一直在竭力通过技术手段让有关部门能够更好地监管、让消费者能够更好地区分具有价值的和具有诈骗性的商家。比如，马化腾表示："微商最后都是要有支付方式的，都是有运行模型的，从腾讯自身后台的大数据来看，现在的微商中确实存在利用高额返利等方式进行类传销经营和卷款逃走的，对从经营模式上看就难以持续的店，腾讯一般会及时制止。"③

（2）聚众赌博是法律中明确规定的违法行为，对于微信中广泛出现的红包赌博问题，腾讯公司一方面在平台层面上通过运营机制对异常交易管理和违规账号进行处理，另一方面通过政企协作积极配合全国警方严厉打击赌博案件，实施红包赌博治理措施。2015年下半年到2015年11月期间，针对利用红包进行赌博的违规行为，腾讯公司一方面在微信产品层面上通过用户举报、风控机制以及对异常交易的管理等途径，已对超过10万涉及赌博的违规账号进行了处理。此外，腾讯公司内部还组成了包括产品、安全管理、风控、法务在内打击微信红包赌博的联合团队，一直以来都积极配合全国警方严厉打击赌博案件，配合浙江台州、江苏盐城，以及深圳南山、福田等地破获多起赌博案件，抓捕组织赌博犯罪嫌疑人数十余名。④ 2016年，腾讯公司在微信、手机QQ等成为网络赌博重灾区的移动社交网络上启动了腾讯雷霆行动，截至2016年8月底，腾讯公司已处置封停涉赌违规群25000余个，涉赌违规账号35000余个。腾讯雷霆行动负责人朱劲松表示，腾讯出台了网络治赌的

---

① 资料来源：营销软件开发微信发布《朋友圈使用规范》，http：//www.ledtxt.com/a/?p=256.

② 资料来源：腾讯出手整治微商：三大举措能否净化微商圈，https：//www.admin5.com/article/20150517/598938.shtml.

③ 资料来源：马化腾：微商存在类传销经营，腾讯管理缺乏法律依据，https://www.114fcx.com/anlifenxi/7079.htmll.

④ 资料来源：微信红包涉赌腾讯处理超10万违规账号，http：//money.163.com/15/1027/05/B6TJJQL000253B0H.html.

"三把刀"政策：对于用户举报的，经核实存在赌博行为和信息的社交群，实施永久封群；对于赌博组织者，长期冻结其建群资格；对于赌博参与者，限制其每日建群数量、支付、转账、红包功能，从技术上杜绝网络赌博的蔓延。①

（3）侵犯知识产权也是法律中明确规定的违法行为，对于微信中侵犯知识产权问题治理中的识别和发现难题，腾讯公司一方面依靠社会监督和公众举报，另一方面依靠技术手段和数据分析完成对该舞弊行为的监管。在微信公众平台上，微信团队对于抄袭、假冒等侵权行为始终采取"零容忍"态度。2014年4月，《微信公众平台运营规范》的出台，正式对微信公众账号侵犯他人知识产权的行为做出了明确的处罚规定。2015年2月1日，微信公众平台在微博上回应了新华社此前报道的微信公众平台上内容同质化侵权现象，其表示："微信作为平台，我们坚决抵制这种行为，即便现在力有不逮，但不等于偷窃者可以一直得手。现在，微信已经开始上线原创保护内测，将来还会更完善，也欢迎大家帮忙献计献策。"不管是微信公众号，还是微信公众平台的文章，均有侵权举报的入口。据悉，目前微信公众平台每周要处理用户举报抄袭的案例超过200起。此外，为了从源头遏制抄袭，为用户提供绿色、健康的沟通环境，微信公众平台更上线"原创声明"功能，面向微信认证的媒体类型公众账号开放公测。申请了原创声明的文章群发成功后，微信的原创声明系统会对其进行智能比对，比对通过后，系统会自动对文章添加"原创"标识。当其他用户在微信公众平台转发已进行原创声明的文章时，系统会为其注明出处。此次"原创声明"功能的上线是微信公众平台向"抄袭风"亮出的一把"利剑"，目的是通过技术手段建立主动防范措施，提升平台自净能力，逐步减少直至杜绝抄袭等违背道德、法律的行为。②

（4）随着技术和平台发展的更新迭代，腾讯公司时刻关注平台上出现的新型舞弊行为行为和问题，及时发布公告、更新规则、技术优化，

---

① 资料来源：腾讯公布网络治赌"三把刀"，坚决打击任何涉赌行为，https://games.qq.com/a/20160822/042133.htm。

② 资料来源：公众号抄袭严重，腾讯回应称每周处理超200起，http://tech.163.com/15/0201/18/AHCUL3HS000915BF.html。

遏制相关行为。2016年，微信公众平台发布"关于处理返利返现欺诈行为"的公告，指出一些通过微信公众账号、微信支付实施高额返现返利行为，一定程度上体现了金字塔欺诈、庞氏骗局等行为特征，此类行为一经发现，微信将对其永久封号。同时，群众遇到此类欺诈行为，应当第一时间通过法律途径，向户籍地或涉嫌诈骗商户所在地公安机关报案，腾讯将积极协助公安机关依法处理。① 其后，微信"炸群"现象出现，微信曾针对此发布过提示，也表示要对相关违规用户进行处罚。截至2017年3月28日，微信已经处理涉发布"炸群"信息的账号3826个，后续仍将持续清理。对相关违规用户，将视具体违规程度，按照阶梯型处罚原则，进行包括但不限于限制功能、封停账号等处罚，此后也会继续进行打击情况的公示。② 2018年，为了整治标题党，腾讯为天天快报招募200名"企鹅巡捕"，报酬为每个月30Q币，该招募制度完善，设有报名要求和退出机制，为公众参与共治提供机会。③ 此外，2018年以来，随着微信小游戏的生态建立越来越全面，出现的问题也越来越多。为了规范小游戏生态的发展，微信官方出台了多项措施，将整治的方向放到了切支付和马甲包等方面，小程序游戏多次违规将被永久下架。④

（二）腾讯公司的协同机制和对策启示

在平台经济视域下，腾讯公司对于商业舞弊行为的治理措施多种多样，并且寻找各种路径来完善商业舞弊行为的治理措施。根据以上对腾讯公司在商业舞弊行为治理实践方面的具体分析，可以发现腾讯公司在治理过程中采用了主体与路径协同策略，验证了第七章提出的平台经济视域下商业舞弊行为的协同治理框架。根据具体实践，本节将进一步对腾讯公司

---

① 资料来源：微信开始整治平台返利返现，一经发现永久封号，http://digi.163.com/16/0705/16/BR7MGPCD00162OUT.html.

② 资料来源：微信"炸群"屡禁不止，腾讯终于要下狠手整治了，http://tech.163.com/17/0707/12/COO8E1M800097U7R.html.

③ 资料来源：腾讯招募200名企鹅巡捕大队：整治标题党、30Q币一个月，http://games.sina.com.cn/g/g/2018-01-04/fyqiwuw6407917.shtml.

④ 资料来源：微信出手整治微信小游戏切支付和马甲包，http://chanye.07073.com/guonei/1770476.html.

在平台商业舞弊治理中的主体协同和路径协同的协同机制进行归纳,并提出相应的对策启示。

1. 主体协同机制和对策启示

根据对腾讯公司面对商业舞弊行为的治理实践分析,本书梳理得出腾讯公司对平台经济视域下商业舞弊行为的主体协同机制,并依照主体协同机理提出了相应的对策启示。

(1) 主体协同机制

通过对腾讯公司治理实践的材料整理和分析,可以看到在平台经济视域下商业舞弊行为的治理中,平台企业(即腾讯公司)与政府、产业链、公众和学研等其他社会主体均有协同。总结来说,腾讯公司主导的主体协同治理展现出了"创新—赋能—共治"的战略目标协同,其中,每一个战略目标层层推进,为后一个战略目标服务。

首先,身处快速迭代的数字经济时代,新科技带来了对市场重新洗牌、对社会重新定义、舞弊行为重新滋生的机会,互联网平台企业只有成为新技术的驱动者和贡献者,与全球合作伙伴一起协同发展,才能始终把握主动权,对互联网经济和平台经济上出现的问题进行有效治理,所以,平台型企业与其同行业、同产业链的其他伙伴之间协同的落脚点主要集中在技术创新和管理创新。其次,网络构成了社会的虚拟空间,实体构成了社会的物理空间,虚拟空间和物理空间需要打通融合在一起才能更健康地可持续发展。同样,针对平台经济视域下的商业舞弊行为也要依靠线上线下的融合才能根除治理,这就要求平台型企业和政府协同运作,既要保证平台企业凭借其技术优势和数据优势为政府工作赋能和提供智力支持,又要保证政府凭借其制度优势和组织优势为平台型企业的治理工作树立主心骨。最后,以互联网为基础的数字平台视域下,正在发生"多用户"平台到"全用户"平台的演化,平台经济正在成为社会中个人和组织的基本需求,要想建立"网络空间命运共同体"就需要连接一切需要连接的对象和主体,对涉及法律、道德、技术、文化等各方面的舞弊行为进行共建共治,社会公众的力量尤其更要参与进来(见表9-1)。

表 9-1   腾讯对平台经济视域下商业舞弊行为的协同治理实践的引证归纳

舞弊治理视角	治理实践（现实引证）	治理实践归纳		
宏观视角	腾讯公司强化管理要求和措施以践行《互联网用户账号名称管理规定》；腾讯公司依据有关法律法规和用户协议对微信公众号"娱姬小妖吖"、企鹅号"星探妖妖""娱姬小妖"等22个账号予以永久关闭	平台+政府	制度+组织	主体协同 + 路径协同
	"守护者计划"得到了网信办、公安部的指导，涵盖警方、互联网公司、运营商、银行及银联等多方协作平台；腾讯联合警方、运营商等产业链合作伙伴共同发起成立了"天下无贼反信息诈骗联盟"；腾讯公司秉持全局视角和思维联合政府部门、产业链和学研主体等，集文化、制度、组织、技术等治理路径为一体，搭建反黑产的治理链条	平台+政府+产业链+其他社会主体（如学研）	制度+文化+技术+组织	
	腾讯和其他5家互联网公司共同发出《关于"清朗网络空间，文明网络行为"的联合倡议》；腾讯发起CSS互联网安全领袖峰会	平台+产业链	组织+文化	
中观视角	腾讯公司与上海市反电信网络诈骗中心联合建立"上海反电信网络诈骗联合实验室"；联合深圳市公安局刑事侦查局共同建成"守护者计划（深圳）联合实验室"；与国家工商总局反垄断与不正当竞争执法局联合成立"网络传销监测治理基地"	平台+政府	组织+技术	
	腾讯公布"腾讯安全"品牌战略，建立七大平台体系，包括灵鲲金融安全系统、网络安全态势感知系统、鹰眼反电话诈骗系统、神荼反网址诈骗系统、麒麟伪基站定位系统、神侦资金流查控系统、神羊情报分析平台等七大系统，为腾讯公司和政府、产业链伙伴等的协同治理项目和行动提供技术支持	平台+政府+产业链	技术+制度	
微观视角	腾讯启动"2018暑期雷霆行动"，对利用QQ进行违规违法行为和传播不良信息的行为等进行专项治理，用户可以通过腾讯安全服务平台等通道对违规账号和群随时进行举报；对于微信中的侵犯知识产权问题治理中的识别和发现难题，腾讯公司一方面依靠社会监督和公众举报，另一方面依靠技术手段和数据分析完成对该舞弊行为的监管	平台+用户	制度+技术	
	微信更新《微信运营平台运营规范》，发布《微信朋友圈使用规范》，出台关于微商的新规定；通过技术调整区分服务号和订阅号、限制服务号群发、大量封杀朋友圈营销，通过技术手段让有关部门能够更好地监管，让消费者能够更好地区分好的和具有诈骗性的商家	平台+用户	制度+技术	
	针对利用红包进行赌博的违规行为，腾讯公司一方面在微信产品层面上通过用户举报、风控机制以及对异常交易的管理等途径，同时，腾讯出台了网络治赌的"三把刀"技术政策。另一方面，腾讯公司内部早组成了包括产品、安全管理、风控、法务在内打击微信红包赌博的联合团队	平台+用户+政府	制度+组织+技术	

(2) 主体协同的对策启示

依据腾讯公司治理实践中的"创新—赋能—共治"的战略目标协同这一主体协同机制，结合腾讯公司的具体实践（见表9-2），本书总结出如下三条主体协同对策启示。

表9-2　平台经济视域下商业舞弊行为协同治理的主体协同对策——基于腾讯的治理实践

主体协同归纳	协同实践（现实引证）	对策归纳
平台企业+政府	政府与腾讯公司合作，利用微信软件设立的举报、拦截技术，监控微信平台上的可疑信息	对策二
	腾讯公司在公安部的指导下，推进"守护者计划"三步走：第一步，腾讯基于技术和大数据，联合业内专家建立反电信网络诈骗平台，推动反诈骗研究和技术孵化工作；第二步，将基于开放的大数据和智能反诈骗产品推动产业链合作，建立全场景防御体系；第三步，将配合公安部等主管部门推动由政府主导的协作体系，将反诈骗生态推进至"最后一公里"	对策一
平台企业+政府+产业链	腾讯先后与公安、银行、运营商、其他互联网企业建立合作关系，摸索出以数据为驱动，通过全行业联合、职能联动形成反诈骗闭环，利用生态的力量形成共抗黑产的"腾讯模式"	对策一 对策二
平台企业+产业链	成立腾讯首个CTO俱乐部；腾讯发起CSS互联网安全领袖峰会；腾讯将其运营的安全云库通过"安全联盟"开放给百度搜索等用户服务平台，用于信息诈骗的防御；腾讯与阿里巴巴建立了天猫商城的白名单共享机制；腾讯自2014年提出"连接一切"战略以来，为该战略服务的腾讯安全也不再局限于PC或者移动端，而是更加重视打造全产业安全生态链；腾讯公司的安全专家在DEF CON黑客大会、BlackHat黑帽大会、VB大会、CanSecWest安全峰会等全球顶尖会议频频发表研究观点，备受行业瞩目	对策一
平台企业+社会	微信在产品层面上通过用户举报、风控机制以及对异常交易的管理等途径，已对超过10万涉及赌博的违规账号进行了处理；腾讯为天天快报招募200名"企鹅巡捕"，主要整治标题党；腾讯专门设立腾讯安全受理中心"小程序，用户如在使用腾讯产品的过程中发现违法（如网络传销行为）或不良信息（造谣信息），通过这些渠道进行举报，同时，受理后，微信团队将对此进行审核，并将相关线索与工商等部门同步，联合各方力量；在产品层面开发了微信辟谣助手小程序	对策三

续表

主体协同归纳	协同实践（现实引证）	对策归纳
平台企业+ 其他社会主体	腾讯联合中国人民大学刑事法律科学研究中心、中国犯罪学会主办"网络经济与网络犯罪——2015年互联网刑事法制高峰论坛"；腾讯与中山大学传媒与设计学院共同推出《2017腾讯公司谣言治理报告》；北京航空航天大学法学院、腾讯公司法务平台部、腾讯研究院联合主办网络平台的责任与治理研讨会，热议网络平台法律责任问题，北京航空航天大学法学院和腾讯联合发布了"网络平台的法律责任与治理研究"报告，建议我国通过立法明确网络监管机构与网络平台之间的责任分配，根据平台类型分别设定网络平台的责任规则和免责条件	对策一 对策二
	"守护者计划"中的"全民共治"模式升级，开发出"帮家人防骗"的产品功能：用户通过"守护者计划"官方公众号或腾讯手机管家，与家人的安卓手机进行绑定，就能在家人手机接听或拨打被大数据标记为诈骗电话的号码时接到提示，以便及时与家人取得联系，防止家人上当受骗；该功能一方面通过全民参与解决诈骗技术不断迭代更新难以发现的问题，另一方面，则将此前停留在警方、电信运营商层面的事前预警、事中拦截信息传达给所有民众受众；微信公众平台设立辟谣中心，引进专业的第三方辟谣机构，对平台中存在的谣言辟谣，现在加入辟谣中心的机构包括人民日报、新华社、丁香医生、果壳网、中科院之声、中国食品科学技术学会、各地警网等，涵盖健康养生、食品安全、政治政策、社会事件等多个领域	对策三

对策一：提升核心技术能力，拓宽协同合作对象实现数据共享共建和技术创新。对于平台型企业来说，协同治理商业舞弊行为的核心驱动力就是技术，而如何有效应用技术进行舞弊行为的治理则需要群力群策，必要时还需要构建完备的技术治理产业链，关注技术引领的目标。就腾讯企业的启示而言，平台型企业可以采纳如下具体做法：将"开放、协同、共享"理念内化至公司发展，搭建人才交流平台，发起联盟组织，共建共享数据库，以产品化思维合作输出互联网治理服务等。

对策二：积极响应国家号召，对法制层面明晰地带的问题做大做深"互联网+"。首先，平台型企业需要积极促进相关平台规则的制定，实现平台型企业和政府层面的制度协同。对于现有法制层面处于明晰地带的问题，平台型企业应该坚决治理、加大惩罚措施。其次，只有将平台企业的技术和知识输出，完成线上线下、虚拟空间社会和物理空间社会的融合，才能保证舞弊行为治理的深度、广度、效度都得以提升，所以平台型企业应该借助本身在大数据技术和海量用户经验的优势，做大做深"互联网+"，通过共享信息数据、提供技术支持等为政府部门赋能，提升政府部门监管诈骗、假货、传销等舞弊行为的效率及智能化程度。

对策三：关注用户需求和社会监督，既有系统性又有针对性地与社会主体建立联系。因为互联网空间的虚拟性，相关舞弊行为给平台型企业带来了很大的监管挑战，所以，为最大程度发挥社会共治的优势，平台型企业应该尽可能多地系统建立维权、举报入口，如小程序、平台网站等，依靠社会公众的力量及时发现和甄别相关舞弊行为。此外，还建议平台型企业有针对性地选择第三方监管机构、媒体机构或者其他社会主体（如家庭、学校）等，通过社会监督和合作提升治理效益。

2. 路径协同机制和对策启示

根据对腾讯公司面对商业舞弊行为的治理实践分析，本书梳理得出腾讯公司对平台经济视域下商业舞弊行为的路径协同机制，并依照路径协同机理提出了相应的对策启示。

（1）路径协同机制

通过对腾讯公司的治理实践的材料整理和分析，可以看到这一类平台企业与其他各主体协同治理的实践中，文化治理、制度治理、技术治理和组织治理等路径不断交织。总结来说，平台企业主导的路径协同治理展现出了"内外协同—需求协同—发展协同"的协同机制，其中，每一个协同运作都是后一个的前提。

首先，在主体协同的前提下，不论是产业链内的各伙伴、政府，还是与其他社会主体，平台企业需要首先和协同伙伴达成治理目标的一致，然后依据目标签订协议或者举办活动，而这一步完成的过程就是不同治理路径在协同主体之间的内外协同过程，或者是组织路径的内外协同如人员对接，或者是技术路径的内外协同如技术对接等。内外协同要求协同治理的主体用管理化思维就治理路径达成共识，并分别内化至各自的日常运营和运作中。其次，在内外协同的前提下，对平台经济视域下商业舞弊行为的治理应该以市场需求为核心，针对不同类型和性质的问题分别立项，再以项目为抓手，融合适合的治理路径。需求协同要求运用品牌化思维将各个不同项目的治理在专业化和体系化上不断进化和迭代，打造品牌产品，这既能保证治理的问题是准确的，又能保证治理的方案是可以不断重复和应用的。最后，在需求协同的前提下，每一个治理项目的运作中，因为问题是不断变化的，所以要以发展的视角看待问题的演化，故而，不同路径的协同方式应该随着事前、事中、事后的不同阶段进行调整，即为发展协同。对于平台企业来说，技术治理为其主导的协同治理提供了核心驱动力，文化治理为其提供了凝聚力，组织治理是连接网络和现实的枢纽，而制度治理则是保证了其他路径的合法性，在发展协同中，可以分别将不同治理路径的定位和所治理的问题现状一一对照进行路径的融合与协同。

（2）路径协同的对策启示

依据腾讯公司主导下对平台经济视域下商业舞弊行为的治理实践中的"内外协同—需求协同—发展协同"这一路径协同机制，结合腾讯公司的具体实践（见表9-3），本书总结出如下三条路径协同对策启示。

表 9-3　平台经济视域下商业舞弊行为协同治理的路径协同对策——基于腾讯的治理实践

路径协同归纳	协同对策（现实引证）	对策归纳
文化+技术	腾讯发布《中国网络安全生态报告（2015）》《移动支付网络黑色产业链研究报告》等；积极响应"阳光跟帖"行动，委派多名精英骨干担任"阳光公开课"的讲师，在全国多所高校宣讲网络安全知识，为大学师生深入解读网络黑产	对策二
文化+组织+技术	腾讯与全国工商总局共同发力，利用典型案件、热点事件、重大节点等契机，联合开展多种形式的宣传教育，强化广大群众识别、抵制网络传销意识，创建无传销网络平台；腾讯公司与上海市反电信网络诈骗中心联合建立"上海反电信网络诈骗联合实验室"，开展"守护者计划"等一系列协同治理活动	对策一 对策二
组织+文化	阿里巴巴、腾讯等8家企业代表举行了签字仪式，共同签订"反炒信"信息共享协议；腾讯公司参与即时通信行业的企业社会责任倡议；腾讯和其他互联网公司联合发出《关于"清朗网络空间，文明网络行为"的联合倡议》	对策三
组织+技术	在腾讯守护者计划的技术支持下，上海市反电信网络诈骗中心平台正式启用；工商执法部门的"云上稽查系统"与腾讯公司的"网络传销态势感知系统"进行技术对接	对策一
组织+技术	腾讯公司协助司法机关打击网络黑产犯罪，建立指标体系，每天对海量的用户行为和程序运行建立数据模型，结合用户举报数据，运用机器学习的方法，识别互联网上的恶意数据；中国电科与腾讯公司共同针对网络社会面临的安全问题与治理挑战，联合发布研究成果——网络社会安全风险态势系统，该系统首次针对网络社会安全构建了相应的评价指标体系；腾讯与中国政法大学共建了"网络法学研究院"，促进理论研究与最新实践的结合	对策二
组织+制度	2013年，腾讯联合警方、运营商等产业链合作伙伴共同发起成立"天下无贼反信息诈骗联盟"；腾讯依据有关法律法规和用户协议对微信公众号"娱姬小妖吖"等22个账号予以永久关闭	对策一

续表

路径协同归纳	协同对策（现实引证）	对策归纳
组织+制度+技术	广东省食品药品监管局与腾讯公司在深圳举行食品药品安全综合治理战略合作协议签约仪式，双方在建立信息交互机制、日常信息共享协作机制、线上线下联合打击机制、政企合作高效沟通机制等四方面共同推出共建信息交互机制、开放基础信息、案件协查、定期通报等12条合作举措，不断提高食品药品安全综合治理能力，加强在数据"网络食品药品不良信息研判和处置""食品药品谣言防治""防范和打击互联网食品药品违法犯罪""食品药品知识科普宣传"的合作，开展互联网食品药品安全综合治理 腾讯公司与无锡市食品药品监督管理局、无锡市公安局、阿斯利康中国正式签署打假战略联盟合作框架协议，腾讯针对食品药品安全最重要的监管环节发力，基于旗下反诈骗实验室自研的态势感知系统，搭建了互联网食药大数据监管指数平台，针对食药产品、假冒化妆品、制假售假进行规则学习、关联挖掘、预警处置，形成主动感知全网食药销售和预警重大影响制假售假组织的能力，为此次合作的其他三方单位提供关于人员趋势、指数趋势、地域分布、主体关联等舆情信息参考，实现协查联动，形成打击合力	对策一 对策二 对策三
组织+制度+技术+文化	自2016年成立以来，"守护者计划"以"共治模式"，联合政府、企业、民众等社会力量，共同守护网络安全，并且从政企合作、犯罪打击、技术支持、用户教育四大维度层层发力，立体化打击网络黑产，成效显著；腾讯与工商局的反垄断与反不正当竞争执法局签订《网络传销监测治理合作备忘录》，双方将共同建立"网络传销监测治理基地"，围绕传销违法活动的线上监测、调查处置、善后处理、宣传教育、法律研究等开展全方位合作	对策一 对策二 对策三

对策一：以舞弊治理为目标，用管理化思维协同治理路径，实现内外协同。就平台型企业来说，对舞弊行为等违法行为进行治理既能够履行其社会责任，又能够保持其运营管理的可持续发展，所以应该将舞弊治理内化至其发展战略、发展目标、发展业务方面，尤其需要在技术层面进行针对平台舞弊行为治理的多方主体的合作创新与研发，这些都要求平台型企业将舞弊治理内化为日常的运营，用管理化的思维在理念、目标、策略、产品、营销等方面协同助力，以完成文化、制度、组织、技术等路径的协同。对于其他企业主体来说，情况也是如此。而对于其他社会主体来说，舞弊治理是政府部门的本责之一，更是学研主体可以贡献智力支持的趋势领域，因此，政府和学研等主体也应该将平台下的舞弊治理作为日常行政任务和学术研究重点，通过行政管理的方式在不同的过程选择不同的治理路径或者针对不同问题探索多样的治理路径，实现协同。

对策二：以治理项目为抓手，用品牌化思维协同治理路径，实现需求协同。不同的舞弊治理项目所需要的发力点是不同的，作为平台型企业，在主导治理平台舞弊行为的过程中，要以项目为抓手，分别立项，建立针对不同舞弊问题的品牌治理方案，以对接市场需求。如针对诈骗、造谣、欺诈、造假、侵权等问题，平台型企业首先应该辩证，找出这些问题发生的原因；其次再针对性使用文化、制度、组织、或者技术的治理路径；最后，企业应该将治理方案服务化、产品化、品牌化，构筑不同问题的路径协同组合方案，这既能提高本企业的治理效率，又能开放服务于更广泛的网络社会。

对策三：以演化流程为阶段，用系统化思维协同治理路径，实现发展协同。鉴于互联网技术和系统不断迭代的事实，由此滋生的平台上的舞弊行为在特征、表现上也会不断迭代演化，所以平台型企业和其他主体在协同治理的过程中应该以行为演化和治理流程（即事前、事中、事后）为阶段划分，在不同的阶段选择不同的治理路径，最终用系统化思维将各阶段的治理进行总体协同，实现发展协同。比如，针对某一舞弊问题，在事前阶段（对应舞弊未发生时）主要进行制度和文化路径的协同治理，在事中阶段（对应舞弊正在发生时）主要进行技术和组织路径的协同治理，而在事后阶段（对应舞弊被发现后）则主要是制度路径的治理。再比如，对于已经滋生的舞弊行为，平台企业和各主体应该积极、有效运用制度、组织、技术和文化手段进行针对性治理，对于潜在的舞弊征兆，则应该将重点放在预防治理上，主要运用文化手段从道德层面、运用技术手段从监管层面遏制舞弊的发生。

3. 主体与路径协同的网络图

平台经济视域下商业舞弊行为的多中心协同治理是一个发展的动态过程，腾讯公司治理实践中的协同网络构建需要将其置于具体的情境之中。根据上述腾讯公司在治理实践中的主体协同和路径协同的实践总结和机制分析，本书绘制协同网络图（见图9-1）。

二　个案分析——阿里巴巴网络技术有限公司

互联网经济的不断发展催生出阿里巴巴网络技术有限公司（即阿里巴巴集团，简称阿里巴巴）这个全球领先的互联网企业。近年来，阿里巴巴不断成长，成为横跨电商、无线通信、金融等多类型业态的行业领先

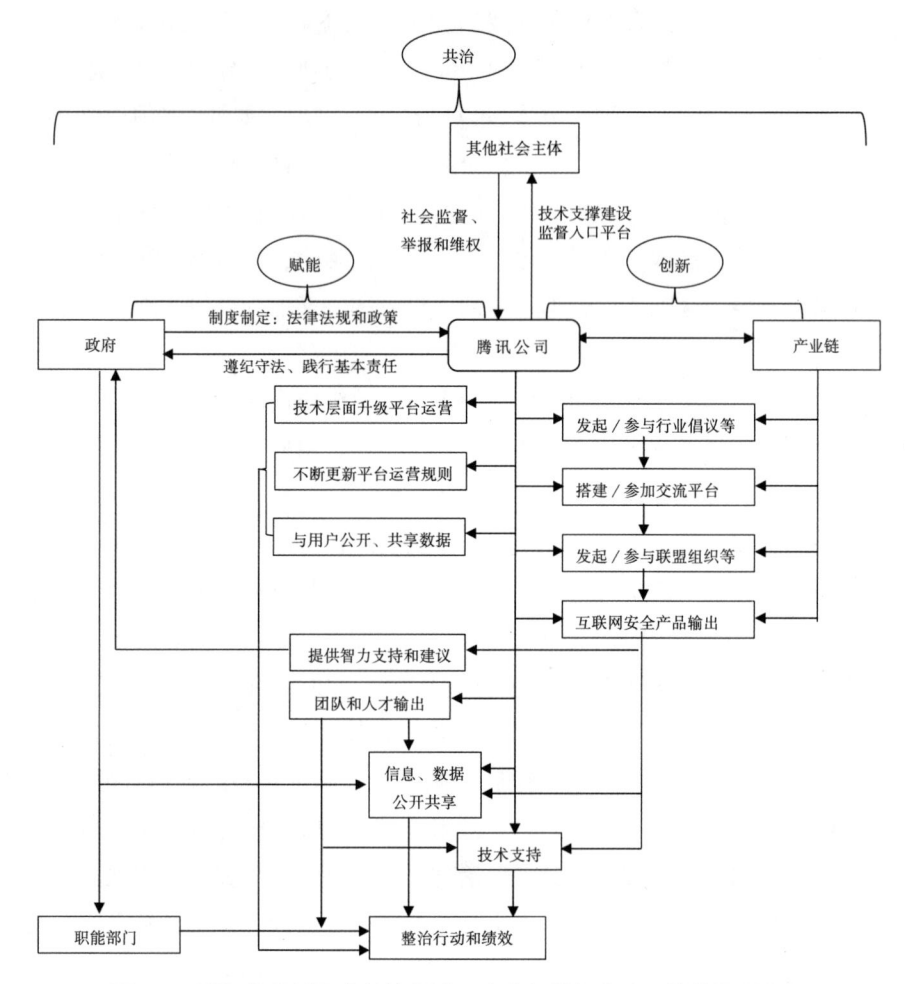

图 9-1　腾讯公司对平台经济视域下商业舞弊行为治理的协同网络图

者。阿里巴巴集团的使命是"让天下没有难做的生意",这让众多想要创业的人有勇气迈出创业的一小步,使得无数创业者实现了创业梦想。但是,随着电子商务在互联网的推动下竞争日渐激烈,许多的电商创业者为了生存下来,在法律边缘进行不正当的商业竞争和商业舞弊来获取利益。近年来淘宝、天猫平台同样出现了多种不正当的商业舞弊行为,阿里巴巴、政府、社会等多个主体为此采取了大量的相应措施,以改善网络购物环境,遏制商业舞弊行为。

（一）阿里巴巴的治理实践

在互联网的大背景下,网上购物越来越普遍,淘宝、天猫平台的店铺数量也日益增加，市场竞争更是日渐激烈。购物平台店铺为了销售量和品牌知名度，利用舞弊行为来进行店铺宣传，例如淘宝刷单、制假售假、好评返现、职业差评等，极大地损害了平台发展。为了保证消费者和商家的基本利益，淘宝和天猫平台积极采取相应的措施，避免平台和各方主体的利益受到侵害。作为阿里巴巴集团的代表，淘宝和天猫平台对平台经济视域下商业舞弊行为的治理实践参见表9-5，具体阐述如下：

1. 打击刷单行为——升级平台规则，创新大数据监控技术

阿里巴巴升级淘宝、天猫平台的商家诚信体系，推出了《淘宝网"淘信用"与经营保障服务规范》，并结合大数据实时风控与稽查系统，针对刷单行为等虚假交易制定降权、封店等处罚措施，严厉打击刷单行为，同时，利用法律手段维护自身和用户权益。面对淘宝、天猫购物平台的刷单、虚假交易等现象，作为电商巨头的阿里巴巴一直都在寻找并实施有效的打击措施。面对一系列的商业舞弊行为，从只是简单处罚相关行为者开始，阿里巴巴集团慢慢摸索形成了一套成熟的商业舞弊治理体系。以淘宝平台为例，2014年9月底，根据淘宝商家虚假交易严重程度，淘宝网搜索功能对淘宝商家分别进行全店搜索屏蔽30天、90天、180天，甚至是全店搜索屏蔽十年的处理。[①] 2016年，淘宝网对涉嫌刷单的22万淘宝商户和4.6万家因刷单违规的店铺分别进行降权处理和封店处理。[②] 同年，阿里巴巴状告刷单平台的起诉书显示：浙江淘宝网络有限公司和浙江天猫网络有限公司作为原告方，起诉杭州简世网络科技有限公司，请求法院判令被告赔偿二原告损失216万元和请求法院判令被告赔偿二原告合理支出10万元。[③] 另外，阿里巴巴通过数据和技术主动识别出了2800个刷单团伙，并联合相关部门，打掉了傻推网、整点抢、牛刷刷、蓝天碧水、蓝天网等大型炒信平台。2018年，为了升级商家诚信体系，提高营商环境治理水平，提升对守规卖家的保障与服务，淘宝网正式推出《淘宝网"淘信用"与经营保障服务规范》提高故意违规"失信者"的舞弊成本。

[①] 资料来源：淘宝虚假交易新惩罚出台，http://bbs.paidai.com/topic/294183。

[②] 资料来源：刷单屡禁不止，阿里以起诉相威慑，http://m.haiwainet.cn/middle/3541839/2016/1206/content_30543090_1.html。

[③] 资料来源：刷单平台屡禁不止，阿里起诉索赔216万元，http://henan.sina.com.cn/shuma/yunyingshang/2016-12-06/digi-ifxyiayq2449393.shtml。

其中规定"商家'淘信用'分值越高,即可拥有更多的保障服务"。同时,淘宝网运用社交群体反作弊算法、物流空包算法、刷单资金网络算法等技术手段,在刷单行为的每一个环节入手,建立覆盖全链路的大数据实时风控与稽查系统,以此打击刷单行为。[①]

2. 遏制制假售假——变更打假机制,成立专业化打假团队

阿里巴巴制定扣分制的制假售假惩罚原则,从商家注册、交易和售后整个流程进行监督,并成立"打假联盟"(简称 AACA),联合平台商家以及众多企业共同遏制制假售假的商业舞弊行为。网络的虚拟性使得大量的网络商家为了以低成本牟取暴利,利用制造假货、劣质产品、以次充好来降低生产成本,提高利润。阿里巴巴为了维护消费者和自身的基本利益和信誉,展开一系列积极有效的"打假"行动。根据对阿里巴巴相关人员的访谈、新闻、报纸、期刊等信息的整理归纳得知,阿里巴巴面对商家制假售假制定了相应的打假机制,包括预防销售假货的打假流程、形成淘宝内部对制假售假进行监管以及实行扣分制的惩罚原则。预防方面,阿里巴巴开展的预防销售假货的打假流程贯穿了商家开店、交易和售后整个过程。首先,要成为一个卖家,个人或公司需要通过实名认证和实人认证,并对于销售假货商家集中地区推出线下认证。其次,在发布商品环节采用智能系统评估,遏制商家售卖假货。最后,在消费端对发现投诉比较集中的假货进行支付暂停,截断支付流转,将钱冻结在支付宝里。监管方面,阿里巴巴一方面利用大数据等技术开展精确而彻底的打假行动,针对消费者投诉进行系统的机器语义分析,提取假货相关信息,抽检样品交第三方鉴定机构鉴定,如果是假货,马上进行处理。另一方面则按照商品品类对制假售假进行监管。由于各行各业假货的特征不一样,比如运动鞋假货和奢侈品假货,其消费群体、销售方式都不一样,因此,根据不同商品品类的假货特征进行深入挖掘和分析,制定各不相同的治理工作措施。惩罚方面,2014 年,阿里巴巴发现 1.1 亿件假货,将其全部下架,并对卖家进行处罚;同时,通过权利人员投诉查处假货 800 万件。[②] 此外,阿里巴巴

[①] 资料来源:淘宝全新"淘信用"来了:以后买东西看它,https://m.sohu.com/a/245887844_223764.

[②] 资料来源:淘宝打假提速,https://epaper.qlwb.com.cn/qlwb/content/20150209/ArticelB01002FM.htm.

对制假售假的商家实行扣分制的惩罚原则,具体见表 9-4。

表 9-4　　　　　　阿里巴巴对制假售假商家的惩罚原则

次数	扣分	处罚
第一次	0 分	警告
第二次	2 分	警告
第三次	24 分	21 天的停业整顿
第四次	24 分	查封店铺

根据对以上阿里巴巴打假行动的归纳和分析,可以看到阿里巴巴的打假机制是主动式的打假,注重主动与权利人、相关企业和政府合作开展打假行动。2015 年阿里巴巴建立了一支 5000 人的专业队伍,每年投入超过 10 亿元,并采用最先进的技术和数据模型对制假售假进行主动防控。[①] 2017 年 1 月,阿里巴巴联合众多知名品牌在杭州成立了打假联盟(简称 AACA),自成立以来,成员数已从 30 个增加到 105 个,包括阿迪达斯、强生等品牌,覆盖包括奢侈品、珠宝、服饰、智能设备等 12 个行业。从 2017 年 1 月联盟成立开始,至 2018 年上半年,AACA 成员向全国公安机关共推送涉假线索近 200 条,开展了 112 次线下行动,捣毁窝点数 247 个,协助逮捕涉案人员 300 余人,涉案金额近 10 亿元。AACA 已经形成了一个"执法机关+品牌+阿里"的打假共治系统。[②] 2017 年 2 月 27 日阿里巴巴首席平台治理官郑俊芳在"2017 年度打假工作交流会"上披露了一组数据,根据该数据得知制假售假的刑事打击力度不足,犯罪成本极低,无法有效遏制制假售假在线下的泛滥和平台间的流窜。因此,当天阿里巴巴集团向全社会公开呼吁完善法律法规、严格执法、加重刑罚、加大打击制假售假的执法力度[③]。以联盟成员 LV 为例,2018 年 5 月,LV 联手阿里协助上海警方成功摧毁一个生产销售假冒 LV 等奢侈品专销国外市场

---

① 资料来源:制假售假"不倒翁"难治,阿里巴巴急呼:加重刑罚,https://baijiahao.baidu.com/s?id=1568283307111904&wfr=spider&for=pcl.

② 资料来源:阿里巴巴首次公开打假成绩:协助抓捕售假分子 300 余人,涉案 10 亿,https://www.sohu.com/a/244989617_161795.

③ 资料来源:97%侵权链接上线立遭封杀,阿里巴巴打假越来越严,http://mini.eastday.com/a/170228070704666.html.

的犯罪链条，跨越4省市共抓捕犯罪嫌疑人29名，现场查获涉假产品11000件，初步估计案值1亿余元。除了协助执法机关打假，2018年1月，AACA还对外宣布打响"合围诉讼打假"第一枪：阿里巴巴联合联盟首批成员、法国护肤品牌贝德玛先后将售假者诉至法院，半年时间里，联盟成员与阿里合作，"合围"起诉打击售价者。①

3. 防止职业差评——开放自检工具，合理利用法律化手段

为了严厉打击职业差评这一舞弊行为，阿里巴巴集团推出"消费者诚信数据模型"来识别职业差评师ID，并向平台商家开放自检工具，维护平台商家自身权益。随着互联网的发展，网上购物平台普遍存在，滋生了一大批网络诈骗、网购"碰瓷"等行为，阿里巴巴作为电商领军企业对网购"碰瓷"采取了一系列相应的治理措施。首先，平台层面，阿里巴巴利用技术和制度手段来治理职业差评这一舞弊行为，维护平台各方主体的利益。一方面，阿里巴巴充分利用"消费者诚信数据模型"等技术手段来治理职业差评。例如，2015年，阿里巴巴利用"消费者诚信数据模型"来识别职业差评师ID，对恶意差评情况特别严重的ID进行身份认证，将认证成功的ID永久封存。同时，相关ID留下的恶意差评记录将会被系统自动删除，以保护商家的应有权益。同年7月，阿里巴巴公布的"职业差评师"群体监控数据显示，自"消费者诚信数据模型"上线以来，被命中并认定为职业差评师的ID历史累计接近500万之多。② 另一方面，阿里巴巴合理利用制度手段维护平台商家权益。例如，2016年8月，阿里巴巴提出批量注册淘宝账户属于违规行为。阿里巴巴将对排查到的滥用权利的会员，视情节采取警告、身份验证、限制创建店铺、限制发送站内信、限制发布商品、限制网站登录、限制旺旺登录、限制买家行为、限制评价、删除评价、限制投诉、延长交易超时等管控措施，直至查封账户，并对滥用会员权利获得的不正当利益（包括但不仅限于红包、

---

① 资料来源：阿里打假联盟协助警方打假近10亿，http://news.ifeng.com/a/20180806/59644159_0.shtml.

② 资料来源：阿里巴巴启动恶意评价追溯删除功能，打击差评师，https://tech.huanqiu.com/article/9CaKrnJNF1B.

天猫积分等）进行收回。① 阿里巴巴对滥用权利产生的订单采取订单关闭、不计销量等管控措施，这是维护淘宝、天猫商家权益又一重要措施。此外，为了维护淘宝商家权益，警告过于猖狂、大量滋生的"职业差评师"，2018年，阿里巴巴以侵权为由起诉3名利用恶意差评敲诈商家的"职业差评师"，请求法院判令赔偿1元，并在淘宝网主页向商家致歉。② 其次，商家层面，阿里信用团队对其开放了自检工具。商家可以在"我的淘宝—评价管理—来自买家的评价"中对收到的评价进行自检，检测出的30天内来自于差评师的中、差评可自行删除。对于尚未明确定性为恶意差评的情况，商家可以进行投诉举报，由客服热线做跟进处理。③

阿里巴巴对平台经济视域下商业舞弊行为的协同治理的引证归纳见表9-5。

表9-5　　　　阿里巴巴对平台经济视域下商业舞弊
行为的协同治理的引证归纳

舞弊表现	治理实践（现实引证）		治理实践归纳
刷单行为	开展针对刷单现象的打击专项活动，修改完善《淘宝规则》；推出《淘宝网"淘信用"与经营保障服务规范》，其中规定，商家"淘信用"分值越高，即可拥有更多的保障服务；修改天猫管理规则，命令禁止"好评返现"的刷单行为；根据淘宝商家虚假交易严重程度，开启不同时间长短的搜索屏蔽功能；对因刷单违规的店铺，根据情节严重程度分别进行降权处理和封店处理	平台治理制度治理	路径协同
	利用大数据和技术识别刷单团伙，与政府相关部门合作打掉大型炒信平台；建立覆盖全链路的大数据实时风控与稽查系统，以此打击刷单行为	平台+政府技术治理	主体+路径协同
	阿里巴巴通过数据和技术主动识别出了2800个刷单团伙，并联合相关部门，打掉了傻推网、整点抢、牛刷刷、蓝天碧水、蓝天网等大型炒信平台；浙江淘宝网络有限公司和浙江天猫网络有限公司作为原告，将涉嫌严重危害市场秩序的杭州简世网络有限公司告上法庭	政府主导制度治理	主体+路径协同

---

① 资料来源：为了打击刷单，职业差评师将永久封号，https://www.kaitao.cn/article/201608031351300112.htm。

② 资料来源：阿里巴巴起诉3名网络差评师，https://baijiahao.baidu.com/s?id=1608746092622504439&wfr=spider&for=pc。

③ 资料来源：阿里巴巴严打"职业差评师"，http://news.ifeng.com/a/20150724/44236107_0.shtml。

续表

舞弊表现	治理实践（现实引证）	治理实践归纳		
职业差评	利用大数据建立"消费者诚信数据模型"识别职业差评师ID号，并启动恶意评价删除功能；阿里信用团队还向商家开放了自检工具	平台主导技术治理	主体+路径协同	主体+路径协同
	利用"消费者诚信数据模型"识别职业差评师ID，对恶意差评情况特别严重的ID进行一系列身份认证，将认证成功的ID做永久封存处理；严密把关淘宝会员注册流程，防止批量注册淘宝账户，排查滥用权利的会员	平台主导制度治理	主体+路径协同	
	阿里巴巴以侵权为由起诉3名利用恶意差评敲诈商家"职业差评师"，请求法院判令赔偿1元，并在淘宝网主页向商家致歉	政府主导制度治理	主体+路径协同	
制假售假	阿里巴巴为了保障消费者的利益，采取"打假"行动，并制定了相应的打假机制；阿里巴巴的打假贯穿商家开店、交易和售后等整个流程；阿里巴巴对制假售假的商家实行扣分制的惩罚原则	平台主导制度治理	路径+主体协同	主体+路径协同
	淘宝内部按照商品品类对制假售假进行监管	平台主导技术治理	主体+路径协同	
	2017年，成立打假联盟（简称AACA）	组织治理	路径协同	
	阿里巴巴集团向全社会公开呼吁完善法律法规，严格执法、加重刑罚、加大打击制假售假的执法力度；LV联手阿里协助上海警方成功摧毁一个生产销售假冒LV等奢侈品专销国外市场的犯罪链条，跨越4个省市共抓捕犯罪嫌疑人29名，现场查获涉假产品11000件	平台+政府+相关企业制度治理	主体+路径协同	

（二）阿里巴巴的协同机制和对策启示

在平台经济视域下，阿里巴巴集团对于商业舞弊行为的治理措施多种多样。根据以上阿里巴巴对平台上出现的商业舞弊行为治理实践的具体分析，不难归纳得出阿里巴巴在舞弊治理过程中所采用的措施与第七章提出的平台经济视域下商业舞弊行为协同共治框架相吻合，都是从主体协同和路径协同出发。根据具体实践，本节将进一步对阿里巴巴集团在平台商业舞弊治理中的主体协同和路径协同机理进行归纳，并提出相应的对策启示。

1. 主体协同机制和对策启示

随着平台经济成为推动市场经济的主要驱动力，平台经济中出现了众多商业舞弊现象，为了有效治理平台经济视域下的商业舞弊行为，创新治理方式至关重要。阿里巴巴集团面对平台经济视域下的商业舞弊行为采取了众多措施，主要与平台企业、政府、相关企业等合作，协同治理商业舞弊现象。根据以上阿里巴巴集团面对商业舞弊行为的治理实践分析，可以梳理得出阿里巴巴对平台经济视域下商业舞弊行为进行治理中的主体协同机制，并根据此机制提出相应的对策启示。

(1) 主体协同机制分析

在阿里巴巴对平台经济视域下商业舞弊行为的治理实践过程中，主体协同涵盖了阿里巴巴平台主体、政府主体、相关企业主体等在内的多元主体，其中，政府主体主要通过法律手段展开治理，平台主要企业制定相关规则进行自我治理，平台商家主要通过参与阿里巴巴平台成立的反商业舞弊组织共同治理商业舞弊。主体协同治理顾名思义就是阿里巴巴、政府、相关企业相互协作，共同承担商业舞弊行为治理责任。基于对阿里巴巴商业舞弊行为治理实践的分析归纳，可以清楚地梳理出阿里巴巴在平台经济视域下商业舞弊行为协同治理中的主体协同机制，即"目标协同—资源协同—过程协同"，其主体协同机制具体内容如下。

首先，目标协同是指平台企业、政府、社会以及其他相关企业等各个主体，以平台经济视域下的商业舞弊治理目标为导向，将各个主体协同起来。在平台主导下，各个协同主体不仅要明确商业舞弊治理目标，还需要明确各个协同主体在治理过程中承担相应的治理责任，根据治理目标和各自的治理责任，调整各自在协同治理过程中扮演的角色以及治理方法，确保有效治理商业舞弊。

其次，资源协同是指协同治理过程中的各个主体打破主体边界，将各自所拥有的资源相互共享，使得个主体间信息沟通流畅，不受阻碍。在治理商业舞弊行为过程中，资源协同是各个协同主体能快速对商业舞弊行为做出反应并快速制定出相应治理措施的保障，同时，通过信息和资源的共享，可以保证平台经济视域下的商业舞弊治理过程畅通无阻，有效开展治理措施。

最后，过程协同是指各个协同主体在治理平台经济视域下的商业舞弊行为过程中，了解除自身之外的主体的运营情况以及舞弊治理措施的运营过程，并在运营流程中相互配合。其中，舞弊治理运营是指舞弊治理者

（如平台企业、政府等）过去和现在开展的各种治理措施、治理过程和治理情况。平台企业、政府主体以及相关企业的运营过程也是做主体治理商业舞弊的过程，想要实现三大主体的协同，就需要主体间不分你我，彼此了解，使得在运营过程中达成协同治理的共识。在了解各个主体的舞弊治理运行情况下，针对不同的商业舞弊明确需要协同的主体、主体协同的方式以及协同治理的方法。

根据以上阿里巴巴的治理实践，梳理主体协同机制如图9-2所示。

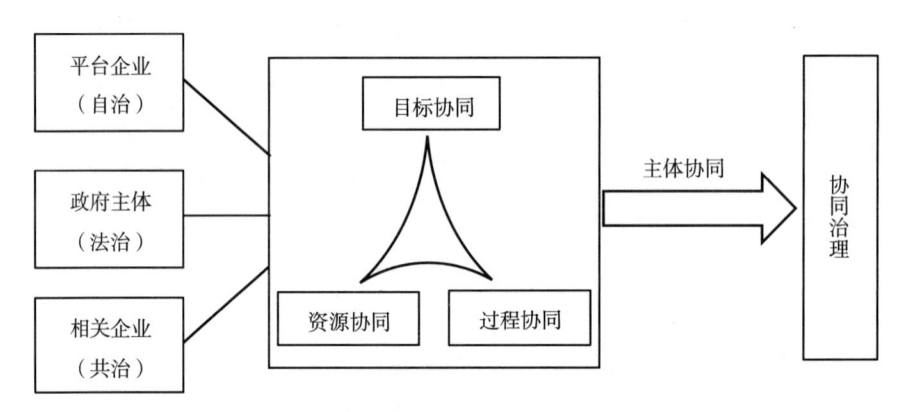

图 9-2　阿里巴巴主导下对平台经济视域下商业舞弊行为治理实践中的主体协同机制

（2）主体协同对策启示

依据"目标协同—资源协同—过程协同"这一主体协同机制，结合阿里巴巴具体的治理实践（见表9-6），本书总结出了三条主体协同对策启示。

对策一：以目标为导向，明确平台企业、政府主体以及相关企业对平台经济视域下商业舞弊行为的治理责任。明确治理目标是治理的第一步，主体协同作为一个动态的系统，要实现平台企业、政府机构、相关企业的长期、有效、稳定的合作，首先要求三大主体在目标以及长期战略上保持不冲突，平台企业、政府主体以及相关企业尽管在各自的战略及目标上有所差异，但应是互惠互利的，协同主体能够通过彼此之间的协同来制定、调整并达成治理目标一致。第二步则是各主体在明确治理目标的基础上承担相应的治理责任。三大主体管理范畴千差万别，应在各自的管理范围内各司其职，发挥最大的治理效益。首先，在加强自治的基础之上，充分发挥平台的资源配置能力，制定有利于平台用户公平竞争的平台规则和对商业舞弊行为的惩罚措施；其次，要求政府主体加强法治，落实违规商家和平台企业的司法处置和责任追究；最后，相关企业和社会主体加强配合，协助、理解、执行平台和政府制定的规则与法律。

对策二：以资源为工具，明确平台企业、政府主体以及相关企业对平台经济视域下商业舞弊行为的治理方法。平台企业、政府主体以及相关企业在协同过程中想要实现"1+1+1>3"的治理效果，就必须打破各个组织间的壁垒，实现三大主体间人力、财力、物力以及信息等资源的有效融合与合理利用，进而明确商业舞弊行为治理方法。例如，阿里巴巴将拥有的消费者、商家交易、售后评价的数据库与政府相关部门共享，有效识别平台经济视域下的商业舞弊者，提出并实施对商业舞弊者的处罚措施等。各个主体之间资源信息的共享方式对于能否有效协同也是至关重要的，各个主体可通过构建共享资源信息库、创建沟通机制等资源信息共享方式来分享和获取治理舞弊有关的信息。当然，资源信息共享必须是建立在相互信任，彼此认同，不会为了获得具有优势商业竞争地位而根据这些信息来打压对手的基础上。因此，在各主体资源共享时，也需要制定相应的规则和制度，在保证各自利益的前提下，真正打破各主体边界，实现资源协同。

对策三：以运营过程为基础，平台企业、政府主体以及其他企业等同步开展对平台经济视域下商业舞弊行为的治理措施。平台经济视域下的商业舞弊行为是依托于平台企业的，渗透于平台企业运营的各个流程中，各协同主体在治理舞弊的过程中想要有效协同起来，在目标和资源协同的基础之上，各协同主体之间还必须相互了解各自的运营情况以及商业舞弊治理情况，从已有的治理措施中寻找各协同主体之间的契合点，实现主体协同治理。首先，各个主体要了解平台企业是如何运营的，从平台运营过程把握舞弊的源头；其次，各个协同主体要熟知政府各种规章制度，向政府提供平台企业在运营过程中发现的舞弊治理问题，引导政府从实际出发修订和更新规章制度，监督、规范和处罚舞弊行为；最后，各个协同主体要清楚社会主体（如其他企业）是如何形成各自文化的，从社会主体运营效果给舞弊者施加舆论压力。平台企业、政府主体以及社会主体根据各自的运营情况同步开展治理措施，方能有效遏制商业舞弊行为。

表 9-6　平台经济视域下商业舞弊行为协同治理的主体协同对策——基于阿里巴巴的治理实践

主体协同归纳	协同对策（现实引证）	对策归纳
平台企业+政府	2018年，阿里巴巴起诉了3名恶意差评师，指控他们破坏电商营商环境，索赔1元钱，同时要求被告在淘宝网主页向广大商家致歉 从2014年开始，阿里巴巴与各地工商执法、公安等部门积极合作。作为反炒信联盟的主要成员，阿里巴巴先后向联盟提供了4批炒信"黑名单"，包括85家企业、66个炒信平台/网站和100个炒信QQ群	对策一 对策三
平台企业+相关企业	阿里巴巴联合众多知名品牌在杭州成立了打假联盟（简称AACA），自成立以来，成员数已从30个增加到105个，包括阿迪达斯、强生等品牌，覆盖包括奢侈品、珠宝、服饰、智能设备等12个行业	对策二 对策三
平台企业+政府+相关企业	阿里巴巴输出线索联合公安打掉一个制售假LV案，并抓捕了制假者；阿里巴巴通过数据和技术主动识别出了2800个刷单团伙，并联合相关部门，打掉了傻推网、整点抢、牛刷刷、蓝天碧水、蓝天网等大型炒信平台；国家发改委、工商总局、网信办等七部委邀请阿里巴巴、腾讯、百度糯米、滴滴出行等八家互联网公司，共同组建了"反刷单联盟"，并通过《反"刷单"信息共享协议书》共享反"刷单"信息、共同打击网络刷单行为	对策一 对策二 对策三

2. 路径协同机制和对策启示

路径协同治理顾名思义就是通过各种治理方式和路径相互结合，取长补短，全面、彻底地遏制平台经济视域下的商业舞弊行为。根据对阿里巴巴集团面对商业舞弊行为的治理实践分析，可梳理得出阿里巴巴对商业舞弊行为的路径协同机制，以及根据机制提出相应的对策启示。

（1）路径协同机制分析

平台经济视域下商业舞弊行为治理不仅需要主体相互协同，还需要各种治理路径的相互配合。在阿里巴巴对平台经济视域下商业舞弊行为的治理实践过程中，路径协同中的路径包括制度、组织、技术、文化等。在平台经济视域下，阿里巴巴治理商业舞弊行为时将多种路径配合、补充使用，全面提高治理效果。基于以上对阿里巴巴在商业舞弊行为治理实践的分析归纳，可以清楚地梳理出阿里巴巴在平台经济视域下商业舞弊行为协同治理中的路径协同机制，即"管理导向—问题导向—创新导向"。

首先，在平台经济视域下商业舞弊行为协同治理过程中，管理导向是指将制度、组织、技术以及文化等治理路径贯穿于治理平台商业舞弊的流程中，并协调各治理路径，使其共同实现治理目标。在路径协同治理商业舞弊行为的情境下，管理是指对不同治理路径和不同路径协同方式进行分析评估、实施、控制以及创新，以期高效地达到既定治理目标的过程。因此，有效的管理是将各治理路径高效协同、达到治理目标的保障。

其次，在平台经济视域下商业舞弊行为协同治理过程中，问题导向是指将制度、组织、技术以及文化等治理路径结合于具体的舞弊行为，因势利导地来调整治理路径，并将其灵活应用于治理过程中。面对具体的舞弊行为，一方面结合以往治理经验，快速选择出治理路径，另一方面立足于问题本身，也就是具体的舞弊行为，灵活地应用以往的治理经验，采取更为高效、更为经济、更为节约成本的协同治理方式和治理措施。

最后，在平台经济视域下商业舞弊行为协同治理过程中，创新导向是指将制度、组织、技术以及文化等治理路径基于经济发展背景下以创新为方向，有效预防商业舞弊行为新形式。这里的创新是指在商业舞弊治理情境下，采用、同化和开发一种新的治理措施，更新和扩大治理舞弊方位，发展新的协同方式，建立新的协同制度。创新是以新的思维方式来治理随经济技术发展而迭代的商业舞弊行为，主动出击，预防新舞弊行为的产生，减少舞弊行为给社会带来的危害。

根据以上阿里巴巴的治理实践，可梳理路径协同机制如图9-3所示。

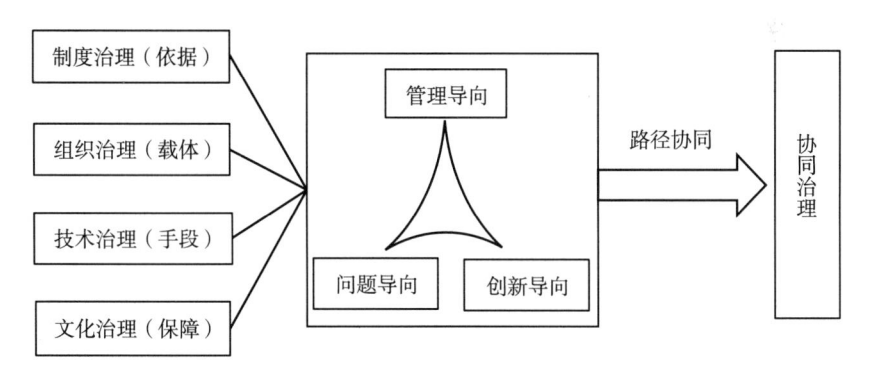

图9-3 阿里巴巴主导下对平台经济视域下商业舞弊行为
治理实践中的路径协同机制

（2）路径协同对策启示

依据阿里巴巴主导下对平台经济视域下商业舞弊行为的治理实践中的"管理导向—问题导向—创新导向"这一路径协同机制，结合阿里巴巴具体的治理实践（见表9-7），本书总结出了三条路径协同对策启示。

对策一：以管理导向为保障，有效协调制度、组织、技术以及文化等治理路径，完善各路径的协同方式。想要制度、组织、技术以及文化等治理路径能在治理商业舞弊过程中达到良好的治理效果，舞弊治理者就必须合理利用各治理路径，因此，舞弊管理者就必须管理好各治理路径。首先，需要对各治理路径进行管理评审，也就是对其路径协同的适宜性、充分性和有效性进行评估；其次，需要对各种形式或方式的路径协同进行质量目标监控，也就是指厘清各路径协同起来治理商业舞弊行为的效果；最后，需要根据以上得出的结果结合具体的舞弊行为策划路径协同方案。

对策二：以问题导向为基础，动态结合制度、组织、技术以及文化等治理路径，达到低成本、高效率的治理效果。由于大量的治理实践而形成的相对固定不变的协同治理模式，这能促使治理措施高效开展，但是，相对固定不变的治理模式也可能致使舞弊者寻求模式空隙，舞弊治理者在治理时不考虑治理所付出的成本，导致人力、物力等的浪费，不能达到可持续的效果。针对这一问题，舞弊治理者需要动态地看待舞弊行为，形成问题导向思维。一方面，舞弊治理者需要形成问题意识，即分析具体的舞弊行为，并提出"如何解决"类似的问题；另一方面，根据提出的问题结合以往的治理经验，因势利导、实事求是地策划出路径协同方案和治理措施。这既能高效率治理舞弊，也能低成本治理舞弊。

对策三：以创新导向为方针，更新制度、技术、组织以及文化等治理路径，不断开发和创新治理措施和协同方式。经济社会的迭代，将伴随着各种社会问题，平台经济的发展也伴随着商业舞弊行为的更新，想要清除舞弊行为就必须寻找舞弊的源头。具体来说，通过探究平台经济发展中的问题和商业舞弊行为，进而主动创新治理路径以及路径协同方式，有助于将舞弊行为新形式扼杀于萌芽之中。想要有效预防舞弊新形式，创新治理措施和路径协同方式是必不可少的。首先，舞弊治理者需要关注经济与科技前沿，利用新技术来治理和预防新技术下的舞弊行为；其次，根据预测到的舞弊新形式更新制度、规则和措施；最后，除了治理措施的创新，舞弊治理者还需要创新路径的协同方式，如形成创新协同组织等。想要使得治理措施具有可持续性，就必须选择创新，寻找更为新的技术、文化和制度等路径并将其以更为创新的方式协同在一起，形成具有长久效果的治理方案。

表9-7　平台经济视域下商业舞弊行为协同治理的路径协同
对策——基于阿里巴巴的治理实践

路径协同归纳	协同对策（现实引证）	对策归纳
制度+组织	法律部门修订《消费者权益保护法》，从消费者网上购物无理由退换货等方面增加消费者保护条款；重新修订《反不正当竞争法》，防止平台商家在商品性能、功能、质量、销售状况、用户评价等弄虚作假，欺骗、误导消费者；依据《广告法》对进行虚假宣传、发布虚假广告的商家进行法律制裁；发布《关于加强对电子商务领域失信问题开展专项治理工作的通知》；阿里巴巴与各地工商执法、公安等部门积极合作，先后向联盟提供了4批炒信"黑名单"，包括85家企业、66个炒信平台/网站和100个炒信QQ群；国家发改委、工商总局、网信办等七部委邀请阿里巴巴、腾讯、百度糯米、滴滴出行等八家互联网公司，共同组建了"反刷单联盟"，并通过《反"刷单"信息共享协议书》共享反"刷单"信息、共同打击网络刷单行为	对策一 对策三
组织+文化	阿里巴巴推出全民全网举报机制（外号：小公举），发动群众都来举报淘宝卖假货及刷单行为；阿里巴巴打假投入不封顶，打假进人无上限；马云发言："我们不是打假阿里队，而是打假中国队。"	对策二 对策三
技术+制度	运用社交群体反作弊算法、物流空包算法、刷单资金网络算法，从刷单行为的每一个环节入手，建立覆盖全链路的大数据实时风控与稽查系统，阿里巴巴正在不断升级打击刷单行为的力度；阿里巴巴平台的"消费者诚信数据模型"，开启恶意评价追溯删除功能，严打"职业差评师"	对策二

3. 主体与路径协同的网络图

在平台经济视域下，本书根据上述阿里巴巴集团对商业舞弊行为治理实践的分析整理，得到主体协同机制（见图9-2）和路径协同机制（见图9-3），并提出相应的对策启示。基于此，绘制出阿里巴巴对商业舞弊行为治理的协同网络图（见图9-4）。

三　腾讯和阿里巴巴的组内案例对比分析

为了验证第七章提出的平台经济视域下商业舞弊行为的协同共治框架，本书需要进行个案的纵向研究和多案例之间的对比分析，通过寻找多案例之间的相似处进行复制性检验。同时，为补充平台经济视域下商业舞弊行为治理研究的理论不足，本书还通过多案例的对比分析就"如何开展协同治理"这一问题进行了理论层面的协同机制归纳。

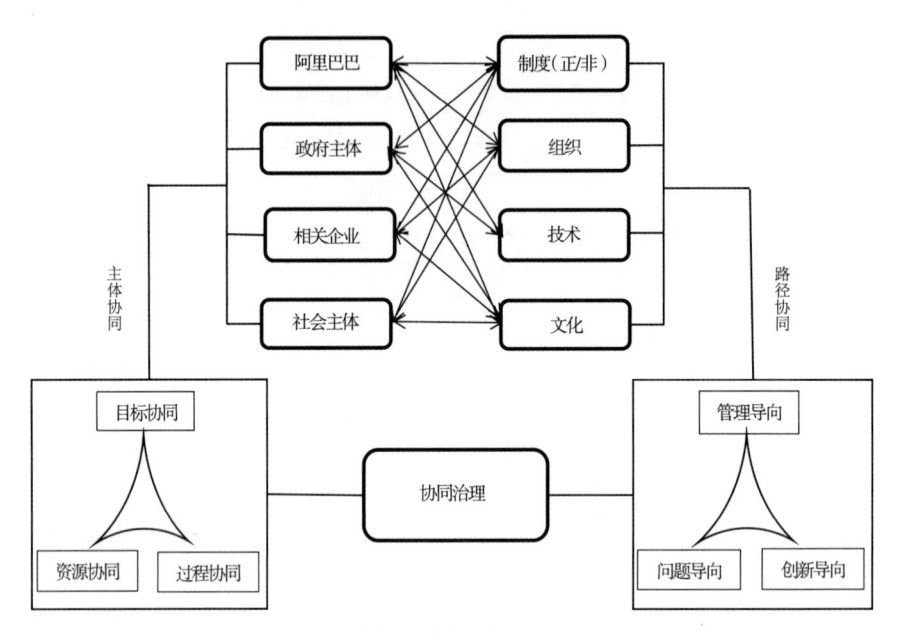

图 9-4　阿里巴巴对平台经济视域下商业舞弊行为治理的协同网络图

（一）协同治理实践的复制检验

将腾讯和阿里巴巴对平台经济视域下商业舞弊行为的治理实践进行对比后，可以发现，虽然两家平台企业在主营业务、面临的主要舞弊问题和表现形式等方面存在一定的差异，但是却在治理实践中呈现出协同方面的相似性。依据上文的个案分析结果，结合共同特性表格（见表9-8），可以清晰地看到腾讯和阿里巴巴两家平台企业在平台经济视域下商业舞弊行为治理实践中主体协同和路径协同的可复制性。

表 9-8　案例组内比较——腾讯和阿里巴巴在治理实践中的共同特性

治理实践+ 协同机理	腾讯公司 （典型现实引证和说明）	阿里巴巴集团电商平台 （典型现实引证和说明）
实践一： 主体协同	平台+政府+产业链+其他社会主体（如学研）（如腾讯公司联合政府部门、产业链和学研主体等，搭建反黑产的治理链条，即开展"守护者计划"）；平台+用户（如为整治标题党，腾讯招募200名"企鹅巡捕"，为公众参与共治提供机会）等	平台+政府（如，阿里巴巴利用大数据和技术识别刷单团伙，与政府相关部门合作打掉大型炒信平台）；平台+政府+相关企业（如LV联手阿里巴巴协助上海警方成功摧毁一个生产销售假冒奢侈品专销国外市场的犯罪链条）等

续表

治理实践+ 协同机理	腾讯公司 （典型现实引证和说明）	阿里巴巴集团电商平台 （典型现实引证和说明）
实践二： 路径协同	制度+文化+技术+组织（如守护者计划）；组织+文化（如腾讯和其他5家互联网公司共同发出《关于"清朗网络空间，文明网络行为"的联合倡议》）；制度+技术（如微信出台关于微商的新规定，并通过技术调整区分服务号和订阅号、限制服务号群发、大量封杀朋友圈营销，通过技术手段让有关部门能够更好地监管、让消费者能够更好地区分好的和具有诈骗性的商家）	技术+制度（如阿里利用"消费者诚信数据模型"识别职业差评师ID，对恶意差评情况特别严重的ID进行一系列身份认证，将认证成功的ID做永久封存处理）；组织+制度（如阿里巴巴成立打假联盟（简称AACA），并且向全社会公开呼吁完善法律法规，严格执法、加重刑罚、加大打击制假售假的执法力度）
机制一： 目标协同	腾讯公司主导的主体协同治理展现出了"创新—赋能—共治"的战略目标协同，其中，创新落脚于腾讯与其同行业、同产业链的其他伙伴之间的协同；赋能落脚于腾讯和政府间的协同；共治落脚于腾讯和社会全体的协同	阿里巴巴主导的主体协同着重注意明确治理责任，各主体各司其职、互相支撑，其中，阿里巴巴加强自治，并同时以政府的法治要求为基准落实相关要求实现平台和政府的主体协同
机制二： 供需协同	腾讯公司的治理实践以市场需求和国家引导为核心，针对不同类型和性质的问题分别立项，再以项目为抓手，融合适合的治理路径，并且运用品牌化思维将各个不同项目的治理在专业化和体系化上不断进化和迭代，比如"守护者计划"	阿里巴巴集团在治理中利用数据模型识别舞弊商家与消费者的ID号，全面监督平台商家与消费者的交易行为。同时，阿里巴巴升级平台管理规则和处罚制度，政府部门更新法律条例，防止商业舞弊行为发生，维护市场秩序
机制三： 横向协同	在主体协同的前提下，不论是和产业链、政府、还是其他社会主体协同，腾讯公司均首先和协同伙伴达成治理目标的一致，然后依据目标签订协议或者举办活动，而这一步完成的过程就是不同治理路径在协同主体之间的横向协同	阿里巴巴的平台管理规则和制度与政府机构的正式制度交相呼应；与其他相关企业进行资源共享创新治理技术；与政府、相关企业、社会在社会责任上达成一致，无形中形成文化体系
机制四： 纵向协同	一方面，腾讯公司的治理项目的运作中，不同路径的协同方式会随着事前、事中、事后的不同阶段进行调整；另一方面，在腾讯的实践中，技术治理为其提供了核心驱动力、文化治理为其提供了共同想象和凝聚力、组织治理是连接网络和现实的枢纽、而制度治理则是保证了其他路径的合法性，各路径彼此之间互为支撑	一方面，阿里巴巴集团面对天猫、淘宝上众多商业舞弊行为，将四种治理路径贯穿于平台商家"注册—交易—售后"整个流程；另一方面，在纵向维度上进行路径之间的协同

首先，腾讯和阿里巴巴在应对商业舞弊行为的治理过程中都体现了平台企业、政府、其他产业链伙伴和企业、社会公众等不同主体之间的协同合作。具体来说，在平台企业为主导的治理实践中，除了关注平台自治之

外，腾讯和阿里巴巴更是积极地配合政府行动，以技术优势为政府政务赋能，共同实现对舞弊行为的打击和治理，两家企业还主动和其他相关企业伙伴共享数据和技术、协作创新、合建联盟、参与倡议等以维护平台经济市场秩序，此外，腾讯和阿里巴巴分别都在自有平台上建立相应的公众维权平台和入口以实现社会公众对平台舞弊行为的共治。

其次，腾讯和阿里巴巴在应对商业舞弊行为的治理过程中都使用了制度、组织、技术、文化等不同路径协同融合的治理举措。腾讯和阿里巴巴在治理实践中均重复采用制度、组织、技术、文化层面的路径，比如，腾讯不断进行自我平台技术升级以及与其他企业合作技术创新，不断依据政府引导和市场需求更新平台运营规则，参与和发起组织联盟会议以及行业倡议等，而阿里巴巴也是依据政府要求和不同舞弊现象出台规则，利用大数据和技术识别舞弊团伙为政府行动助力，成立打假联盟等。因此，两家公司的治理举措均涵盖了制度、组织、技术、文化等不同方面，实现了对于路径协同这一治理举措的复制检验。

（二）协同治理机制的归纳总结

对于平台提供者视角下如何实现主体和路径协同来对平台经济视域下商业舞弊行为进行治理这一问题，本书从腾讯和阿里巴巴的治理实践和分析中归纳出了"目标协同—供需协同—横向协同—纵向协同"的协同机制（见表9-8）。

案例分析表明：腾讯通过制定"创新—赋能—共治"的目标来指导其与不同主体之间的协同，而阿里巴巴则看重不同平台要素关联主体之间的责任划分和认定，以确定不同主体协同之中彼此的角色和位置，实现和谐协同，两家公司就如何进行主体协同这一问题上都一定程度体现了"目标协同"这一机理；在主体协同的前提下，鉴于控制成本和创造收益仍然是腾讯和阿里巴巴作为企业的基本责任，两家平台企业主导的协同治理举措中都针对与公司战略更为关联的舞弊问题和各自平台下突出的舞弊行为展开了集中治理，满足了面对市场和政府两方面的供需平衡，这都体现了"供需协同"的机制原则；在确定协同治理重点之后，就针对具体问题的协同治理方面，腾讯和阿里巴巴都同时依据"横向协同"和"纵向协同"的机制开展治理工作，一方面，腾讯、阿里巴巴在和政府或者其他主体之间的协同中都会在制度、组织、技术和文化等路径方面实现共同认同和各自组织内化的资源调整,另一方面,腾讯和阿里巴巴都会遵循事情发展规律以及管理的系统性思维对治理问题和对象进行思考,不断监管治理效果,使得在不同的治理阶段搭配采用和创新更为合适的治理路径。最终,两家平台企业都实现了以技术和文化为核心驱动力、以制度和组织为合法性保障的治理结构。

第四节　旅游平台企业主导的协同治理案例分析

一　个案分析——携程旅行网

携程旅行网(下文简称携程)作为中国领先的综合性旅行服务公司,创立于1999年,总部设在中国上海,员工超过3万人,目前公司已在北京、广州、深圳、成都、杭州、南京、厦门、重庆、青岛、武汉、三亚、南通等95个境内城市以及新加坡、首尔等22个境外城市设立分支机构,在中国南通、苏格兰爱丁堡设立服务联络中心。携程成功整合了高科技产业与传统旅行业,向超过3亿会员提供集无线应用、酒店预订、机票预订、旅游度假、商旅管理及旅游资讯在内的全方位旅行服务,被誉为互联网和传统旅游无缝结合的典范。携程始终保持秉持"以客户为中心"的原则,以团队间紧密无缝的合作机制,以一丝不苟的敬业精神、真实诚信的合作理念,创造"多赢"伙伴式合作体系,从而共同创造最大价值。[①] 携程在线旅行服务市场居领先地位,连续4年被评为中国第一旅游集团,目前是全球市值第二的在线旅行服务公司。[②]

(一) 携程旅行网的治理实践

在互联网平台经济视域下,为治理互联网平台上频繁出现的舞弊问题,携程不仅主动以自身平台建设为主体,协同制度、文化两条路径同时展开对舞弊行为的治理,还通过联合政府、社会大众等主体,从管理制度、外部组织、前沿互联网技术、文化氛围等方面着手,多视角防御并约

---

① 资料来源:携程,https://baike.baidu.com/item/%E6%90%BA%E7%A8%8B/3148245?fr=aladdin。

② 资料来源:关于携程旅行,http://pages.ctrip.com/public/ctripab/abctrip.htm。

束携程平台上出现的舞弊行为，其具体的治理实践参见表 9-9。

1. 平台酒店情境下的舞弊行为——完善管理控制体系、明确权益保障承诺

携程旅行网自 1999 年创立以来，其规模快速扩张，为旅游消费者提供了大量的旅游相关服务，满足用户对便捷旅游的需求，但是就旅游度假酒店预订方面，携程仍面临两大重要问题：一是酒店信息造假、刷评价等行为层出不穷；二是到店无房，致使消费者权益受损。作为提供交易场所的平台，携程在面对该平台上的酒店舞弊时也采取了相应的措施。首先，携程采用先进的管理和控制体系来治理平台上出现的用户受酒店商家金钱诱惑而做出为其提供虚假信息等舞弊行为，如为酒店刷评价。为保证公平的市场环境，维护客人的正当权益，不管是客人的点评内容，还是酒店对点评的回复，携程都将采用"算法+人工维护"的措施进行监管与审核。携程默认展示给客人的点评内容排序，并不是按照时间排序，而是以每一条点评内容的点评质量分为依据。点评质量分是系统算法综合多种因素计算的结果，受点评内容质量、点评时效性、虚假点评惩罚等因素影响。对于存在点评违规行为的酒店，携程将严格按照平台规则进行处罚，违规累计 3 次及以上的酒店，将会被暂停售卖，同时，携程会计算酒店三年以内的有效点评，并且将计算出的点评分展示在酒店列表页、详情页等位置。

其次，面对到店无房现象，携程明确了消费者权益保障承诺，保护消费者基本利益。携程在全新升级的服务中升级了酒店业务服务，其中表明"到店无房，最高赔付首晚房费的 3 倍"，并且明确告诉消费者保护权益的相关步骤。具体内容为：若客人在订单确认后，抵达酒店前，酒店无法安排入住，携程会立即通知客人，并与酒店协调为客人安排原标准或以上级别的房间入住，承担由此产生的差价，差价金额上限为原订单首晚房费的 3 倍。若无法安排客人入住原酒店任何房型，携程会帮助客人预订附近同等酒店，并承担由此产生的差价，差价金额上限为原订单首晚房费的 3 倍。除此之外，携程承诺不从退改服务中收取任何额外费用，如客户需要取消预订，携程将积极与酒店协调沟通尽量避免其损失。同时携程提供订单提交后 15 分钟内无条件免费取消服务，即使与酒店协调失败，携程都

将承担这部分损失。① 具体而言，携程在平台上对酒店违规的处罚措施有：警告、排序降权（包含排序下降、撤牌、降池等，根据商家实际违规情况进行操作）、扣除服务质量分、限制活动、暂停售卖、标记负面标签、正向激励/标签撤销、清除虚假销量及评价等。综上，通过完善的点评规则、平台管理机制和明确的权益保障承诺，携程平台上刷好评等舞弊行为明显低于同行业其他平台企业。

2. 平台航空公司情境下的舞弊行为——加强监管和处罚力度、整改规则、升级服务

随着携程的迅速扩张，"携程在手，说走就走"这一句广告语被大部分人所熟知，但是，携程平台在机票预订方面出现了虚假机票、捆绑销售和高额退票等舞弊行为。面对这三方面的舞弊现象，携程也采取了相应的治理措施。首先，面对消费者订购虚假机票事件，携程加强监管来弥补平台监管漏洞，维护消费者的权益。例如，对于因个别供应商非正规出票造成的"机票无效"，携程主动承担监管责任。对目前尚不能自动监控票号状态的供应商机票，携程将全部进行人工核验，确保合规，从源头上杜绝供应商违规。同时，携程会加强风控管理，从财务流程上对供应商给予约束。此外，携程还会严格执行对违规供应商的处罚，强制下线并整顿第一次被发现的违规供应商，如果第二次被发现，携程将立即停止与其合作。其次，针对捆绑销售，携程对机票产品进行整改、更新、优化购买界面和订购规则，尊重消费者产品信息获知权。在交叉销售产品售后保障方面，携程承诺机票频道销售其他产品时，消费者拥有完整的知情权。在机票产品方面，携程对机票产品进行了紧急整改，推出了"普通预订"窗口，客户可随时勾选取消，② 并对用户所订单项产品遵循取消规则，在原有电话取消外，新增在线取消功能。除此之外，携程还推出"价格保证，出行保障服务"，即机票出票后，携程全力保障客人的出行。如因携程或产品提供方原因（不包括预订距起飞时间不足1小时的国内航班和不足2小时的国际航班），导致旅客无法正常办理乘机，携程将全力保障客人出行，根据实际情况承担差价，并给予补偿，如果因携程失误导致无法出

---

① 资料来源：携程服务，http://kefu.ctrip.com/index。
② 资料来源：携程的紧急整改有多少诚意？巨大压力下的"妥协"，http://tech.ifeng.com/a/20171011/44711016_0.shtml。

行,退一赔一,如果因为产品提供方违规产生的问题,将承担退一赔三。① 最后,针对出现的高额退票现象,携程通过全面升级服务,维护消费者利益。携程在全面升级的服务中承诺机票退改签政策与产品提供方保持一致,并且不会从退改签中收取任何额外费用。此外,2018年9月,携程机票部门对外宣布,已再次全面升级"拒签全退"服务。根据携程机票高级总监彭林介绍得知:在携程预订同一行程机票和签证产品的用户,如果被拒签,可享签证及机票相关费用全额退还保障。另外,除了"拒签全退",携程还推出了"航变无忧""机酒保障"及"1小时飞人通道"等一系列创新服务,为消费者出行提供全方位保障。②

3. 携程平台内部情境下的舞弊行为——完善管理体系、创新技术、协同多主体

平台经济视域下,平台用户个人信息的保护成了一大难题,携程作为国内第一大旅行服务平台,除了监管供应商,做好保障服务之外,也正面直视平台自身存在的问题。在携程市场规模快速扩大的过程中,出现了用户个人信息泄露和支付安全漏洞等问题,面对这两大问题,携程也采取了相应的治理措施。

首先,面对平台用户个人信息泄露现象,携程加强管理,利用高科技技术、联合其他互联网企业建立信息安全平台以及邀请社会公众对其监督,使得用户信息更加安全。根据携程旅行官网数据资料可知:(1)携程成立了专门的负责团队,开展对用户信息安全的保护。携程采取合适的管理、技术以及物理安全措施来为消费者提供信息保护,并且参照国内外信息安全标准及最佳实践建立了与业务发展相适应的信息安全保障体系,已获得 ISO 27001 信息安全管理体系标准认证,及 PCI-DSS 支付卡行业数据安全标准认证。(2)携程从数据的生命周期角度出发,在数据收集、存储、显示、处理、使用、销毁等各个环节建立了安全防护措施。根据信息敏感程度的级别不同,携程采取差异化的控制措施,包括但不限于访问控制、SSL 加密传输、AES256bit 或以上强度的加密算法进行加密存储、敏感信息脱敏显示等。(3)携程对可能接触到用户信息的员工也采取了

---

① 资料来源:携程服务,http://kefu.ctrip.com/index.
② 资料来源:携程升级"拒签全退"服务,http://k.sina.com.cn/article_3164957712_bca56c1002000hx2w.html.

严格管理。公司内部对于数据访问、内外部传输使用、脱敏、解密等重要操作建立了审批机制，并与相关工作员工签署保密协议等。与此同时，携程还定期对员工进行信息安全培训，要求员工在日常工作中形成良好操作习惯，提升数据保护意识。(4) 对于用户的账户设有安全保护功能。在加密技术方面，携程采用账户与密码一一对应的保护措施，如果用户发现自己的个人信息泄露，特别是账号和密码发生泄露，可立即与携程客服联系，以便采取相应的保护措施。[1]

其次，面对平台安全漏洞现象，携程赔偿用户，面向社会大众推出"携程安全应急响应中心（CSRC）"，并联合其他互联网公司建立"携程云安全"。例如针对2014年3月发生的"携程网安全漏洞"事件，携程确认了共93人账户存在安全风险，并通知相关用户更换信用卡，且在其官方微博上表示，将给予这93名用户每人500元任我行礼品卡作为补偿。[2] 此外，携程在官网上推出"携程安全应急响应中心（CSRC）"，让携程外部人员按照流程图（见图9-5）反馈携程平台的安全漏洞，帮助携程不断提升和完善自身产品及业务的安全性。为了激励广大消费者发现漏洞和信息安全问题并及时反馈，CSRC会按照"漏洞奖励计划"定期回馈热心用户。[3] 除此之外，面对用户信息安全风险，携程主导联合其他互联网公司建立"携程云安全"。[4] 其主要工具有三种，具体而言，工具一是Github Scan，可用来监控github代码库，以便及时发现员工托管公司代码到Github行为并预警，降低代码泄露风险；工具二是风险库，可以根据不同层面的恶意行为计算风险值和手机号码库，帮助企业有效防御"羊毛党"；工具三是军火库，可以监控常用软件漏洞发布，对存在POC的漏洞及时预警，帮助用户提早发现高风险安全漏洞。目前携程云安全接入用户有：平安好房、猎聘、艺龙、中国南方航空、网宿科技、网易、去哪儿网、京东、挖财、爱奇艺、唯品会、联想等。

最后，针对支付安全漏洞，携程尝试联合政府、企业等多元主体推动多

---

[1] 资料来源：携程旅行网服务协议，http://pages.ctrip.com/public/serve%20guideline.htm.

[2] 资料来源：携程系统存在技术漏洞，信息安全意识亟须加强，http://www.100ec.cn/detail--6162283.html.

[3] 资料来源：携程安全应急响应中心，https://sec.ctrip.com/.

[4] 资料来源：携程云，https://security.ctrip.com/.

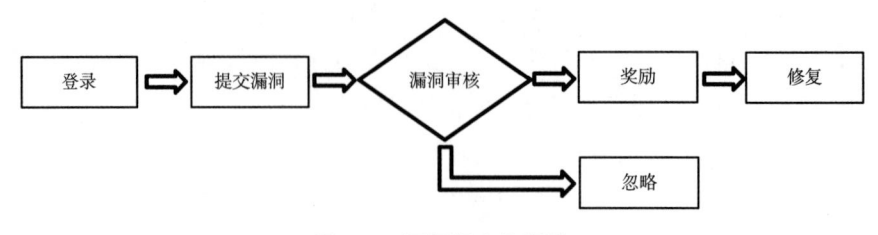

```
登录 → 提交漏洞 → 漏洞审核 → 奖励 → 修复
                         ↓
                        忽略
```

图 9-5　漏洞提交流程图

领域合作，发挥合力共治舞弊行为。例如，携程与万事达卡国际组织拓展双方在品牌和支付领域的合作关系，通过联名卡、旅游优惠、电子钱包等计划，推动电子支付在旅游消费领域的创新应用。双方将把品牌合作从信用卡拓展至储值卡，持卡人可以通过万事达卡的全球网络享受无价的全球购物和跨境旅游体验。携程通过与万达的联合对接了万达信用卡的安全支付体系，保障了用户的支付安全，降低了平台舞弊的可能性。此外，携程也不断推进与中国移动、国际航空公司及知名汽车制造商的合作，在多个领域全面发力，在带动企业运营效率提升的同时，共同合作对不同的舞弊问题进行治理。

表 9-9　携程旅行网对平台经济视域下商业舞弊行为的协同治理的引证归纳

舞弊主体	舞弊表现	治理实践	治理实践归纳	
酒店	虚假信息	针对虚假交易、虚假评论产生的违规订单，删除违规订单产生的销量；评价、评分及违规收益；针对虚假信息违规行为，责令商家删除、整改其发布的虚假、不实信息；与政府合作，从技术上预测提前甄别舞弊行为，有效预防舞弊行为的发生	平台+政府	制度+技术	主体协同 + 路径协同
酒店	刷评价、刷单、附加服务等行为	通过用户/权利人的投诉、举报、起诉、行政监管机关的检查或平台检查等途径发现商家的违规行为；从源头上杜绝舞弊行为，并将这种反舞弊文化内化至公司每个员工	平台+其他公司+政府	文化+制度
航空公司	假机票	对目前尚不能自动监控票号状态的供应商机票，携程将全部进行人工核验，确保合规，从源头上杜绝供应商违规；加强风控管理，从财务流程上对供应商给予约束；严格执行对违规供应商的处罚力度	平台+商家	技术+制度
航空公司	捆绑销售	推出了"普通预订"窗口，客户可随时勾选取消；携程上线酒店"协助退款"功能；明确承诺机票频道销售其他产品时，消费者拥有完整的知情权；对用户所订单项产品遵循取消规则，在原有电话取消外，新增在线取消功能	平台+商家	技术+制度

续表

舞弊主体	舞弊表现	治理实践	治理实践归纳		
航空公司	高额退票	在全面升级的服务中承诺机票退改签政策与产品提供方保持一致,并且不会从退改签中收取任何额外费用;再次全面升级"拒签全退"服务	平台+商家	制度+组织	主体协同 + 路径协同
平台	信息泄露	成立专门的负责团队,开展对用户信息安全的保护;面对2014年3月乌云平台连续披露了两个携程网安全漏洞,确认该漏洞并派遣专家建议用户立即向对应银行申请停卡,并对存在安全风险的用户进行赔偿;推出"携程安全应急响应中心(CSRC)",让携程外部人员向携程反馈携程旅行网的安全漏洞;携程主导联合其他互联网公司建立"携程云安全"	其他互联网企业+平台企业+社会	技术+制度+组织	
平台	平台支付漏洞	携程与国际支付巨头Mastercard在商旅客群及网络资源、支付技术平台等达成合作,有效解决支付漏洞问题;携程通过与万达的联合对接了万达信用卡的安全支付体系,保障了用户的支付安全;携程也不断推进与中国移动、国际航空公司及知名汽车制造商的合作,在多个领域全面发力,在带动企业运营效率提升的同时,共同合作对不同的舞弊问题进行治理	平台+其他公司	技术	

(二) 携程旅行网的协同机制和对策启示

携程作为国内龙头旅游平台,面对度假酒店情境下的到店无房、虚假信息以及航空公司情境下的假机票、捆绑销售和高额退票等多种舞弊行为,采取了相应的治理措施,其治理过程涉及了主体与路径的协同,验证了第七章提出的平台经济视域下商业舞弊行为协同治理框架。基于以上对携程治理平台商业舞弊行为实践的整理与分析,本节归纳总结出携程的主体协同机制和路径协同机制,并提出相应的对策启示。

1. 携程对平台经济视域下商业舞弊行为的治理实践中的主体协同机制和对策启示

根据以上携程对商业舞弊行为治理的实践分析可知,在治理过程中,涉及到的主体包括携程平台自身、平台买卖双方、其他互联网企业、政府及其他相关社会主体。根据实践治理内容可以归纳得出携程对商业舞弊行为的主体协同机制,并基于此提出相应的对策启示。

(1) 主体协同机制分析

根据携程的治理实践分析，不难发现携程在治理商业舞弊行为过程中采用多主体共同治理的策略，即将平台商家、其他互联网企业、政府主体和社会主体等多元主体相互连接成为一个庞大的治理网络，从各个方面治理舞弊行为，确保用户基本权益，享受更完善、更便捷的服务。本节通过对携程治理商业舞弊行为的实证归纳和分析，可得出携程主导下的商业舞弊行为治理实践中的主体协同机制，即"诉求协同—信息协同—进化协同"。

诉求协同是指要考虑各个主体的诉求和利益，并将各个主体治理平台经济视域下商业舞弊行为的目标进行兼容，使得各个协同主体的诉求或利益都能实现最大化，而不是实现个别主体的诉求或利益的最大化，最终实现平台主导下与政府、社会和其他互联网企业之间的治理协同。了解各协同主体的利益目标，才能确保各主体在治理战略保持一致，进而保证了各主体在协同过程中形成了共识，并达到稳定的协同治理状态。

信息协同是指参与治理平台经济视域下商业舞弊行为的各个主体在信息沟通上保持畅通，相互共享治理舞弊有关的信息，以共享的有效信息来确保高效协同。在平台主导下的协同治理商业舞弊行为过程中，想要实现各主体的诉求协同，就不能离开各个主体间的信息互通，相互了解除自身主体外的其他主体的利益诉求、运行情况、相应治理责任以及过往治理舞弊的实践，只有相互沟通交流，才能在治理舞弊的过程中避免冲突和浪费，使得所采取的治理措施达到理想的效果。

进化协同是指在联合多个主体来治理商业舞弊行为过程中，不能局限于过去，也不能满足于现在，协同主体的数量需要不断地扩增，逐渐进化成为越来越强大的协同治理舞弊组织，以便更有效率地治理舞弊行为。随着经济与科技的不断发展，主体协同的安全性是短期的，需要不断吸收新的主体加入，进化为更为强大的治理舞弊行为组织。因此，平台主导的协同治理，需要不断打破原有的协同主体结构，增加新的主体，进化协同治理组织，不断改善主体协同治理的安全性，使得这个协同网络趋于更加稳定的状态。

(2) 主体协同对策启示

依据携程治理实践中的"诉求协同—信息协同—进化协同"这一主

体协同机制，结合携程具体的治理实践（见表9-10），本书总结出了三条主体协同对策启示。

对策一：以诉求协同为基础，在平台经济视域下商业舞弊行为治理中实现平台企业、平台商家、其他互联网企业、政府和社会等多元主体的共同利益最大化。将多个主体协同起来治理商业舞弊行为必然需要各个主体的相互合作、相互配合，才能使得商业舞弊治理措施达成最佳的效果。然而，想要促成各个主体的良好合作与协调，避免冲突而带来不必要的问题，唯有秉承包容的原则，促成具有不同需求、利益和责任的平台企业、平台商家、其他互联网企业、政府和社会等各协同主体实现治理目标兼容，进而达成共识，这不仅使得平台经济视域下的商业舞弊治理效果达到最优，也使得各个协同主体在治理舞弊的过程中的诉求或利益都能实现最大化，而不是实现个别主体的诉求或利益的最大化。

对策二：以信息协同为保障，在平台经济视域下商业舞弊行为治理中确保平台企业、平台商家、其他互联网企业、政府和社会等多元主体之间的沟通交流。在治理平台经济视域下的商业舞弊行为过程中，想要各个主体能够有效协同，就必须保证各主体之间畅通的信息交流。平台主导下开展商业舞弊治理，可以根据各协同主体的运营情况以及管理制度制定相应的沟通机制，例如从各个主体中调出舞弊治理主要负责人，将这些负责人组成单独的组织，这些负责人不仅为自身主体服务，同时也是联系其他各主体的桥梁，确保各主体的信息共享。这种沟通机制是为了形成能够打破各主体间壁垒、融合各主体的边界的信息交流共享网络，确保各个协同主体及时沟通、无缝接洽，此外，也可避免治理措施冲突以及人力、物力的浪费，寻找到更为便捷、更为有效的治理措施。

对策三：以进化协同为目标，在平台经济视域下商业舞弊行为治理中不断完善平台企业、平台商家、其他互联网企业、政府和社会等多元主体舞弊治理网络。现代社会的发展过程中，任何组织都不是无懈可击的，平台经济视域下的商业舞弊治理过程中的主体协同也并不例外，它的安全性是短暂的。随着经济的发展，各协同主体间的利益、商业模式以及运营状况都将发生千变万化，并且商业舞弊者也可从中找出漏洞采取新的商业舞弊行为。从这个意义上讲，携程主导下平台经济商业舞弊行为治理实践中的主体协同治理网络必须随着经济的发展不断壮大与精细化，不断吸收新的治理主体加入这个治理网络中,进一步增强主体协同治理网络的能力,确保主体协同在发展过程中的安全性和稳定性,健康成长、稳步进化,全面治理平台经济视域下的商业舞弊行为。

2. 携程对平台经济视域下商业舞弊行为的治理实践中的路径协同机理和对策启示

在主体协同治理商业舞弊行为的基础上,为了提高治理效率,携程不断更新已有的治理理论并加以创新以适应携程平台的发展需要。携程应用路径协同的治理方式,从制度治理、组织治理、技术治理、文化治理四个方面多层次对互联网平台经济视域下的舞弊行为进行治理。依据本节整理分析的携程治理实践,本书对携程的路径协同治理机理进行总结归纳并据此提出相应的对策启示,对相关企业的舞弊行为治理有一定的借鉴意义。

表9-10 平台经济视域下商业舞弊行为协同治理的主体协同
对策——基于携程旅行网的治理实践

主体协同归纳	协同对策(现实引证)	对策归纳
平台企业+平台商家	推出了"普通预订"窗口,客户可随时勾选取消;携程上线酒店推出"协助退款"功能,意味着携程用户在预订了"不可取消"的酒店房型时,若行程更改,携程将帮助用户与酒店或供应商协调,尽力为用户减少损失;除了"拒签全退",携程还推出了"航变无忧""机酒保障"及"1小时飞人通道"等一系列创新服务,为消费者出行提供全方位保障;针对虚假交易、虚假评论产生的违规订单,删除违规订单产生的销量、评价、评分及违规收益;针对虚假信息违规行为,责令商家删除、整改其发布的虚假、不实信息	对策一 对策三
平台企业+政府	与政府合作,从技术上提前甄别舞弊行为,有效预防舞弊行为的发生;携程可通过用户/权利人的投诉、举报、起诉、行政监管机关的检查或平台检查等途径发现商家的违规行为;携程集团与联合国开发计划署、中国国际经济技术交流中心、中国旅游研究院联合宣布,将共同实施"安全旅行·负责任的旅行"项目	对策一 对策三
平台企业+社会	携程在官网上推出"携程安全应急响应中心(CSRC)",让携程外部人员向携程反馈携程旅行网的安全漏洞;携程机票部门对外宣布,已再次全面升级"拒签全退"服务;携程推出"全球旅行SOS"服务,不仅提供翻译帮助、医疗指引、失物招领等服务,还能在自然灾害和恐怖袭击等紧急情况下为旅客提供及时援助;携程也不断推进与中国移动、国际航空公司及知名汽车制造商的合作,在多个领域全面发力,在带动企业运营效率提升的同时,共同合作对不同的舞弊问题进行治理	对策一 对策二 对策三

续表

主体协同归纳	协同对策（现实引证）	对策归纳
平台企业+ 其他互 联网企业	携程与国际支付巨头 Mastercard 在商旅客群及网络资源、支付技术平台等达成合作，与全球网络及支付技术成熟的万事达卡，能够提供跨境支付、网关支付等技术解决方案，有效解决携程出现的支付漏洞问题；携程主导联合其他互联网公司建立"携程云安全"。携程通过与万达的联合对接了万达信用卡的安全支付体系，保障了用户的支付安全，降低了平台舞弊的可能性	对策一 对策二 对策三

（1）路径协同机制分析

通过对携程商业舞弊行为治理实践的综合分析得知，携程在路径协同方面的治理实践主要围绕"内外连通—均衡协调—动态创新"的思路协同制度、组织、技术和文化路径，共同推进平台经济视域下商业舞弊行为的治理。

内外连通是指平台进行舞弊行为的治理时，保持平台内部与平台外部的治理路径对接融合，建立切实有效的协同治理网络。因此，路径内外连通是多路径协同治理舞弊的前提，以平台为核心，组织为载体，促进平台内外部治理舞弊现象的规章制度、前沿技术手段、良好的反舞弊文化宣传理念有机整合，多措并举，完善路径协同治理网络，让平台企业在面对舞弊现象时有的放矢地提出切实有效的治理思路。

均衡协调是指为了治理舞弊行为，平台作为治理主体在治理过程中要注意根据舞弊对社会造成危害程度大小及危害社会的主要方式，均衡采用不同的治理路径。具体而言，根据危害大小不同，均衡采取单路径或多路径结合的治理思路；根据舞弊危害社会的方式不同，充分考虑不同路径之间的关系和联系，提出协调的治理路径。通过以上均衡协调的舞弊治理机制，平台才能发挥最大治理效果，有效降低舞弊治理成本，提高舞弊治理效率。

动态创新是指在治理舞弊时，平台应关注舞弊现状，随着舞弊行为的发展动态创造性地提出相应舞弊治理措施，确保制度、技术及组织间的资源适时更新以应对新型的舞弊行为，同时要注意在平台社区及整个社会内利用创新的更容易为社会大众所接受的方式方法宣传诚信、公开公正的反舞弊文化，力求从根源上降低舞弊发生的可能性。

(2) 路径协同对策启示

依据携程"内外连通—均衡协调—动态创新"这一路径协同机制，结合携程平台的具体实践（见表9-11），本书总结出如下三条路径协同对策启示。

表 9-11　平台经济视域下商业舞弊行为协同治理的路径协同对策——基于携程旅行网的治理实践

路径协同归纳	协同对策（现实引证）	对策归纳
制度+组织	针对虚假交易、虚假评论产生的违规订单，删除违规订单产生的销量；评价、评分及违规收益；针对虚假信息违规行为，责令商家删除、整改其发布的虚假、不实信息，商家采取忽视、抵触、反对等消极应对措施，携程有权加大对商家的处罚力度	对策二
组织+文化	携程参与中国旅行协会、世界旅游联盟等行业内组织机构的一些活动，并将一些旅游行业的创新性理念内化至公司内部每个员工心里，从侧面也使得公司更具凝聚力；携程、纵横、海鸥、途风四方将正式"联姻"，签订"战略合作协议"，建立联动协作机制、优势互补资源共享，为"中国人游美国"提供高水平的服务	对策二 对策三
制度+技术+文化	携程与国际支付巨头 Mastercard 在商旅客群及网络资源、支付技术平台等达成合作，与全球网络及支付技术成熟的万事达卡，能够提供跨境支付、网关支付等技术解决方案，有效解决携程出现的支付漏洞问题；携程的全球化战略、跨境商旅综合服务，仍是双方战略合作的重要基础，不断向两个公司企业文化内化	对策一 对策三
技术+组织	携程在加入中国旅行协会、世界旅游联盟的组织后，能够有效实现资源整合，对于双方的前沿技术共享的可能性更高，在某种程度上能够利用组织机构的技术，实现自身平台的更好发展	对策二

对策一：连通平台内外治理路径，全方位预防舞弊问题发生。在平台企业的舞弊管理机制建设中，内部管理层可以把对各部门的规章体系及员工舞弊风险评估上升为一项常态化工作，进行平台企业反舞弊工作的独立评估，及时审核评估平台企业反舞弊控制机制的建立和实施效果。此外，各部门要适时协助开展公司反舞弊宣传活动，通过文化治理手段减少舞弊行为的发生。同时注意平台外部环境对平台上舞弊发生概率的影响，将文化、技术等治理路径不仅运用到企业内部，平台外部的组织载体、社会整体反舞弊风气也要同时展开治理，

如针对好评返现等舞弊现象，不仅要在平台内部加强技术、规章制度的管制，还要在平台外部整个行业范围内建立良好的反舞弊文化，降低舞弊发生的概率。

对策二：均衡采用不同治理路径，分清协同治理舞弊行为的主次。平台企业不仅要从内部整合多方资源，利用大数据、云计算等科技手段，综合评估不同舞弊现象对个人、平台乃至社会造成危害程度的高低，还要在此基础上，选择素质良好的组织团队进行舞弊治理，建立均衡协调的治理路径。具体而言，平台企业需重点防范治理对社会危害较大、造成恶劣的舞弊行为，力图完全控制此类舞弊现象，保障个人、平台的利益，维护社会和谐稳定。对影响较小、危害程度不大的舞弊行为，主要从制度、文化两条路径入手，利用舞弊文化宣传等软性治理措施针对舞弊行为人进行源头防控治理，争取从源头消灭舞弊行为。总之，平台企业要均衡使用不同治理路径，并做到治理力度的科学均衡，以提高其舞弊治理效率，减少不必要的资源浪费。

对策三：动态关注舞弊现象的变化及时更新治理路径，保证舞弊治理路径的有效性。舞弊问题的治理要从实际出发，破解目前舞弊治理的瓶颈，需要协同不同路径的功能，使其发挥最大治理效力。随着平台舞弊现象的不断变化，要针对舞弊现状及时推动不同的治理路径的创新发展，有机整合双方有利于舞弊行为治理的政策规则，合理规制平台及用户行为，降低舞弊行为发生的可能性。比如，推动体制机制创新，防止出现技术、制度缺陷，减少舞弊行为，实现行业内平台企业治理路径的内涵式发展。平台企业作为技术创新、文化宣传的主要阵地，为预防舞弊发生，最重要的就是不断满足用户日益提升的多元需求，将围绕市场及企业发展的创新工作摆在企业各项工作的最核心位置，才能有效动态推进前沿互联网技术创新并将其纳入系统的舞弊治理体系建设。

3. 主体与路径协同网络图

根据以上携程公司在治理实践中的主体协同和路径协同举措和机制分析，在原有的第七章治理框架的基础上，结合携程自身对舞弊行为的治理特点，本书绘制了如图9-6所示的协同网络图，展示携程公司在商业舞弊行为治理实践中的主体协同和路径协同。

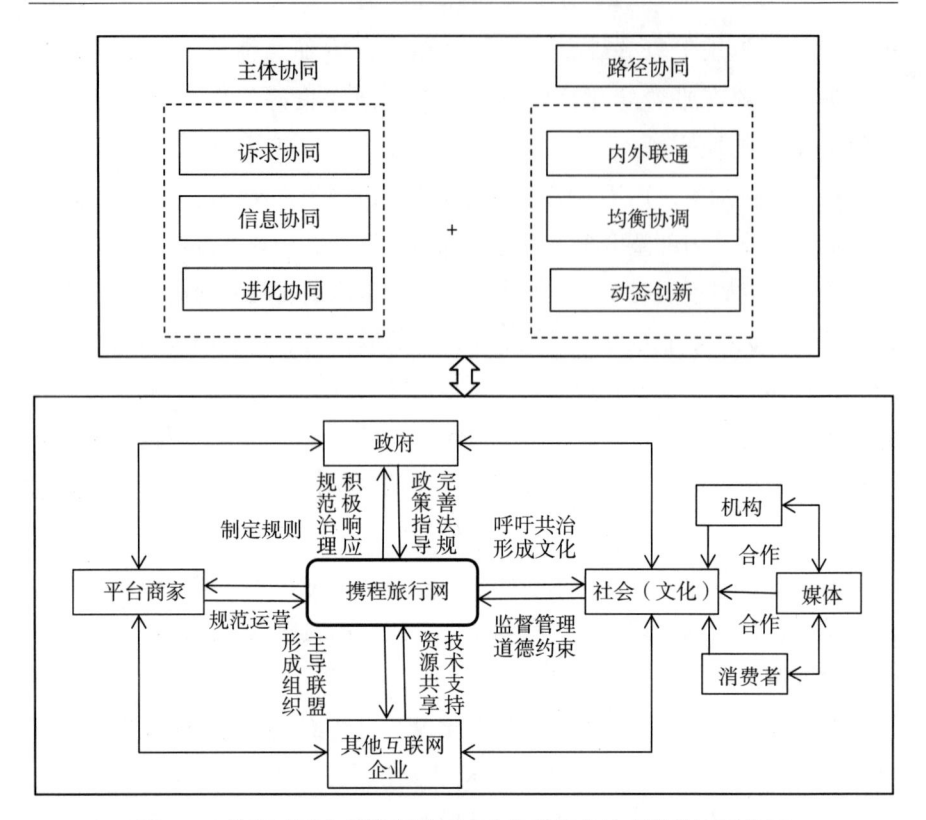

图 9-6 携程对平台经济视域下商业舞弊行为治理的协同网络图

二 个案分析——爱彼迎公司

爱彼迎（Airbnb）公司成立于 2008 年 8 月，总部设在美国加州旧金山市。爱彼迎是一个旅行房屋租赁社区，用户可通过网络或手机应用程序发布、搜索度假房屋租赁信息并完成在线预定程序。据爱彼迎官网显示以及媒体报道，爱彼迎社区平台在 191 个国家、65000 个城市为旅行者们提供数以百万计的入住选择，其中不仅有公寓、别墅，还有城堡及树屋等独特的选择。爱彼迎也因此被时代周刊称为"住房中的'EBay'"。①

（一）爱彼迎公司的治理实践

作为目前全球最大的一家提供民宿的线上第三方平台，爱彼迎不仅改

---

① 资料来源：百度百科，https://baike.baidu.com/item/Airbnb/5204658?fromtitle=%E7%88%B1%E5%BD%BC%E8%BF%8E&fromid=20562738&fr=aladdin。

变了人们的租住意识，而且成功地改变了它所在的行业。然而，尽管平台产生了积极的颠覆效应，但其并非完美无缺。爱彼迎平台在发展的过程中，也暴露出现今互联网平台企业所面临的共性问题，即如何对互联网平台视域下舞弊行为进行治理。爱彼迎积极承担起企业的经济、社会责任，在舞弊行为的治理问题上给出了多方面的治理实践（见表9-12），对互联网平台企业治理舞弊行为存在一定的借鉴意义。

表9-12 爱彼迎对平台经济视域下商业舞弊行为的协同治理的引证归纳

舞弊主体	舞弊表现	治理实践（引证）		治理实践归纳	
房客舞弊	不良房客破坏屋内财产	首先，爱彼迎对房客追加罚款赔付给相关房东，如若同一房客多次出现此类行为，则该名房客的不良记录就会出现在其个人首页，被所有房东看到。同时房客的无信用行为会被同步传输到爱彼迎合作的平台	平台+政府	制度+组织	主体协同 + 路径协同
	在房屋进行非法活动、滋扰邻居	平台会先督促房东联系房客告知问题，同时与邀请房客与邻居沟通，协商解决问题，向房东、房客重申爱彼迎的文化理念构建和谐社区	平台+社会大众	文化	
房东舞弊	房源质量参差不齐，房客要蒙受极大人身安全风险	爱彼迎对出现此类舞弊行为的房东要求其合理退还房客部分费用，补偿房客损失，房东首页会出现对房源的消极评价，情节严重者从平台除名。爱彼迎此次发布的最新战略包括四项全新的房源类型、全新房源分级、爱彼迎精选房源系列和加大对爱彼迎社区建设的投入等方面	平台+社会大众	制度+技术	
	单方面取消单位原定预约，打乱原租客外游计划	平台对房东取消预订实行以下处罚：(1) 收取取消订单费用。(2) 自动评价。系统将在房东的房源页面发布一条自动评价，说明他取消了预订，并且这类评价无法删除。(3) 不可预订/被屏蔽的日历日期。因此房东将不能接受与被取消预订的住宿日期相同的其他预订。(4) 在房东最近一次取消预订后，将在一年内没有资格获取超赞房东身份。(5) 如果房东在一年内取消三次或更多预订，爱彼迎可能会暂时注销房东的房源	平台+房东	制度+技术	
平台舞弊	房子非法出租	首先，爱彼迎与当地政府部门协调、遵守相应法律法规下架非法房屋。其次，爱彼迎内部规章制度完善，并已和500多个政府机构取得合作，同时也积极遵守当地政府的规定	政府+社会平台	组织+制度	

1. 内外连通，多项措施并举切实解决平台信息泄露引发的舞弊问题

随着在线短租平台的发展，频繁发生的用户隐私信息泄露、人身安全等问题也逐渐引起社会媒体及大众对此类平台的不信任，引发用户对个人信息安全的担忧。比较而言，爱彼迎平台为减少个人隐私、信息数据的泄露及人身财产安全，在设计之初就时刻谨记要保证线上和线下的安全，多措并举解决涉及用户隐私、人身及财务等方面的安全问题。

针对此类舞弊行为，爱彼迎的治理实践主要归纳为以下三个方面：(1) 科学设计保证每一笔爱彼迎订单在确认之前都会通过风险评分。爱彼迎目前还在不断实施和更新管理、技术和物理安全措施，以帮助保护用户的信息免受未经授权的访问、丢失、破坏或更改。爱彼迎平台信息安全中心利用预测分析和机器学习即时评估数百个指标，帮助平台在可疑活动发生之前将其标记出来并加以调查。通过上述措施，爱彼迎平台有效治理了用户信息安全问题，降低舞弊发生概率。(2) 通过严密的核查手段以及与外部专家合作组织安全研讨会，保障用户人身安全。虽然没有一个筛查系统能做到十全十美，但爱彼迎平台在全球范围内对照监管机构监控名单、恐怖主义组织名单和制裁名单对房东、房客、体验达人和体验参与者进行筛查。此外，还对美国的房东、房客、体验达人和体验参与者进行背景核查，与房东及当地龙头专家一起举办安全研讨会，鼓励房东为客人提供重要的当地信息，并为有需要的房东及其房源提供免费的烟雾和一氧化碳报警器，[①] 共同保障用户人身安全，防范平台中非法舞弊行为的发生。(3) 运用先进的互联网技术，通过多层防御策略保障用户支付安全。爱彼迎的安全支付平台要求租客始终通过爱彼迎支付钱款，而不是直接汇钱或汇款给他人，以此来确保租客的钱款能够直接转交至房东手中。与此同时，平台坚持采取多项措施来保护房东与房客的的爱彼迎账号安全，例如，更换手机或电脑登录时，平台会进行多重身份认证，并在账号资料发生更改时向用户发送账号提醒，以确保用户账户处于安全状态。爱彼迎信息安全中心致力于运用前沿互联网技术保障用户信息安全，只要房东、房客之间从售前沟通、预订到付款始终通过爱彼迎网站或应用进行交流，则

---

① 资料来源：爱彼迎对成员进行背景审查吗，https：//www.airbnbchina.cn/help/article/1308/does-airbnb-perform-background-checks-on-members.

用户的信息数据就会受到平台多层防御策略的保护，这从很大程度上减少了隐私泄露问题的发生。根据爱彼迎平台的隐私政策，所有用户向爱彼迎提供的身份证件信息均采用安全套接层（SSL）协议传输，这与各大网站传输信用卡号码使用的安全加密方式相同，只有少数获得授权的爱彼迎员工才获允许出于排除故障或内部目的访问用户的原始文件。① 此外，爱彼迎平台方通常会保留一些必要的用户个人信息，以履行用户与平台方之间的合同，并遵守当地企业必须遵守的法律义务。如果用户不再希望爱彼迎平台使用用户的个人信息向其本人提供爱彼迎平台信息推送，用户可以请求爱彼迎平台删除他的个人信息并关闭相关的爱彼迎账户。同样地，为了爱彼迎平台的合法商业利益，平台可以保留用户的一些个人信息以加强平台信息安全。此治理实践在一定程度上解决了使用爱彼迎平台频率较低用户的信息泄露问题，对国内在线短租平台治理信息泄露的舞弊行为具有重要的借鉴意义。

2. 完善用户信息与创新机制并举，减少信息不对称引发的舞弊问题

爱彼迎在线短租的商业模式在发展过程中出现了两个难题，一是房东如何能在短时间内对陌生的租客建立信任，并且安心将房子出租；二是如何保证房客预订到预期相符的房源，且在入住过程中个人的生活隐私及人身安全得到保障。围绕上述问题，爱彼迎平台中曾出现过的舞弊行为有不良房客毁坏房源、滋扰邻居；房东在最后时刻取消预订、房客无法进入房源、房源与描述不符、不卫生或者缺少承诺的便利设施及物品等，都不同程度的给爱彼迎平台带来负面影响。② 为解决上述舞弊行为，确保房客和房东在爱彼迎平台交往中感受到相互之间的信任，爱彼迎致力于多角度完善信用机制，以最大程度地降低信息不对称带来的舞弊问题。

爱彼迎平台针对这方面舞弊行为的治理实践主要为以下几个方面：（1）完善用户个人信息，方便平台用户对彼此有一个基本的了解。所有在爱彼迎平台上注册过的用户都有自己的个人资料，当用户在爱彼迎平台上要进行预订房源、体验或出租房源/开展体验等任一项活动时，需要向爱彼迎提供用户的全名、出生日期、照片、手机号、付款信息以及电子邮

---

① 资料来源：根据爱彼迎官网帮助中心提供的信息整理所得。
② 资料来源：根据上观新闻、澎湃新闻等整理总结而来，https://www.google.com/amp/s/globalnews.ca/news/3953945/airbnb-scams/amp/ Erica Alini.

箱，方便房客、参与者、房东或体验达人能够相互了解，建立起陌生房东房客之间的基本信任。（2）接入合作平台企业的信用评估系统，提高对双方用户信用的识别。爱彼迎平台通过与支付宝建立合作关系，引入支付宝旗下的信用评估产品——"芝麻信用"（利用人脸识别技术验证用户身份），并利用"芝麻信用"来鉴别用户身份真伪，以此建立一个更安全更值得信任的爱彼迎社区。对于房客而言，个人主页上拥有"芝麻信用"认证成功的徽章，会让房东更放心，预订被接受的概率也会更高。对于房东来说，个人主页和房源页面上拥有"芝麻信用"徽章，会增加房客的信任，从而可能为房东带来更多订单。（3）针对不同用户群体，推出分等级、多层次的房源及房客认定标准，等级高的用户信用相对较高。爱彼迎适时在中国发布了一系列计划，其中包含成立"爱彼迎房东学院"和将现有房源进行分级的"爱彼迎 Plus"计划。想要被列入"爱彼迎 Plus"，房东们要满足100多个严格条件，包括提供松软的枕头、熨斗和电吹风、烹饪设施、高速无线网络以及瓶装水，同时，他们的房客评分也必须达到4.8分以上。该计划除了对房东的筛选，也增加了对房客的友好度。"爱彼迎 Plus"拥有专门的页面展示此类房型。在这些特别页面上，房源的不同房间、功能区和设施，都以图片形式被分门别类集中展示，图片也由专业摄影师拍摄。爱彼迎的这种做法一方面加强对房源的分级审核，另一方面也增加了房客对房东房源质量的信任程度。此外，爱彼迎还建立了用户信用记录，并向房东提供房东保障金计划，保证若房源出现损坏，房东保障金计划可为房东提供一百万美元的责任赔偿保障；对房东和房客均提供24小时支持服务，以便让房东和房客安心。（4）完善房东房客互评机制，确保评价内容真实可靠。爱彼迎的评价机制使得双方用户对彼此信息都能有一个更客观、全面了解。如果某用户想了解其他用户如何评价一名潜在房客、房东或体验达人的房源或体验，只需要阅读相关评价即可。房客、房东、参与者或体验达人只能在预订结束后才可以相互评价，因此，用户看到的评价皆为经过亲身参与的真实评价，这也从一定程度减少了房东或房客互刷高分评价的舞弊行为。

3. 明确规章制度与平台基本原则，解决权责不明确引发的舞弊问题

对于房东与房客之间预订的恶意变更、退订和退款，居住设施的损坏等舞弊现象，爱彼迎主要从平台规则、政策及规章制度等角度展开治理，

对平台、房东、房客三方在平台中都负有怎样的责任等在平台的政策、规则中进行了明确的说明,能在一定程度上对平台自身及双方用户参与舞弊起到一定的威慑作用,减少爱彼迎平台的舞弊问题。

其具体治理实践主要可分为以下几个方面:(1)加强平台上信息内容的监管,从使用之初就降低房东、房客的受到欺诈的可能性。爱彼迎对发表在平台上的内容有着严格的把关,对于任何违反内容准则、服务条款、社区标准的内容,爱彼迎都有保留全部或删除部分内容的权利,用户可联系平台工作人员举报可能违反内容准则的言论,对于多次或严重违规的账号,可能会被爱彼迎平台暂停使用或永久注销。此规则的实施在一定程度上提高了用户的舞弊成本预期,从而降低舞弊行为发生概率。(2)推出契合平台包容和尊重原则的一系列活动,发动用户参与其中,提高用户对平台的忠诚度。互联网平台视域下,用户的多属性行为特征一直是导致平台舞弊现象频发且无法使惩罚机制发挥应有效用的重要原因,为有效解决此问题,爱彼迎与多家平台企业合作推出提升用户忠诚度的品牌推广活动,使平台用户从心理上主动维护平台秩序,杜绝舞弊行为。比如爱彼迎携手蚂蜂窝发起了主题为"爱是一场未知的旅行"的大型品牌活动,爱彼迎宣布与支付宝联合推出"爱彼迎旅行储蓄"等活动,爱彼迎邀请旅客一起探索新奇有趣的地方,用户也在活动的过程中增加了与爱彼迎的"亲密度",这样用户对平台的忠诚度便会大大增加。(3)建立事后惩罚机制,对房东、房客双方的舞弊行为有一定的威慑力。针对房东肆意取消房客预订的行为,爱彼迎给出的治理对策是对房东收取取消费,且扣除的金额取决于距离房客入住时间的长短,时间越近,则取消费越高。此外,房东还会收到系统发来无法删除的自动评价说明其取消了预订,最后,如果房东在一年内取消了三次或更多预订,则爱彼迎平台可能会暂停注销其房源。一般而言,房东考虑到此类舞弊行为对自身带来的不良后果,都会不约而同地减少这种舞弊做法。因此,爱彼迎的这种做法在一定程度上遏制了房东肆意取消预订行为,保护了房客的相关利益。(4)设立房东、房客调解中心,柔性化处理争议问题。若房东与房客之间出现问题,无法达成协议时,可以申请爱彼迎平台方介入并做出最终决定。一旦选择爱彼迎介入,其团队就会收到通知,并派指定专员来处理案件。爱彼迎的这种处理办法有利于提高用户对平台的信任度和满意度,从而增强了平台的凝聚力和归属感。

(二) 爱彼迎公司的协同机制和对策启示

平台舞弊因其涉及主体广，形式多样而隐秘，成因复杂，危害性较大的特性使得传统意义上单靠某个企业或政府治理商业舞弊的单边治理理念难以发挥作用，平台与相关主体之间必须协同联动、通力合作发挥各主体在治理上的优势，形成协同合作的治理网络，才能有效治理平台舞弊问题。综合上文中爱彼迎对商业舞弊行为的治理实践，可以看到爱彼迎采取了主体协同和路径协同的方式来治理舞弊，其中主体协同主要围绕平台与各地政府、社会公众协同治理展开，路径协同是在以平台为主体的基础上，构建包括"制度治理、组织治理、技术治理、文化治理"的协同治理网络，验证了第七章的商业舞弊协同治理框架。

1. 主体协同机制和对策启示

平台经济的特性要求平台企业在多主体协同治理理念的指导下，以平台为核心，协同政府、行业协会、媒体大众在内的多个主体，通过多主体聚合规范平台及平台用户行为，从而有效治理平台经济视域下的舞弊行为。本小节将对主体间如何协同这一问题进行探索分析，归纳得出主体协同机制，并提出相应的对策启示。

(1) 主体协同机制分析

作为服务型平台企业，爱彼迎深知企业文化理念的塑造对平台内部员工与平台用户的凝聚力，为此，爱彼迎非常重视对企业文化和发展愿景的培育及宣传，以强化平台内部员工及用户对爱彼迎的品牌忠诚，为企业赢得核心竞争力和未来的持续发展奠定坚实的基础。正因如此，本书通过对爱彼迎治理实践的整理分析发现，其治理实践主要围绕"利益协同—信息协同—愿景协同"的发展理念协同政府、社会大众、用户等主体，不断推进舞弊行为的有效治理。

利益协同是指在治理舞弊行为中强调平台、政府、用户各方在利益层面的协同，消除多方现实中存在的隔阂和利益冲突，以最低的成本实现各方共同的长远利益，从而对舞弊行为的治理起到协同增效的作用。其主要要求各方主体在存在利益固有的竞争性及价值理念的差异化的基础上，以平台自身利益为根本，兼容政府、用户及其他社会主体的公共利益，提高舞弊治理效率，促使舞弊治理政策得以达到预期良好的效果。

信息协同是指为降低信息不对称对舞弊治理的不利影响,平台需主动构建良好的沟通与协调机制,保障各主体之间实现信息有效协同。在多元主体协同参与的舞弊行为治理网络中,为避免多主体间信息沟通途径不畅导致治理无效,降低不同参与主体间的信息壁垒,平台作为治理核心,需要加强与协同治理舞弊行为的各方主体之间的沟通与交流,对舞弊现状、治理措施以及治理进度与效果进行及时有效的沟通,发挥多主体协同的最大作用。

愿景协同是指在舞弊行为的治理中,平台企业需认识到正确优秀的企业文化是实现平台持续发展的动力,适时传播符合企业发展愿景的反舞弊文化,并广泛争取获得政府政策法规的支持,赢得社会媒体的赞誉,争取到平台内部员工的忠诚,提高用户对平台的忠诚度和信任度。只有这样,才能充分发挥平台企业文化对行业内、平台用户及内部员工潜移默化的心理影响作用,让社会各主体共同助力降低平台舞弊行为发生的概率。只有公司自身的发展愿景得到各方主体的认同,平台才能在舞弊行为的治理过程中在行业内营造友好、诚信的氛围,从而为企业培育了一批忠诚的用户,共同助力平台降低舞弊行为发生的概率。

(2) 主体协同对策启示

依据"利益协同—信息协同—愿景协同"这一主体协同机制,结合爱彼迎具体的治理实践(见表9-13),本书总结出了三条主体协同对策启示。

表9-13　平台经济视域下商业舞弊行为协同治理的主体协同
对策——基于爱彼迎的治理实践

主体协同归纳	协同对策(现实引证)	对策归纳
政府+平台	在美国新奥尔良,爱彼迎同意政府所提出的房东必须经政府同意并自主在该市注册房屋在线短租服务才可在爱彼迎平台上发布房源信息的意见,并同意在不侵犯房东、房客隐私的情况下,与当地政府分享数据以便他们更有利于在线短租平台发展的政策引导其合理、规范化发展	对策一 对策二
	爱彼迎与成都市政府签署战略合作意向;2018年1月29日,爱彼迎在北京与国家信息中心签署战略合作备忘录,这一系列与政府合作的项目旨在共同推进与爱彼迎一样的住宿分享领域相关问题的研究	对策一 对策二

续表

主体协同归纳	协同对策（现实引证）	对策归纳
平台+平台上的社会主体	平台社区在治理舞弊行为时协同房东、房客及体验达人，在爱彼迎帮助中心向出租房屋或提供其他服务的欧盟商业房东提供法律义务解读说明及其他相关法律法规意见解读	对策二
	通过利用房东、房客及体验达人在平台社区上的经验分享，建立起一个安全、舒心的爱彼迎社区。开始新的对话或者加入已有对话来提问、分享故事或者和其他房东建立联系。平台会在社区中心主页显示热门话题。用户也可以跟进具体的话题，一旦有内容发布用户就会获得更新。想要与意向房东/房客深入沟通时，用户现在可以通过社区中心直接给其他社区成员发消息	对策二 对策三
平台+其他社会主体	通过平台社区可以事先了解房东/体验达人或房客/参与者，并询问对方有关房源或体验的问题。预订确认后，用户也可以通过消息工具与对方轻松交流，协调入住与路线等事宜	对策一 对策二

对策一：在相互理解尊重的基础上不断调适平台自身利益与各方利益，最终形成一致行动。每一个参与主体都代表一定群体的利益，也都有一部分支持者。参与舞弊行为治理的各方主体具有充分表达自身利益诉求的权利，同时也承担充分倾听其他利益诉求的义务，秉持平等的原则，平台企业在舞弊行为治理的过程中要充分倾听政府、社会媒体、平台用户等各方的利益诉求，在相互理解尊重的基础上，不断调适自我利益与公共利益，在不同利益相关者之间形成一种动态均衡，从而减少各方主体在协同治理舞弊过程中的利益冲突，使舞弊行为的治理措施更具有成效。

对策二：加强主体间信息沟通与协调，打通各方信息互联互通的网络机制。平台企业在治理舞弊时，可考虑与当地政府签订合作协议，由政府出面设立由公安、卫生、物价、交通、商务等部门协同组成"在线警务"，政府方面依据平台的投诉线索，负责接受用户的报警和投诉，积极主动对相关涉案人员开展侦查并收集证据。此外，通过建立"在线警务"服务平台，公布用户投诉全流程，提供线上一站式举报投诉等服务。通过此类线上平台的建立，政府和平台企业、行业内相关企业与平台用户可以及时披露舞弊治理过程中的各种信息，从而解决"碎片化"管理，打通各主体间的信息沟通机制。这种信息协同方式能够对行业相关企业、平台自身和平台用户三方行为进行有效监督和管理，从法律上也对各方主体起到一定的引导作用，从而减少平台舞弊行为的发生。

对策三：促进各方主体共享企业文化理念及发展愿景，提高多主体配合平台企业治理舞弊的积极性。平台企业可探索建立以用户自我管理为主、平台团队成员为辅的平台社区中心。用户可在上面分享最新消息、回答用户棘手的问题，此类事前预防、帮助政策及内容政策等方式都在平台内部及平台用户之间培养反舞弊意识起到一定的作用。此外，平台应充分认识到平台自身在治理舞弊行为上的主要作用，在平台社区及企业内部宣传公司企业文化及发展愿景并适时营造良好的反舞弊文化，引导内部工作人员减少舞弊意向，帮助维持一个干净、安全的社区环境。通过采取以上措施，可以利用好平台的讨论分享社区，加强与用户的双向沟通，有效提高用户对品牌的忠诚度，进而从源头上减少平台用户舞弊行为。

2. 路径协同机制和对策启示

根据爱彼迎治理舞弊行为的具体实践，本书通过归纳分析发现爱彼迎在协同多方主体治理舞弊行为的同时，也通过协同制度、组织、技术、文化四条不同路径来提高舞弊治理的成效，下文中本书归纳得出爱彼迎平台的路径协同机制，希望能对同行业内互联网平台企业治理舞弊行为有一定的借鉴意义。

（1）路径协同机制分析

依据本书对爱彼迎商业舞弊行为治理实践的综合分析，爱彼迎在做好主体协同的基础上，还不断探索路径的协同。路径协同方面的治理实践主要围绕"针对治理—目标导向—防治并行"的思路多角度协同制度治理、组织治理、技术治理和文化治理路径，共同推进对平台经济视域下商业舞弊行为的治理。

针对治理是指平台在治理舞弊行为的过程中，根据每种舞弊的不同特性，选择合适的治理路径进行针对性治理，对于每种舞弊行为在其自身发展的不同阶段也采取不同的应对策略，从而能够有针对性地应用制度、组织等路径有效治理舞弊行为。

目标导向是指确立明确的舞弊治理总目标，通过严密的控制与反馈机制确保不同路径在应用中与总舞弊治理目标相统一，及时纠正或消除不利于总目标实现的治理路径，从而最大程度地实现整体治理目标。在特定的时间、空间和环境之中根据舞弊治理目标，联合相关组织，通过政策法规、制度规范等路径不断调适以达成最优的治理方案，提高舞弊治理效率。

防治并行是指为达到舞弊现象早发现、早治理的效果，平台要未雨绸缪，在治理已发现的舞弊行为的基础上，深入分析舞弊出现的原因、舞弊的特点等，应用不同路径预测将来可能出现的舞弊发展趋势，构建"预防+治理"的网络格局。

（2）路径协同对策启示

依据"针对治理—目标导向—防治并行"这一主体协同机制，结合爱彼迎具体的舞弊治理实践（见表9-14），本书总结出了三条主体协同对策启示。

表9-14　平台经济视域下商业舞弊行为协同治理的路径协同对策——基于爱彼迎的治理实践

路径协同归纳	协同对策（现实引证）	对策归纳
制度+技术	爱彼迎与支付宝合作推出"爱彼迎旅行储蓄"小程序，用户可在支付宝上存钱旅行，与"芝麻信用"合作，在识别用户身份真伪方面效率大大提高	对策三
组织+制度	爱彼迎与21世纪地产公司合作，租用地产公司提供的房源合法的房屋，从而针对性解决了爱彼迎平台在各国备受指摘的房源非法问题	对策二
组织+文化	爱彼迎官网首页的每一个故事分享都引导着用户主体养成正确的出租或租房意识，在爱彼迎社区中形成了一种诚信、忠诚、责任担当的平台文化	对策三
	如爱彼迎与Yearup合作通过为低收入的提供培训和实际工作经历和技术支持协助，为他们开启职业生涯、接受高等教育做好准备。与Level Playing Field Institute合作，致力营造文明公平的合作场所和为员工提供工作机遇来改善多元性	对策一 对策三
组织+技术	爱彼迎与支付宝建立合作关系，使平台更加透明，利用支付宝目前在世界上首屈一指的安全支付技术，使得爱彼迎的安全平台可以确保将房客的钱款转交房东，此外，爱彼迎利用大数据技术进行用户行为分析，即时评估数百个指标，帮助平台在可疑活动发生之前将其标记出来并加以调查，利用信息技术全方位管理业务流程、信用评价	对策一 对策三
组织+技术+文化	为解决爱彼迎房源频繁违反当地法律及扰民现象问题，爱彼迎与21世纪地产公司合作，租用地产公司提供的房源合法的房屋，从而有效解决了爱彼迎平台在各国备受指摘的房源非法问题。爱彼迎通过加入世界旅游联盟，共同探讨在线短租平台的发展问题，携手推动短租行业标准提升和规范发展。爱彼迎平台以组织为载体，协同多个组织共同探讨行业内舞弊行为的治理问题，形成具有强大控制力的组织体系	对策一 对策二 对策三

对策一，注重分析每种舞弊行为的特点，有针对性地治理舞弊，提高舞弊治理效率。从目前互联网平台经济快速发展的现状来看，类型不同的平台面临的舞弊行为有所不同。在此前提下，要考虑到不同类型舞弊行为的成因、表现特征等，从而在运用不同的治理路径时，才能更具有针对性。不同路径之间才能更好的对接融合，积极对接市场中的挑战，加强与同行业有代表性的企业合作，对接政府出台的新规章制度制定企业发展策略与平台政策，更新企业内部员工的工作观念，努力将市场挑战转化成平台的发展机遇，切实治理好平台发展过程中面临的舞弊行为问题，不断促进企业自身的发展壮大。

对策二，以舞弊治理总目标为导向，全行业范围内开展舞弊治理实践，有效杜绝舞弊行为。针对复杂的舞弊现象，路径之间并不只是简单协同的关系，协同要在明确的治理目标下展开，要确保不同阶段舞弊治理目标的达成。为此，平台企业要制定目标化舞弊治理流程，并在平台内部制定一系列舞弊治理目标落地的流程和规范，并借助技术手段、行业组织等路径为其赋能，保证平台企业内部员工可以顺畅执行。同时平台可利用社区开放性的特点，加强反舞弊文化宣传力度，促进平台之中反舞弊文化的形成。

对策三，多路径监测预防舞弊行为的发生，做到舞弊治理与防范并行，降低舞弊发生的概率。为了更好地应对因市场环境及需求的变化而产生的新舞弊行为，使企业在经营过程中能够顺利发展，企业应未雨绸缪，降低舞弊行为发生的概率。平台企业不能只是坐等舞弊行为出现后再去治理，要明确舞弊治理的关键在于有效的预防与控制。通过大数据、互联网技术以及相应的法律规范、政策制度对已有的舞弊现象成因进行研究，并对平台经济中经常出现的消费者行为进行数据分析，提前预测可能出现的舞弊行为，有针对性地制定规章制度、宣传反舞弊文化，以及利用技术监测分析用户行为，真正做到从源头防控舞弊行为的发生。

3. 主体与路径协同的网络图

根据以上爱彼迎对舞弊行为的治理实践归纳分析以及本书总结提炼的爱彼迎协同治理机制，本书编制了如图9-7所示的协同网络图。

三 组内案例对比分析

本组所选择的案例企业都属于旅游行业的典型企业，而且为了保证案

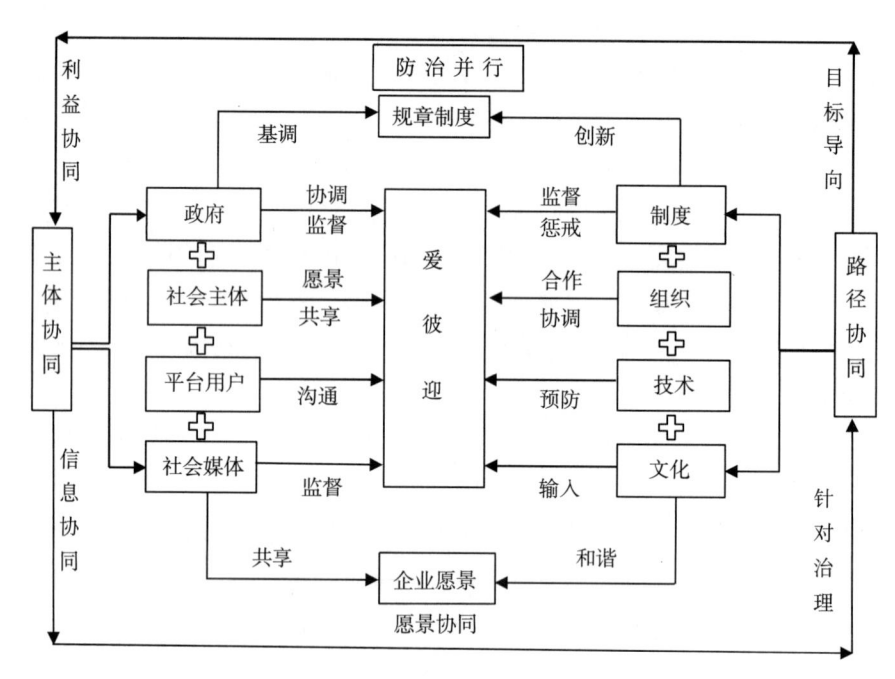

图 9-7　爱彼迎对平台经济视域下商业舞弊行为治理的协同网络图

例研究的科学性，本书选取了在线短租行业的知名跨国公司爱彼迎及国内最大的在线旅游平台携程。在上一组案例组内进行复制性检验的基础上，本书深入整理分析本组两个案例的特殊性及共通性，对平台经济视域下商业舞弊行为的协同治理框架进行再一次检验，并在此基础上归纳出相应的协同机制和对策启示。

（一）协同治理实践的复制检验

上文分别对携程和爱彼迎的商业舞弊治理实践进行分析，将其对比后，可以发现，虽然携程和爱彼迎在主营业务、面临的主要平台商业舞弊行为的表现形式等方面存在一定的差异，但是却在治理实践中呈现出路径方面的相似性。依据上文的个案分析结果，结合共同特性（见表 9-15），可以清晰地看到携程和爱彼迎两家平台企业在商业舞弊行为治理实践中主体协同和路径协同治理的可复制性。

首先，平台企业、政府、平台商家和消费者、社会公众以及相关联的互联网企业等不同主体在治理平台经济视域下商业舞弊行为的过程中都采取了主体协同治理举措，使得各个协同主体连接为一个治理商业舞弊的庞大网络。具体而言，在两大平台企业主导下治理商业舞弊行为的过程中，平台企业积极制定相关措施进行自治，同时快速响应政府政策和社会公众期望与其他相关企业进行数据和资源共享，从而实现共同治理，维护平台经济视域下的市场稳定。除此之外，携程和爱彼迎还分别在自有平台上呼吁社会公众（如消费者）的积极参与，并在治理过程中得到社会公众的帮助，形成自律的良好社会风气。

其次，通过对携程和爱彼迎平台的治理实践研究发现，两者在治理过程中都采取了制度、组织、技术、文化等治理路径，并通过不同路径协同思路，形成广泛的路径协同治理网络。携程的治理是在主动制定平台规则政策的前提下，积极参与行业内相关企业成立的组织联盟，有效对接行业内前沿技术并将其应用于自身平台反舞弊建设之中，还在平台团队员工和平台用户之间营造相应的反舞弊氛围。总结来看，携程主要协同制度、组织、技术、文化四条路径对舞弊行为进行有效治理。而对爱彼迎的资料内容分析中，可以发现爱彼迎平台的治理过程中也均有涉及制度、组织、技术、文化的治理实践。因此，携程和爱彼迎这两家公司对商业舞弊行为的治理举措均涵盖了制度、组织、技术、文化等不同方面，实现了对于路径协同这一治理举措的复制检验。

（二）协同治理机制的归纳总结

对于平台企业主导的协同治理机制，本书从携程和爱彼迎的治理实践和分析中归纳出了"战略协同—动因协同—职能协同—发展协同"的协同机制（见表9-15）。

案例分析表明：携程通过"诉求协同—信息协同—进化协同"的主体协同机制，充分体现了各协同主体在相互了解各自的战略目标、发展方向等信息的基础上，不断发展协同主体网络，最终使其实现进化和壮大的主体协同目标，而爱彼迎在治理商业舞弊行为过程中，同样看重各协同主体在治理商业舞弊的战略目标的实现和一致性，最终达到各主体之间愿景的共享，使得各主体之间的协同网络更为稳定和长久，携程和爱彼迎就主体协同这一问题上都体现了"战略协同"。在"战略协同"的基础上，携程和爱彼迎在信息资源共享的背景下甄别出商业舞弊行为的表现形式、严重程度以及产生原因，并各自主导开展协同治理商业舞弊行为的具体措施，同时，以治理商业舞弊行为为各主体带来的利益作为激励因素，驱动各主体积极配合和开展协同治理,以上都体现了"动因协同"。虽然平台等多个主体的目标都是治理舞弊现象,但是政府、平台、社会大众在职责和能力的分配上有很大的差距,携程和爱彼迎的协同治理中均体现了"职能协同",如政府相关部门在舞弊中可能更多地提供顶层设计方面的制度、法律法规的支持,而平台则在创新使用反舞弊技术这一任务上负有更多的责任。具体来说,在舞弊治理的过程中,要力求让专业的人做专业的事,厘清各个主体的不同职能,针对主体自有的治理优势和特定的舞弊行为分配不同的任务,实现治理路径的有效内外联通和均衡协调,提高舞弊治理能力。最后,现有的舞弊现象不是一成不变的,随着新型平台的不断增加及现有平台经营范围的拓展,舞弊的形式及手段等会发展得更具隐蔽性和危害性,为了更好地预防和治理舞弊行为,携程和爱彼迎在主体协同的基础上,分别遵循动态创新和防治并行的思路,提出要不断推进制度、组织、技术、文化路径不断创新发展,提高监控预防舞弊的能力,增加舞弊治理的成效,即为"发展协同"。

表 9-15 案例组内比较——携程和爱彼迎在治理实践中的共同特性

治理实践+ 协同机制	携程旅行平台 (典型现实引证和说明)	爱彼迎在线短租平台 (典型现实引证和说明)
实践一: 主体协同	政府+平台:与政府合作,从技术上预测提前甄别舞弊行为,有效预防舞弊行为的发生;携程可通过用户/权利人的投诉、举报、起诉、行政监管机关的检查或平台检查等途径发现商家的违规行为;携程集团与联合国开发计划署、中国国际经济技术交流中心、中国旅游研究院联合宣布,将共同实施"安全旅行·负责任的旅行"项目 平台+用户:携程在官网上推出"携程安全应急响应中心(CSRC)",让携程外部人员向携程反馈携程旅行网的安全漏洞;携程机票部门对外宣布,已再次全面升级"拒签全退"服务;携程推出"全球旅行SOS"服务,不仅提供翻译帮助、医疗指引、失物招领等服务,还能在自然灾害和恐怖袭击等紧急情况下为旅客提供及时援助	政府+平台:爱彼迎与成都市政府签署战略合作意向;爱彼迎在北京与国家信息中心签署战略合作备忘录,这一系列与政府合作的项目旨在共同推进与爱彼迎一样的住宿分享领域相关问题的研究。平台+用户:平台会在社区中心主页显示热门话题。用户也可以跟进具体的话题,一旦有内容发布用户就会获得更新

第九章　平台视角下商业舞弊行为的协同治理策略　　327

续表

治理实践+ 协同机制	携程旅行平台 （典型现实引证和说明）	爱彼迎在线短租平台 （典型现实引证和说明）
实践二： 路径协同	制度+技术：携程与国际支付巨头 MasterCard 在商旅客群及网络资源、支付技术平台等达成合作，与全球网络及支付技术成熟的万事达卡，能够提供跨境支付、网关支付等技术解决方案，有效解决携程出现的支付漏洞问题。组织+文化：携程参与中国旅行协会、世界旅游联盟等行业内组织机构的一些活动，并将一些旅游行业的创新性理念内化至公司内部每个员工心里	组织+技术+文化：爱彼迎通过加入世界旅游联盟，共同探讨在线短租平台的发展问题，携手推动短租行业标准提升和规范发展。爱彼迎平台以组织为载体，协同多个组织共同探讨行业内舞弊行为的治理问题，形成具有强大控制力的组织体系
机制一： 战略协同	一方面，携程主导下各个协同主体在治理商业舞弊行为上有着相似导向的战略目标，并承担相应的责任。另一方面，在路径协同中，携程所采取的制度、组织、技术和文化等治理路径都是围绕同一战略目标开展实施的	爱彼迎在成立之初就以建设一个包容的世界为己任，承诺将包容与尊重作为平台的两项基本原则，让来自不同背景的人们不论离家多远都能感受到欢迎和尊重，由于对企业文化理念及使命的准确定向，共同助力平台降低舞弊行为发生的概率
机制二： 动因协同	携程主导下对平台经济视域下商业舞弊行为的治理实践利用互联网的高效与庞大数据创新治理措施——在平台用户中开展平台漏洞搜集并更正漏洞确保用户安全。同时，面对自然灾害等不确定因素，与政府部门、医疗机构等开启"SOS"紧急救助服务	爱彼迎面对商业舞弊行为以平台用户根本利益为导向，针对不同类型、性质和舞弊严重程度的舞弊行为采取不同的制度和措施，再以治理目标为着眼点，协同适合的治理路径，从根本上解决平台上商业舞弊行为，满足平台用户需求，达到因果平衡
机制三： 职能协同	在平台经济视域下，携程治理商业舞弊行为主要采用合作模式，将制度、组织、技术以及文化相互结合于平台企业其他互联网企业、平台商家、政府、社会明确各自职能并将各职能协同起来，开展共同治理：携程制定平台管理规则和制度与政府机构的正式制度交相呼应；与其他相关企业开展互联网信息安全保护；与政府、相关企业、社会在社会责任上达成一致，无形中形成文化体系	爱彼迎与政府、平台用户以及社会主体协同过程中，明确各自目标，再以目标为导向实施具体的措施来治理商业舞弊行为。在治理过程中，又充分利用各主体的治理手段、治理职能，采用不同路径融合，全面并彻底开展商业舞弊行为遏止行动，同时，实现各主体的治理目标
机制四： 发展协同	携程在治理平台经济视域下商业舞弊行为的过程中，不断地扩大主体协同网络，不仅仅局限于平台企业和社会，还结合平台商家和相关其他企业共同遏止商业舞弊行为。例如，与平台商家共同制定竞争规则，联合平安好房、猎聘、艺龙、中国南方航空、网宿科技、网易、去哪儿网、京东、挖财、爱奇艺、唯品会、联想等建立"携程云安全"	爱彼迎在治理商业舞弊行为过程中，坚持将"建立一个包容的世界"的愿景与各主体共享，并在协同过程中开展良性互动，逐渐发展治理商业舞弊行为的路径，协同方式和协同主体，壮大商业舞弊治理力量

第五节　多案例对比分析

在进行了每组个案的组内对比分析之后，还需要对两组案例进行组间跨案例对比研究。在两组案例的对比研究过程中，本节主要对平台经济视域下商业舞弊行为的治理框架以及协同机制进行再一次检验，以论证所提出的治理框架和协同机制的正确性和科学性。

一　协同治理实践的复制检验

基于上文分别对腾讯、阿里巴巴集团（第一组）和携程、爱彼迎（第二组）等互联网服务平台的商业舞弊治理案例的个案分析和组内对比分析，本书对第一组和第二组案例再一次进行组间跨案例对比分析。根据组间跨案例对比分析，研究结果发现，虽然面对平台经济视域下商业舞弊行为的表现形式以及治理实践各不相同，但是两组案例在治理框架方面呈现相似性，即两组案例在治理平台经济视域下商业舞弊行为过程中，均采用主体协同和路径协同的治理框架。由此可见，平台经济视域下商业舞弊行为的治理框架具有可复制性。

首先，两组案例企业的治理实践和分析都发现：平台企业、政府、其他相关企业以及社会公众等不同主体在应对平台经济视域下商业舞弊行为的治理过程中都积极参与和合作，即体现了"主体协同"。具体来说，第一组案例中的腾讯和阿里巴巴在治理平台经济视域下的商业舞弊过程中，不仅通过自身平台自治，同时配合政府部门打击和处罚舞弊者，除此之外，还协同其他企业和社会大众成立反舞弊组织，并积极采取相应治理措施。第二组案例中的携程和爱彼迎作为国内国际旅游服务平台的代表，在治理平台经济视域下的商业舞弊过程中，同样通过平台制定相应规则和制度对舞弊行为开展自治和防范，并联合政府相关部门利用法律手段监督舞弊行为，此外，还联合其他互联网公司和用户形成网络舞弊督查机制。综上，两组案例在治理实践中所涉及的主体都包括了平台企业、政府和社会，并且在所实施的治理实践中都是以平台自治、政府法制、社会共治为主线来开展治理工作。

其次，两组案例企业的商业舞弊治理实践和分析都发现：腾讯、阿里巴巴、携程和爱彼迎在治理平台经济视域下商业舞弊行为过程中都使用了制度、组织、技术、文化等不同路径协同融合的治理举措，即体现了"路径协同"。在两组的案例分析中，每一个案例均重复采用制度、组织、技术、文化层面的路径治理措施，以制度治理为依据、以组织治理为载体、以技术治理为手段、以文化治理为保障来开展一系列商业舞弊行为的治理措施。具体来说，腾讯、阿里巴巴、携程和爱彼迎公司在治理舞弊行为的过程中都采用了完善平台内部规章制度、整合平台组织及外部相关组织资源，不断更新技术监管与治理手段、舞弊治理理念等路径，最终通过有效的路径协同提升舞弊治理效果。

二 协同治理机制的复制检验

第一组案例选取腾讯和阿里巴巴，分别是国内社交和交易平台的标杆企业，第二组案例中选取国内和国际旅游行业中的代表性企业携程和爱彼迎。本书首先对第一组案例中腾讯及阿里巴巴在商业舞弊行为治理中的主体及路径协同机制进行归纳，总结二者的相同点，进一步得出"目标协同—供需协同—横向协同—纵向协同"的协同机制。其后，在不考虑第一组案例的基础上，单独对第二组案例的协同机制进行归纳分析得出"战略协同—动因协同—职能协同—发展协同"的协同机制。通过组间跨案例分析，可以看到第二组案例对比分析中得出的结论与第一组案例对比分析中归纳的协同机制的拟合性程度很高，具有高度可复制性。

首先，第一组案例归纳得出的"目标协同"与第二组案例归纳得出的"战略协同"在本质上是相似和统一的，二者都强调了各主体在协同过程中治理导向以及治理结果要达到一致，即各主体之间需要在协调多方利益的基础上，共同确立明确统一的舞弊治理总目标，确保舞弊治理的方向一致性。由此，即使在不同的舞弊治理阶段，平台企业也能根据舞弊治理总目标，不断优化舞弊治理方案，以提高舞弊治理成效。

其次，第一组案例强调"供需协同"，即将需要治理的舞弊行为和各主体能够提供的治理路径和手段协同起来，从治理需求出发根本解决平台经济视域下商业舞弊行为；而第二组案例则着眼于"动因协同"，也就是将各协同主体治理商业舞弊的动力以及商业舞弊行为产生的原因与各主体所能提供的治理手段和路径协同起来,从产生舞弊的原因出发,对商业舞弊展开有效治理。由此可见,"供需协同"与"动因协同"具有很大的可复制性。

再次,从本质上讲第一组案例归纳出的"横向协同"与第二组案例归纳出的"职能协同"具有一致性。横向协同是指腾讯、阿里巴巴在和政府或者其他主体之间协同中都会在制度、组织、技术和文化等路径方面实现共同认同并开展平台经济视域下商业舞弊行为治理措施;职能协同则是指携程、爱彼迎主导下治理商业舞弊行为进行主体和路径协同中,各协同主体的职能相互配合,相互补充开展治理行动。

最后,第一组案例归纳出的"纵向协同"和第二组归纳出的"发展协同"在一定程度上也具有相似性。纵向协同侧重于商业舞弊行为形成过程,不同舞弊程度采用不同的治理方式和手段;发展协同注重于商业舞弊行为发展过程,随着科技的发展商业舞弊行为也会呈现出"创新性",因此,平台经济视域下商业舞弊行为的治理路径和协同主体网络也需要不断创新,以有效遏止商业舞弊行为多样性发展。

本章小结

在逻辑上,本章是继第八章之后再次从平台型企业(即平台提供者)的视角对本书所提出的平台经济视域下商业舞弊行为的协同治理框架进行了实证检验。具体来说,基于平台型企业的主导视角,本章选取腾讯、阿里巴巴、携程和爱彼迎作为案例研究对象,采用多案例分析的方法进行实证研究。在案例选取方面,本章兼顾了典型性、多样性、信息可得性等原则,其中,腾讯和阿里巴巴代表了当前国内相对较为成熟的平台企业,且均专注于提供电商平台服务,而携程和爱彼迎则属于国内和国际层面中还在扩大发展的代表性旅游服务平台。通过对腾讯、阿里巴巴、携程和爱彼迎的个案分析、组内和组间案例对比分析,本章对第七章提出的协同治理框架进行了多案例的复制验证。在验证协同治理框架的基础上,本章还对"主体如何协同"和"路径如何协同"这两个问题进行了协同机制层面的深入探索,针对每一个案例绘制了主体协同和路径协同网络图,然后找寻共通点，从案例分析中对协同机理进行归纳总结和复制检验，提出和验证了"目标协同—供需协同—横向协同—纵向协同"这一协同机制，具化和丰富了前文提出的协同治理思路。此外，本章还依据每一个案例分析提出适当的主体协同和路径协同的对策启示以供实践参考。

第十章　平台经济视域下商业舞弊行为的研究总结

本书以"平台经济视域下商业舞弊行为的协同治理"为命题，重在剖析平台经济视域下商业舞弊行为的表现、特征、成因以及相应的协同治理框架和治理实践。首先，本书对平台经济视域下的商业舞弊行为的相关文献进行回顾和评述，厘清了与平台经济和商业舞弊有关的研究现状、研究趋势。其次，应用理论推演、案例研究和实证分析等研究方法，本书从平台提供者视角、平台的供应方用户视角和平台的需求方用户视角分别探讨了平台视域下商业舞弊行为为什么会形成和扩散，以此对平台经济视域下商业舞弊行为的成因进行归纳和论证。随后，在表现和成因分析基础之上，通过对我国平台商业系统各阶段的发展和舞弊行为治理实践以及国内外学者对协同治理理论研究的梳理，本书构建了包含舞弊成因、治理方向、策略和路径的"4W—4S—2C—4G"治理模型。最后，本书分别从政府视角和平台提供者视角进行多案例研究，对主体协同和路径协同的治理框架进行了验证，同时从治理实践逆向归纳了协同机制，进一步深化了本书提出的治理模型。本章通过回顾前面的研究内容，得出平台经济视域下商业舞弊行为的协同治理研究的相应结论和对策启示，并对今后研究提出展望。

第一节　研究结论

一　对平台经济视域下商业舞弊行为的现象剖析的研究

对平台经济视域下的商业舞弊行为进行现象剖析是本书的第一部分内容，属于基础性研究，主要是对相关的数据材料进行内容分析，以此得出平台经济视域下商业舞弊行为的表现类型和表现特征，重在解答平台经济视域下商业舞弊行为"是什么"的问题，其研究结论如下。

研究结论一：在商业舞弊行为的分析语境中，互联网平台可以按照合作关系紧密程度的标准划分为交易工具型平台和价值共创型平台。其中，交易工具型平台是指该类平台的工具性质更突出，平台提供者主要起到为平台供应方用户和平台需求方用户提供开辟市场、联通买卖双方的作用；价值共创型平台是指该类平台的合作性质更突出，平台提供者或者与平台供应方用户，或者与平台需求方用户，建立紧密的合作共赢关系。

研究结论二：交易工具型平台视域下的商业舞弊行为类型主要包括恶性竞争、虚假交易、数据泄漏、预谋破产、信用舞弊、技术作弊、知假买假、刷单行为、好评返现、职业差评等；价值共创型平台视域下的商业舞弊行为类型主要包括流量舞弊、产权作弊、虚假宣传、数据威胁、恶性竞争、强签不正当协议、推广舞弊等。

研究结论三：尽管交易工具型平台和价值共创型平台上的舞弊行为的目的、手法、类型都有所不同，但不可否认的是，某类舞弊行为会交叉出现在任何一类平台上，如恶性竞争、虚假交易等行为，基于内容分析，可以将平台经济下商业舞弊行为的特征总结归纳为：隐蔽性、复杂性、圈层性。以上对平台经济视域下商业舞弊行为的现象剖析结论揭示了要明晰平台经济视域下商业舞弊行为的成因，有必要依据舞弊行为的主体分别从平台提供者、平台供应方用户和平台需求方用户的视角展开研究。

二 对平台经济视域下商业舞弊行为的成因分析的研究

对平台经济视域下的商业舞弊行为进行成因分析是本书的第二部分内容，属于实证性研究。这部分内容主要是从平台提供者、平台供应方用户和平台需求方用户的视角出发，分别采用案例分析、博弈模型、定量分析等研究方法来揭开平台经济视域下商业舞弊行为的形成过程"黑箱"，重在解答"为什么"会产生舞弊的问题，其研究结论如下。

研究结论一：平台提供者视角下，内部博弈和外部影响双轮驱动滋生了平台提供者的商业舞弊行为。具体来说，从平台提供者内部视角来看，在平台发展初期，"市场占有"的舞弊利益高于"低惩罚成本和低声誉成本"，平台提供者倾向于实施商业舞弊行为；在平台成长期，"利润目标"

的舞弊利益获得高于"较高惩罚成本和较高声誉成本",平台提供者倾向于实施商业舞弊行为;在平台成熟期,"竞争领先"的舞弊利益高于"高惩罚成本和高声誉成本",平台提供者倾向于实施商业舞弊行为。从平台提供者外部视角来看,技术弱监管、制度弱监管所对应的低舞弊成本,会促使平台提供者倾向于实施商业舞弊行为,此外,不良的社会文化氛围也会诱发其实施商业舞弊行为。

研究结论二:平台供应方用户视角下,互联网平台对企业的生命周期历程带来的新挑战构成了平台供应方(即商家)生存和发展的现实困境,容易诱发供应方用户选择舞弊,基于此,个体视角下,平台供应方用户的道德水平和价值观等会通过影响其高利益驱动从而影响商业舞弊行为,而互动视角下,平台供应方和需求方(即消费者)彼此之间的信息不对称显著,处于"代理人"角色的供应方用户为持续获得高利益有更大的动机对处于"委托人"角色的需求方用户实施舞弊;随后,身处互联网平台经济所构成的平台网络中,商业舞弊行为因为更多的供应方用户之间的社会传染、观察学习和互惠互利等互动行为而发生横向扩散,也因为供应方用户在平台方和需求方用户之间的信息沟通上占据了更多的"桥"和"结构洞"的位置而出现纵向扩散;最终,针对商业舞弊,政府和平台提供者对供应方用户和需求方用户在监管方面的高成本和弱惩罚使得平台经济视域下的商业舞弊行为易滋生、难治理。

研究结论三:平台需求方用户视角下,商业舞弊行为意图与商业舞弊机会大小有密切关系,且商业舞弊行为意图的形成主要是利益驱动的。具体来说,当消费者感知到的舞弊机会大时,消费者舞弊的信心增加,倾向于认为有足够大的可能性实现预期结果,从而其舞弊行为意图更显著,同时,当舞弊风险小时,消费者倾向于认为舞弊被发现的可能性较小,或即使舞弊行为被发现后消费者受到的惩罚明显小于在舞弊中获得的利益,就最终结果而言,消费者还是会在舞弊中获得利益,所以,在上述情况下,消费者的舞弊行为意图仍会明显增强;社会网络的传播在消费者舞弊行为扩散中起重要作用,一方面,消费者会因为周边社会网络的舞弊行为而对该行为的接受能力增强,从而其自身舞弊行为意图越显著,另一方面,消费者自身的舞弊行为意图也会通过社会网络关系影响周围人的行为意图,从而使得舞弊行为意图在社会网络中得以扩散。以上对平台经济视域下的商业舞弊行为的成因分析结论揭示了影响舞弊行为的"弱发现、弱惩罚、弱协同、弱自律"的四因素,为下一步的协同治理研究奠定基础。

三 对平台经济视域下商业舞弊行为的协同治理的研究

对平台经济视域下的商业舞弊行为的协同治理分析是本书的第三部分内容,属于应用性研究,主要是在清晰掌握平台经济视域下商业舞弊行为的主要类型、基本特征和多样成因的基础上,结合理论推演和多案例分析的研究方法有针对性地、系统性地构建商业舞弊行为的治理框架,并且提出可操作化对策,重在解答面对平台经济视域下的商业舞弊行为应该"怎么做"的问题,其研究结论如下所示。

研究结论一:基于前期的基础性研究和实证性研究,本书构建了"4W—4S—2C—4G"的治理模型,在该模型中,四弱(4W)是舞弊行为成因,即弱发现、弱惩罚、弱协同、弱自律,相对应地,为解决四弱,就需对症下药,并提出四强(4S),即强发现、强惩罚、强协同、强自律,这是舞弊行为的治理方向,而四强(4S)的落地则离不开主体协同和路径协同这两条核心治理策略(2C)以及制度、组织、文化和技术这四种治理手段组合(4G)。所以,平台经济视域下的商业舞弊行为的治理框架应该遵循协同理念,联合政府主体、平台提供者主体和社会主体(行业协会、媒体、大众等),落实制度治理、组织治理、技术治理和文化治理。

研究结论二:在双协同治理框架下,基于政府主导视角的平台经济视域下的商业舞弊行为的协同治理机制为"资源整合—利益整合—信息整合—动态优化",资源整合是舞弊治理协同机制构建的切入点,利益整合是多方主体主动治理的中心点,信息整合是政府实现舞弊信息共享的着力点,动态优化是政府促进路径协同的支撑点。

研究结论三:在双协同治理框架下,基于平台提供者主导视角的平台经济视域下的商业舞弊行为的协同治理机制为"目标协同—供需协同—横向协同—纵向协同",目标协同强调各主体在协同治理过程中的战略导向和战略目标保持一致,供需协同强调从舞弊成因和治理需求出发将需要治理的舞弊行为和各治理主体能够提供的路径手段进行协同,横向协同强调多元主体在治理实践中的职能相互配合、相互补充,纵向协同强调要遵循事物的动态发展规律在不同的舞弊行为治理阶段搭配适合的路径手段。

第二节 研究启示

本书通过对以往文献进行梳理总结了以往研究的不足，结合理论推演、案例研究和实证研究等研究方法提出和验证了平台经济视域下商业舞弊行为的成因在于弱发现、弱惩罚、弱协同和弱自律，而为了实现强发现、强惩罚、强协同和强自律以对舞弊行为进行治理，政府和平台提供者作为主导者应该运用制度、组织、文化和技术的治理手段实施"主体协同"和"路径协同"的协同治理模式。基于以上探索，本书得出以下启示。

一 提升平台经济视域下商业舞弊行为治理意识

平台经济的兴起不仅为社会带来了更快的发展，同时也衍生了一些问题，如平台经济视域下商业舞弊行为的滋生。只有正视平台经济发展中的问题、积极寻求平台治理办法，才能真正促进就业和财富积累，实现社会进步。平台经济中的政府、平台企业、平台供应方用户、平台需求方用户、其他支撑用户等要素主体在制定自身的发展战略时需要十分强大的动力为践行平台治理责任作支撑。

（一）重新认识平台经济视域下商业舞弊的内涵和特征

随着互联网技术的发展和互联网平台经济的兴起，商业舞弊行为突破了传统的内部舞弊和财会舞弊的范畴，已经更多地表现为平台各要素主体（平台提供者、供应方用户、需求方用户等）之间的群体舞弊或者联合舞弊，在内涵和特征方面都在传统舞弊理论的基础上发生演变，亟须在理论层面和实践层面对平台经济视域下的商业舞弊行为进行重新认识。首先，平台经济视域下的商业舞弊的内涵已经延伸为"平台构成主体中的一个或多个利用欺骗性的手段来获取不正当或非法的经济利益或故意误导信息使用者对企业信息或产品信息等的判断的行为"。因此，平台经济视域下的商业舞弊类型包括但不限于虚假交易、恶性竞争、预谋破产、数据泄漏、虚假宣产、技术作弊、不正当协议、职业差评、刷单等，所涉主体和客体涵盖了平台各要素主体，后果影响更为广泛。其次，平台经济视域下的商业舞弊行为的表现也随着平台中各要素主体间的合作密切程度不同而出现差异,这更需要我们更新对传统舞弊的认识,从新的平台视角来看待舞弊行为以对其进行更好的治理。具体来说,交易工具型平台中,平台提供者与供需双方联系程度没有偏差。平台提供者的舞弊行为主要是利用自己广大的受众群体和供应商群体,凭借平台信息不对称或技术壁垒等竞争优势实施舞弊,舞弊对象可能是平台需求方用户也可能是平台供应方用户。价值共创型平台中,平台提供者对平台供需用户双方之中的一方有明显的合作倾向性,即价值共创型平台可以划分为供给型共创平台和需求型共创平台。需求型共创平台上的舞弊行为的目的大多是吸引受众、扩大市场,联合舞弊行为多发生在平台与供应方或是平台与平台之间,舞弊行为主要针对需求方。而供给型共创平台往往对特定的社会资源进行整合,在平台成立之初就抓住市场空缺,并且凭借其独特的供应链或产品获得大量用户,基于这类平台自身特点,其舞弊行为主要针对供应方,且多与需求方和其他平台之间联合进行。最后,平台经济视域下的商业舞弊行为的特征为隐蔽性、复杂性、圈层性。其中,隐蔽性包括过程的隐蔽性和结果的隐蔽性;复杂性表现为舞弊成因的复杂性、舞弊行为类型、舞弊合作对象、舞弊行为涉及平台企业经营管理领域的复杂性;圈层性表现为主体的圈层性和舞弊行为利益波及范围的圈层性。

(二) 以商业舞弊行为治理助推平台经济的可持续发展

平台经济视域下的商业舞弊行为以欺骗性或者不正当的手段直接损害了所涉平台要素主体的利益,对其治理在本质上是对平台型企业和一般企业(商家)在履行其社会责任中的最基本要求,而企业社会责任又是一个企业实现可持续发展的客观要求,因此,商业舞弊行为治理可以助推平台经济的可持续发展。传统型企业社会责任包括企业对经济责任、法律责任、伦理责任和慈善责任的履行,然而,平台经济视域下,平台型企业社会责任的逻辑起点已经由企业关注其组织的个体行为对社会的影响演化为平台型企业对社会的影响以及其他主体在平台上的履责耦合效应的综合。平台化履责在内涵上既包括作为单一组织个体的平台型企业以自身为中心向周围各利益相关者履行的社会责任绩效,还包括作为对其他各类企业和组织的社会责任管理者的平台型企业在促进其双边市场用户相互分工与协作而创造的耦合性社会责任绩效。所以,平台经济视域下,平台提供者

(即平台企业）要主动和积极承担起对平台经济视域下的商业舞弊行为治理的主导作用，协调和监督其他平台参与者，真正实现平台舞弊治理的有益闭环，有效克服平台经济引发的消极影响，为我国的平台经济带来持续竞争优势。

二 运用类别思维区分商业舞弊行为治理的客体

对平台经济视域下的商业舞弊行为进行协同治理需要明确其行为的内涵和成因，从第三章、第四章、第五章和第六章的研究中可以清晰地看到平台提供者（即平台企业）、平台供应方用户和平台需求方用户均可能是平台舞弊行为的主导者，且每一类平台要素主体舞弊的成因和特征虽然有一定的共同性，但也存在各自的独特性。因此，平台经济视域下的商业舞弊行为的协同治理需做到有的放矢，运用类别思维区分不同的治理客体，精准把握治理问题和方向，从而使得治理价值和效果达到最大化。

（一）聚焦文化、技术和战略管理等，针对平台提供者舞弊进行治理

针对虚假宣传、技术作弊、恶性竞争、强制签订不正当协议等主要由平台提供者（即平台企业）主导的商业舞弊行为治理，需要从组织内、外两个视角出发，聚焦在文化建设、技术管理以及企业战略管理三个方面精准发力。第一，在平台舞弊治理中发挥主导作用既是平台企业被赋予的合同权力，也是平台型企业社会责任内涵的必然要求，所以平台企业需要在组织文化建设方面宣传和践行平台型企业社会责任的理念，将各类异质企业的混合行为的耦合效应视为组织发展的内在要求，使平台企业中的每一个员工都意识到自身行为会对平台运营以及平台上各要素主体产生影响，进而使其约束自身行为、提升道德素养。第二，平台经济是双边市场依托于网络技术演化而形成的一种经济形态，其平台载体是在互联网技术创新推动下形成的一个为供需用户双方提供信息交流等服务的网络虚拟平台，可见，互联网信息技术是保障平台经济健康发展的硬件基础，因此，为了杜绝平台经济视域下的商业舞弊行为，需要平台企业在信息技术管理方面做到管理自觉，通过增强技术应用中的道德素养和减少平台运营中的技术漏洞来治理因平台提供者层面主导而出现的舞弊行为。第三，平台经济视域下，平台企业不仅仅是个体组织，兼任市场经营者与市场管理者已

经成为平台企业的新角色和新定位,因此,在战略管理方面,平台企业应该与平台其他要素主体展开合作、与其他平台企业进行战略性竞争,以此杜绝平台企业与其他主体合谋舞弊的可能。一方面,平台企业需运用"准员工"思维,对平台各要素主体设置准入门槛,接收与平台企业发展理念一致的用户,创新平台与平台入驻者的责任承担方式,为平台治理和健康发展积蓄正能量用户资源基础,此外,还要发挥平台企业的协调者作用,整合平台中的供应方和需求方两大主要用户群体资源,通过监督、沟通、激励、补偿等反馈机制完成对平台运营流程制度的改造和修订,实现平台用户的评价倒逼,使平台型企业社会责任理念融合到双边市场的日常运营全过程中。另一方面,平台企业需对自身进行更为准确的战略定位分析,在获取企业短期利益和保障企业长期可持续发展的双重要求下,选择合适的竞争战略。

(二) 聚焦自律作用和奖惩作用发挥,针对平台供应方舞弊进行治理

针对产权舞弊、流量舞弊、虚假交易、刷单、好评返现等由平台供应方(即商家)主导而产生的商业舞弊行为的治理,需要从内部自律和外部制约两重约束出发,着重聚焦于来自供应方的自律作用和来自平台方的奖惩作用的发挥。一方面,履行企业社会责任是平台各类主体生存和发展的必然要求,尤其对于平台中的供应方用户(如商家)来说,市场中的"隐形的手"会淘汰失责用户、培育履责用户,以完成对市场的优化和调节,所以,平台供应方用户更应该发挥自身的自律作用,主动和积极履行平台型企业社会责任。面对政府和社会,需履行其法律责任和伦理责任,遵守法律法规的要求、符合社会道德的规则和标准,以增强其社会归属感、提升其道德自主性。面对平台企业和消费者,需履行其经济责任和慈善责任,既要加强与平台企业之间的健康合作关系,促进双方的共同发展,又要考虑满足消费者幸福并谋求社会利益,与消费者的价值之间实现相互增益,提倡消费者至上主义、环境保护主义,提倡消费者知晓信息的权利和自我保护的权利等,主动满足受众的共同期望。另一方面,在经济人视角下,高利益驱动促使平台供应方用户选择舞弊,为从动机源头打消其舞弊意图,平台和政府治理主体需要加强奖惩机制建设,在机制内容和机制执行方面发力。奖惩机制内容层面,平台不仅要监管常见的、技术含

量不高的、隐蔽性低的舞弊行为，也要及时监测和发现新型的、技术含量较高、隐蔽性高的舞弊行为；平台不仅要制定惩处制度还应设定奖励制度，分别对舞弊商家和不舞弊商家进行处罚和奖励。奖惩机制执行层面，一是平台需要主动、积极加大监管力度，让奖惩真正落地，二是政府需要适当对负责任的平台企业进行弹性奖励以督促加强平台企业在舞弊治理机制方面的执行力度。

（三）聚焦信息公开和社会网络建设，针对平台需求方舞弊进行治理

对于刷单、职业差评等平台需求方（即消费者）参与的舞弊行为来说，其行为本质是机会主义行为。消费者的利益驱动是其舞弊的主要形成动机、消费者所处的社会网络的传播是该类舞弊行为扩散的主要原因，所以，针对平台需求方的舞弊行为治理需要聚焦于平台信息公开和社会网络建设，力求减少机会主义行为和建立正能量社会网络，使平台经济更加健康。第一，不道德行为是由利益驱动所产生的，消费者对于利益的追求会催化其舞弊行为意图，因此，平台可以采用举措来帮助调整消费者的物质贪婪心理，比如，可以在交易中通过步骤设置或者信息提醒等方式激发消费者的抽象解释水平，从而使其进行长远考量、减小利益追求在决策中的权重，最终促进实现其对于规则、道德等的社会认同理念对其个体的约束作用，减小舞弊行为意图。第二，在个体的有限理性和信息不对称的情况下，机会主义行为会更容易发生，即消费者舞弊行为往往是消费者处在信息劣势下的结果，因此，要治理消费者的舞弊行为，平台运营中的信息公开应该更加真实、透明、完全，这样才能逆转消费者的信息劣势地位，将其从舞弊治理的客体角色转化为新的平台舞弊行为治理的主体角色。第三，消费者所处的社会网络会影响其对于平台型企业社会责任理念的认识和反应，因此，平台企业可以通过帮助消费者建立健康的正能量社会网络既可以减少消费者自身的失责和舞弊行为，也可以促进消费者对他人失责和舞弊行为的劝阻、举报行为等，进而才可以真正发挥消费者对于平台经济视域下的商业舞弊行为的共治作用。

三 应用协同理念联合商业舞弊行为治理的主体

互联网平台情境下的商业舞弊行为的治理主体不仅仅包括平台企业，

更是涉及政府、平台供应方用户、平台需求方用户等，传统的单一个体自治和政府治理难以适应互联网平台治理的要求。从第七章、第八章和第九章的理论研究以及案例研究中可以清晰看到协同理念下的治理模式亟须形成，平台经济的各要素主体同时也担任着平台治理主体的角色，需要更主动地联合起来对平台经济视域下的商业舞弊行为开展协同治理，最终以商业舞弊治理"组合拳"赢得和谐稳定的社会秩序。

（一）基于系统思维和全局思维，发挥政府主体整合和规制作用

平台经济视域下商业舞弊行为治理涉及主体和客体众多，涉及了互联网信息技术支撑下的各行各业，因此要想实现有效治理，需要政府主体基于系统思维和全局思维对整体治理框架进行部署整合和规制引导，以实现政府的宏观调控。

一方面，从理念出发，在行政权力高度集中的计划经济体制下，政府是资源整合的绝对主体，也是协调社会利益的中心，更是打破信息互通壁垒、实现主体价值共创的助推器。在平台经济这一较新领域下，互联网平台治理还并不完善，政府作为商业舞弊行为的领导主体，拥有"整合"的权力，也必须履行"整合社会资源"的义务来维护平台经济的可持续发展。具体来说，首先，资源整合是舞弊治理协同机制构建的切入点，政府促使完成现有的和潜在的资源之间的相互配合与协调以达到整体最优；其次，利益整合是多方主体主动式聚合治理的中心点，政府是协调各方利益主体矛盾、形成治理合力的关键；再次，信息整合是逻辑化、组织化管理的有效手段，政府发挥整合作用有助于各主体综合、统一利用现有信息资源，提高数据使用率；最后，政府需要引导主体形成相同的价值认知（即舞弊的弊端、参与舞弊治理的正确行为等），通过优化配置多主体以制度治理、技术治理、文化治理、组织治理等形式发挥自身价值及服务交换，为其他主体创造价值，来保证生态系统稳定和平台经济持续健康发展。

另一方面，从制度出发，面对平台企业、平台供应方用户、平台需求方用户以及其他平台支撑者等平台经济要素主体，政府需实现"政府管理平台、平台管理用户"，发挥其规制作用，不能缺位、不能越位、而是到位。一是要聚焦于规则制定，发挥政府的宏观指引作用。政府在法律、

法规和政策上的演进需要与平台经济发展相互适应，力求在制度层面明晰治理平台视域下商业舞弊行为的要求和内涵，而在这个过程中，政府尤其需要充分利用领先平台企业的平台规则的溢出效应、积极寻求专家学者和科研机构的智力支持，在多方主体的协同下建立平台化舞弊治理的公共秩序。二是要聚焦于规则执行，发挥政府的后盾保障作用。为提高平台视域下商业舞弊行为的治理效率，政府需就监管、问责等事宜与平台达成协同，破除执行壁垒，让严厉处罚和有效惩处真正落地，让政府成为平台视域下商业舞弊行为治理的坚强后盾。

（二）基于目标导向和网络导向，发挥平台企业主体的主导作用

作为平台提供者，平台企业在平台经济中的支撑作用决定了它在平台经济视域下商业舞弊行为治理中的主导者身份，同时，平台企业的管理者角色定位和科学技术优势也成为了平台企业对商业舞弊行为的治理能力的来源，前文的研究结论揭示了发挥平台企业在治理中的主导作用需要基于目标导向和网络导向完成"主体协同"和"路径协同"的运作，进而实现有效治理。

围绕目标导向，平台企业需遵循"战略协同"和"供需协同"的机制要求联合各主体和各路径。"战略协同"强调了各主体在协同过程中的治理导向以及治理结果要达到一致，并且还必须符合各协同主体的相关利益，使其实现共同利益最大化、符合各主体的可持续发展要求。"战略协同"保证了平台企业引导其他各主体在未来规划时间内对人、资、物等资源的合理分配和有效利用，保证了平台不同要素主体间可以在平台企业的引导下确定责任划分和各自的角色认定，为治理目标的有效完成奠定了资源和组织基础。"供需协同"则要求在以下两个层面积极发挥平台企业的主导作用。首先，为保证最基本的经济责任，平台企业需要主导与公司战略更为相关的舞弊问题和各自平台下突出的舞弊行为的集中治理，满足市场中的舞弊治理需求，同时也保证了在舞弊治理措施中有轻重缓急之分。其次，治理举措可以区分为一般性和针对性。为保证治理效果，平台企业需要着重在针对性举措方面发力，将各协同主体治理商业舞弊的动力以及商业舞弊行为产生的原因与各主体所能提供的治理手段和路径协同起来，以治理商业舞弊行为为各主体带来的利益作为激励因素，驱动各主体

积极配合和开展协同治理工作。

围绕网络导向，平台企业需遵循"横向协同"和"纵向协同"的机制要求联合各主体和各路径，开展治理的实施工作。"横向协同"包括两层要求，一是平台企业需要在组织内部对制度、组织、技术和文化等路径进行舞弊治理的内化调整；二是基于平台、社会大众在职责和能力的分配上有很大的差距这一前提，平台企业需要引导各治理主体在治理过程中，力求让专业的人做专业的事，理清各个主体的不同职能，针对主体自有的治理优势分配不同的治理任务，提高舞弊治理能力。比如，政府相关部门在顶层设计方面的制度设计、法律法规支持方面可以担负更多责任，而平台企业则在创新使用反舞弊技术这一任务上可以负有更多的责任。而"纵向协同"则要求平台企业要遵循事情发展规律以及管理的系统性思维对治理问题和对象进行思考，认清现有的舞弊现象不是一成不变的，所以平台企业需要不断监控治理效果，在不同的治理阶段搭配采用更为合适的治理路径，同时还要不断推进制度、组织、技术、文化路径的创新，提高监控防治舞弊的能力，增加舞弊治理的成效。

（三）基于共治、共创、共赢理念，发挥媒体的参与和监督作用

为保障对平台的治理绩效，还需要发挥其他治理主体的积极作用，运用共治、共创、共赢理念整合平台、媒体和大众，促进媒体对平台经济视域下商业舞弊行为的协同治理的参与和监督。

首先，在治理准备阶段，媒体自身需要提高诚信、公正、履责意识，形成公平、健康、有序的媒体监督环境，为发挥媒体在平台型商业舞弊行为协同治理中的监督作用奠定基础，比如，媒体行业需调整和完善自身绩效指标，不能一味地以点击量、粉丝量衡量媒体新闻的成功与否，要注重报道质量和内容价值。其次，在预防式治理阶段，媒体应配合宣传平台型企业社会责任理念、积极推进以预防平台型商业舞弊行为为主的媒体网络的建设和发展。最后，在惩处式治理阶段，媒体既要对平台上的商业舞弊行为进行客观和如实报道，及时与平台企业、政府机构、行业协会等进行数据层面的共享，还要扩大渠道接受群众举报，构建群众和平台、政府之间高效沟通的桥梁，促进社会力量在更大范围更深层次上参与对平台经济视域下商业舞弊行为的监督共治。

第三节　研究展望

通过对平台经济视域下商业舞弊行为的成因和治理框架的研究，本书总结了平台经济视域下商业舞弊行为的类型和特征，提出和验证了"4W—4S—2C—4G"模型，回答了平台经济视域下商业舞弊行为"是什么""为什么发生"以及"如何治理"等问题，在一定程度上丰富了平台经济治理论和舞弊理论的研究。虽然取得了一定成果，但平台经济视域下商业舞弊行为的协同治理的研究还需要进一步完善，从多方面开展更全面、更系统和更深入的研究。

一　理论研究方面，平台经济视域下商业舞弊行为的协同治理研究需要更完善

国内外学者围绕舞弊（尤其是财会舞弊）行为的成因、识别、治理以及平台经济的概念、理论基础等的理论研究比较多，但在"平台经济视域下商业舞弊行为是什么？平台经济视域下商业舞弊行为为什么发生？平台经济视域下商业舞弊行为如何治理？"等一系列问题上，学者们的研究还处在起步阶段，没有形成一个普适的理论分析框架与模型来评价、分析与治理平台经济视域下的商业舞弊行为。本书针对这一系列问题做出了理论解释和模型分析，但理论上仍需要从以下几个方面进行完善。

（一）理论分析框架有待进一步完善

目前，本书中所涉及的关于平台经济视域下商业舞弊行为的相关理论基础主要有行为决策理论、一般管理理论、道德失范理论、信息不对称理论、社会网络理论、计划行为理论、动机理论、舞弊风险因子理论、协同理论等，对应涵盖了平台提供者视角、平台供应方用户视角、平台需求方用户视角下的舞弊行为的成因分析和治理分析。相对来说，平台经济视域下商业舞弊行为的理论研究较为繁杂和分散，缺乏核心的、简化的整合性理论分析框架。由于国内有关平台经济和商业舞弊行为的整合性理论研究还处在起步阶段，大部分内容来源于对国外平台经济理论和国外舞弊理论的梳理和细微补充，概念内涵和外延的不统一以

及语境上的歧义导致平台经济视域下商业舞弊行为治理的理论和实践获得新突破出现障碍。如何依据中国的经济制度、市场环境特征和企业特征，将理论与实践合理对接，从而完善平台经济视域下商业舞弊研究的理论分析框架？这就要求我们在今后的研究中，结合国内企业特征和中国国情对现有理论进行创新与完善，形成更加适合我国平台经济发展的理论分析框架。同时，理论离不开实践的反复验证，随着我国平台经济的不断发展和社会的不断进步，平台舞弊行为的治理理论框架也应不断更新、跟进与完善。

（二）理论模型构建有待进一步完善

本书通过对平台经济以及舞弊相关理论的梳理以及一定的定性、定量分析，提出了平台经济视域下商业舞弊的"4W—4S—2C—4G"分析和治理模型。从舞弊的四个成因（4W）出发，确定平台视域下舞弊治理的四个方向（4S），同时依据相关理论基础提出两条治理策略（2C）和四条治理手段（4G）。但是由于时间和资源有限，本书没有进行治理举措和治理结果的变量开发。此外，平台经济视域下的商业舞弊成因、举措和治理效果之间的关系还会受到其他变量的影响，例如平台企业董事会的因素：董事人员结构、知识结构、价值观、持股数量等因素；平台代理因素：平台和政府、股东和平台经营者、其他利益相关者间的利益权衡；此外，平台内部运行机制也应纳入考虑范围等。因此，未来需要不断扩大研究样本量，尽可能加强理论模型在变量选取和设计上的严谨性。本书是对平台经济视域下商业舞弊行为的研究模型的初步探索，未来研究可以考虑对上述变量进行层次划分、类别比较，开发可操作、可量化的结果变量等，从而更加科学、系统化地构建平台经济视域下商业舞弊行为的协同治理模型。

二 应用研究方面，平台经济视域下商业舞弊行为的协同治理研究需要更落地

平台经济视域下商业舞弊行为的协同治理的理论研究的开展是为了向政府、平台企业和平台用户等解析承担社会责任、治理平台化舞弊行为的重要性和必要性，是为解决当前平台经济视域下舞弊行为频发的问题提供破解方案。因此，平台经济视域下商业舞弊行为的协同治理研究需要有效

"落地",以便为政府、平台企业、平台供应方用户、平台需求方用户等提供切实的对策指导。

(一) 提升应用研究结论与启示的实用性和普适性

在理论演绎和实证研究的基础上,本书从弱发现、弱惩罚、弱协同和弱自律四个方面总结了平台经济视域下商业舞弊发生的原因,并提出运用主体协同和路径协同的思路朝着强发现、强惩罚、强协同和强自律的方向对其进行治理,同时从多案例分析中对其进行了验证并归纳提炼了主体和路径的协同机制。这些研究对平台企业、政府等具有一定的指导意义,但其涉及的范围较广、层面较高,这使得实践中的治理主体操作起来还有些迷茫。在未来的理论研究中,可以从更加微观、更易操作的方面进行平台经济视域下商业舞弊行为的协同治理研究,通过应用扎根理论等研究方法,加大调研力度、加深调研内容,为平台企业和政府能够提供切实有效的指导,让理论研究能够更接地气,更好地服务于平台化舞弊的治理实践,提升研究结论与启示的实用性和普适性。

(二) 针对具体平台的具体舞弊问题治理展开研究

本书中,平台视域下的商业舞弊行为被定义为"平台构成主体中的一个或多个利用欺骗性的手段来获取不正当或非法的经济利益或故意误导信息使用者对企业信息或产品信息等的判断的行为",作为平台经济视域下商业舞弊行为的协同治理研究领域的初步探索,本书将平台背景下的舞弊行为看作一个统一的行为类别来分析其成因和治理框架。然而,为了更加缩小理论和实践的差距,实现科学研究真正为社会服务的目的,未来还需要基于问题导向针对具体平台和具体舞弊问题进行纵深研究。在现状研究中,本书对不同平台模式下的舞弊行为进行了类型和特征归纳,这论证了平台经济视域下的商业舞弊行为在表现层面是变化多样的。因此,要想清楚阐述平台经济视域下商业舞弊行为的协同治理机制和过程,未来需从更多维度入手,对不同类型的舞弊行为具体分析,就具体行为分析协同治理过程中政府主体、平台企业、平台供应方用户、平台需求方用户之间的责任和关系,以此形成一系列的专题研究,这不仅仅可以使理论研究更加落地,也可以通过对实践进行横向和纵向的深度挖掘来进一步丰富现有理论。

三 实证研究方面，平台经济视域下商业舞弊行为的协同治理研究需要更全面

本书主要选取中央网信办、江苏省工商局、"3·15"晚会以及12301平台作为政府视角下的案例研究对象，同时还选取阿里巴巴集团、腾讯集团、爱彼迎公司以及携程旅行网作为平台提供者视角下的案例研究对象。由于时间和获取资源等条件限制，本书的案例选取样本不多，但是平台性质、规模以及政府地域的差异可能对平台经济视域下商业舞弊行为的协同治理的框架和机制产生影响，因此，为了进行更深入、全面、广泛的研究，今后可以从以下几个方面进行扩展研究。

（一）从单一平台研究扩展到集群平台研究

随着公众对平台治理的关注度不断提高，成熟的平台企业逐渐开始将平台治理和管理的履行视为平台企业的一项长期责任，但对于新兴的平台企业来说，这样的一种关注无形中增加了平台的发展压力，资金短缺、流量缺乏、技术受限，以及新兴平台企业对平台治理的认识不足，让大多数平台在建立健康的平台经济环境和治理商业舞弊行为方面面临着极大的困境。互联网平台企业所形成的产业集群作为一个复杂的、天然的网络集合体，集群内部平台相互学习和模仿，引导平台企业治理平台化舞弊行为往往会产生创新性成果。产业集群的集聚效应、协同效应、激烈的竞争和紧密的合作导致集群平台之间的影响更加显著。因此，从单一平台扩展到集群平台的研究是将平台经济视域下商业舞弊行为的治理主体的研究重心从有限的成熟领先平台向众多的新兴平台转变，从互联网情境下的电商平台和旅游平台等扩展到餐饮平台、打车平台、教育平台等，这会促进各发展阶段、各运营模式下、各从属行业的平台企业对于平台视域下商业舞弊行为的协同治理进行关注，并使之成为平台经济视域下商业舞弊行为的治理实践主体，这将对我国经济、社会、环境及文化做出显著贡献。

（二）从单一政府案例扩展到多个政府案例

由于时间和资源等有限，本书在对政府主导的协同治理的研究中主要调研和分析了中央网信办和江苏省工商局这两个实际政府主导下的平台舞弊行为治理的案例，案例选取数量比较少、范围不够广、可能存在片面性，没有涉及更多不同地区、不同等级、不同部门等的多政府案例研究，

这容易造成"只见树木，不见森林"的现象。同时，不同地区、不同等级、不同部门的政府在经济发展和社会发展的速度和程度上有所差异，进而可能导致其在对平台经济视域下的商业舞弊行为的协同治理方面的责任和实践也会有所差别。比如，某个地区政府在治理平台舞弊的协同机制不一定适合其他地区政府，因为不同地区的现状和政府资源配置不同会导致不同地区、不同级别的政府或者不同政府职能部门在协同治理方面的诉求和责任不一致。因此，未来需要针对这一要求针对不同地区、不同级别、不同职能进行层次划分，并选取更多政府视角的案例，进行多角度、多层次的深入研究。

（三）从正面案例扩展到负面案例研究

本书对于平台经济视域下的商业舞弊行为的协同治理的案例研究主要选取了正面视角，这主要是因为相关的资料与数据较为容易获取，成功治理平台上的商业舞弊行为对于平台企业和平台本身的口碑与品牌建设有益，他们愿意公开自己在平台治理过程的活动、理念和规划，发布相关治理报告等。相对而言，对互联网平台中出现的商业舞弊行为的治理失败案例难以追踪，平台企业更倾向于将负面行为或者治理无效隐蔽化，一般通过社会媒体或舆论报道出来的数据、资料和实际情况往往有出入。正面案例虽是验证理论最常用的方法，但容易陷入循环论证，存在一定局限性，负面案例研究是从问题出发，审视现有研究成果，逆向思考，有助于发现问题，找到新出路，创新研究成果，两者具有互补性。为了保证研究的严谨性，克服正向研究方法的缺陷，今后需结合平台经济视域下商业舞弊行为的治理无效事件进行研究，以完善平台经济视域下商业舞弊行为的协同治理理论和修正模型框架中的不合理部分，确保平台经济视域下商业舞弊行为的协同治理研究的系统化和准确性。

四 研究方法方面，平台经济视域下商业舞弊行为的协同治理研究需要更丰富

本书采用的方法主要是案例研究和实证研究方法，平台经济视域下的商业舞弊行为的协同治理是一门涉及企业管理学、公共管理学、伦理学、经济学、心理学、哲学等学科的交叉课题，今后可以多种研究方法结合运用，除了定量分析方法、定性分析方法、文献研究方法，可以考虑跨学科

研究方法、实地调查与问卷调查相结合的方法等。例如,可以运用实地调查与问卷调查相结合的方法,向政府、平台企业等治理主体了解协同治理平台视域下的商业舞弊行为的情况。此外,本次研究过程中,由于平台经济视域下商业舞弊行为的治理内涵和绩效较为复杂,其相关指标测量具有一定的难度,因此在对"4W—4S—2C—4G"治理模型的后半部分的验证过程中,以定性分析方法为主。未来研究既需要对该模型进行更为全面的考察,并在研究过程中加强规范性,扩大样本数量且样本对象不能局限于某一个特定的平台,还需要通过定性研究和定量研究对平台经济视域下的商业舞弊行为治理中的协同举措和效果进行量表开发,以提升对该议题进行定量研究的可行性。以上都可以成为平台经济视域下商业舞弊行为协同治理下一步研究的重要切入点。

附录　第六章相关的分析表格

一　淘宝刷单行为意图的分析

表 6-5　　　　　刷单行为意图下相关性分析

Pearson 相关系数	感知风险	感知机会	动机	知觉行为控制	态度	主观规范	行为意图
感知风险	1.000**	0.686**	0.285**	0.353**	0.136**	0.091	0.183**
感知机会	0.686**	1.000**	0.214**	0.388**	0.158**	0.144**	0.142**
动机	0.285**	0.214**	1.000**	0.256**	-0.187**	-0.09	0.398**
知觉行为控制	0.353**	0.388**	0.256**	1.000**	0.266**	0.208**	0.202**
态度	0.136**	0.158**	-0.187**	0.266**	1.000**	0.459**	-0.124**
主观规范	0.091	0.144**	-0.09	0.208**	0.459**	1.000**	0.071
行为意图	0.183**	0.142**	0.398**	0.202**	-0.124**	0.071	1.000**

注：* $p<0.05$，** $p<0.01$，*** $p<0.001$。

表 6-6　　　　　刷单行为意图下因子多元回归分析

变量	模型1 系数	模型1 P值	模型2 系数	模型2 P值	模型3 系数	模型3 P值	模型4 系数	模型4 P值	模型5 系数	模型5 P值	模型6 系数	模型6 P值
常数	2.019	0.000***	1.787	0.000***	1.362	0.000***	1.346	0.000***	1.549	0.000***	1.549	0.000***
态度	-0.051	0.020*	-0.082	0.001**	-0.103	0.000***						
主观规范			0.112	0.007**	0.094	0.020*						
知觉行为控制					0.116	0.000***						
动机							0.153	0.000***				
感知机会									0.051	0.008**		
感知风险											0.074	0.001**

因变量：行为意图。

注：* $p<0.05$，** $p<0.01$，*** $p<0.001$。

表 6-6-1　　　　　刷单行为意图下 F 检验和 VIF 检验

变量	模型1 F值	模型1 VIF值	模型2 F值	模型2 VIF值	模型3 F值	模型3 VIF值	模型4 F值	模型4 VIF值	模型5 F值	模型5 VIF值	模型6 F值	模型6 VIF值
常数	5.451*	—		—		—		—		—		—
态度		1	6.512**	1.267	11.318**	1.317						
主观规范				1.267		1.279						
知觉行为控制						1.087						
动机							65.703**	1				
感知机会									7.205**	1	6.164**	1.891
感知风险												1.891

因变量：行为意图。

注：* $p<0.05$，** $p<0.01$，*** $p<0.001$。

表 6-7　　　　　刷单行为意图下态度的中介效应分析

	模型1 系数	模型1 P值	模型2 系数	模型2 P值	模型3 系数	模型3 P值	模型4 系数	模型4 P值
常数	5.521	0.000***	2.019	0.000***	1.346	0.000***	1.463	0.000***
动机	−0.174	0.000***			0.153	0.000***	0.150	0.000***
态度			−0.051	0.020**			−0.021	0.305

注：* $p<0.05$，** $p<0.01$，*** $p<0.001$；模型1的因变量为态度，模型2、模型3、模型4的因变量为行为意图。

表 6-8　　　　　刷单行为意图下知觉行为控制的中介效应分析

	模型A1 系数	模型A1 P值	模型A2 系数	模型A2 P值	模型A3 系数	模型A3 P值	模型A4 系数	模型A4 P值
常数	3.958	0.000***	1.259	0.000***	1.549	0.000***	1.22	0.000***
感知机会	0.288	0.000***			0.051	0.008**	0.027	0.186
知觉行为控制			0.097	0.000***			0.083	0.003**

	模型B1 系数	模型B1 P值	模型B2 系数	模型B2 P值	模型B3 系数	模型B3 P值	模型B4 系数	模型B4 P值
常数	4.005	0.000***	1.259	0.000***	1.473	0.000***	1.171	0.000***
感知风险	0.293	0.000***			0.074	0.001**	0.051	0.022**
知觉行为控制			0.097	0.000***			0.075	0.005**

注：* $p<0.05$，** $p<0.01$，*** $p<0.001$；模型1的因变量为知觉行为控制，模型2、模型3、模型4的因变量为行为意图。

表 6-9　个人风险偏好对感知机会、感知风险的调节效应分析

	模型 A1 系数	模型 A1 P 值	模型 A2 系数	模型 A2 P 值	模型 A3 系数	模型 A3 P 值
常数	3.958	0.000 ***	3.521	0.000 ***	3.293	0.000 ***
感知机会	0.288	0.000 ***	0.276	0.000 ***	0.333	0.000 ***
风险偏好			0.128	0.007 **	0.192	0.073
感知机会×偏好					−0.016	0.504

	模型 B1 系数	模型 B1 P 值	模型 B2 系数	模型 B2 P 值	模型 B3 系数	模型 B3 P 值
常数	4.005	0.000 ***	3.551	0.000 ***	3.013	0.000 ***
感知风险	0.293	0.000 ***	0.28	0.000 ***	0.422	0.000 ***
风险偏好			0.133	0.006 **	0.278	0.009 **
感知风险×偏好					−0.038	0.129

注：* $p<0.05$，** $p<0.01$，*** $p<0.001$；因变量为知觉行为控制。

表 6-10　贪婪个性对态度、主观规范、知觉行为控制调节效度分析

	模型 A1 系数	模型 A1 P 值	模型 A2 系数	模型 A2 P 值	模型 A3 系数	模型 A3 P 值
常数	2.019	0.000 ***	1.73	0.000 ***	1.165	0.000 ***
态度	−0.051	0.020 **	−0.058	0.008 **	0.059	0.289
贪婪			0.007	0.002 **	0.204	0.001 **
态度×贪婪					0.027	0.023 **

	模型 B1 系数	模型 B1 P 值	模型 B2 系数	模型 B2 P 值	模型 B3 系数	模型 B3 P 值
常数	1.59	0.000 ***	1.333	0.000 ***	0.766	0.021 **
主观规范	0.049	0.185	0.041	0.267 **	0.214	0.026 **
贪婪			0.062	0.007 **	0.192	0.007 **
主观规范×贪婪					−0.039	0.051

	模型 C1 系数	模型 C1 P 值	模型 C2 系数	模型 C2 P 值	模型 C3 系数	模型 C3 P 值
常数	1.259	0.000 ***	1.132	0.000 ***	0.96	0.003 **
知觉行为控制	0.097	0.000 ***	0.083	0.002 **	0.120	0.069
贪婪			0.043	0.065	0.084	0.241
知觉行为控制×贪婪					−0.008	0.545

注：* $p<0.05$，** $p<0.01$，*** $p<0.001$；因变量为行为意图。

二 知假买假行为意图的分析

表 6-14　　　　　　　　　知假买假行为下相关性分析

Pearson 相关系数								
	感知风险	感知机会	动机	知觉行为控制	态度	主观规范	行为意图
感知风险	1.000**	0.698**	0.453**	0.513**	0.054	0.147**	0.349**
感知机会	0.698**	1.000**	0.358**	0.510**	0.096	0.124**	0.271**
动机	0.453**	0.358**	1.000**	0.268**	-0.254**	-0.067	0.537**
知觉行为控制	0.513**	0.510**	0.268**	1.000**	0.389**	0.414**	0.162**
态度	0.054	0.096	-0.254**	0.389**	1.000**	0.662**	-0.248**
主观规范	0.147**	0.124**	-0.067	0.414**	0.662**	1.000**	0.022
行为意图	0.276**	0.254**	0.477**	0.186**	-0.336**	0.036	0.706**

注：* $p<0.05$，** $p<0.01$，*** $p<0.001$。

表 6-15　　　　　　　　知假买假行为意图下因子多元回归分析

变量	模型1		模型2		模型3		模型4		模型5		模型6	
	系数	P值	系数	P值	系数	P值	系数	P值	系数	P值	系数	P值
常数	2.644	0.000**	2.15	0.000**	1.802	0.000**	1.321	0.000**	1.549	0.000**	1.387	0.000**
态度	-0.115	0.000**	-0.217	0.000**	-0.241	0.000**						
主观规范			0.289	0.000**	0.227	0.000**						
知觉行为控制					0.141	0.000**						
动机							0.234	0.000**				
感知机会									0.111	0.000**		
感知风险											0.153	0.000**

注：* $p<0.05$，** $p<0.01$，*** $p<0.001$；因变量：行为意图。

表 6-15-1　　　　　　知假买假行为意图下 *F* 检验和 *VIF* 检验

变量	模型1		模型2		模型3		模型4		模型5		模型6	
	F值	VIF值	F值	VIF值	F值	VIF值	F值	VIF值	F值	VIF值	F值	VIF值
常数	23.035**	—		—		—		—				
态度		1	24.596**	1.778		1.831						
主观规范				1.778	24.975**	1.874						
知觉行为控制						1.243						
动机							142.150**	1				

续表

变量	模型1 F值	模型1 VIF值	模型2 F值	模型2 VIF值	模型3 F值	模型3 VIF值	模型4 F值	模型4 VIF值	模型5 F值	模型5 VIF值	模型6 F值	模型6 VIF值
感知机会							27.780**	1	24.600**			1.949
感知风险												1.949

注：因变量：行为意图。

表6-16　知假买假行为意图下态度的中介效应分析

	模型1 系数	模型1 P值	模型2 系数	模型2 P值	模型3 系数	模型3 P值	模型4 系数	模型4 P值
常数	6.056	0.000***	2.644	0.000***	1.321	0.000***	1.658	0.000***
动机	-0.238	0.000***			0.234	0.000***	0.220	0.000***
态度			-0.115	0.000***			-0.056	0.010**

注：* $p<0.05$，** $p<0.01$，*** $p<0.001$；模型1的因变量为态度，模型2、模型3、模型4的因变量为行为意图。

表6-17　知假买假行为意图下知觉行为控制的中介效应分析

	模型A1 系数	模型A1 P值	模型A2 系数	模型A2 P值	模型A3 系数	模型A3 P值	模型A4 系数	模型A4 P值
常数	3.333	0.000***	1.587	0.000***	1.549	0.000***	1.491	0.000***
感知机会	0.380	0.000***			0.111	0.008**	0.104	0.000***
知觉行为控制			0.089	0.002**			0.017	0.596

	模型B1 系数	模型B1 P值	模型B2 系数	模型B2 P值	模型B3 系数	模型B3 P值	模型B4 系数	模型B4 P值
常数	3.339	0.000***	1.587	0.000***	1.416	0.000***	1.46	0.000***
感知风险	0.408	0.000***			0.153	0.000***	0.158	0.000***
知觉行为控制			0.089	0.002**			-0.013	0.684

注：* $p<0.05$，** $p<0.01$，*** $p<0.001$；模型1的因变量为知觉行为控制，模型2、模型3、模型4的因变量为行为意图。

表 6-18　个人风险偏好对感知机会、感知风险的调节效应分析

	模型 A1 系数	模型 A1 P值	模型 A2 系数	模型 A2 P值	模型 A3 系数	模型 A3 P值
常数	3.333	0.000 ***	2.863	0.000 ***	2.946	0.000 ***
感知机会	0.38	0.000 ***	0.37	0.000 ***	0.348	0.000 ***
风险偏好			0.134	0.004 **	0.111	0.235
感知机会×偏好					0.006	0.778

	模型 B1 系数	模型 B1 P值	模型 B2 系数	模型 B2 P值	模型 B3 系数	模型 B3 P值
常数	3.339	0.000 ***	3.048	0.000 ***	2.791	0.000 ***
感知风险	0.408	0.000 ***	0.395	0.000 ***	0.466	0.000 ***
风险偏好			0.09	0.054 **	0.161	0.102
感知风险×偏好					−0.019	0.413

注：* $p<0.05$，** $p<0.01$，*** $p<0.001$；因变量为知觉行为控制。

表 6-19　贪婪对态度、主观规范、知觉行为控制的调节效应分析

	模型 A1 系数	模型 A1 P值	模型 A2 系数	模型 A2 P值	模型 A3 系数	模型 A3 P值
常数	2.644	0.000 ***	2.283	0.000 ***	1.613	0.000 ***
态度	−0.115	0.000 ***	−0.130	0.000 ***	−0.000	1.000
贪婪			0.095	0.000 ***	0.256	0.000 ***
态度×贪婪					−0.030	0.015 **

	模型 B1 系数	模型 B1 P值	模型 B2 系数	模型 B2 P值	模型 B3 系数	模型 B3 P值
常数	1.96	0.000 ***	1.715	0.000 ***	1.84	0.000 ***
主观规范	0.019	0.681	−0.005	0.922	−0.042	0.715
贪婪			0.071	0.010 **	0.043	0.612
主观规范×贪婪					0.008	0.721

	模型 C1 系数	模型 C1 P值	模型 C2 系数	模型 C2 P值	模型 C3 系数	模型 C3 P值
常数	1.587	0.000 ***	1.451	0.000 ***	1.363	0.000 ***
知觉行为控制	0.089	0.002 **	0.071	0.021 **	0.091	0.000
贪婪			0.049	0.088	0.07	0.361
知觉行为控制×贪婪					−0.004	0.767

注：* $p<0.05$，** $p<0.01$，*** $p<0.001$；因变量为行为意图。

三 好评返现行为意图的分析

表 6-23 好评返现行为下意图下相关性分析

Pearson 相关系数	感知风险	感知机会	动机	知觉行为控制	态度	主观规范	行为意图
感知风险	1.000**	0.725**	0.323**	0.444**	0.159**	0.235**	0.247**
感知机会	0.725**	1.000**	0.278**	0.492**	0.211**	0.323**	0.250**
动机	0.323**	0.278**	1.000**	0.338**	-0.199**	0.084	0.681**
知觉行为控制	0.444**	0.492**	0.338**	1.000**	0.208**	0.247**	0.212**
态度	0.159**	0.211**	-0.199**	0.208**	1.000**	0.647**	-0.233**
主观规范	0.235**	0.323**	0.084	0.247**	0.647**	1.000**	0.153**
行为意图	0.151**	0.185**	0.532**	0.235**	-0.326**	0.098	0.877**

注：* $p<0.05$，** $p<0.01$，*** $p<0.001$。

表 6-24 好评返现行为意图下因子多元回归分析

变量	模型1 系数	模型1 P值	模型2 系数	模型2 P值	模型3 系数	模型3 P值	模型4 系数	模型4 P值	模型5 系数	模型5 P值	模型6 系数	模型6 P值
常数	2.644	0.000***	2.15	0.000***	1.802	0.000***	1.321	0.000***	1.549	0.000***	1.387	0.000***
态度	-0.115	0.000***	-0.217	0.000***	-0.241	0.000***						
主观规范			0.289	0.000***	0.227	0.000***						
知觉行为控制					0.141	0.000***						
动机							0.234	0.000***				
感知机会									0.111	0.000***		
感知风险											0.113	0.000***

注：* $p<0.05$，** $p<0.01$，*** $p<0.001$；因变量：行为意图。

表 6-24-1 好评返现行为意图下 F 检验和 VIF 检验

变量	模型1 F值	模型1 VIF值	模型2 F值	模型2 VIF值	模型3 F值	模型3 VIF值	模型4 F值	模型4 VIF值	模型5 F值	模型5 VIF值	模型6 F值	模型6 VIF值
常数	20.168**	—		—		—		—		—		—
态度		1	47.314**	1.721		1.728						
主观规范				1.721	40.094**	1.761						
知觉行为控制						1.069						

续表

变量	模型1 F值	模型1 VIF值	模型2 F值	模型2 VIF值	模型3 F值	模型3 VIF值	模型4 F值	模型4 VIF值	模型5 F值	模型5 VIF值	模型6 F值	模型6 VIF值
动机							301.972**	1				
感知机会									23.297**	1	13.465**	2.108
感知风险												2.108

注：因变量：行为意图。

表6-25　好评返现行为意图下态度的中介效应分析

	模型1 系数	模型1 P值	模型2 系数	模型2 P值	模型3 系数	模型3 P值	模型4 系数	模型4 P值
常数	4.767	0.000***	3.016	0.000***	1.41	0.000***	1.629	0.000***
动机	−0.190	0.000***			0.293	0.000***	0.284	0.000***
态度			−0.105	0.000***			−0.046	0.010**

注：* $p<0.05$，** $p<0.01$，*** $p<0.001$；模型1的因变量为态度，模型2、模型3、模型4的因变量为行为意图。

表6-26　好评返现行为意图下知觉行为控制的中介效分析

	模型A1 系数	模型A1 P值	模型A2 系数	模型A2 P值	模型A3 系数	模型A3 P值	模型A4 系数	模型A4 P值
常数	3.435	0.000***	2.006	0.000***	2.11	0.000***	1.896	0.000***
感知机会	0.402	0.000***			0.108	0.008**	0.083	0.001**
知觉行为控制			0.112	0.002**			0.062	0.048*

	模型B1 系数	模型B1 P值	模型B2 系数	模型B2 P值	模型B3 系数	模型B3 P值	模型B4 系数	模型B4 P值
常数	3.594	0.000***	2.006	0.000***	2.11	0.000***	1.867	0.000***
感知风险	0.382	0.000***			0.113	0.000***	0.087	0.001**
知觉行为控制			0.112	0.002**			−0.067	0.027*

注：* $p<0.05$，** $p<0.01$，*** $p<0.001$；模型1的因变量为知觉行为控制，模型2、模型3、模型4的因变量为行为意图。

表 6-27　　个人风险偏好对感知机会、风险的调节效应分析

	模型 A1		模型 A2		模型 A3	
	系数	P 值	系数	P 值	系数	P 值
常数	3.435	0.000 ***	3.226	0.000 ***	2.42	0.000 ***
感知机会	0.402	0.000 ***	0.393	0.000 ***	0.586	0.000 ***
风险偏好			0.066	0.16	0.299	0.006 **
感知机会×偏好					-0.054	0.019 **

	模型 B1		模型 B2		模型 B3	
	系数	P 值	系数	P 值	系数	P 值
常数	3.594	0.000 ***	3.469	0.000 ***	2.354	0.000 ***
感知风险	0.382	0.000 ***	0.372	0.000 ***	0.643	0.000 ***
风险偏好			0.043	0.377	0.374	0.001 **
感知风险×偏好					-0.077	0.002 **

注：* $p<0.05$，** $p<0.01$，*** $p<0.001$；因变量为知觉行为控制。

表 6-28　　贪婪个性对态度、规范、控制的调节作用

	模型 A1		模型 A2		模型 A3	
	系数	P 值	系数	P 值	系数	P 值
常数	3.016	0.000 ***	2.321	0.000 ***	2.153	0.000 ***
态度	-0.105	0.000 ***	-0.109	0.000 ***	-0.065	0.26
贪婪			0.153	0.000 ***	0.19	0.000 ***
态度×贪婪					-0.01	0.403 **

	模型 B1		模型 B2		模型 B3	
	系数	P 值	系数	P 值	系数	P 值
常数	2.165	0.000 ***	1.628	0.000 ***	1.589	0.021 **
主观规范	0.132	0.004 **	0.094	0.033 **	0.107	0.302
贪婪			0.143	0.007 **	0.152	0.035 **
主观规范×贪婪					-0.003	0.897

	模型 C1		模型 C2		模型 C3	
	系数	P 值	系数	P 值	系数	P 值
常数	2.006	0.000 ***	1.652	0.000 ***	0.756	0.015 **
知觉行为控制	0.112	0.000 ***	0.065	0.024 **	0.253	0.000 ***
贪婪			0.131	0.000 ***	0.353	0.000 ***
知觉行为控制×贪婪					-0.045	0.001 **

注：* $p<0.05$，** $p<0.01$，*** $p<0.001$；因变量为行为意图。

四 职业差评行为意图的分析

表 6-32   职业差评行为意图下相关性分析

Pearson 相关性分析

	感知风险	感知机会	动机	知觉行为控制	态度	主观规范	行为意图
感知风险	1.000**	0.636**	0.370**	0.357**	0.173**	0.283**	0.153**
感知机会	0.636**	1.000**	0.311**	0.516**	0.263**	0.294**	-0.001
动机	0.370**	0.311**	1.000**	0.170**	-0.222**	0.024	0.448**
知觉行为控制	0.357**	0.516**	0.170**	1.000**	0.542**	0.436**	-0.104
态度	0.173**	0.263**	-0.222**	0.542**	1.000**	0.715**	-0.315**
主观规范	0.283**	0.294**	0.024	0.436**	0.715**	1.000**	0.131**
行为意图	0.153**	-0.001	0.448**	-0.104	-0.315**	0.131**	1.000**

注：* $p<0.05$，** $p<0.01$，*** $p<0.001$。

表 6-33   职业差评行为意图下 *F* 检验和 *VIF* 检验

变量	模型1 F值	模型1 VIF值	模型2 F值	模型2 VIF值	模型3 F值	模型3 VIF值	模型4 F值	模型4 VIF值	模型5 F值	模型5 VIF值	模型6 F值	模型6 VIF值
常数	38.511**	—	98.027**	—	65.551**	—	88.100**	—	0.000	—	7.238**	—
态度		1		2.049		2.365						
主观规范				2.049		2.063						
知觉行为控制						1.425						
动机								1				
感知机会										1		1.68
感知风险												1.68

注：因变量：行为意图。

表 6-34   职业差评行为意图下态度的中介效应分析

	模型1 系数	模型1 P值	模型2 系数	模型2 P值	模型3 系数	模型3 P值	模型4 系数	模型4 P值
常数	6.079	0.000***	2.028	0.000***	0.95	0.000***	0.142	0.000***
动机	-0.189	0.000***			0.142	0.000***	0.126	0.000***
态度			-0.117	0.000***			-0.084	0.010**

注：* $p<0.05$，** $p<0.01$，*** $p<0.001$；模型1的因变量为态度，模型2、模型3、模型4的因变量为行为意图。

表 6-35　职业差评行为意图下知觉行为控制的中介效应分析

	模型 A1		模型 A2		模型 A3		模型 A4	
	系数	P值	系数	P值	系数	P值	系数	P值
常数	3.415	0.000***	1.607	0.000***	1.385	0.000***	1.585	0.000***
感知机会	0.405	0.000***			0	0.985	0.023	0.246
知觉行为控制			−0.043	0.05			−0.059	0.023*
	模型 B1		模型 B2		模型 B3		模型 B4	
	系数	P值	系数	P值	系数	P值	系数	P值
常数	4.01	0.000***	1.607	0.000***	1.177	0.000***	1.479	0.000***
感知风险	0.296	0.000***			0.052	0.000***	0.075	0.001**
知觉行为控制			−0.043	0.05			−0.075	0.001**

注：* $p<0.05$，** $p<0.01$，*** $p<0.001$；模型1的因变量为知觉行为控制，模型2、模型3、模型4的因变量为行为意图。

表 6-36　职业差评行为下个人风险偏好对机会和风险的调节作用

	模型 A1		模型 A2		模型 A3	
	系数	P值	系数	P值	系数	P值
常数	3.415	0.000***	3.218	0.000***	2.373	0.000***
感知机会	0.405	0.000***	0.397	0.000***	0.605	0.000***
风险偏好			0.061	0.205	0.304	0.002**
感知机会×偏好					−0.058	0.006**
	模型 B1		模型 B2		模型 B3	
	系数	P值	系数	P值	系数	P值
常数	4.01	0.000***	3.818	0.000***	3.008	0.000***
感知风险	0.296	0.000***	0.283	0.000***	0.499	0.000***
风险偏好			0.063	0.235	0.292	0.005**
感知风险×偏好					−0.058	0.012**

注：* $p<0.05$，** $p<0.01$，*** $p<0.001$；因变量为知觉行为控制。

表 6-37　职业差评行为下贪婪对态度、主观规范、知觉行为控制的调节作用

	模型 A1		模型 A2		模型 A3	
	系数	P 值	系数	P 值	系数	P 值
常数	2.028	0.000***	2.001	0.000***	1.754	0.000***
态度	-0.117	0.000***	-0.118	0.000***	-0.069	0.132
贪婪			0.005	0.814	0.069	0.23
态度×贪婪					-0.012	0.231
	模型 B1		模型 B2		模型 B3	
	系数	P 值	系数	P 值	系数	P 值
常数	1.068	0.000***	1.186	0.000***	1.508	0.021**
主观规范	0.091	0.014**	0.105	0.005**	0.005	0.951
贪婪			-0.036	0.091	-0.111	0.083
主观规范×贪婪					0.023	0.214
	模型 C1		模型 C2		模型 C3	
	系数	P 值	系数	P 值	系数	P 值
常数	1.587	0.000***	1.451	0.000***	1.363	0.000***
知觉行为控制	0.089	0.002**	0.071	0.021**	0.091	0.215
贪婪			0.049	0.088	0.07	0.361
知觉行为控制×贪婪					-0.004	0.767

注：* $p<0.05$，** $p<0.01$，*** $p<0.001$；因变量为行为意图。

参考文献

Abbott L J, Parker S, Peters G F.Audit Committee Characteristics and Restatements [J]. *Auditing: A Journal of Practice & Theory*, 2004, 23 (01): 69-87.

Abbott L, Parker S, Peters G.Audit Committee Characteristics and Financial Misstatement: A Study of the Efficacy of Certain Blue Ribbon Committee Recommendations [J]. *Social Science Electronic Publishing*, 2002: 23.

Agrawal A, Chadha S.Corporate Governance and Accounting Scandals [J]. *Journal of Law and Economics*, 2005, 48 (02): 371-406.

Ajzen I.The Theory of Planned Behavior [J]. *Organizational Behavior and Human Decision Processes*, 1991, 50: 179-211.

Ajzen, I. Attitude, Personality, & Behavioral [M]. *Milton Keynes: Open University Press*, 1989.

Ajzen I, Fishbein M.Attitude-Behavior Relations: A Theoretical Analysis and Review of Empirical Research [J]. *Psychological Bulletin*, 1977, (84): 888-918.

Albecht W.S, Wernz G.W, Williams T.L.Fraud: Bring Light to the Dark Side of Business [J]. *New York Irwin Inc*, 1995: 15-52.

Albers Miller N D.Consumer Misbehavior: Why People Buy Illicit Goods [J]. *Journal of Consumer Marketing*, 1999, 16 (03): 273-287.

Albrecht W S, Wernz G W, Williams T L.Fraud: bringing light to the dark side of business [M]. *Irwin Professional Pub*, 1995.

Albrecht, W.S, Romney M.B.Red Flagging Management fraud: A Validation [J].*Advances in Accounting*, 1986 (03): 323-333.

Andrew T. Guzman, How international law works: A Rational choice theory [M]. *Oxford: Oxford University Press*, 2008.

Armir, Hartman, John. Sifonis, John. Kador, Net Ready: Strategies for Success in the Economy [J]. *MC GrawHill*, 2000.

Armstrong M.Competition in Two-sided Markets [J]. *The RAND Journal of Economics*, 2006, 37 (03): 668-691.

Association of Certified Fraud Examiners (ACFE).Report to the Nation on Occupational Fraud and Abuse [R]. *Austin, TX: ACFE*, 2008.

Baker, D.W.Barrett, M.J.Radde.L.R.Top Management Fraud: Something Can Be Done Now [J]. *Internal Auditor*, 1976, (02): 25-33.

Baker W E, Faulkner R R.Role as Resource in the Hollywood Film Industry [J]. *American Journal of Sociology*, 1991, 97 (02): 279-309.

Baucus, M.S.Pressure, Opportunity and Predisposition: A Multivariate Model of Organization Illegality [J]. *Journal of Management*, 1994, 20: 699-721.

Beasley M S.An Empirical Analysis of the Relation between the Board of Director Composition and Financial Statement Fraud [J]. *Accounting Review*, 1996, 71 (04): 443-465.

Belleflamme P, Toulemonde E.B2B Marketplaces: Emergence and Entry [R]. *Working Paper*, 2004.

Beneish, Messod D. The Detection of Earnings Manipulation [J]. *Financial Analysts Journal*, 1999, 55 (05): 24-36.

Bengtsson M, Kock S.Coopetition in Business Networks to Cooperate and Compete Simultaneously [J]. *Industrial Marketing Management*, 2000: 411-426.

Berry L L.Relationship marketing of service-growing interest [J]. *Journal of the Academy of Marketing Science*, 1995, 23 (02): 236-245.

Bhattacherjee A.Acceptance of E-Commerce Services: The Case of Electronic Brokerages [J]. *IEEE Transactions on Systems Man and Cybernetics-Part A Systems and Humans*, 2000, 30 (04): 411-420.

Bikhchandani S, Hirshleifer D, Welch I.Learning from the Behavior of Others: Conformity, Fads, and Informational Cascades [J]. *Journal of Economic Perspectives, 1998, 12 (03): 151-170.

Bologna et al.The Accountant's Handbook of Fraud and Commercial Crime [M]. New York: wiley, 1993: 20-31.

Bologna G J, Lindquist R J.Fraud Auditing and Forensic Accounting: New Tools and Techniques [M] // Fraud auditing and forensic accounting: new tools and techniques.Wiley, 1995.

Bolt W, Tieman A F.On Myopic Equilibria in Dynamic Games with Endogenous Discounting [R]. Working Paper, 2005.

Bower J B, Schlosser R E.Internal Control—Its True Nature [J]. Accounting Review, 1965, 40 (02): 338-344.

Burt R S.Social Contagion and Innovation: Cohesion versus Structural Equivalence [J]. American Journal of Sociology, 1987, 92 (06): 1287-1335.

Caillaud B, Jullien B.Chicken & Egg: Competition among Intermediation Service Providers [J]. The Rand Journal of Economics, 2003, 34 (24): 309-328.

Calderon T G, Green B P.Signaling Fraud by Using Analytical Procedures [J]. Ohio CPA Journal, 1994 (April).

Choi H, Choi M, Kim J, et al.An Empirical Study on the Adoption of Information Appliances With a Focus on Interactive TV [J]. Telematics & Informatics, 2003, 20 (02): 161-183.

Cialdini R B, Kallgren C A, Reno R.A focus theory of normative conduct: a theoretical refinement and reevaluation of the role of norms in human behavior [J]. Advances in Experimental Social Psychology, 1991, 21: 201-234.

Cunningham S.M..The Major Dimensions of Perceived Risk [M]. Boston: Harvard University Press, 1967.82-108.

Crossley C D.Emotional and behavioral reactions to social undermining: A closer look at perceived offender motives [J]. Organizational Behavior & Human Decision Processes, 2009, 108 (01): 14-24.

Dean J.Pricing Policies for New Products [J]. Harvard Business Review, 1950, 28 (06): 45-53.

Deci E L, Ryan R M. Intrinsic Motivation and Self‐Determination in Human Behavior [M]. *New York: Plenum Press*, 1985.

Deci E. L., Ryan R. M. Handbook of Self-determination Research [M]. *Rochester, NY: University of Rochester Press*, 2003.

Eisfeldt, A. L., Kuhnen, C. M. CEO turnover in a competitive assignment framework [J]. *Journal of Financial Economics*, 2013, 109 (02): 351-372.

Elliott R. K. and Jacobson P. D. Costs and Benefits of Business Information Disclosure [J]. *Accounting Horizons*, 1986, (08): 80-96.

Evans D S. Some Empirical Aspects of Multi‐Sided Platform Industries [J]. *Review of Network Economics*, 2003, 2 (03): 191-209.

Fanning K, Cogger K O, Srivastava R. Detection of Management Fraud: A Neural Network Approach [M]. *John Wiley and Sons Ltd*, 1995.

Gabszewicz J, Wauthy X. Two-sided Markets and Price Competition with Multi-Homing [R]. *Working Paper*, 2004.

Garcia C. Q, Velasco C. A. B. Coopetition and Performance: Evidence from European Biotechnology Industry [J]. *Paper Presented at the II Annual Conference of EURAM on Innovate Research in Management*, 2002: 1-21.

Gary Bridge. Mapping the Terrain of Time—Space Compression: Power Networks in Everyday Life [J]. *Environment and Planning D: Society and Space*, 1997 (05).

Gary S. Becker. Crime and Punishment: An Economic Approach [J]. *Journal of Political Economy*, 1968 (02).

Gawer A, Cusumano M A. How Companies Become Platform Leaders [J]. *MIT Sloan Management Review*, 2008, 49 (02): 28-35.

Gilliland, S. W., Anderson, J. S. Perceptions of Greed: A Distributive Injustice Model Emerging Perspectives on Organizational Justice and Ethics. Charlotte, NC, US: IAP Information Age Publishing [M]. *Charlotte, NC*, 2011.

GJ Bologna, RJ Lindquist, JT Wells. Accountant's Handbook of Fraud and Commercial Crime [M]. *New York: John Wiley and Sons*, 1993.

Grady P. The Broader Concept of Internal Control [J]. *Journal of Account-*

ancy, 1957, 103 (05): 36.

Han J H.The Effects of Perceptions on Consumer Acceptance of Genetically Modified (GM) Foods [J]. *Dissertation Abstracts International*, 2006, 67 (02): 0607.

Hansen J V, Mcdonald J B, Bell T B. A Generalized Qualitative - Response Model and the Analysis of Management fraud [J]. *Management Science*, 1996, 42 (07): 1022-1032.

Heald D. Transparency: The Key to Better Governance [M]. *Oxford: Oxford University Press*, 2006.

Horngren, George Foster.Cost Accounting [M].*Prentice Hall*, 1997.

Holmstrom B.Moral Hazard in Teams.The Bell Journal of Economics, 1982.

Hsee C K, Weber E U.A fundamental prediction error: Self-others discrepancies in risk preference. [J]. *Journal of Experimental Psychology General*, 1997, 126 (01): 45-53.

Kang H, Hahn M, Fortin D R, Hyun Y J, Eom Y.Effects of Perceived Behavioral Control on the Consumer Usage Intention of E - Coupons [J]. *Psychology&Marketing*, 2006, 23 (10): 841-864.

K. Raghunandan, D. V. Rama. Auditor Resignation's and the Market for Audit Service [J]. *Auditing: A Journal of Practice & Theory*, 1996 (18): 124-134.

Keenan J P.Whistleblowing and the First-Level Manager: Determinants of Feeling Obliged to Blow the Whistle [J]. *Journal of Social Behavior & Personality*, 1995, 10 (03): 571-584.

Korgaonkar P K, Wolin L D.A Multivariate Analysis of Web Usage [J]. *Journal of Advertising Research*, 1998, 39 (02): 53-68.

Kossinets G, Watts D J.Empirical Analysis of An Evolving Social Network [J]. *Science*, 2006, 311 (5757): 88.

Kotler P, Keller K L.Marketing Management / 15 [edition] [M]. *Pearson*, 2016.

Kusumawati S M, Hermawan A.The Influence Of Board Of Commissioners And Audit Committee Effectiveness, Ownership Structure, Bank Monitoring,

And Firm Life Cycle On Accounting Fraud [J]. *Jurnal Akuntansi dan Keuangan Indonesia*, 2013, 10 (01): 20-39.

Labianca, G., Fairbank, J. F., Andrevski, G. Parzen, M. Striving toward the Futuer: Aspiration-Preformance Discrepancies and Planned Organizational Change [J]. *Strategic Organization*, 2009, 7 (04): 433-466.

Lant, T.K.Aspiration Level Adaptation: An Empirical Exploration [J]. *Management Science*, 1992, 38: 623-644.

Lee K.The HEXACO-60: A Short Measure of the Major Dimensions of Personality [J]. *Journal of Personality Assessment*, 2009, 91 (04): 340-345.

Lee T A, Ingram R W, Howard T P.The Difference between Earnings and Operating Cash Flow as an Indicator of Financial Reporting Fraud [J]. *Contemporary Accounting Research*, 1999, 16 (04): 749-786.

Levitt T.Exploit the Product Life Cycle [J]. *Harvard Business Review*, 1965, 43 (06): 81-94.

Liljander, V.Strandvik, T.The Nature of Relationship in Services [J]. *In Advances in Services Marketing and Management*, 1995.

Li Y.A, Liu Y, Liu H.Coopetition, distributor's entrepreneurial orientation and manufacturer's knowledge acquisition: Evidence from China [J]. *Journal of OperationsManagement*, 2011, 29 (1-2): 128-142.

Loebbecke J k, Eining M M, Willingham J J.Auditors' Experience with Material Irregularities: Frequency, Nature, and Detestability [J]. *Auditing: A Journal of Practice & Theory*, 1989, 9 (01): 1-28.

Lu J, Xie X, Wang M, et al.Double Reference Points: the Effects of Social and Financial Reference Points on Decisions Under Risk [J]. *Journal of Behavioral Decision Making*, 2015, 28 (05): 451-463.

Marco Lansiti, Roy Levien.Strategy as Ecology.*Harvard Business*, 2004.

Martin K.Hingley.Power Imbalanced Relationships: Cases From UK Fresh Food Supply [J]. *International Journal of Retail & Distribution Management*, 2000 (08).

McPherson M, Smith-Lovin L, Cook J M.Birds of a Feather: Homophily in Social Networks [J]. *Annual Review of Sociology*, 2001, 27 (01):

415-444.

Miceli M P, Near J P, Dworkin T M.Whistle-blowing in Organizations [M]. *New York: Routledge*, 2008: 1-264.

Milton Mueller.Networks and states: The Global Politics of Internet Governance [M]. *Cambridge: The MIT Press*, 2010: 6.

Mirva Peltoniemi, Elisa Vuori.Business Ecosystem as the New Approach to Complex Adaptive Business Environments [A]. Conference Proceedings of eBRF, 2004 [C]. *Tampere Finland*, 2004.

Moores T T, Dhaliwal J.A Reversed Context Analysis of Software Piracy Issues in Singapore [J]. *Information & Management*, 2004, 41 (08): 1037-1042.

Moore J.Predators and Prey: A New Ecology of Competition [J]. *Harvard Business*, 1993.

Moore J.The Death of Competition: Leadership and Strategy in the Age of Business Ecosystems [M]. *New York: Harper Collins Publither*, 1996: 195.

Nambisan S, Sawhney M.Orchestration Processes in Network-Centric Innovation: Evidence from the Field [J]. *The Academy of Management Perspectives*, 2011, 25 (03): 40-57.

Newman M E J, Park J.Why Social Networks Are Different from Other Types of Networks. [J]. *Physical Review E Statistical Nonlinear & Soft Matter Physics*, 2003, 68 (02): 36-122.

Nowak M A.Five Rules for the Evolution of Cooperation [J]. *Science*, 2006, 314 (5805): 1560-3.

Ntoumanis, Nikos | Standage, Martyn.Motivation in Physical Education Classes: A Self-Determination Theory Perspective [J]. *Theory & Research in Education*, 2009, 7 (02): 194-202.

Pavlou A P. Consumer Acceptance of Electronic Commerce: Integrating Trust and Risk With the Technology Acceptance Model [J]. *International Journal of Electronic Commerce*, 2003 (07): 69-103.

Parker, D., Manstead, A.S.R., & Stradling, S.G.Extending the Theory of Planned Behaviour: The Role of Personal Norml [J]. *British Journalof So-*

cialPsychology, 1995, 34 (02): 127-138.

Persons O S.Using Financial Statement Data To Identify Factors Associated With Fraudulent Financial Reporting [J]. *Journal of Applied Business Research*, 2011, 11 (03): 38-46.

Piff Paul K, Stancato Daniel M, Côté Stéphane, Mendoza - Denton Rodolfo, Keltner Dacher.Higher Social Class Predicts Increased Unethical Behavior [J]. *Proceedings of the National Academy of Sciences of the United States of America*, 2012, 109 (11).

Pincus K V.The Efficacy of A Red Flags Questionnaire for Assessing the Possibility of Fraud [J]. *Accounting Organizations & Society*, 1989, 14 (01): 153-163.

Robertson A F.Greed: Gut Feelings, Growth, and History [J]. *Greed. Gut Feelings, Growth, and History Research and Markets*, 2001.

Rochet C J, Tirole J.Platform Competition in Two-sided Markets [J]. *Journal of the European Economic Association*, 2003, 1 (04): 990-1029.

Rochet C J, Tirole J.Two-Sided Markets: A Progress Report [J]. *The RAND Journal of Economics*, 2006, 37 (03): 645-667.

Roson R.Auctions in a Two-Sided Network: The Market for Meal Voucher Services [J]. *Networks and Spatial Economics*, 2005, 5 (04): 339-350.

Rothschild J, Miethe T D.Whistle-Blower Disclosures and Management Retaliation [J]. *Work & Occupations*, 1999, 26 (01): 107-128.

Scott J.Social Network Analysis: A Handbook [M].*London: SAGE Publications*, 2000.

Smith J M, Price G R.The Logic of Animal Conflict [C] / *Nature*.1973: 15-18.

Taylor J W.The Role of Risk in Consumer Behavior [J]. *Journal of Marketing*, 1974, 38 (02): 54-60.

Taylor P D, Jonker L B.Evolutionarily Stable Strategies and Game Dynamics [J]. *Levines Working Paper Archive*, 1978, 40 (1-2): 145-156.

Trompeter G M, Carpenter T D, Desai N, et al. A Synthesis of Fraud-Related Research [J]. *Auditing*, 2013, 32 (Supplement 1): 287-321.

Vargo S L, Lusch R F.From repeat patronage to value co-creation in service ecosystems: A transcending conceptualization of relationship [J]. *Journal of Business Market Management*, 2010, 4 (04): 169-179.

Vernon R.International Investment and International Trade in The Product Cycle [J]. *Quarterly Journal of Economics*, 1966, 80: 190-207.

Wärneryd K E.Risk attitudes and risky behavior [J]. *Journal of Economic Psychology*, 1996, 17 (06): 749-770.

White, H C., Where Do Market Come From? [J]. *American Journal of Sociology*, 1981, 87: 517-547.

Young H P.Innovation Diffusion in Heterogeneous Populations: Contagion, Social Influence, and Social Learning [J]. *American Economic Review*, 2009, 99 (05): 1899-1924.

［美］阿尔布雷克特：《舞弊检查》，李爽译，中国财经出版社2005年版。

［美］奥加拉：《公司舞弊：发现与防范案例研究》，龚卫雄等译，东北财经大学出版社2009年版。

白如彬、周国华、杨波：《供应链的败德行为分析》，《江苏商论》2009年第9期。

暴占光、张向葵：《自我决定认知动机理论研究概述》，《东北师大学报》2005年第6期。

［英］边沁：《道德与立法原理导论》，时殷弘译，商务印书馆2000年版。

蔡宁、王节祥、杨大鹏：《产业融合背景下平台包络战略选择与竞争优势构建——基于浙报传媒的案例研究》，《中国工业经济》2015年第5期。

蔡朝林：《共享经济的兴起与政府监管创新》，《南方经济》2017年第3期。

曾玉珊、周榧平：《实用经济法教程》，中国农业科学技术出版社2016年版。

晁罡、林冬萍、王磊、申传泉：《平台企业的社会责任行为模式——基于双边市场的案例研究》，《管理案例研究与评论》2017年第1期。

陈超、陈拥军：《互联网平台模式与传统企业再造》，《科技进步与对策》2016年第6期。

陈芳：《C2C电子商务市场中的逆向选择问题分析》，《中小企业管理与科技旬刊》2012年第31期。

陈关亭：《我国上市公司财务报告舞弊因素的实证分析》，《审计研究》2007年第5期。

陈光、周大铭：《加强我国互联网平台管理刻不容缓》，《中国经济时报》2014年第6期。

陈国欣、吕占甲、何峰：《财务报告舞弊识别的实证研究——基于中国上市公司经验数据》，《审计研究》2007年第3期。

陈宏民：《平台企业的社会责任》，《企业家信息》2017年第7期。

陈立文、甄亚、刘广平：《基于市场细分视角的城市住房价格影响因素研究——以天津市为例》，《管理现代化》2018年第5期。

陈青鹤等：《平台组织的权力生成与权力结构分析》，《中国社会科学院研究生院学报》2016年第2期。

陈权、张凯丽、施国洪：《高管团队战略决策过程研究：一个理论模型——基于行为决策理论》，《管理现代化》2014年第1期。

陈少华：《财务舞弊成因之综合分析》，《经济经纬》2005年第1期。

陈素蓉：《企业高阶管理人员败德行为之探讨——基于台湾上市公司财务报表舞弊分析》，南开大学，2014年。

陈威如、余卓轩：《平台战略：正在席卷全球的商业模式革命》，中信出版社2013年版。

陈娅玲：《网络差评管理对策研究》，《经贸实践》2015年第12期。

程贵孙：《平台型网络产业的微观结构、特征及竞争策略》，《华东师范大学学报》2010年第6期。

程恋军、仲维清：《矿工不安全行为DARF形成机制实证研究》，《中国安全生产科学技术》2017年第2期。

储节旺、李善圆：《信息不对称对消费者的二次伤害研究》，《现代情报》2014年第11期。

崔海云、施建军：《后发优势、赶超路径与后发企业赶超战略——基于多维视角的研究综述》，《管理现代化》2016年第2期。

崔红：《网上购物消费者权益法律保障问题研究》，东北财经大学，2012年。

邓春平、刘小娟、毛基业：《挑战与阻断性压力源对边界跨越结果的影响——IT员工压力学习的有调节中介效应》，《管理评论》2018年第7期。

邓新明：《中国情景下消费者的伦理购买意向研究——基于TPB视角》，《南开管理评论》2012年第3期。

邓仲华：《"互联网+"环境下我国科学数据共享平台发展研究》，《情报理论与实践》2017年第2期。

刁琰：《我国上市公司财务舞弊的方式、动因及治理研究》，西南财经大学，2014年。

丁宏、梁洪基：《互联网平台企业的竞争发展战略——基于双边市场理论》，《世界经济与政治论坛》2014年第4期。

丁婕：《我国P2P网络借贷平台及借款人行为研究》，西南财经大学，2012年。

丁靖艳：《基于计划行为理论的侵犯驾驶行为研究》，《中国安全科学学报》2006年第12期。

董亮、赵健：《双边市场理论：一个综述》，《世界经济文汇》2012年第1期。

董娜、周瑾：《电子商务中信息不对称问题的探讨》，《淮南职业技术学院学报》2009年第1期。

杜娟：《网络负面评价意向实证研究》，《沈阳师范大学学报（社会科学版）》2015年第3期。

杜杨：《基于动态演化博弈的互联网金融创新路径与监管策略》，《统计与决策》2015年第17期。

段文奇、陈忠：《网络平台管理研究进展》，《预测》2009年第6期。

段文奇、冯笑笑：《专业市场平台化发展战略的设计方法研究——以永康中国科技五金城为例》，《商业经济与管理》2014年第11期。

范海敏：《我国上市公司会计舞弊动因分析——基于风险因子理论》，《经济师》2015年第12期。

范如国：《复杂网络结构范型下的社会治理协同创新》，《中国社会科学》2014 年第 4 期。

方军雄：《我国上市公司财务欺诈鉴别的实证研究》，《上市公司》2003 年第 4 期。

[美] 菲利普·科特勒：《市场营销原理（第 2 版）》，机械工业出版社 2010 年版。

冯冲：《平台企业组织结构演化研究——以 M 平台为例》，电子科技大学，2018 年。

冯萍：《消费者网络银行使用意愿实证研究》，对外经济贸易大学，2005 年。

冯芷艳、郭迅华、曾大军等：《大数据背景下商务管理研究若干前沿课题》，《管理科学学报》，2013 年第 1 期。

冯志刚：《我国医药企业客户关系管理改善策略研究》，山东大学，2006 年。

付晓蓉：《顾客关系管理中的关系价值研究》，西南财经大学出版社 2006 年版。

傅瑜、隋广军、赵子乐：《单寡头竞争性垄断：新型市场结构理论构建——基于互联网平台企业的考察》，《中国工业经济》2014 年第 1 期。

甘碧群：《关于影响企业营销道德性因素决策的探究》，《商业时代》1997 年第 5 期。

高海霞：《消费者的感知风险及减少风险行为研究》，浙江大学，2003 年。

高琴、敖长林、毛碧琦等：《基于计划行为理论的湿地生态系统服务支付意愿及影响因素分析》，《资源科学》2017 年第 5 期。

高旸：《让·梯若尔的"公共利益经济学"》，《中国经济报告》2018 年第 6 期。

高智林：《会计舞弊博弈行为分析及其监管机制》，《山东理工大学学报（社会科学版）》2017 年第 1 期。

葛家澍、裘宗舜：《会计信息丛书——会计热点问题》，中国财政经济出版社 2003 年版。

顾宁生、冯勤超：《基于 LVQ 神经网络的财务舞弊识别模型实证研究》，《价值工程》2009 年第 10 期。

郭婧涵：《SXY 公司财务造假问题研究》，辽宁大学，2018 年。

郭秋实、潘安娥：《企业环境绩效与经济绩效之间交互跨期影响实证研究——基于重污染行业动态面板数据的系统 GMM》，《管理现代化》2018 年第 3 期。

郭姗：《消费者个性对主观规范及网络购买意愿影响的实证研究》，重庆工商大学，2014 年。

[美] 哈尔·R.范里安：《微观经济学：现代观点》，费方域、李双金译，上海人民出版社 2006 年版。

[美] 哈肯：《高等协同学》，科学出版社 1989 年版。

韩文：《互联网平台企业与劳动者之间的良性互动：基于美国优步案的新思考》，《中国人力资源开发》2016 年第 10 期。

韩煜：《我国电子商务平台企业的市场集中度分析》，《时代金融》2019 年第 5 期。

[美] 郝伯特·A.西蒙：《管理决策新科学》，李桂浦、汤俊澄等译，中国社会科学出版社 1982 年版。

郝淑芹、杨玉强：《近年来国家文化治理研究述论》，《理论导刊》2018 年第 2 期。

郝玉贵：《关联方交易舞弊风险内部控制与审计——基于紫鑫药业案例的研究》，《审计与经济研究》2012 年第 4 期。

何明：《中国当代道德失范的根源及其重建》，《江西社会科学》2004 年第 1 期。

何为、李明志：《电子商务平台上的信息不对称、交易成本与企业机制的运用》，《技术经济》2014 第 6 期。

侯赟慧、杨琛珠：《网络平台商务生态系统商业模式选择策略研究》，《软科学》2015 年第 11 期。

胡岗岚、卢向华、黄丽华：《电子商务生态系统及其演化路径》，《经济管理》2009 年第 6 期。

胡伟雄、王崇：《我国电子商务信用问题的博弈分析》，《电子科技》2012 年第 11 期。

黄金华、徐俊：《试论企业社会资本及其优化策略》，《安徽理工大学学报（社会科学版）》2003 年第 1 期。

黄令贺、朱庆华：《社会角色视角下网络社区用户类型及其关系的识别》，《情报资料工作》2013年第2期。

黄妍：《上市公司收入舞弊动因及常见方式分析》，《合作经济与科技》2016年第8期。

黄攸立、刘张晴：《基于TPB模型的个体商业行贿行为研究》，《北京理工大学学报（社会科学版）》2010年第6期。

黄宇：《共享经济视野下网约车监管问题研究》，《法制博览》2018年第27期。

纪春礼、杨萍：《电商平台企业的社会责任与企业价值相关性研究——基于阿里巴巴、京东和聚美优品的实证分析》，《经济与管理》2016年第4期。

［美］加里·S.里贝克尔：《人类行为的经济分析》，上海三联书店1995年版。

蹇洁：《网络经济违法的监管模式构建》，重庆大学，2012年。

蹇洁、袁恒、陈华：《第三方网络交易平台与网店经营主体进化博弈与交易监管》，《商业研究》2014年第8期。

江传月、郑永廷：《论当前我国社会价值观的偏差及其矫正》，《中国特色社会主义研究》2011年第1期。

蒋科：《工商行政管理部门对电子商务的监管研究》，上海交通大学，2008年。

解进强、程艳：《基于行为决策理论的企业机遇决策过程分析》，《商业经济研究》2015年第14期。

荆林波：《阿里巴巴的网商帝国》，经济管理出版社2009年版。

敬佳琪：《企业网络营销道德规范问题研究》，《合作经济与科技》2010年第20期。

康忠诚、周永康：《论社会管理中社会协同机制的构建》，《西南农业大学学报（社会科学出版）》2012年第2期。

雷名龙：《基于阿里巴巴大数据的购物行为研究》，《物联网技术》2016年第5期。

李炳煌：《农村初中生学习动机、学习态度与学业成绩的相关研究》，《湖南科技大学学报（社会科学版）》2012年第4期。

李辉:《论民众反恐参与意向的驱动因素及其微观机理——基于计划行为理论和群体认同理论的实证研究》,《中国人民公安大学学报(社会科学版)》2017年第1期。

李康:《我国电子商务的监管机制研究》,吉林财经大学,2016年。

李凌:《平台经济发展与政府管制模式变革》,《经济学家》2015年第7期。

李旻芮:《我国P2P网络借贷平台的法律风险及监管对接》,《保山学院学报》2014年第5期。

李鹏、胡汉辉:《企业到平台生态系统的跃迁:机理与路径》,《科技进步与对策》2016年第10期。

李平原、刘海潮:《探析奥斯特罗姆的多中心治理理论——从政府、市场、社会多元共治的视角》,《甘肃理论学刊》2014年第3期。

李伟奇:《供应链理论视角下外贸企业财务管理模式优化研究》,东北师范大学,2013年。

李晓宏、黄景尧:《关于在企业内部控制活动中提供法律支持的对策探讨》,《法制博览》2015年第26期。

李雪莹、毕学尧等:《对入侵检测警报关联分析的研究与实践》,《计算机工程与应用》2003年第19期。

李雪玉:《我国P2P网络借贷平台的政府监管研究》,东北财经大学,2016年。

李若山、郭牧:《ESM政府证券有限公司审计案例》,《审计研究资料》1998年第11期。

李妍:《关于互联网金融模式及发展的几点思考》,《商》2013年第16期。

李燕燕、宋伟:《信息传播媒介下信任对公众科技风险感知的作用影响研究》,《科普研究》2017年第4期。

李允尧、刘海运、黄少坚:《平台经济理论研究动态》,《经济学动态》2013年第7期。

李长健、李昭畅、黄岳文:《利益驱动视角下的新农村建设问题研究》,《政法论丛》2007年第1期。

李正彪:《企业成长的社会关系网络研究》,四川大学,2005年。

李忠民、仇群：《上市公司绩效与企业家声誉的相关性研究》，《技术与创新管理》2010年第5期。

［美］里夫金：《零边际成本社会》，赛迪研究院专家组译，中信出版社2014年版。

梁杰、任茜：《上市公司财务报告舞弊特征研究》，《财会通讯》2009年第33期。

梁玉红：《商业贿赂的经济伦理探源及其治理机制》，《江西社会科学》2009年第12期。

廖俊峰：《安全规范对员工安全行为意图的影响》，浙江大学，2013年。

廖秀健、张晓妮：《制度经济学视野下商业欺诈的成因及其遏制》，《商场现代化》2008年第31期。

林静时：《互联网治理中行业自律机制研究》，北京邮电大学，2011年。

林嵩：《创业者的个体特质与创业绩效——基于战略的传导机制》，《未来与发展》2009年第12期。

林烨：《自我决定理论研究》，湖南师范大学，2008年。

林朝阳：《基于产品生命周期理论的新产品渠道策略选择》，《大众科技》2006年第1期。

凌守兴：《经济转型期企业网络营销伦理水平影响因素模型研究》，《科技管理研究》2014年第7期。

刘芳：《移动支付市场服务企业合作行为研究——以第三方支付企业为主导的运营模式为例》，西南财经大学，2012年。

刘红叶：《企业营销道德失范的成因与对策》，《玉溪师范学院学报》2010年第3期。

刘嘉峥：《互联网企业滥用市场支配地位行为法律规制》，郑州大学，2016年。

刘婧颖、张顺明：《不确定环境下行为决策理论述评》，《系统工程》2015年第2期。

刘坤：《个人投资风险偏好程度评价体系的建立及实证分析》，中南大学，2009年。

刘立国、杜莹：《公司治理与会计信息质量关系的实证研究》，《会计研究》2003年第2期。

刘林子、袁凤林：《内部治理结构下上市公司财务舞弊治理对策》，《北方经贸》2015年第5期。

刘娜：《基于诚信文化视角的会计舞弊治理机制研究》，《绿色财会》2013年第2期。

刘爽：《会计舞弊行为的文化社会分析模式》，《中小企业管理与科技》2014年第3期。

刘泰致、许学军：《互联网垄断性的经济学分析》，《科技与产业》2017年第4期。

刘伟、夏立秋、王一雷：《动态惩罚机制下互联网金融平台行为及监管策略的演化博弈分析》，《系统工程理论与实践》2017年第5期。

刘晓：《互联网企业并购动机和效应研究——以58同城并购赶集网为例》，山东大学，2017年。

刘烨：《中国消费者在不同平台上的购物动机与购物行为研究》，清华大学，2012年。

吕鸿江、吴亮、周应堂：《信任与惩罚机制匹配的知识网络交流效率研究》，《科研管理》2018年第8期。

吕勇斌、姜艺伟、张小青：《我国P2P平台网络借贷逾期行为和羊群行为研究》，《统计与决策》2016年第4期。

陆弘彦：《C2C网络零售市场中的信息不对称分析》，《商情：教育经济研究》2007年第3S期。

路红、吴洁玲：《大学生对企业社会责任行为的态度、主观规范与就业意向的关系》，《中国健康心理学杂志》2011年第7期。

陆伟刚：《用户异质、网络非中立与公共政策：基于双边市场视角的研究》，《中国工业经济》2013年第2期。

罗丞：《消费者对安全食品支付意愿的影响因素分析——基于计划行为理论框架》，《中国农村观察》2010年第6期。

罗东敏：《市场经济下商业伦理的建立——自律和他律有效性辨析》，《商场现代化》2011年第15期。

罗文斌、钟诚、Dallen等：《乡村旅游开发中女性村官参与行为影响机理研究——以湖南省女性村官为例》,《旅游学刊》2017 年第 1 期。

罗珍珍:《数据交易法律问题研究》,四川省社会科学院,2017 年。

马超、李慧、陶建刚:《大学生逃课行为模型建构》,《人力资源管理》2013 年第 10 期。

马家喜、金新元:《一种以企业为主导的"产学研"集成创新模式——基于合作关系与控制权视角的建模分析》,《科学学研究》2014 年第 32 期。

马婕、常峰:《就医选择行为决策过程研究：基于计划行为理论模型的构建》,《社区医学杂志》2011 年第 22 期。

马亮:《电子政务使用如何影响公民信任：政府透明与回应的中介效应》,《公共行政评论》2016 年第 6 期。

马巧云、范小杰、邓灿辉:《第三方订餐平台监管的演化博弈模型与仿真分析》,《数学的实践与认识》2017 年第 12 期。

马昆姝、覃蓉芳、胡培:《个人风险倾向与创业决策关系研究：风险感知的中介作用》,《预测》2010 年第 1 期。

马文锐:《供应商视角的供应商—制造商交易合作评估体系研究》,上海海事大学,2007 年。

马文峰:《试析内容分析法在社科情报学中的应用》,《情报科学》2000 年第 4 期。

马运全:《P2P 网络借贷的发展、风险与行为矫正》,《新金融》2012 年第 2 期。

么立华、刘立臻:《利益驱动机制与我国高校财务危机的治理》,《经济纵横》2013 年第 2 期。

［美］弥尔顿·L.穆勒:《网络与国家：互联网治理的全球政治学》,周程、鲁锐、夏雪、郑凯伦译,上海交通大学出版社 2015 年版。

欧阳泉:《商业生态系统视角下零售业发展战略构建》,《商业时代》2012 年第 13 期。

彭清华:《竞争视角下市场占有均衡：理论模型与现实解释》,《北京市经济管理干部学院学报》2013 年第 3 期。

彭山洪:《顾客参与动机与参与行为的关系研究：参与态度的中介作用及企业激励策略的调节作用》,广西大学,2017 年。

彭艺梅:《企业内部控制管理存在的问题及其优化途径探究》,《经贸实践》2018 年第 22 期。

彭志斌:《基于计划行为理论的体育赛会志愿者行为意向研究——以全国首届青运会福州赛区为例》,《三门峡职业技术学院学报》2018 年第 1 期。

齐爱民、徐亮:《电子商务法原理与实务》,武汉大学出版社 2009 年版。

齐晶晶:《企业会计舞弊分析及其监管措施》,《中外企业家》2015 年第 35 期。

戚旭然:《UGC 模式移动短视频社交平台使用动机与使用行为研究》,暨南大学,2016 年。

钱钰釜:《平台型电子商务网络交易博弈过程研究》,武汉大学,2017 年。

秦江萍:《企业会计舞弊及其控制:基于博弈理论的分析》,《财经论丛(浙江财经大学学报)》2005 年第 4 期。

秦启文:《角色学导论》,中国社会科学出版社 2011 年版。

邱文:《浅谈企业内部控制存在的常见问题及其优化途径》,《中国国际财经》2017 年第 15 期。

阮滢:《内部审计人员对雇员舞弊的审计》,《中州审计》2003 年第 1 期。

沈俊、魏志华、刘元林:《基于舞弊三角理论的 P2P 网贷平台道德风险研究》,《武汉理工大学学报(信息与管理工程版)》2017 年第 1 期。

沈岿:《电子商务监管导论》,法律出版社 2015 年版。

沈伟玲、陈金阳:《企业市场营销策略分析——基于产品生命周期理论》,《当代经济(下半月)》2008 年第 11 期。

沈云林:《竞争战略领先精要》,《湖南社会科学》2009 年第 6 期。

施金龙、韩玉萍:《基于 GONE 理论的上市公司财务舞弊分析》,《会计之友》2013 第 23 期。

史建勇:《优化产业结构的新经济形态——平台经济的微观运营机制研究》,《上海经济研究》2013 年第 8 期。

帅青红:《P2P 网络借贷监管的博弈分析》,《四川大学学报(哲学社会科学版）》2014 年第 4 期。

苏盾：《商业欺诈成因的经济学剖析及其治理》，《商业研究》2010 年第 2 期。

苏航：《电商平台中商家信息展示道德失范问题研究》，吉林大学，2015 年。

粟湘福：《关系营销范式下的顾客细分模型构建》，《经济研究导刊》2012 年第 3 期。

孙国强、张宝建、徐俪凤：《网络权力理论研究前沿综述及展望》，《外国经济与管理》2014 年第 12 期。

孙晋、袁野：《共享经济的政府监管路径选择——以公平竞争审查为分析视角》，《法律适用》2018 年第 7 期。

孙金霞：《从诚信建设的角度看遏制商业欺诈》，《商业时代》2007 年第 29 期。

孙斯坦：《风险与理性：安全、法律及环境》，师帅译，中国政法大学出版社 2005 年版。

孙松山：《基于搜索成本视角下的网络经济时代交易方式变革》，浙江工商大学，2017 年。

孙耀吾、翟翌、陈立勇：《平台企业主导能力及其演化：理论构架与研究逻辑》，《创新与创业管理》2016 年第 1 期。

谭天文、陆楠：《互联网金融模式与传统金融模式的对比分析》，《中国市场》2013 年第 12 期。

谭亚莉、廖建桥、李骥：《管理者非伦理行为到组织腐败的衍变过程、机制与干预：基于心理社会微观视角的分析》，《管理世界》2011 年第 12 期。

唐斌：《供应链企业合作的博弈研究》，天津大学，2004 年。

唐佳阳：《基于扩展的计划行为理论的 C2C 网上购物行为意向研究》，西南财经大学，2010 年。

唐利如：《产业集群的竞争优势理论与实证》，中国经济出版社 2010 年版。

田曹阳：《电子商务平台的垄断性与规则研究》，安徽财经大学，2017 年。

田青青：《基于 B2C 平台视角的顾客价值测量研究》，哈尔滨工业大学，2014 年。

万兴、杨晶：《互联网平台选择、纵向一体化与企业绩效》，《中国工业经济》2017 年第 7 期。

汪锦军：《构建公共服务的协同机制：一个界定性框架》，《中国行政管理》2012 年第 1 期。

汪贤裕、肖玉明：《博弈论及其应用》，科学出版社 2008 年版。

汪旭晖、张其林：《平台型电商声誉的构建：平台企业和平台卖家价值共创视角》，《中国工业经济》2017 年第 11 期。

汪旭晖、张其林：《平台型网络市场"平台—政府"双元管理范式研究——基于阿里巴巴集团的案例分析》，《中国工业经济》2015 年第 3 期。

王超、王岩芳：《整体性政府理论下的城市供水管理体制研究——以济南市城市供水为例》，《山东行政学院学报》2013 年第 5 期

王丹：《基于计划行为理论的矿工违章行为研究》，《中国安全科学学报》2011 年第 4 期。

王芳羚：《企业社会责任、企业声誉与盈余管理的关系研究》，华东交通大学，2016 年。

王果：《基于平台经济的我国服务外包产业发展研究》，《国际经济合作》2014 年第 8 期。

王含笑、刘蓓：《互联网初创企业的机遇、挑战与对策》，《江西师范大学学报（社会科学版）》2018 年第 6 期。

王慧慧：《基于企业利益者相关者合作博弈的商业模式创新研究》，《河北企业》2014 年第 10 期。

王节祥：《互联网平台企业的边界选择与开放度治理研究：平台二重性视角》，浙江大学，2017 年。

王娟：《微博客用户的使用动机与行为——基于技术接受模型的实证研究》，山东大学，2010 年。

王丽：《公共管理理论与实践》，黑龙江人民出版社 2009 年版。

王良秋、孙婷婷、董妍、贾燕飞、安然：《道路交通违法行为研究：基于计划行为理论的视角》，《心理科学进展》2015 年第 11 期。

王梅：《浅析企业财务舞弊的识别与防范》，《财务管理》2015 年第

2 期。

王明国：《全球互联网治理的模式变迁、制度逻辑与重构路径》，《世界经济与政治》2015 年第 3 期。

王前：《理解"文化治理"：理论渊源与概念流变》，《云南行政学院学报》2015 年第 17 期。

王珊：《基于自组织理论的网络社会生态系统演化研究》，北京交通大学，2010 年。

王天玉：《基于互联网平台提供劳务的劳动关系认定——以"e 代驾"在京、沪、穗三地法院的判决为切入点》，《法学》2016 年第 6 期。

王雯丹、陈洲：《网络刷单行为的实证考察与规范分析》，《法制与社会》2017 年第 11 期。

王学龙：《管理舞弊的种类、成因及其治理——基于上市公司管理舞弊审计研究》，《开发研究》2008 年第 5 期。

王月辉、王青：《北京居民新能源汽车购买意向影响因素——基于 TAM 和 TPB 整合模型的研究》，《中国管理科学》2013 年第 s2 期。

王智渊：《网络经济的互联网产业组织分析》，《洛阳师范学院学报》2014 年第 6 期。

王中原：《商业欺诈的成因危害分析及伦理对策探讨》，中南大学，2003 年。

翁清雄、席酉民：《职业成长与离职倾向：职业承诺与感知机会的调节作用》，《南开管理评论》2010 年第 2 期。

翁孙哲、万政伟：《风险防控、效率增进和生态损害责任保险制度完善》，《保险理论与实践》2017 年第 5 期。

吴汉洪、孟剑：《双边市场理论与应用述评》，《中国人民大学学报》2014 年第 2 期。

吴杰民：《基于生命周期的产品价值研究》，武汉理工大学，2007 年。

吴明虎、赵东升：《基于 802.1x 的宽带网络用户认证与计费管理》，《军事医学科学院院刊》2004 年第 1 期。

吴仁旼：《奢侈品皮包的消费者购买动机研究——计划购买理论在中国和意大利的实践运用》，复旦大学，2009 年。

吴绍芬：《道德失范探析》，《中国地质大学学报（社会科学版）》

2001 年第 2 期。

吴世农、卢贤义：《我国上市公司财务困境的预测模型研究》，《经济研究》2001 年第 6 期。

吴伟伟、刘业鑫、高鹏斌、于渤：《技术管理研究的分布特征——整体观视角》，《技术经济》2016 年第 10 期。

吴学斌：《犯罪构成要件符合性判断研究》，清华大学，2005 年。

夏云峰、韦小泉：《利用三角形理论防范企业舞弊》，《学术交流》2009 年第 5 期。

向景、苏月中：《社会心理学视角下税务人员征税不遵从行为影响因素探析》，《兰州学刊》2017 年第 8 期。

向增先：《会计主体利益驱动下的财务报告舞弊治理》，《财会通讯》2011 年第 21 期。

肖邦明：《社会化商务中基于多重关系的社会网络形成机制及其对产品销售的影响》，武汉大学，2015 年。

谢朝斌：《股份公司会计舞弊及其制度防范》，《会计研究》2000 年第 5 期。

谢航雨：《企业文化对企业舞弊行为的抑制作用研究》，《市场研究》2017 年第 11 期。

谢康、谢永勤、肖静华：《消费者对共享经济平台的技术信任：前因与调节》，《信息系统学报》2017 年第 2 期。

谢军、胡容兵：《供应链的合作伙伴选择方法综述》，《价值工程》2005 年第 1 期。

徐红宇：《大数据技术在电子商务平台与企业的应用》，《电脑知识与技术》2017 年第 33 期。

徐晋、张祥建：《平台经济学初探》，《中国工业经济》2006 年第 5 期。

许东霞、阎洪玉：《解读企业舞弊信号及其对内部控制的影响——从法务会计视角》，《商业经济》2013 年第 5 期。

许国平、梅小玲：《企业营销道德失范的原因与对策研究》，《江苏商论》2009 年第 9 期。

许文迪：《基于舞弊风险因子理论的山东墨龙财务舞弊动因及治理研

究》，云南师范大学，2018 年。

许兴：《江苏省电子商务的政府监管问题及应对策略研究》，扬州大学，2015 年。

胥琳佳、陈妍霓：《受众对草本产品的认知态度与行为研究——基于公众情境理论模型和理性行为理论模型的实证研究》，《自然辩证法通讯》2016 年第 2 期。

闫洪伊：《上市公司关联方交易舞弊审计研究——以 W 公司为例》，哈尔滨商业大学，2017 年。

闫强：《基于计划行为理论的企业员工离职意向研究》，山西大学，2011 年。

颜倩：《"互联网+"企业的商业模式创新研究》，《科技创业月刊》2016 年第 9 期。

颜煜宇：《市场占有率与利润关系的新思考》，《商场现代化》2008 年第 30 期。

杨国亮：《企业竞争优势论》，中国经济出版社 2007 年版。

杨丽：《平台分化、交叉平台效应与平台竞争——以淘宝网的分化与竞争为例》，《研究与发展管理》2018 年第 1 期。

杨立新：《侵权责任法》，法律出版社 2015 年版。

杨立新：《网络交易法律关系构造》，《中国社会科学》2016 年第 2 期。

杨立新：《网络媒介平台的性质转变及其提供者的责任承担》，《法治研究》2016 年第 3 期。

杨清香、俞麟、陈娜：《董事会特征与财务舞弊——基于中国上市公司的经验证据》，《会计研究》2009 年第 7 期。

杨水清、鲁耀斌、曹玉枝：《移动支付服务初始采纳模型及其实证研究》，《管理学报》2012 年第 9 期。

杨薇、姚涛：《公司治理与财务舞弊的关系——来自中国上市公司的经验证据》，《重庆大学学报（社会科学版）》2006 年第 5 期。

姚建文、李亚玲：《基于企业伦理价值观战略管理视角下的核心竞争力培育》，《企业经济》2010 年第 10 期。

叶青、李增泉、徐伟航：《P2P 网络借贷平台的风险识别研究》，《会计研究》2016 年第 6 期。

叶秀敏：《平台经济的特点分析》，《河北师范大学学报》2016 年第 2 期。

易开刚、李菲：《财务舞弊的治理困境与对策研究——以平台型企业为例》，《企业管理》2018 年第 11 期。

易开刚、厉飞芹：《平台经济视域下商业舞弊的协同治理——问题透视、治理框架与路径创新》，《天津商业大学学报》2017 年第 5 期。

易余胤、张显玲：《网络外部性下零售市场策略演化博弈分析》，《系统工程理论与实践》2015 年第 9 期。

游翔兰：《基于博弈论的 P2P 平台借贷行为研究》，湖南大学，2014 年。

于成永：《管理层舞弊的诱因、互动机制与监管研究》，南京大学，2005 年。

于浩淼：《互联网经济下免费商业模式研究》，天津财经大学，2017 年。

于忠华、史本山、刘晓红：《电子商务交易中买卖双方诚实行为的博弈分析》，《商业研究》2006 年第 7 期。

余传杰：《论当前道德失范及其矫正措施》，《河南大学学报（哲学社会科学版）》2004 年第 4 期。

余晓瑶：《新媒体视域下微信平台的出版侵权与对策》，《价值工程》2006 年第 3 期。

余晖：《管制与自律》，浙江大学出版社 2008 年版。

俞林、康灿华、王龙：《互联网金融监管博弈研究：以 P2P 网贷模式为例》，《南开经济研究》2015 年第 5 期。

袁雯：《基于产品生命周期的定价研究——以 M 公司为例》，华东理工大学，2015 年。

袁晓勇：《企业舞弊防范与对策》，北京经济学院出版社 1995 年版。

[美] 詹姆斯·弗·穆尔：《竞争的衰亡——商业生态系统时代的领导与战略》，北京出版社 1999 年版。

战颖：《中国金融市场的利益冲突与伦理规制》，人民出版社 2005 年版。

张爱丽：《潜在企业家创业机会开发影响因素的实证研究——对计划行为理论的扩展》，《科学学研究》2010年第9期。

张爱卿：《归因理论研究的新进展》，《教育研究与实验》2003年第1期。

张炳发、修浩鑫：《内部控制、高管权力对高管薪酬业绩敏感性的影响——基于制造业上市公司的实证分析》，《中国海洋大学学报》2017年第2期。

张春华：《财务舞弊文献综述》，《商》2015年第27期。

张桂君：《双边市场理论视角的网络平台企业治理研究述评》，《知识经济》2016年第16期。

张健、刘斌、吴先聪：《财务舞弊、家族控制与上市公司高管更替》，《管理工程学报》2015年第2期。

张今：《互联网新型不正当竞争行为的类型及认定》，《北京政法职业学院学报》2014年第2期。

张礼文：《我国上市公司财务舞弊外部监管探析》，江西财经大学，2010年。

张树森、梁循、齐金山：《社会网络角色识别方法综述》，《计算机学报》2017年第3期。

张童：《银行个人理财客户识别矩阵构建及实证研究——基于感知利益与感知风险权衡的视角》，《山西财经大学学报》2011年第11期。

张完定、郑广文：《董事会特征对管理层舞弊的影响》，《统计与信息论坛》2011年第2期。

张文贤：《会计信息真实性的责任保证系统初探》，《财会月刊》1997年第8期。

张纬：《当前我国政府电子商务监管对策研究》，南京大学，2016年。

张仙锋：《网络欺诈与信任危机——基于交易链面向网上消费者的信任机制研究》，经济管理出版社2007年版。

张欣：《数字经济时代公共话语格局变迁的新图景——平台驱动型参与的兴起、特征与机制》，《中国法律评论》2018年第2期。

张一进、张金松：《政府监管与共享单车平台之间的演化博弈》，《统计与决策》2017年第23期。

张一进、张金松:《互联网行业平台企业发展战略研究——以淘宝网平台为例》,《华东经济管理》2016年第6期。

张怡:《私营企业行为的道德责任研究》,华中师范大学,2006年。

章铁生、林钟高、秦娜:《提高内部控制有效性能否抑制财务舞弊的发生》,《南京审计学院学报》2011年第4期。

赵斌、栾虹、李新建等:《科技人员创新行为产生机理研究——基于计划行为理论》,《科学学研究》2013年第2期。

赵红燕、薛永基:《网络评价影响消费者品牌忠诚的实证研究——主观规范和行为态度的中介效应》,《资源开发与市场》2015年第5期。

赵杰:《数据挖掘在识别财务舞弊中的研究与应用》,首都经济贸易大学,2017年。

赵曼丽:《公共服务协同供给研究:基于共生理论的分析框架》,《学术论坛》2012年第12期。

赵鹏:《平台、信息和个体:共享经济的特征及其法律意涵》,《环球法律评论》2018年第4期。

郑春东、韩晴、王寒:《网络水军言论如何左右你的购买意愿》,《南开管理评论》2015年第1期。

郑梁:《社会网络化治理的利益驱动机制》,《沈阳大学学报(社科科学版)》2017年第5期。

郑巧、肖文涛:《协同治理:服务型政府的治道逻辑》,《中国行政管理》2008年第7期。

周定财:《基层社会管理创新中的协同治理研究》,苏州大学,2017年。

周继军、张旺峰:《内部控制、公司治理与管理者舞弊研究——来自中国上市公司的经验证据》,《中国软科学》2011年第8期。

周利华:《网络平台演化机制研究》,浙江师范大学,2013年。

周晓唯、惠李:《商业欺诈及治理的经济学分析》,《商业研究》2012年第5期。

周学广、张坚、杜建国:《基于逆向拍卖的演化博弈分析》,《中国管理科学》2010年第5期。

周昕、黄微、李吉:《网络平台成长能力的信息生态位适宜度评价》,

《图书情报工作》2016年第3期。

周雪光：《西方社会学关于中国组织与制度变迁研究状况述评》，《社会学研究》1999年第4期。

[美]朱·弗登博格：《博弈论》，让·泰勒尔，黄涛等译，中国人民大学出版社1991年版。

朱国泓：《上市公司财务报告舞弊的二元治理——激励优化与会计控制强化》，《管理世界》2001年第4期。

朱敏：《上市公司财务报告舞弊的识别方法及模型研究》，四川大学，2005年。

朱蕴丽、潘弘韬：《试论当前社会道德失落的原因及其应对策略》，《江西师范大学学报（哲学社会科学版）》2011年第4期。

朱战威：《互联网平台的动态竞争及其规制新思路》，《安徽大学学报（哲学社会科学版）》2016年第4期。

关于征求《App违法违规收集使用个人信息行为认定方法（征求意见稿）》意见的通知，http：//www.cac.gov.cn/2019-05/06/c_1124455735.htm.

国家版权局约谈15家短视频平台企业，http：//www.cac.gov.cn/2018-09/15/c_1123432727.htm.

中央网信办：2018年12月以来关停清理违法移动应用三万余个，http：//www.xinhuanet.com/fortune/2019-04/13/c_1124361629.htm.

智能网呼唤"全链安防"，http：//www.cac.gov.cn/2018-09/06/c_1123387564.htm? tdsourcetag=s_pctim_aiomsg.

国家计算机病毒中心监测发现十款违法移动应用，http：//legal.gmw.cn/2018-09/12/content_31441498.htm.

江苏省政府关于大力发展电子商务加快培育经济新动力的实施意见，http：//www.gov.cn/zhengce/2016-02/23/content_5045186.htm.

江苏省工商局与通管联手，联动监管网络交易，http：//jsnews2.jschina.com.cn/system/2015/01/20/023417248.shtml.

央视315曝光：车易拍欺骗买卖双方赚差价，http：//auto.ifeng.com/pinglun/20160315/1054219.shtml.

12301全国旅游投诉举报平台正式上线，http：//www.gov.cn/xinwen/

2016-09/27/content_5112589.htm.

12301 公共服务平台技术演进及问题探讨，http：//cloud. idcquan. com/yzx/82253.shtml.

文化和旅游部公布旅游专项整治十大典型案例，https：//www.sohu. com/a/256906373_99951723.

解读《互联网用户账号名称管理规定》，http：//ft.people.com.cn/fangtanDetail.do？pid=5483.

百度、新浪、腾讯负责人谈如何治理账号乱象，http：//www.cac.gov. cn/2015-02/05/c_1114270830.htm.

广东网信办约谈腾讯，关停"娱姬小妖"等 22 个微信公众号，https：//www.sohu.com/a/220587316_250147.

百度、腾讯等六家互联网公司联合发出"清网"倡议，https：// www.admin5.com/article/20151103/630923.shtml.

马化腾谈数字经济企业责任：创新、赋能、治理，http：//finance. sina.com.cn/roll/2017-12-03/doc-ifyphkhm0070434.shtml.

三个"新"打击黑产，腾讯守护者计划再升级，https：//www.sohu. com/a/216611943_114838.

《微信公众平台运营规范》发布，http：//www.xazcit.com/474.html.

营销软件开发微信发布《朋友圈使用规范》，http：//www.ledtxt.com/ a/？p=256.

腾讯出手整治微商：三大举措能否净化微商圈，https：//www. admin5.com/article/20150517/598938.shtml.

马化腾：微商存在类传销经营，腾讯管理缺乏法律依据，https：// www.114fcx.com/anlifenxi/7079.html.

微信红包涉赌腾讯处理超 10 万违规账号，http：//money.163.com/ 15/1027/05/B6TJJQL000253B0H.html.

腾讯公布网络治赌"三把刀"，坚决打击任何涉赌行为，https：// games.qq.com/a/20160822/042133.htm.

公众号抄袭严重，腾讯回应称每周处理超 200 起，http：//tech.163. com/15/0201/18/AHCUL3HS000915BF.html.

微信开始整治平台返利返现 一经发现永久封号，http：//digi.163.

com/16/0705/16/BR7MGPCD00162OUT.html.

微信"炸群"屡禁不止，腾讯终于要下狠手整治了，http：//tech.163.com/17/0707/12/COO8E1M800097U7R.html.

腾讯招募200名企鹅巡捕大队：整治标题党、30 Q币一个月，http：//games.sina.com.cn/g/g/2018-01-04/fyqiwuw6407917.shtml.

微信出手整治微信小游戏切支付和马甲包，http：//chanye.07073.com/guonei/1770476.html.

淘宝虚假交易新惩罚出台，http：//bbs.paidai.com/topic/294183.

刷单屡禁不止，阿里以起诉相威慑，http：//m.haiwainet.cn/middle/3541839/2016/1206/content_30543090_1.html.

刷单平台屡禁不止，阿里起诉索赔216万元，http：//henan.sina.com.cn/shuma/yunyingshang/2016-12-06/digi-ifxyiayq2449393.shtml.

淘宝全新"淘信用"来了：以后买东西看它，https：//m.sohu.com/a/245887844_223764.

淘宝打假提速，https：//epaper.qlwb.com.cn/qlwb/content/20150209/ArticelB01002FM.htm.

制假售假"不倒翁"难治，阿里巴巴急呼：加重刑罚，https：//baijiahao.baidu.com/s？id=1568283307111904&wfr=spider&for=pc.

阿里巴巴首次公开打假成绩：协助抓捕售假分子300余人，涉案10亿，https：//www.sohu.com/a/244989617_161795.

97%侵权链接上线立遭封杀，阿里巴巴打假越来越严，http：//mini.eastday.com/a/170228070704666.html.

阿里巴巴打假联盟协助警方打假近10亿，http：//news.ifeng.com/a/20180806/59644159_0.shtml.

为了打击刷单，职业差评师将永久封号，https：//www.kaitao.cn/article/201608031351300112.htm.

阿里巴巴启动恶意评价追溯删除功能，打击差评师，https：//tech.huanqiu.com/article/9CaKrnJNF1B.

阿里巴巴起诉3名网络差评师，https：//baijiahao.baidu.com/s？id=1608746092622504439&wfr=spider&for=pc.

阿里巴巴严打"职业差评师"，http：//news.ifeng.com/a/20150724/

44236107_0.shtml.

携程，https：//baike.baidu.com/item/%E6%90%BA%E7%A8%8B/3148245？fr=aladdin.

关于携程旅行，http：//pages.ctrip.com/public/ctripab/abctrip.htm.

携程的紧急整改有多少诚意？巨大压力下的"妥协"，http：//tech.ifeng.com/a/20171011/44711016_0.shtml.

携程服务，http：//kefu.ctrip.com/index.

携程升级"拒签全退"服务，http：//k.sina.com.cn/article_3164957712_bca56c1002000hx2w.html.

携程旅行网服务协议，http：//pages.ctrip.com/public/serve%20guideline.htm.

携程系统存在技术漏洞，信息安全意识亟须加强，http：//www.100ec.cn/detail--6162283.html.

携程安全应急响应中心，https：//sec.ctrip.com/.

携程云，https：//security.ctrip.com/.

资料来源：工商总局：2017年网购投诉受理量增长184.4%，http：//tech.sina.com.cn/i/2018-03-15/doc-ifyscsmv7829129.shtml.